Der Einfluss der europäischen Niederlassungsfreiheit auf den Gestaltungsrahmen betriebswirtschaftlicher Standortentscheidungen von Kapitalgesellschaften

Europäische Hochschulschriften

Publications Universitaires Européennes
European University Studies

Reihe II
Rechtswissenschaft

Série II Series II
Droit
Law

Bd./Vol. 3691

PETER LANG
Frankfurt am Main · Berlin · Bern · Bruxelles · New York · Oxford · Wien

Christiane Geiger

Der Einfluss der europäischen Niederlassungsfreiheit auf den Gestaltungsrahmen betriebswirtschaftlicher Standortentscheidungen von Kapitalgesellschaften

Eine Analyse der Reichweite der Niederlassungsfreiheit des EG-Vertrages und der Auswirkungen auf den Standortentscheidungsprozess von gemeinschaftsangehörigen Kapitalgesellschaften

PETER LANG
Europäischer Verlag der Wissenschaften

Bibliografische Information Der Deutschen Bibliothek
Die Deutsche Bibliothek verzeichnet diese Publikation in der Deutschen Nationalbibliografie; detaillierte bibliografische Daten sind im Internet über <http://dnb.ddb.de> abrufbar.

Zugl.: Ilmenau, Techn. Univ., Diss., 2002

Ilm 1
ISSN 0531-7312
ISBN 3-631-51171-X

www.peterlang.de

Für Steffen

VORWORT

Betrachtet man die europäische Integration, so stellt sie sich als ein fortlaufender dynamischer Prozess dar. Treibende Kraft in diesem Prozess sind der Binnenmarkt und die Grundfreiheiten. Insbesondere die Niederlassungsfreiheit und die hierzu ergangene Rechtsprechung des EuGH sind immer wieder Gegenstand heftiger Diskussionen um die tatsächliche Einflussnahme des europäischen Rechts auf die nationalen Rechtsordnungen der Mitgliedstaaten. Auch für die vorliegende Arbeit bildet ein kontrovers diskutiertes Urteil des EuGH die Grundlage: das sog. „Centros-Urteil".

Die Abhandlung entstand während meiner Tätigkeit als wissenschaftliche Mitarbeiterin und wurde im Sommersemester 2002 als Dissertation von der Fakultät für Wirtschaftswissenschaften der TU Ilmenau angenommen. Für die Drucklegung wurden Rechtsprechung und Literatur bis Ende Dezember 2002 berücksichtigt.

Mit fachlicher und freundschaftlicher Unterstützung von verschiedenen Seiten ist diese Arbeit über die Jahre hinweg entstanden. Allen, die daran Anteil hatten, sei herzlich gedankt. Hervorheben möchte ich die Prüfungskommission, insbesondere Herrn Prof. Dr. Joachim Weyand, Herrn Prof. Dr. Karl-Heinz Hoppe, Herrn Prof. Dr. Günther Strunk für die Erstellung der Gutachten. Gedankt sei auch Herrn Prof. Dr. Frank Fechner, der den Vorsitz der Prüfungskommission übernahm.

Mein Dank gilt auch allen Kolleginnen und Kollegen des Instituts für Rechtswissenschaft und der gesamten Fakultät für Wirtschaftswissenschaften. Für den gewinnbringenden Austausch fachlichen Wissens aber auch für die freundschaftliche Unterstützung danke ich besonders Herrn Dr. Jens Schubert.

Schließlich möchte ich meinen Eltern danken, ohne die ich diesen Weg nie hätte einschlagen können. Besonderen Dank schulde ich Herrn Dr. Steffen Spieß, der mir nicht nur fachlich beistand, sondern stets half, aufkommende Zweifel zu überwinden und damit den Abschluss dieser Arbeit nicht unwesentlich vorantrieb. Ihm sei deshalb diese Arbeit gewidmet.

Christiane Geiger

INHALTSVERZEICHNIS

ABBILDUNGSVERZEICHNIS

ABKÜRZUNGSVERZEICHNIS

A. A.; a. A.	anderer Ansicht
a.a.O.	am angegebenen Ort
ABl.EG	Amtsblatt der Europäischen Gemeinschaften (Ausgabe C: Mitteilungen und Bekanntmachungen) (Ausgabe L: Rechtsvorschriften)
Abs.	Absatz
AcP	Archiv für civilistische Praxis
a. E.	am Ende
a. F.	alte Fassung
AG	1. Aktiengesellschaft 2. Die Aktiengesellschaft, Zeitschrift für das gesamte Aktienwesen
AktG	Aktiengesetz
allg.	allgemein(e)
amtl.	Amtliche
Anh.	Anhang
Anm.	Anmerkung
AnwBl.	Anwaltsblatt
AO	Abgabenordnung
AöR	Archiv des öffentlichen Rechts
Art.	Artikel
Aufl.	Auflage
BayObLG	Bayerisches Oberstes Landesgericht
BayObLGZ	Entscheidungen des Bayerischen Obersten Landesgerichts in Zivilsachen
BB	Der Betriebs-Berater
Bd.	Band
BerDGesVölkR	Berichte der deutschen Gesellschaft für Völkerrecht
BetrVerfG	Betriebsverfassungsgesetz

BFH	Bundesfinanzhof
BGB	Bürgerliches Gesetzbuch
BGBl.	Bundesgesetzblatt
BGH	Bundesgerichtshof
BGHZ	Entscheidungen des Bundesgerichtshofs in Zivilsachen (amtliche Sammlung)
BR-Drucks.	Drucksachen des Bundesrates
BStBl.	Bundessteuerblatt
BT-Drucks.	Drucksachen des Bundestages
BV	Besloten Vennootschap
BVerfGE	Entscheidungen des Bundesverfassungsgerichts
bzw.	Beziehungsweise
CMLR	Common Market Law Review
DB	Der Betrieb
ders.	Derselbe
d. h.	das heißt
dies.	dieselbe, dieselben
Diss.	Dissertation
DNotZ	Deutsche Notar-Zeitschrift
DÖV	Die öffentliche Verwaltung
DriG	Deutsches Richtergesetz
DVBI.	Deutsches Verwaltungsblatt
DWiR	Deutsche Zeitschrift für Wirtschaftsrecht
EG	Europäische Gemeinschaft
EGBGB	Einführungsgesetz zum Bürgerlichen Gesetzbuch
EG-Vertrag	Vertrag über die Europäische Gemeinschaft
EU	Europäische Union
EuGH	Europäischer Gerichtshof

EuGVÜ	Europäisches Übereinkommen vom 27.9.1968 über die gerichtliche Zuständigkeit und die Vollstreckung gerichtlicher Entscheidungen in Zivil- und Handelssachen
EuR	Europarecht
EUZW	Europäische Zeitschrift für Wirtschaftsrecht
EWG	Europäische Wirtschaftsgemeinschaft
EWG-Vertrag	Vertrag zur Gründung der Europäischen Wirtschaftsgemeinschaft
EWiR	Entscheidungen zum Wirtschaftsrecht
EWIV	Europäische wirtschaftliche Interessenvereinigung
EWS	Europäisches Wirtschafts- und Steuerrecht
f.	Folgende
ff.	Fortfolgende
Fn.	Fußnote
GA	Generalanwalt
gem.	Gemäß
GewO	Gewerbeordnung
GG	Grundgesetz
GmbH	Gesellschaft mit beschränkter Haftung
GmbHG	Gesetz betreffend die Gesellschaften mit beschränkter Haftung
GmbHR	GmbH-Rundschau
GVG	Gerichtsverfassungsgesetz
HGB	Handelsgesetzbuch
h. M.	herrschende Meinung
Hrsg.	Herausgeber
insbes.	Insbesondere
IntGesR	Internationales Gesellschaftsrecht
IPR	Internationales Privatrecht
IPRax	Praxis des Internationalen Privatrechts

IPRG	Gesetz zum Internationalen Privatrecht der Schweiz
IPRspr.	Die deutsche Rechtsprechung auf dem Gebiete des internationalen Privatrechts
i. s. d.	im Sinne des/der
i. V. m.	in Verbindung mit
JA	Juristische Arbeitsblätter
JBl.	Juristische Blätter
Jhrb.	Jahrbuch
JR	Juristische Rundschau
JuS	Juristische Schulung
JZ	Juristenzeitung
KG	Kommanditgesellschaft
KGaA	Kommanditgesellschaft auf Aktien
KStG	Körperschaftssteuergesetz
LG	Landgericht
Lit.	Literatur
lit.	litera, Buchstabe
Ltd.	private limited company
MDR	Monatsschrift für Deutsches Recht
m. E.	meines Erachtens
MitbestG	Mitbestimmungsgesetz
MüKo	Münchener Kommentar
m. w. N.	mit weiteren Nachweisen
n. F.	neue Fassung
NJW	Neue Juristische Wochenschrift
Nr.	Nummer
NVwZ	Neue Zeitschrift für Verwaltungsrecht
OGH	Oberster Gerichtshof (Österreich)
oHG	offene Handelsgesellschaft
OLG	Oberlandesgericht

RabelsZ	Rabels Zeitschrift für ausländisches und internationales Privatrecht
Rdnr.	Randnummer
RG	Reichsgericht
RGZ	Entscheidungen des Reichsgerichts in Zivilsachen (amtliche Sammlung)
Rili oder RL	Richtlinie
RIW	Recht der internationalen Wirtschaft; von 1958-1974: Außenwirtschaftsdienst des Betriebs-Beraters (AWD)
Rs.	Rechtssache
Rz.	Randziffer
S.	Seite
SE	Societas Europaea
Slg.	Sammlung
st.	ständig
Tz.	Textziffer
u.	und
u.a.	und andere, unter anderem
UmwG	Umwandlungsgesetz
UWG	Gesetz gegen den unlauteren Wettbewerb
v.	von, vom
Verb. Rs.	verbundene Rechtssache
VersR	Versicherungsrecht
vgl.	vergleiche
VO	Verordnung
Vorbem.	Vorbemerkung
VwGO	Verwaltungsgerichtsordnung
WiVerw	Wirtschaft und Verwaltung
WM	Wertpapiermitteilungen, Zeitschrift für Wirtschafts- und Bankrecht

w. N.	weitere Nachweise
z. B.	zum Beispiel
ZEUP	Zeitschrift für Europäisches Privatrecht
ZGR	Zeitschrift für Unternehmens- und Gesellschaftsrecht
ZHR	Zeitschrift für das gesamte Handels- und Wirtschaftsrecht
Ziff.	Ziffer
ZIP	Zeitschrift für Wirtschaftsrecht
ZPO	Zivilprozeßordnung
ZVglRWiss	Zeitschrift für vergleichende Rechtswissenschaft

Einleitung

Der europäische Wirtschaftsraum wird durch die unternehmerische Betätigung der in ihm agierenden Unternehmen[1] geprägt. Diese Unternehmen sind die eigentlichen Akteure des europäischen Binnenmarktes[2] und wickeln den Großteil des Waren-, Dienstleistungs- und Kapitalverkehrs ab. Um zukünftig die europäische Wirtschaftsintegration weiter voranzutreiben, müssen die rechtlichen Barrieren der grenzüberschreitenden Unternehmensbetätigung weiter abgebaut werden. Zwar sind insbesondere im Bereich des Gesellschaftsrechts zahlreiche Regelungen ergangen,[3] dennoch erscheinen die Hürden auf dem Weg zu einer gemeinschaftsweiten Harmonisierung der nationalen Vorschriften immer noch hoch.[4]

Dabei gründet die Europäische Union auf der Idee, den wirtschaftlichen und sozialen Fortschritt durch einen Raum ohne Binnengrenzen zu fördern.[5] Dies wird nicht zuletzt durch das Niederlassungsrecht des EG-Vertrages zum Ausdruck gebracht. Danach haben Unternehmen die grundsätzliche Möglichkeit der europaweiten Ansiedlung. Die Niederlassungsfreiheit (Artt. 43 bis 48 EG[6]) soll gerade die Eingliederung einer Gesell-

---

[1] Die Unternehmen sind i.d.R. als Kapitalgesellschaften ausgestaltet. Die Kapitalgesellschaft ist heute die bei weitem dominierende Rechtsform für unternehmerische Betätigung. Die Zahl der Gesellschaften mit beschränkter Haftung lag 1999 in Deutschland bei rund 820.000 mit einem Stammkapital von über 302 Mrd. DM (vgl. HANSEN, GmbHR 1999, S. 24). Die Zahl der Aktiengesellschaften betrug Ende 1999 ca. 7.375, wovon rund 800 Gesellschaften an der Börse notiert waren. Das Grundkapital dieser Gesellschaften belief sich auf ca. 260 Mrd. DM (vgl. GRUNEWALD, GesR, S. 225 Rdnr. 6).

[2] Der europäische Binnenmarkt umfasst ca. 370 Millionen Verbraucher und 16 Millionen Unternehmen und ist damit einer der größten Wirtschaftsräume der Welt; vgl. Kommission, Grünbuch, Eine neue Arbeitsorganisation im Geiste der Partnerschaft, KOM (97) 128 endg., S. 4 f.

[3] Vgl. den Überblick über die bereits in Kraft getretenen und die noch nicht verabschiedeten Richtlinien bei SCHWARZ, Europäisches Gesellschaftsrecht, Rdnr. 283. Zum Stand des Europäischen Unternehmensrechts vgl. WIESNER, EuZW 1998, S. 619 ff.

[4] Nicht zuletzt die Europäische Aktiengesellschaft (SE), die nach Beilegung des ca. 40 Jahre andauernden Streits endlich verabschiedet worden ist, verdeutlicht, wie schwer die Angleichung nationaler Vorschriften auf europäischer Ebene ist.

[5] Vgl. Art. 2 EU.

[6] Alle Artikel in der Fassung des Vertrages von Amsterdam. Aufgrund der Umnummerierung der Artikel des Vertrages über die Europäische Union (EU) und des Vertrages zur Gründung der Europäischen Gemeinschaft (EG), die gemäß dem Vertrag von Amsterdam erfolgt ist, wendet der Gerichtshof eine neue Zitierweise für die Bestimmungen des EU- und des EG-Vertrages an. Wird auf einen Artikel eines Vertrages in der nach dem 1. Mai 1999 geltenden Fassung Bezug genommen, so gilt EU als Bezeichnung für den Vertrag über die Europäischen Union und EG für den EG-Vertrag. Vgl. Tätigkeitsbericht des Ge-

schaft in eine ausländische Volkswirtschaft ermöglichen und bildet damit die Grundlage für die unternehmerische Freizügigkeit innerhalb der Europäischen Gemeinschaft.[7] Jeder soll dort tätig werden können, wo die Infrastruktur, das Marktpotenzial und die Produktionsfaktoren seinen Bedürfnissen am ehesten gerecht werden.

Die Europäisierung bzw. Globalisierung der Wirtschaft in Verbindung mit einer zunehmenden Standortunabhängigkeit vieler Wirtschaftszweige führt zu erhöhten Standortansprüchen.[8] Dies gilt insbesondere für international bzw. global tätige Unternehmen. Der Abbau der Handelsbeschränkungen und die uneingeschränkte Mobilität der Produktionsfaktoren zwischen den Mitgliedstaaten der EG haben den Wettbewerb zwischen Regionen als Anbieter von Wirtschaftsstandorten verschärft. Dabei erfahren neben den klassischen Standortfaktoren wie bspw. Verkehrsanbindung, Arbeitskräftepotenzial, Fördermittelgewährung oder Lage zu den Absatz- und Beschaffungsmärkten die Standortvorteile, die sich aus der Rechtsordnung eines Landes ergeben, im Standortentscheidungsprozess ein stärkeres Gewicht.[9] Attraktiv ist dabei für den Unternehmer - unter der Voraussetzung bestehender Rechtssicherheit - eine Rechtsordnung, die ihm innerhalb seines Unternehmens den größten gesellschaftsrechtlichen Bewegungsspielraum zubilligt. Staaten, deren Rechtsordnungen im europaweiten Vergleich als

---

richtshofs und des Gerichts erster Instanz der Europäischen Gemeinschaften, Nr. 21/99, S. 35. Diese Zitierweise findet im Folgenden Anwendung.

7 Die Europäische Gemeinschaft (Art. 1 EG) ist neben der Europäischen Atomgemeinschaft (Art. 1 Euratom-Vertrag), der Europäischen Gemeinschaft für Kohle und Stahl (Art. 1 EGKS-Vertrag), der gemeinsamen Außen- und Sicherheitspolitik und der Zusammenarbeit in den Breichen Justiz und Inneres ein Teil der Europäischen Union. Für den Bereich des Gesellschafts- und Unternehmensrechts ist jedoch die Europäische Gemeinschaft normativ. Insoweit wird im weitern Verlauf nur von der Europäischen Gemeinschaft gesprochen. Vgl. zu dem Verhältnis Europäische Gemeinschaft – Europäische Union VON BOGDANDY/NETTESHEIM, EuR 1996, S. 3 ff.

8 Vgl. SCHNURRENBERGER, Standortwahl und Standortmarketing, S. 2 f. Vgl. auch KOTKIN, The new geography: How the digital revolution is reshaping the American landscape.

9 Eine entsprechende Entwicklung deutet sich im Bereich des Zivilrechts bei der Einführung des sog. Herkunftslandprinzips an. Das Gesetzes über rechtliche Rahmenbedingungen für den elektronischen Geschäftsverkehr greift auf das Herkunftslandprinzip zurück, mit dem klargestellt wird, dass Diensteanbieter sich grundsätzlich nur an den Gesetzen des Staates zu orientieren haben, in dem sie niedergelassen sind. Aufgrund dieses Herkunftslandprinzips wird künftig stärker darauf geachtet werden müssen, dass die nationalen Bestimmungen die einheimischen Anbieter nicht benachteiligen; vgl. Pressemitteilung der Bundesregierung vom 14.02. 2001.

besonders regelungsarm anzusehen sind, werden somit einen zusätzlichen Wettbewerbsvorteil bei der Unternehmensansiedlung realisieren können.[10]

Existenzgründern stellt sich neben unzähligen weiteren Überlegungen die Frage der passenden betrieblichen Rechtsform. Bei den zu berücksichtigenden Bestimmungsfaktoren für das optimale „Rechtskleid" spielt ohne Zweifel die Haftungsfrage eine entscheidende Rolle. Daneben ist aber auch der einmalige Kostenfaktor bei der Neugründung zu beachten. Die GmbH beispielsweise hat nach deutschem Recht zum Schutz ihrer Gläubiger das Stammkapital ziffernmäßig in ihrer Satzung festzulegen[11] und zwar mit einer Mindesthöhe von 25.000,- €.[12] In Frankreich müssen für eine GmbH[13] 7.500,- €, in Italien[14] 10.000,- € als Mindestkapital investiert werden. In Großbritannien[15] ist ein gesetzlicher Mindestbetrag, der bereits bei Gründung der Gesellschaft aufzubringen ist, nicht normiert.[16] Unternehmer, die eine GmbH in Deutschland gründen wollen, müssen im europäischen Vergleich wesentlich mehr Kapital aufbringen als zur Unternehmensgründung im Ausland. Der Wettbewerbsvorteil hinsichtlich der Gründungsvoraussetzungen liegt bei Großbritannien, Frankreich oder Italien. Sollten die weiteren Standortfaktoren keinen definitiven Ausschlag für Deutschland erwarten lassen, wird die Unternehmensansiedlung aus wirtschaftlicher Betrachtungsweise nicht im Inland erfolgen.

Der Verzicht auf eine weitere Angleichung der nationalen Rechtsordnungen der Mitgliedstaaten wird vor dem Hintergrund der zunehmenden internationalen bzw. globalen Standortkonkurrenz dazu führen, dass die Mitgliedstaaten mit einem vergleichsweise "regelungsarmen Recht" einen Standortvorteil gegenüber den anderen Mitgliedstaaten verwirklichen können. Für die Mitgliedstaaten gilt daher, die inländischen rechtlichen Rah-

---

10 Als Ergebnis dieser Entwicklung wird der sog „Delaware-Effekt" aus dem US-amerikanischen Recht als Beispiel angeführt, der den Gesellschaften eine Wahl des regelungsärmsten Rechts ermöglicht, wodurch die Interessen der Gläubiger, Minderheitsgesellschafter und Arbeitnehmer beeinträchtigt werden können. Zu den Auswirkungen eines „Delaware-Effekts" auf die europäische Gesellschaftsrechtspraxis vgl. MERKT, RabelsZ 1995, S. 549.

11 Vgl. § 3 Abs.1 Nr. 3 GmbHG.

12 Vgl. § 5 Abs.1 GmbHG.

13 Société à responsabilité limitée (S.A.R.L).

14 Società a responsabilità limitata (S.R.L.).

15 Private Company limited by shares (Ltd.).

16 Vgl. BEHRENS, in: Die Gesellschaft mit beschränkter Haftung im internationalen und europäischen Recht, F Rdnr. 11; I Rdnr. 11; GB/NI/EI Rdnr.16.

menbedingungen den Anforderungen der Unternehmen anzupassen,[17] um nicht den eigenen nationalen Wirtschaftsraum gegenüber konkurrierenden europäischen Rechtsordnungen zu benachteiligen.

Zur Angleichung der mitgliedstaatlichen Rechtsordnungen innerhalb der EG erscheint ein Wettbewerb erstrebenswert, bei dem die nationalen Gesellschaftsrechte sich nicht gegenseitig bei den Anforderungen hinsichtlich der Gründungsvoraussetzungen unterbieten, um auf diese Weise für die Unternehmen besonders attraktiv zu erscheinen.[18] Es muss ein Wettbewerb auf hohem Niveau sein, der das Gesellschaftsrecht im Sinne einer funktionierenden Wirtschaftsgestaltung positiv beeinflusst.

In Deutschland ist die derzeitige Handhabung einer Öffnung für ausländische Unternehmen restriktiv ausgestaltet. Dies verdeutlicht die nationale Rechtsprechung, wonach Sitzverlegungen deutscher Kapitalgesellschaften ins (EG-) Ausland zu deren Auflösung führen oder die Rechtsfähigkeit EG-angehöriger Gesellschaften bei einem Zuzug nach Deutschland verneint wird.[19] Für Unternehmen, die sich in Deutschland ansiedeln wollen, heißt das, dass sie sich in Deutschland nach nationalen Vorschriften neu gründen müssen. Bei einem Standortwechsel des Unternehmenssitzes ins Ausland ist das Unternehmen nach deutschen Vorschriften zu liquidieren. Von einer flexiblen Unternehmensplanung kann daher nicht ausgegangen werden. Dies muss Unternehmern, die sich Deutschland als potenziellen Standort vorstellen können, wenig attraktiv erscheinen.

Aber nicht nur Deutschland schränkt die Niederlassungsfreiheit ein. Auch aus den Gesellschaftsrechten anderer Mitgliedstaaten ergeben sich zahlreiche Einschränkungen. Ihren Grund finden diese Einschränkungen des Gemeinschaftsrechts durch die nationalen Rechte nicht zuletzt in der Rechtsprechung des EuGH aus dem Jahr 1988, der in seiner „Daily Mail" - Entscheidung[20] formulierte:

---

17 Zu den Anforderungen, die seitens der Unternehmer an das gemeinschaftliche und nationale Gesellschaftsrecht gestellt werden vgl. SCHÄFER, Justiziar der Siemens AG, in: NJW 2000, S. 3481, der fordert, dass gemeinschaftsweit gleiche Rahmenvoraussetzungen für alle Unternehmen geschaffen werden.

18 Vgl. SCHÄFER, in: Scheuing/Schwarz/Wollenschläger (Hrsg.), Europäisches Unternehmensrecht, S. 66.

19 Vgl. OLG Düsseldorf, Beschluss vom 26.3.2001, DB 2001, S. 1026 f. und BGH, Beschluss vom 30.3.2000, EuZW 2000, S. 412 f.

20 Vgl. EuGH, Urt. v. 27.9.1988, Rs. 81/87, Daily Mail, Slg. 1988, S. 5483 ff.; abgedruckt in: NJW 1989, S. 2186; DB 1989, S. 269. Siehe dazu Teil C 7.2.

„Beim derzeitigen Stand des Gemeinschaftsrechts gewähren die Artt. 52 und 58 EWGV[21] *einer Gesellschaft, die nach dem Recht eines Mitgliedstaates gegründet ist und in diesem ihren satzungsmäßigen Sitz hat, nicht das Recht, den Sitz ihrer Geschäftsleitung in einen anderen Mitgliedstaat zu verlegen."*[22]

Der EuGH entschied, dass die Niederlassungsfreiheit des Gemeinschaftsrechts die Verlegung des tatsächlichen oder satzungsmäßigen Sitzes eines Unternehmens von einem Mitgliedstaat in einen anderen nicht garantiere,[23] da Gesellschaften im Gegensatz zu natürlichen Personen Einheiten seien, die aufgrund einer *nationalen* Rechtsordnung geschaffen werden. Die deutschen Gerichte folgten dem Urteil des EuGH dahingehend, dass beispielsweise die Eintragung einer inländischen Zweigniederlassung einer englischen private limited company mit der Begründung verweigert wurde, die Gesellschaft habe im Ausland keinen effektiven Verwaltungssitz.[24]

Die Diskussion um die Frage, inwieweit nationale Regelungen die grenzüberschreitende Sitzverlegung von Unternehmen einschränken dürfen, ohne die Niederlassungsfreiheit des EG-Vertrages zu verletzen, flammte mit der „Centros" - Entscheidung des EuGH vom 9. März 1999[25] neu auf. Diesmal entschied der EuGH:

„Ein Mitgliedstaat, der die Eintragung der Zweigniederlassung einer Gesellschaft verweigert, die in einem anderen Mitgliedstaat, in dem sie ihren Sitz hat, rechtmäßig errichtet worden ist, aber keine Geschäftstätigkeit entfaltet, verstößt gegen die Artt. 52 und 58 EGV[26]*, wenn die Zweigniederlassung es der Gesellschaft ermöglichen soll, ihre gesamte Geschäftstätigkeit in dem Staat auszuüben, in dem diese Zweigniederlassung errichtet wird, ohne dort eine Gesellschaft zu errichten und damit das dortige Recht über die Errichtung von Gesellschaften zu umgehen, das höhere Anforderungen an die Einzahlung des Mindestgesellschaftskapitals stellt."*[27]

---

21 Heute Artt. 43 und 48 EG.

22 EuGH, Urt. v. 27.9.1988, Rs. 81/87, Daily Mail, Slg. 1988, S. 5514, Tenor.

23 Vgl. EuGH, Urt. v. 27.9.1988, Rs. 81/87, Daily Mail, Slg. 1988, S. 5511, Tz. 19, S. 5512, Tz. 24.

24 Vgl. BayObLGZ 1998, S. 195 = DB 1998, S. 2318 = NZG 1998, S. 936.

25 Vgl. EuGH, Urt. v. 9.3.1999, Rs. C-212/97, Centros, Slg. 1999 I, S. 1459 ff., abgedruckt in: ZIP 1999, S. 438; NZG 1999, S. 298.

26 Heute Artt. 43 und 48 EG.

27 EuGH, Urt. v. 9.3.1999, Rs. C-212/97, Centros, Slg. 1999 I, S. 1459, Tenor des Gerichts. Der Tenor dieser Entscheidung lautet weiter: „Diese Auslegung schließt jedoch nicht aus,

Die zunächst durch das „Daily Mail“ - Urteil entschieden geglaubte Frage der Überlagerung des Internationalen Gesellschaftsrechts durch Normen des EG-Vertrages, ist nun wieder Gegenstand zahlreicher kontrovers geführter Diskussionen.[28] Das Urteil des EuGH weist aber auch eine erhebliche praktische Relevanz auf. So lagen dem EuGH verschiedene Vorlagefragen betreffend die Vereinbarkeit des nationalen Kollisionsrechts (Sitztheorie) mit dem Gemeinschaftsrecht vor.[29]

Unter Bezugnahme auf die Rechtsprechung des EuGH im Fall "Centros" stellt sich die Frage, wie deutsche Gerichte nunmehr die Ansiedlung ausländischer Zweigniederlassungen zu behandeln haben. „Centros“ zeigt, dass der EuGH die Gründung einer Zweigniederlassung in einem Mitgliedstaat nicht als Umgehung des nationalen Rechts des betroffenen Mitgliedstaates sieht, sondern als Ausübung einer europarechtlichen Option.[30] Inwieweit durch dieses Urteil nicht nur die sekundäre sondern auch die primäre Niederlassungsfreiheit betroffen ist, gilt es im Verlauf der Arbeit zu untersuchen. Die Entscheidungsgründe selbst sagen nichts darüber aus, ob die Niederlassungsfreiheit für gemeinschaftsangehörige Gesellschaften auch beinhaltet, dass diese Gesellschaften ihren Standort frei wählen können, ohne sich dem jeweiligen nationalen Gesellschaftsrecht anpassen zu

---

dass die Behörden des betreffenden Mitgliedstaats alle geeigneten Maßnahmen treffen können, um Betrügereien zu verhindern oder zu verfolgen. Das gilt sowohl – gegebenenfalls im Zusammenwirken mit dem Mitgliedstaat, in dem sie errichtet wurde – gegenüber der Gesellschaft selbst als auch gegenüber den Gesellschaftern, wenn diese sich mittels der Errichtung der Gesellschaft ihren Verpflichtungen gegenüber inländischen privaten oder öffentlichen Gläubigern entziehen möchten.“

28 Vgl. den Nachweis der zahlreichen Anmerkungen und Besprechungen der „Centros“ - Entscheidung bei FORSTHOFF, EuR 2000, S. 167.

29 U.a. eine Vorlage des BGH an den EuGH. Vgl. BGH, Beschluss vom 30.3.2000, abgedruckt in: EuZW 2000, S. 412 ff. Die Vorlage des AG Heidelberg an den EuGH hinsichtlich der Eintragungsfähigkeit der Sitzverlegung einer deutschen GmbH nach Spanien, abgedruckt in: EuZW 2000, S. 414 ff., wurde durch den EuGH als unzulässig abgewiesen, da es sich um Fragen im Rahmen eines Verfahrens der freiwilligen Gerichtsbarkeit handelte. Vgl. EuGH, Beschluss vom 10.7.2001, abgedruckt in: NJW 2001, S. 3179 f. Vgl. dazu Teil E 2.1.

Auch in Österreich führte das „Centros“ - Urteil zu weitreichenden Konsequenzen: Der österreichische OGH sah sich gezwungen, die in Österreich gesetzlich fixierte Sitztheorie nur noch eingeschränkt anzuwenden; abgedruckt in EuZW 2000, S. 156 ff. Vgl. dazu Teil E 3.

30 Vgl. EuGH, Urt. v. 9.3.1999, Rs. C-212/97, Centros, Slg. 1999 I, S. 1459 ff., Leitsatz: ".....verstößt gegen die Art. 52 und 58 EGV, wenn die Zweigniederlassung es der Gesellschaft ermöglichen soll, ihre gesamte Geschäftstätigkeit in dem Staat auszuüben, in dem diese Zweigniederlassung errichtet wird, ohne dort eine Gesellschaft zu errichten und damit das dortige Recht über die Errichtung von Gesellschaften zu umgehen, das höhere Anforderungen an die Einzahlung des Mindestgesellschaftskapitals stellt...."; vgl. zum „Centros“ - Urteil im einzelnen Teil C 7.2.

müssen. Der EuGH gibt lediglich die Grenze der Niederlassungsfreiheit vor, die dann eingreift, wenn sich die Gesellschaft ihren Verpflichtungen gegenüber inländischen Gläubigern entziehen möchten (also bei Missbrauch und Betrügereien). In diesem Fall steht es dem betroffenen Mitgliedstaat offen, geeignete Maßnahmen zu ergreifen.[31]

Aus einer Interpretation der Rechtsprechung des EuGH dahingehend, dass die Niederlassungsfreiheit den Unternehmen eine Auswahl unter den europäischen Rechtsformen gewährt, ergeben sich weitreichende Konsequenzen für die Standortentscheidung von Unternehmen. Die Wahl der Rechtsform wird innerhalb der EG zu einer unabhängigen Variablen im betriebswirtschaftlichen Standortentscheidungsprozess. Sie tangiert nicht mehr die Bestimmung des optimalen Standorts für die unternehmerische Geschäftstätigkeit.

Gerade für kleine und mittelständische Betriebe, die häufig durch eine vergleichsweise geringe Eigenkapitalausstattung geprägt sind, beinhaltet eine solche Rechtswahlfreiheit interessante Aspekte. Viele dieser Unternehmen können die hohen Anforderungen des deutschen Kapitalgesellschaftsrechts nicht erfüllen. Für sie vorteilhafte Regelungen bleiben ihnen nach deutschem Recht verschlossen. Solche Unternehmen könnten die für sie günstige Rechtsform innerhalb der EG frei wählen, ohne den Standort ihrer wirtschaftlichen Tätigkeit verlagern zu müssen. Aber auch für große Unternehmen bzw. Konzerne wäre die freie Wahl der Rechtsform vorteilhaft. Die derzeitige Praxis der Gründung von Tochtergesellschaften könnte durch die Errichtung von Zweigniederlassungen ersetzt werden. Denn im Gegensatz zu den Zweigniederlassungen erfordern die Tochtergesellschaften einen erheblichen Aufwand bei der Gesellschaftsverwaltung, verursachen immense Kosten und sind bei geschäftspolitischen Entscheidungen meist schwerfällig.[32]

Vor diesem Hintergrund setzt sich die Arbeit zum Ziel, die Rechtswahlmöglichkeiten von Kapitalgesellschaften innerhalb der EG zu bestimmen und die sich ergebenden Konsequenzen für die betriebswirtschaftliche Standortwahl aufzuzeigen. Unberührt davon bleiben Aspekte des Steuerrechts, deren Erörterung weiteren Untersuchungen vorbehalten bleibt.

---

31 Vgl. EuGH, Urt. v. 9.3.1999, Rs. C-212/97, Centros, Slg. 1999 I, S. 1459 ff., Leitsatz: ".....dass die Behörden des betreffenden Mitgliedstaats alle geeigneten Maßnahmen treffen können, um Betrügereien zu verhindern oder zu verfolgen...".

32 Vgl. SCHÄFER, in: Scheuing/Schwarz/Wollenschläger (Hrsg.), Europäisches Unternehmensrecht, S. 64.

Aufbau der Arbeit

Ein Markt ohne Binnengrenzen[33] setzt grenzüberschreitende Organisationsmöglichkeiten für die in dem Markt tätigen Unternehmen voraus.[34] Erst die Möglichkeit eines Umzuges von Unternehmen innerhalb dieses Marktes gibt diesen die Chance, innerhalb eines „level playing field" ohne erhebliche Transaktionskosten innerhalb der EG den produktivsten Standort auszuwählen.[35] Vor diesem Hintergrund liegen der Arbeit im wesentlichen zwei Fragestellungen zugrunde. Erstens: Welche Rechtsformen stehen Unternehmen nach der „Centros" - Entscheidung des EuGH innerhalb der Europäischen Gemeinschaft offen? Zweitens: Welche Konsequenzen ergeben sich aus der Rechtsprechung des EuGH für die Standortentscheidung von Unternehmen bzw. wird das Entscheidungskriterium „Gesellschaftsrecht" innerhalb der Europäischen Gemeinschaft zu einer unabhängigen Variablen im betriebswirtschaftlichen Standortentscheidungsprozess?

Um durch die Erörterung des „Centros" - Urteils zu einer Aussage der derzeitigen Reichweite der Niederlassungsfreiheit für die Ansiedlung von Gesellschaften und die daraus resultierenden Konsequenzen für Unternehmen in ihrer Standortentscheidung zu gelangen, müssen zunächst erforderliche Grundüberlegungen getroffen werden. Daher beschäftigt sich die Arbeit zu Beginn (*Teil A*) mit Grundzügen der betriebswirtschaftlichen Standortentscheidung. Neben der Darstellung der Kategorien betriebswirtschaftlicher Standortentscheidungen werden die Motive und die Bedeutung der Standortwahl im Unternehmen untersucht.

In *Teil B* der Arbeit wird der Unternehmenssitz als Gegenstand der betriebswirtschaftlichen Standortentscheidung und die sich daraus ergebenden Konsequenzen erörtert. Ausgangspunkt ist hier die Überlegung, dass das Gesellschaftsrecht kein Selbstläufer sein darf, sondern im Dienst einer funktionierenden Wirtschaftsgestaltung stehen muss. So orientiert sich ein Unternehmen bei der Auswahl möglicher Ansiedlungen traditionell an den klassischen harten Standortfaktoren, unter denen die gesellschaftsrechtlichen Bestimmungen eines Standortes im Allgemeinen eine untergeordnete Rolle spielen. Nach wie vor wird der Unternehmensstandort anhand der

---

33 Nach Art. 14 EG sollte bis zum 1.1.1993 der Einheitliche Binnenmarkt verwirklicht sein, d.h. ein „Raum ohne Binnengrenzen, in dem der freie Verkehr von Waren, Personen und Dienstleistungen gemäß den Bestimmungen dieses Vertrages gewährleistet ist".

34 Vgl. KREUZER, Die grenzüberschreitende Mobilität von Gesellschaften im Gemeinsamen Markt, S. 49.

35 Vgl. TROBERG, in: Groeben/Thiesing/Ehlermann, Kommentar zum EU-/EG-Vertrag, Vorb. zu Artt. 52-58 Rdnr. 4; vgl. dazu auch SCHÖN, ZHR 1996, S. 242.

Standortfaktoren Produktionsfaktoren, Infrastruktur und Marktpotenzial, die einen Standort auszeichnen, festgelegt. Allerdings wird diese betriebswirtschaftliche Standortentscheidung herkömmlich als schwer revidierbar charakterisiert, was zur Folge hat, dass der einmal gewählte Unternehmenssitz in der Regel Bestand hat. Dieser in einem beliebigen Staat liegende Unternehmenssitz bestimmt aber, welche Rechtsordnung auf die unternehmerischen Verhältnisse anzuwenden ist. Die Rechtsordnung bzw. das nationale Gesellschaftsrecht ist wiederum dafür maßgebend, welche Rechtsformen dem Unternehmen zur Ansiedlung zur Verfügung stehen. Damit fällt auch dem Gesellschaftsrecht eine nicht zu unterschätzende Bedeutung zu. Vor diesem Hintergrund untersucht die Arbeit in diesem Teil die rechtliche Bedeutung des Unternehmenssitzes hinsichtlich der gängigen Rechtsformen des deutschen und europäischen Rechts. Insoweit werden auch die Grundzüge und Zusammenhänge zwischen nationalem, internationalem und europäischem Gesellschaftsrecht erörtert.

Teil C befasst sich mit der Ermittlung der Möglichkeiten und Grenzen, die die Niederlassungsfreiheit des EG-Vertrages einem Unternehmen innerhalb des europäischen Binnenmarktes bietet. Innerhalb der EG steht den Unternehmen unbestritten die Möglichkeit offen, eine Standortwahl durch die Gründung von Tochtergesellschaften oder Zweigniederlassungen vorzunehmen (vgl. Art. 43 EG). Art. 48 EG garantiert seinem Wortlaut nach darüber hinaus juristischen Personen in gleichem Maße wie natürlichen Personen die Teilnahme an der Niederlassungsfreiheit des Art. 43 EG. Die identitätswahrende Verlegung eines Unternehmenssitzes wird aus diesem Grunde zum Teil schon aus der Sicht des gemeinschaftsrechtlichen Primärrechts als „ureigenster Ausdruck eines Europäischen Binnenmarktes" angesehen. Allerdings war durch die „Daily Mail" – Entscheidung des EuGH geklärt, dass Unternehmen, die ihren Sitz verlegen, sich an dem neuen Gesellschaftsstatut des neuen Standortes zu messen haben. Der Streit um die Frage der gemeinschaftsweiten Organisationsmöglichkeiten von Unternehmen wurde aber durch die „Centros" - Entscheidung des EuGH neu entfacht. Mit dieser Maßgabe werden in diesem Teil der Arbeit nicht nur die Voraussetzungen für die Niederlassungsfreiheit von Unternehmen innerhalb der EG analysiert, sondern es werden unter Zugrundelegung der Rechtsprechung des EuGH Möglichkeiten erörtert, die Unternehmen hinsichtlich ihrer Rechtsformwahl nach Gemeinschaftsrecht offen stehen.

Teil D beschäftigt sich mit der Frage, welche Einschränkungen unternehmerische Ansiedlungsvorhaben durch das deutsche Gesellschaftsrecht erfahren. Im Europäischen Binnenmarkt finden neben dem Gemeinschaftsrecht nationale gesellschaftsrechtliche Vorschriften auf Unternehmen Anwendung, da diese nach wie vor ihre Existenz einer bestimmten nationalen

Rechtsordnung verdanken. Das Aufeinandertreffen verschiedener Rechtsordnungen bei einer unternehmerischen Umstrukturierung beinhaltet zwei unterschiedliche Problemkreise. Einerseits geht es um die Frage, ob eine Verlagerung eines Unternehmensteils zu einem Wechsel des auf die Gesellschaft anwendbaren Rechts führt (Kollisionsrecht), andererseits um das Problem, ob sich die Gesellschaft als Organisationseinheit in die Zielrechtsform eines anderen Staates umgründen kann (Sachrecht). In diesem Teil der Arbeit werden insbesondere die Niederlassungsmöglichkeiten von Unternehmen durch Zuzug aus dem Ausland bzw. die Möglichkeiten einen einmal in Deutschland gewählten Standort unter Wahrung der rechtlichen Existenz des Unternehmens ins Ausland zu verlegen, untersucht.

Der anschließende *Teil E* erörtert inwieweit sich die „Centros" - Rechtsprechung des EuGH auf die deutsche Gesellschaftsrechtspraxis auswirkt. Es werden die Bedeutung und die Folgen der „Centros" - Rechtsprechung des EuGH für das deutsche Gesellschaftsrecht analysiert. Da die Freizügigkeit von Unternehmen nicht nur in der Gründung oder dem Erwerb von Tochtergesellschaften oder der Errichtung von Zweigniederlassungen im europäischen Ausland besteht, wird vorliegend auch untersucht, wie sich die im Fall „Centros" ergangene Rechtsprechung auf den Fall der identitätswahrenden Sitzverlegung eines Unternehmens ins Ausland oder von dort nach Deutschland auswirkt.

In *Teil F* der Arbeit werden die gewonnenen Ergebnisse hinsichtlich ihrer Bedeutung für die Standortentscheidung von Unternehmen untersucht. Dies unter dem Gesichtspunkt, dass das europäische Gesellschaftsrecht gleiche Rahmenbedingungen für alle Unternehmen und Standorte gewährleisten sollte, um tatsächlich allen Unternehmen in Europa gleiche Wettbewerbschancen zu ermöglichen.

Die Schlussbetrachtung in *Teil G* fasst die wesentlichen Aspekte der Arbeit zusammen und versucht anhand von Thesen die wichtigsten Ergebnisse nochmals zu verdeutlichen.

Einen Überblick über den Aufbau der Arbeit vermittelt die nachfolgende Abbildung 1:

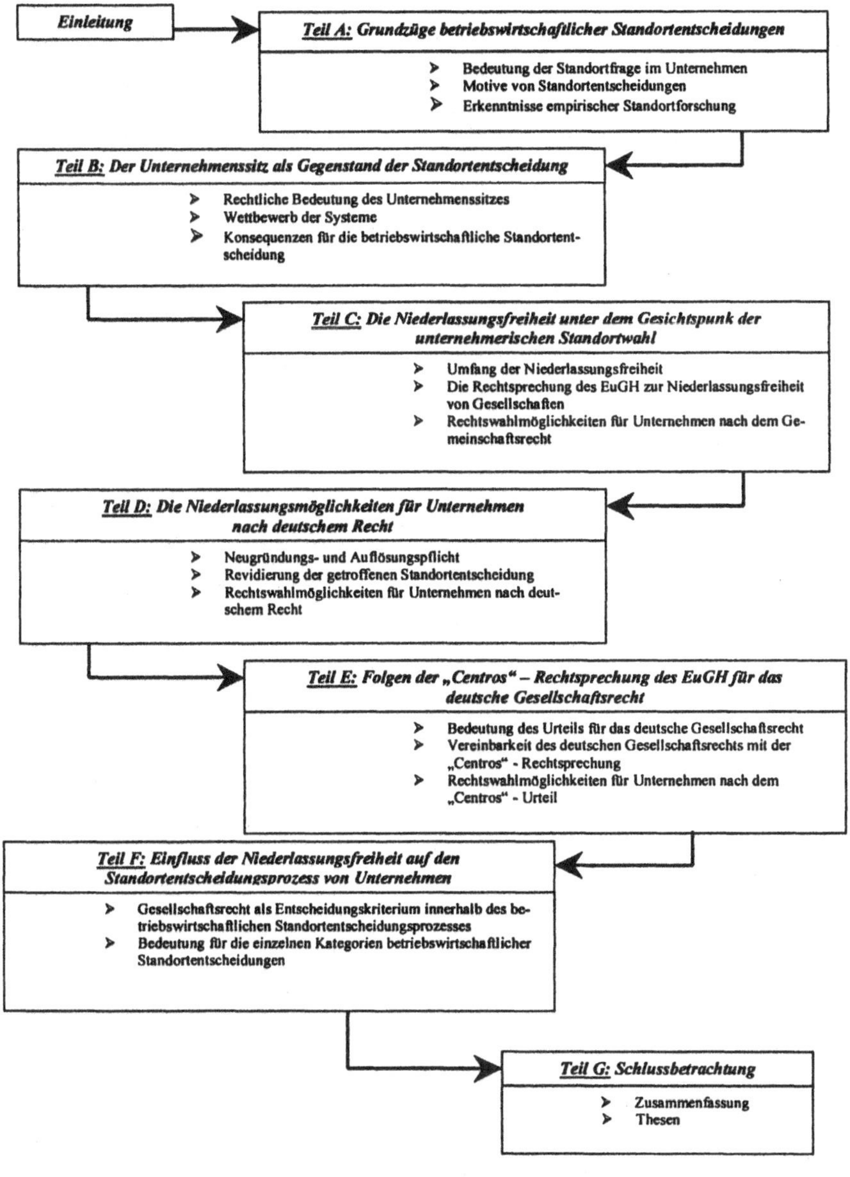
Einleitung
Teil A: Grundzüge betriebswirtschaftlicher Standortentscheidungen
Bedeutung der Standortfrage im Unternehmen
Motive von Standortentscheidungen
Erkenntnisse empirischer Standortforschung
Teil B: Der Unternehmenssitz als Gegenstand der Standortentscheidung
Rechtliche Bedeutung des Unternehmenssitzes
Wettbewerb der Systeme
Konsequenzen für die betriebswirtschaftliche Standortentscheidung
Teil C: Die Niederlassungsfreiheit unter dem Gesichtspunk der unternehmerischen Standortwahl
Umfang der Niederlassungsfreiheit
Die Rechtsprechung des EuGH zur Niederlassungsfreiheit von Gesellschaften
Rechtswahlmöglichkeiten für Unternehmen nach dem Gemeinschaftsrecht
Teil D: Die Niederlassungsmöglichkeiten für Unternehmen nach deutschem Recht
Neugründungs- und Auflösungspflicht
Revidierung der getroffenen Standortentscheidung
Rechtswahlmöglichkeiten für Unternehmen nach deutschem Recht
Teil E: Folgen der „Centros“ – Rechtsprechung des EuGH für das deutsche Gesellschaftsrecht
Bedeutung des Urteils für das deutsche Gesellschaftsrecht
Vereinbarkeit des deutschen Gesellschaftsrechts mit der „Centros“ - Rechtsprechung
Rechtswahlmöglichkeiten für Unternehmen nach dem „Centros“ - Urteil
Teil F: Einfluss der Niederlassungsfreiheit auf den Standortentscheidungsprozess von Unternehmen
Gesellschaftsrecht als Entscheidungskriterium innerhalb des betriebswirtschaftlichen Standortentscheidungsprozesses
Bedeutung für die einzelnen Kategorien betriebswirtschaftlicher Standortentscheidungen
Teil G: Schlussbetrachtung
Zusammenfassung
Thesen

A. Grundzüge betriebswirtschaftlicher Standortentscheidungen

Zur Beantwortung der Frage, ob die unternehmerische Standortwahl durch das Gesellschaftsrecht als Entscheidungskriterium beeinflusst wird, sind zunächst die Grundzüge der betriebswirtschaftlichen Standortentscheidung zu erörtern.

I. Der Standort als Gegenstand der betriebswirtschaftlichen Standortentscheidung

Von betriebswirtschaftlichen Standortentscheidungen spricht man, wenn es um die Wahl eines geeigneten Standortes für die Wertaktivitäten des Unternehmens geht.[1] Dabei wird der Standort in der betriebswirtschaftlichen Literatur allgemein als geographischer Ort betrachtet, an dem das Unternehmen Produktionsfaktoren zur Leistungserstellung einsetzt.[2] Legte man diesen Begriff eng aus, so würde er allein die eigentlichen Produktionsstätten selbst, wie bspw. Fabriken beinhalten.[3] In Literatur und Praxis wird der Standortbegriff jedoch weiter ausgelegt. Hier reicht die Bandbreite von der einzelnen Immobilie bis hin zu Ländern, Ländergemeinschaften und Kontinenten.[4] Davon abzugrenzen ist der innerbetriebliche Standort, der die räumliche Lage von Betriebsmitteln innerhalb des Betriebsgrundstückes erfasst.[5] Dieser soll im weiteren Verlauf keine Rolle spielen.

Eine Klassifikation von Standorten lässt sich, ausgehend von dem Abgrenzungskriterium des hoheitsrechtlichen Status nach *Schnurrenberger* wie folgt darstellen:[6]

- Intrakommunale Standorte (bspw. einzelne Gewerbeimmobilien etc.)
- Kommunen und Städte
- Regionen und Subregionen
- Länder bzw. Staaten

---

1 Vgl. BALDERJAHN, Standortmarketing, S. 1.

2 Vgl. BEA/DICHTL/SCHWEITZER, Allgem. Betriebswirtschaftslehre, S. 417; SCHMALEN, Grundlagen und Probleme der Betriebswirtschaft, S. 59.

3 Vgl. SCHNURRENBERGER, Standortwahl und Standortmarketing, S. 11.

4 Vgl. BALDERJAHN, Standortmarketing, S. 1; SCHNURRENBERGER, Standortwahl und Standortmarketing, S. 11.

5 Vgl. DOMSCHKE/DREXL, Standorte, S. 4.

6 Siehe SCHNURRENBERGER, Standortwahl und Standortmarketing, S. 14 f.

- Länderzusammenschlüsse (Wirtschaftsregionen wie bspw. NAFTA, MECOSUR oder EG)

Hinsichtlich der weiteren Untersuchung interessieren vor allem die Länder bzw. Staaten und der Länderzusammenschluss in Form der EG.

Standorte werden bei einer wirtschaftswissenschaftlichen Betrachtungsweise oft als Konstrukte begriffen, die durch ausgewählte Merkmale operationalisiert werden können.[7] Bereits 1909 prägte *Alfred Weber*[8] für diese Merkmale den Begriff Standortfaktoren. Danach wird ein Standortfaktor definiert als „einen seiner Art nach scharf abgegrenzten Vorteil, der für eine wirtschaftliche Tätigkeit dann eintritt, wenn sie sich an einem bestimmten Ort, oder auch generell an Plätzen bestimmter Art vollzieht."[9] Ein Wirtschaftsstandort selbst kann daher als ein Bündel relevanter Standortfaktoren aufgefasst werden.[10]

Heute wird der Begriff des Standortfaktors aber wesentlich weiter gefasst. Standortfaktoren werden nunmehr als „Tatbestände, die für die Wahl eines äußeren Standortes unter ökonomischen Gesichtspunkten maßgebend sind", definiert.[11] Zum Zweck der Beschreibung von Wirtschaftsstandorten, ist es dabei üblich, Standortfaktorenkataloge aufzustellen.[12] Der Standort kann dabei als eine Art von Produkt gesehen werden, das sich aus einer Vielzahl unterschiedlicher Bestandteile (Standortfaktoren) zusammensetzt. *Spieß* charakterisiert diese Bestandteile als Angebotskomponenten des Standortes und unterscheidet:[13]

- **natürliche Komponenten:** geographische Lage auf dem Erdball, geographische Lage zu anderen Gebieten, naturräumliche Größe, Oberflä-

---

7 Vgl. TROMMSDORFF, Konsumentenverhalten, S. 31 f.

8 Der Begriff „Standortfaktor" wurde erstmals von *Alfred Weber* in den Mittelpunkt einer Standortanalyse gestellt. Er sah als erster die Notwendigkeit einer eigenen „Theorie des Standortes der Gewerbe". Die Standortforschung ist bis heute von *Webers* Grundsätzen geprägt, da er erstmals eine Standorttheorie entwickelte, die auf den Gegebenheiten der Industrie aufbaute (vgl. BEHRENS, Allgemeine Standortbestimmungslehre, S. 7). Es gibt zwar frühere Ansätze einer solchen Theorie, *Weber* fügte sie jedoch als erster zu einem geschlossenen Erklärungsansatz zusammen (vgl. MEYER-LINDEMANN, Typologie der Theorien des Industriestandortes, S. 24).

9 WEBER, Reine Theorie des Standorts, S. 16.

10 Vgl. BALDERJAHN, Standortmarketing, S. 1.

11 Gabler Wirtschaftslexikon, Sp. 1386.

12 Siehe SCHNURRENBERGER, Standortwahl und Standortmarketing, S. 19.

13 Vgl. SPIEß, Marketing für Regionen, S. 29.

chengestalt, Landschaftsbild, Bodengüte, Flora und Fauna, Klima, Rohstoffe usw.

- **soziokulturelle Komponenten:** Tradition, Religion, Architektur, Sprache, Mentalität, Brauchtum, Kultur usw.
- **Komponenten der allgemeinen Infrastruktur:** Verkehr (Schiene, Straße, Flughäfen, Wasserwege), Versorgung (Wasser- und Energieversorgung), Entsorgung (Müllentsorgung), Kommunikation (Telefon, ISDN-Anschlüsse, Breitbandnetze), Gesundheits-, Verwaltungs- und Bildungswesen (Krankenhäuser, Ärzte, Behörden, Universitäten, Schulen, Weiterbildungseinrichtungen) usw.
- **primär wirtschaftsrelevante Komponenten:** Wirtschaftsordnung (wirtschaftsrechtliche Bestimmungen wie Wettbewerbsgesetze, Mitbestimmung etc.), staatliche Regulierungen, Umweltschutzbestimmungen, Industrie- und Gewerbeflächenangebot, Sektoral-, Branchen-, und Unternehmensstruktur, Technologiezentren, Technologietransferstellen, wirtschaftsnahe Forschungseinrichtungen, Arbeitskräfteangebot, Lohnniveau, öffentliche Förderung, Steuern, Gebühren, Bevölkerung (Zahl, Altersstruktur, Qualifikation, Einkommen, Kaufkraft) usw.
- **primär tourismus- und freizeitrelevante Komponenten:** Spiel- und Sportanlagen, Wanderwege, Skilifte, Strandanlagen, Kongress- und Kuranlagen, Hotellerie, Gastronomie, Kinos, Theater, Museen, Denkmäler, Konzerte usw.
- **primär wohnstandortrelevante Komponenten:** qualitatives und quantitatives Wohnraumangebot, Mietniveau, Baulandverfügbarkeit und -preise, physische Sicherheit usw.

Den Angebotskomponenten eines Standortes steht das Standortanforderungsprofil eines Unternehmens gegenüber. In diesem Standortanforderungsprofil konkretisiert sich der Anspruch und das Anspruchsniveau an die einzelnen, vom Unternehmen als relevant erachteten Standortfaktoren.

Zu den primär wirtschaftsrelevanten Komponenten zählt auch die Wirtschaftsordnung eines Standortes. Die Wirtschaftsordnung lässt sich allgemein als das „Recht der Wirtschaft" verstehen. Dazu zählt die wirtschaftliche Betätigung, die einerseits nach den Regeln des Privatrechts (Wirtschaftsprivatrecht) organisiert werden und andererseits einer öffentlich-rechtlichen Normierung (Wirtschaftsverwaltungsrecht) unterliegen. Im vorliegenden Zusammenhang soll das Wirtschaftsprivatrecht als Inbegriff der Rechtsvorschriften, die den im Wirtschaftsleben handelnden Subjekten einen Rahmen für ihre Interaktion untereinander setzen, als Angebotskomponente eines Standortes zugrunde gelegt werden.

2. Die Bedeutung der Standortfrage im Unternehmen

Die Standortwahl gehört zu den wesentlichen Entscheidungen bei der Gründung, Verlagerung oder Teilverlagerung eines Unternehmens.[14] Damit zählen Standortentscheidungen zu den konstitutiven Entscheidungen, die ein Unternehmen zu treffen hat. Im Unterschied zu den laufenden Entscheidungen befassen sich die konstitutiven Entscheidungen mit Aufbauproblemen in der Gründungsphase sowie mit grundlegenden Entscheidungen im Lebenszyklus eines Unternehmens.[15]

Traditionell werden betriebswirtschaftliche Standortentscheidungen als schwer revidierbar und rahmengebend für viele Folgeentscheidungen charakterisiert.[16] Eine einmal getroffene Standortentscheidung ist in der Regel schwer rückgängig zu machen. Dennoch ist eine generelle Aussage dieser Art zukünftig weniger Gewicht beizumessen. Denn Begriffe wie Netzwerk-eConomy, virtuelle Unternehmen und Märkte, Netzkooperation und Online-Communities verweisen auf eine sich bereits abzeichnende, neue Qualität an Standortunabhängigkeit von Unternehmen bestimmter Branchen in einer digitalen Ökonomie.[17] In der digitalen Ökonomie definiert sich die Existenz und Bedeutung eines Unternehmens nach *Maier* „nicht durch physische Präsenz und Handlungen im realen Raum, sondern durch Kommunikation im Cyberspace."[18] In dieser „Sphäre" müssen sich Unternehmen auf eine sehr hohe Dynamik des Marktgeschehens einstellen, die einerseits zu vielen Unsicherheiten und Risiken, andererseits aber auch zu erhöhten Chancen und Möglichkeiten führen kann. Unternehmerische Flexibilität und hohes „Reaktionsvermögen" werden daher zukünftig immer mehr gefragt sein.

Im Zuge dieser wachsenden Standortunabhängigkeit ökonomischer Aktivitäten werden sich auch Standortentscheidungen einfacher revidieren lassen. Eine einfachere Revidierbarkeit von Standortentscheidungen bei hoher oder höchster Standortunabhängigkeit unternehmerischer Aktivität bedeutet jedoch nicht gleichzeitig eine prinzipiell verminderte Bedeutung der Standortentscheidung im Unternehmen. Vielmehr ist das Gegenteil der Fall. Denn mit wachsenden Freiheitsgraden bei der Standortwahl erhöht sich

---

14 Vgl. PIEPER, Das interregionale Standortwahlverhalten der Industrie in Deutschland, S. 14.

15 Vgl. BEA/DICHTL/SCHWEITZER, Allgem. Betriebswirtschaftslehre, S. 410.

16 Vgl. HEINEN, Industriebetriebslehre, S. 232 ff.

17 Vgl. MAIER, Standortparadoxien und die neue Geografie der Netzwerk-eConomy, S. 1.

18 MAIER, Standortparadoxien und die neue Geografie der Netzwerk-eConomy, S. 1.

auch die Zahl der möglichen Standortalternativen. Die Wahl des optimalen Standortes wird damit komplexer.

Folgendes Beispiel mag eine derartige Entwicklung verdeutlichen:

In einer digitalen Ökonomie können Unternehmen bestimmter Branchen weitestgehend unabhängig von der Verkehrsinfrastruktur oder dem Marktpotenzial des möglichen Standortes existieren. Denn die vom Unternehmen angebotene (Dienst-)Leistung ist nicht auf die herkömmlichen Verkehrswege angewiesen. Lediglich die Kommunikationsinfrastruktur spielt bei der Standortentscheidung eine Rolle.

Der für das Unternehmen relevante Markt wird durch „Kommunikation im Cyberspace“ [19] erreicht. Bestimmte Marktchancen des Standortes können insoweit bei der Standortentscheidung vernachlässigt werden. Eine derart ausgestaltete Standortunabhängigkeit von den klassischen Faktoren führt zu einer steigenden Zahl der Entscheidungsmöglichkeiten hinsichtlich eines potenziellen Standortes. Für das beschriebene Unternehmen wird aufgrund der zunehmenden Alternativen die Standortwahl komplexer.

Da die Standortwahl zu den wesentlichen Entscheidungen eines Unternehmens zählt, besitzt die Standortwahl Instrumentalcharakter in Bezug auf das Erreichen der obersten Unternehmensziele.[20] Standortentscheidungen können somit nicht unabhängig von der gesamtstrategischen Ausrichtung und Philosophie eines Unternehmens gesehen werden.[21] In der Regel orientiert sich ein Unternehmen in der freien Marktwirtschaft am Gewinnmaximum. Dabei ist langfristiges Ziel, dass das Unternehmen den größtmöglichen absoluten Gewinn erzielt.[22]

Die Standortpolitik eines Unternehmens, verstanden als Summe aller Ziele, Strategien und Maßnahmen der betrieblichen Standortentwicklung, leitet sich somit ab aus der Unternehmenspolitik, die ihrerseits alle grundlegenden Leitlinien, Grundsätze und generellen Ziele sowie die daraus abgeleiteten Strategien umfasst.[23] Diese Zusammenhänge verdeutlicht Abbildung 2.

---

19 Vgl. MAIER, Standortparadoxien und die neue Geografie der Netzwerk-eConomy, S. 1.

20 Siehe hierzu PIEPER, Das interregionale Standortwahlverhalten der Industrie in Deutschland, S. 14.

21 Vgl. BALDERJAHN, Standortmarketing, S. 14.

22 Vgl. PIEPER, Das interregionale Standortwahlverhalten der Industrie in Deutschland, S. 14.

23 Vgl. BALDERJAHN, Standortmarketing, S. 14.

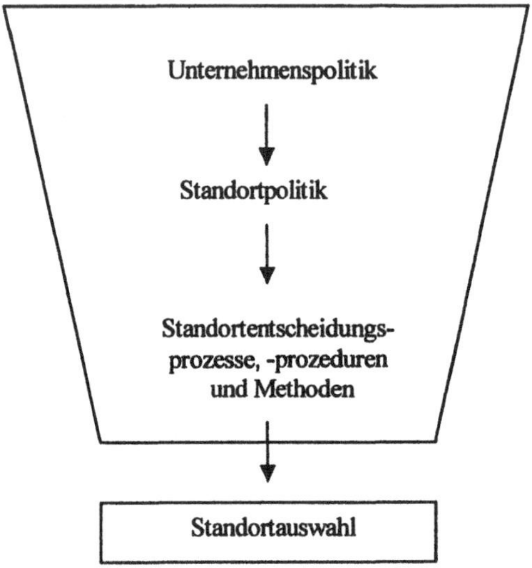

Abbildung 2: Konzeptionelles Modell zur betrieblichen Standortwahl
Quelle: Balderjahn, Standortmarketing, S. 15

Die Standortentscheidung als Mittel zur Erreichung des Unternehmensziels hat konstitutiven Charakter. Zu den unternehmerischen Entscheidungen in der konstitutiven Phase zählt auch die Wahl der Rechtsform.[24] Daraus folgt, dass mit der Wahl des Standortes zugleich die Wahl der passenden unternehmerischen Rechtsform zu treffen ist.[25]

3. Kategorien betriebswirtschaftlicher Standortentscheidungen

Betriebswirtschaftliche Standortentscheidungen lassen sich nach der Unternehmenssituation unterscheiden. So können sie sich auf die erstmalige Wahl eines Standortes, auf eine Standortänderung, auf eine Standortspal-

---

[24] Vgl. PIEPER, Das interregionale Standortwahlverhalten der Industrie in Deutschland, S. 14.

[25] Voraussetzung dafür, dass Standortwahl und Rechtsformwahl zusammenfallen ist aber, dass sich das Unternehmen neu gründen muss. Bei bloßen Unternehmensumsiedlungen bleibt die Rechtsform in der Regel erhalten.

tung oder auf die Standortaufgabe bzw. Standortzusammenlegung beziehen.[26] Aufgrund dieser Einteilung unterscheiden *Grabow et al.* folgende Kategorien von standortrelevanten Prozessen und den mit ihnen verbundenen Standortentscheidungen:[27]

Veränderungen innerhalb des Bestandes eines Unternehmens:

- Verlagerung des ganzen Unternehmens oder von Unternehmens- oder Betriebsteilen
- Ausweitung eines Betriebstandortes auf Kosten anderer oder Schrumpfung zugunsten anderer Standorte

Erweiterung des Unternehmens:

- Gründung, Neuerrichtung von Betrieben/Zweigniederlassungen
- Erweiterung an vorhandenen Standorten, die nicht auf Kosten anderer Standorte gehen
- Betriebsübernahmen

Schrumpfung des Unternehmens:

- Schließung von Betrieben oder Zweigstellen des Unternehmens
- Schrumpfungen am Standort, soweit sie nicht zugunsten anderer Standorte erfolgen
- Ausgliederungen von Betrieben, Verkauf

Neugründungen:

- Existenzgründungen
- „unechte" Gründungen (z.B. Spin-offs von Unternehmensabteilungen, die in Abhängigkeit vom Unternehmen verbleiben).

Eine Unterscheidung betriebswirtschaftlicher Standortentscheidungen kann aber auch nach den Ansiedlungsformen vorgenommen werden:[28]

Errichtung eines Stammbetriebes:

- Gründung eines unabhängigen selbständigen Unternehmens
- Gründung eines Tochterunternehmens

---

[26] Vgl. SELCHERT, Einführung in die Betriebswirtschaftslehre, S. 176.

[27] Vgl. GRABOW ET AL., Weiche Standortfaktoren, S. 153 f.

[28] Vgl. zur Unterscheidung anhand der Ansiedlungsformen MIKUS, Industriegeographie, S. 81 ff.; SCHLIEBE, Industrieansiedlungen, S. 81 f.; PIEPER, Das interregionale Standortwahlverhalten der Industrie in Deutschland, S. 17.

Errichtung eines Zweigbetriebes:

- Jede weitere neben dem Stammbetrieb neuerrichtete Produktionsstätte[29]

Standortverlagerung:

- Aufgabe eines Betriebes am alten und Einrichtung an einem neuen Standort.[30]

Im weiteren Verlauf der Arbeit werden vor allem die Verlagerung des gesamten Unternehmens, die Gründung von Zweigniederlassungen eines Unternehmens und die Neugründung in Form der Existenzgründung eine Rolle spielen.

4. Motive von Standortentscheidungen

Unter dem Aspekt der Instrumentalfunktion bildet der Beitrag einer optimalen Standortwahl zum Erreichen der langfristigen Unternehmensziele das übergeordnete Motiv betriebswirtschaftlicher Standortentscheidungen. Diesem generellen Motiv untergeordnet, können einer betriebswirtschaftlichen Standortentscheidung folgende Motive, die auch als Ansiedlungs- oder Standortmotive bezeichnet werden, vorausgehen:[31]

- das Marktmotiv,
- das Innovationsmotiv,
- das Kapazitätsmotiv,
- das Kostendruckmotiv und
- das Auslagerungsmotiv.

Vom *Marktmotiv* spricht man, wenn Standortentscheidungen vor dem Hintergrund getroffen werden, neue Märkte zu erschließen oder bestehende Märkte besser bzw. schneller zu bedienen.[32] Das Marktmotiv kommt häufig zum Tragen, wenn es darum geht, Kundennähe zu schaffen oder Trans-

---

29 Häufig werden Zweigbetriebe durch die Gründung eines Tochterunternehmens rechtlich verselbständigt, unterliegen aber in allen wichtigen Fragen der Unternehmensführung der Steuerung durch die Unternehmenszentrale (vgl. PIEPER, Das interregionale Standortwahlverhalten der Industrie in Deutschland, S. 17).

30 Bei der Standortverlagerung kann noch zwischen der betrieblichen Totalverlagerung und der Partialverlagerung unterschieden werden. Vgl. dazu PIEPER, Das interregionale Standortwahlverhalten der Industrie in Deutschland, S. 17.

31 Vgl. TROJE/GROSSE, Standortwahl und Ansiedlungswerbung in der Bundesrepublik, S. 7.

32 Vgl. PIEPER, Das interregionale Standortwahlverhalten der Industrie in Deutschland, S. 15 f.

portkosten zu reduzieren.[33] Eine große Rolle spielt es vor allem bei internationalen Ansiedlungs- bzw. Verlagerungsentscheidungen.[34]

Das *Innovationsmotiv* spielt dann eine Rolle, wenn Standorte zur Technologie- und Know-how-Erschließung gesucht werden. Die Fertigung anspruchsvoller und technologieorientierter Produkte verlangt nach günstigen infrastrukturellen Voraussetzungen zum Aufbau von Forschungs- und Entwicklungsnetzwerken.[35] Die Wirtschaftsförderung als Standortanbieter trägt diesem Ansiedlungsmotiv schon seit längerem durch den vermehrten Aufbau von Science- bzw. Technologie- und Forschungsparken Rechnung.[36]

Das *Kapazitätsmotiv* resultiert aus dem Umstand, an einem neuen Standort zusätzliche Produktionskapazitäten schaffen zu müssen.[37] Es kommt in der Regel zum Tragen, wenn die vorhandenen Betriebsstätten bereits die optimale Betriebsgröße erreicht haben oder limitierende Faktoren am Standort (Verfügbarkeit von geeignetem Humankapital und Boden) eine weitere Ausweitung der Leistungserstellung nicht mehr erlauben.

Bei einer Verlagerung von Unternehmensteilen oder des gesamten Unternehmens an kostengünstigere Standorte liegt häufig das *Kostendruckmotiv* vor.[38] Hohe Lohnkosten, Umweltauflagen oder Steuern und Abgaben zählen zu den klassischen Push-Faktoren der area-selection.[39] Insofern wandern auch heute noch Unternehmen mit dem regionalen und überregionalen Kostenniveau mit. Gerade deutsche Unternehmen aus dem produzierenden Gewerbe mit arbeitsintensiven Fertigungen verlagern ihre Produktion in Länder mit niedrigeren Kostenniveaus.[40] Das Kostendruckmotiv wird bei einer Erweiterung der EG zu Unternehmensansiedlungen in den neuen Mitgliedstaaten führen, da davon auszugehen ist, dass dort das Kostenniveau zunächst unter dem der jetzigen Mitgliedstaaten liegen wird.

Ursache für intraregionale Standortverlagerungen ist typischerweise das *Auslagerungsmotiv*.[41] Mit den Zielen der Beibehaltung des Mitarbeiterpo-

---

33 Siehe hierzu auch BALDERJAHN, Standortmarketing, S. 22 f.

34 Vgl. PIEPER, Das interregionale Standortwahlverhalten der Industrie in Deutschland, S. 16.

35 Vgl. PIEPER, Das interregionale Standortwahlverhalten der Industrie in Deutschland, S. 16.

36 Siehe hierzu auch SPIEß, Marktorientierte Standortentwicklung zur Förderung von Unternehmensgründungen, S. 70 ff.

37 Vgl. PIEPER, Das interregionale Standortwahlverhalten der Industrie in Deutschland, S. 16.

38 Vgl. PIEPER, Das interregionale Standortwahlverhalten der Industrie in Deutschland, S. 16.

39 Siehe hierzu auch KIRCHNER, Das industrielle Standortpotential in Südthüringen, S. 69 f.

40 Vgl. BALDERJAHN, Standortmarketing, S. 24.

41 Vgl. PIEPER, Das interregionale Standortwahlverhalten der Industrie in Deutschland, S. 16.

tenzials und der Aufrechterhaltung bestehender Absatz- und Zulieferverflechtungen suchen Unternehmen nach im Vergleich zum bisherigen Sitz günstigeren Standorten in der Region. Das Auslagerungsmotiv spielt häufig eine Rolle, wenn Unternehmen ihren Standort aus der Innenstadt in das Umland verlagern.

Für die Frage der Ansiedlungsmöglichkeiten von Unternehmen innerhalb der Europäischen Gemeinschaft wird vor allem das Marktmotiv stehen, da die Niederlassungsfreiheit den Unternehmen ermöglicht, sich dort niederzulassen, wo sie sich die günstigsten Absatzbedingungen erhoffen. Aber auch das Kostendruckmotiv erfordert für eine unternehmerische Flexibilität hinsichtlich des Unternehmensstandortes Rahmenbedingungen, die Unternehmensverlagerungen grundsätzlich zulassen.

5. Phasenmodell des betriebswirtschaftlichen Standortentscheidungsprozesses

Standortentscheidungen werden in großen Unternehmen in der Regel multipersonal getroffen und sind durch ihre Komplexität und Unsicherheit hinsichtlich tatsächlich eintretender zukünftiger Entwicklungen gekennzeichnet.[42] Es kann daher von einem systematischen Entscheidungsprozess im Unternehmen ausgegangen werden. In der Literatur lassen sich zur Frage des Ablaufs internationaler und nationaler Standortentscheidungsprozesse eine Vielzahl unterschiedlicher Prozessmodelle identifizieren.[43] Allen ist gemein, dass sie sich mit mehr oder minder großen Einschränkungen auf das Phasenschema „Anregung – Suchaktivitäten – Bewertungsphase – Entscheidungsphase" zurückführen lassen.[44] Der Anspruch dieser Phasenmodelle liegt dabei nicht in der exakten Abbildung der Wirklichkeit, sondern in der gedanklichen Strukturierung des Standortentscheidungsprozesses.

Balderjahn verwendet ein vierstufiges Phasenmodell des betriebswirtschaftlichen Standortentscheidungsprozesses und unterteilt in die Phasen „Standortproblem", „Standortsuche", „Standortbewertung" und „Standortauswahl" (Abbildung 3).[45]

---

[42] Vgl. BALDERJAHN, Standortmarketing, S. 28.

[43] Siehe HUMMEL, Internationale Standortentscheidung, S. 156 m. w. N.

[44] Vgl. HUMMEL, Internationale Standortentscheidung, S. 156.

[45] Vgl. BALDERJAHN, Standortmarketing, S. 28.

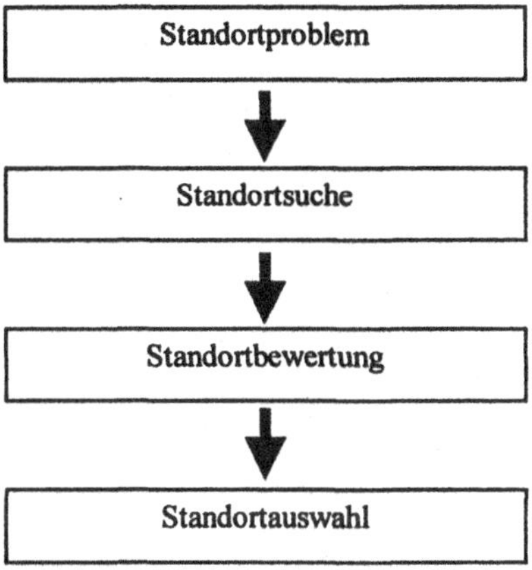

Abbildung 3: Entscheidungsphasen der Standortwahl
Quelle: Balderjahn, Standortmarketing, S. 29

In der Phase „Standortproblem" wird ein Standortproblem als solches erkannt und spezifiziert. Prozessauslöser kann dabei eine aktive Anregung der Unternehmensführung sein. Dies ist beispielsweise der Fall, wenn durch eine Situationsanalyse neue Marktchancen oder aber Standortdefizite erkannt werden. Von einer passiven Anregung spricht man dagegen, wenn das Unternehmen durch eine Verschlechterung der Unternehmenskennzahlen zu einer Ursachenanalyse angeregt wird und damit auch die Standortfrage in das potentielle Untersuchungsfeld gerückt wird.[46] Sobald potentielle Chancen oder die Abweichungsursachen identifiziert sind, kann die Problemstellung genau formuliert und die mit ihrer Lösung verfolgten Zielsetzungen genau festgelegt werden. Gleichzeitig muss die organisatorische Zuständigkeit im Unternehmen geklärt werden.[47] In größeren Unternehmen werden hierzu häufig Projektteams eingesetzt. Die erste Phase ist also dadurch gekennzeichnet, dass das Problem als solches erkannt wird und in einem weiteren Schritt analysiert werden muss.

Hat das Unternehmen seinen standortbezogenen Handlungsbedarf festgestellt und definiert, folgt in der Phase „Standortsuche" die Ausschau nach geeigneten Standorten. Dazu werden zunächst die relevanten Standortan-

---

[46] Vgl. HUMMEL, Internationale Standortentscheidung, S. 158.

[47] Vgl. BALDERJAHN, Standortmarketing, S. 32.

forderungen in Form eines Standortanforderungsprofils (Abbildung 4) festgelegt.

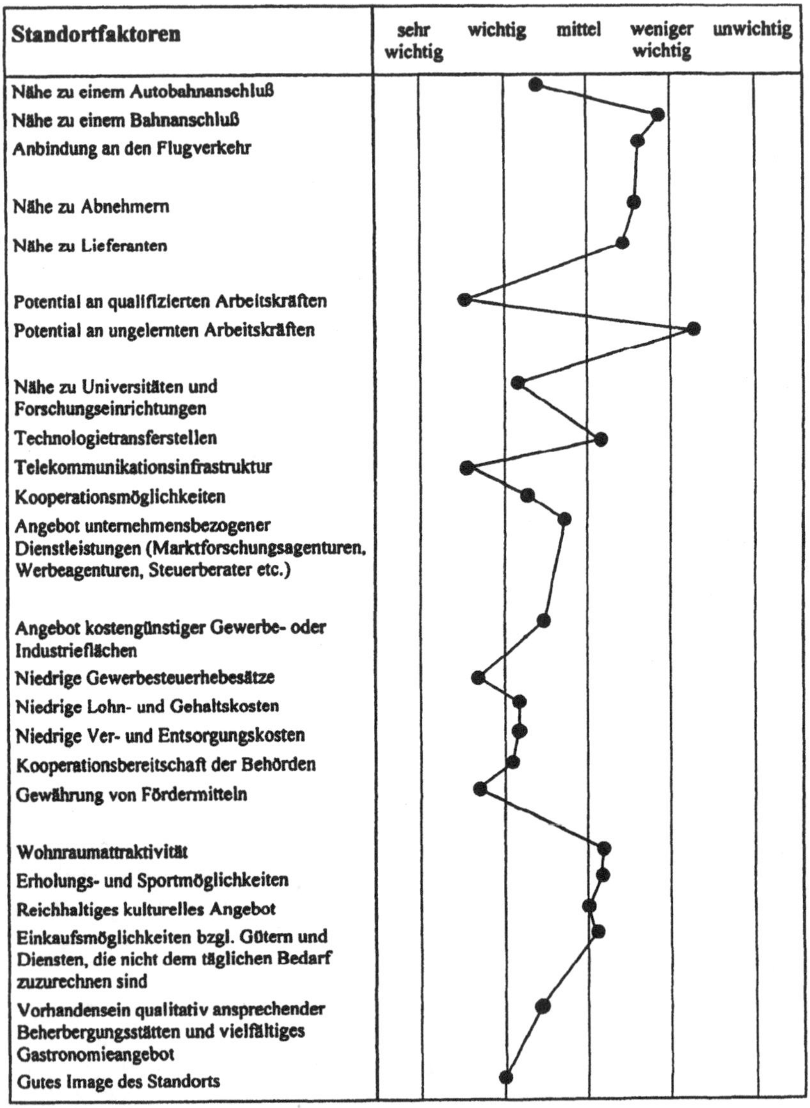

Abbildung 4: Beispiel eines fiktiven Standortanforderungsprofils
Quelle: in Anlehnung an Spieß, Multidimensionale Standortbewertung, S. 7

Während das Ansiedlungsmotiv eines Unternehmens Ausdruck der aktuellen unternehmerischen Zielfunktion ist, sind es die Standortfaktoren, die die betriebliche Standortfindung bestimmen.[48] Aus Sicht der einzelnen Standortanbieter (Staat, Kommune, Region usw.) sind für den wirtschaftlichen Erfolg des Standortes sechs Potenzialfelder von Bedeutung:[49]

- *Endogene Potenziale:* Natürliche Bedingungen (Klima, Umweltbedingungen), Prinzipielle Verfügbarkeit von Arbeitskräften und Lohnniveau, Finanzielle Determinanten (Kreditkosten, Zinssätze), Infrastruktur (Verkehrsinfrastruktur, Kommunikationsinfrastruktur), Kultur (Theater, Museen, Konzerte)
- *Absatzpotenziale:* Absatzvolumen, Absatzwachstum
- *Betriebliche Humanpotenziale:* Managementqualifikation, Mitarbeiterqualifikation
- *Synergiepotenziale:* Branchencluster, Netzwerke
- *Imagepotenziale:* Attrahierung und Bindung von Zielgruppen
- *Etatistische Potenziale:* Subventionen und finanzielle Vergünstigungen, standortabhängige Steuern, gesetzliche Rahmenbedingungen.

Standortfaktoren, die ein Standortanforderungsprofil beinhaltet, sind zuallererst solche der Infrastruktur (z.B. Nähe zu einem Autobahnanschluss, Anbindung an den Flugverkehr, Nähe zu Abnehmern und Lieferanten, Nähe zu Universitäten und Forschungseinrichtungen usw.), der Arbeitskräfte (z.B. Verfügbarkeit, Lohnniveau), der Gewerbeflächen und Baugrundstücke (z.B. Angebot kostengünstiger Gewerbe- oder Industrieflächen) und der Marktchancen der betroffenen Branche. Aber auch weiche Standortfaktoren spielen im Standortanforderungsprofil eine Rolle (z.B. Wohnraumattraktivität, Erholungs- und Sportmöglichkeiten, kulturelles Angebot usw.). Gesetzliche Rahmenbedingungen spielen innerhalb eines Standortanforderungsprofils in der Regel eine untergeordnete Rolle und werden nur im Rahmen einer internationalen Standortsuche überhaupt berücksichtigt.

Der Informationsbedarf und der damit verbundene Aufwand der Informationsbeschaffung und -verarbeitung hängt vom Umfang der relevanten Standortanforderungen ab. Als limitationale Standortfaktoren bezeichnet man dabei Standortanforderungen, die auf jeden Fall am potentiellen Standort erfüllt sein müssen. Bei substitutionalen Standortfaktoren handelt es sich um Faktoren, bei denen ungünstige Faktorausprägungen durch

---

[48] Vgl. PIEPER, Das interregionale Standortwahlverhalten der Industrie in Deutschland, S. 17.

[49] Vgl. MANSCHWETUS, Regionalmarketing, S. 109 ff., der die Potenzialfelder für den wirtschaftlichen Erfolg einer Region im einzelnen darstellt.

günstige Ausprägungen anderer Faktoren ausgeglichen werden können.[50] Auf der Grundlage des Standortanforderungsprofils wird eine Longlist geeignet erscheinender Standortalternativen zusammengestellt.

In der Phase der Standortbewertung werden die Standortalternativen im Rahmen eines zweistufigen Auswahlverfahrens, der sog. Makro- und Mikroanalyse, auf eine handhabbare Größe reduziert.[51] Die Makroanalyse dient der Vorselektion besonders geeignet erscheinender Standortalternativen aus der Longlist. Zu diesem Zweck werden im Unternehmen Bewertungskriterien und Bewertungsmethoden festgelegt. Je nach Ansiedlungsmotiv oder Produktionsvorhaben werden den einzelnen Standortfaktoren unterschiedlich hohe Bedeutungsgrade eingeräumt.[52] Als Ergebnis der Makroanalyse entsteht dann eine Shortlist. Diese enthält eine überschaubare Anzahl an Standortalternativen, aus denen nach Durchführung der Mikroanalyse im Idealfall der letztlich am besten geeignete Standort identifiziert wird.

Die Mikroanalyse unterscheidet sich von der Makroanalyse vor allem im Detaillierungsgrad. Die Informationssuche umfasst hier nicht nur das Sammeln und Auswerten von Sekundärinformationen, sondern es werden auch Primärerhebungen durchgeführt. Dazu gehören auch Standortbesuche und die Erarbeitung konkreter Machbarkeitsstudien. Die Phase der Standortbewertung endet in der Regel mit dem Erstellen einer Entscheidungsvorlage.[53]

In der Phase der Standortauswahl wird die endgültige Entscheidung zugunsten eines konkreten Standortes gefällt und autorisiert.[54] Dies geschieht in der Regel durch den Vorstand oder die Geschäftsführung.[55] Der gewählte Standort kann dabei durch das Auftreten von Interessen-, Wertungs- und Überzeugungsgegensätzen der Entscheider durchaus von der in der Mikroanalyse identifizierten optimalen Standortalternative abweichen.[56]

Bei der unternehmerischen Standortsuche wird den einzelnen Standortfaktoren eine unterschiedliche Bedeutung beigemessen, je nachdem, ob es sich

---

50 Vgl. LÜDER/KÜPPER, Unternehmerische Standortplanung und regionale Wirtschaftsförderung, S. 192 ff.

51 Vgl. HUMMEL, Internationale Standortentscheidung, S. 162.

52 Vgl. PIEPER, Das interregionale Standortwahlverhalten der Industrie in Deutschland, S. 17.

53 Vgl. hierzu auch SCHNURRENBERGER, Standortwahl und Standortmarketing, S. 142 f.

54 Vgl. HUMMEL, Internationale Standortentscheidung, S. 166.

55 Vgl. BALDERJAHN, Standortmarketing, S. 32.

56 Vgl. OLBERT, Der Standortentscheidungsprozeß in der industriellen Unternehmung, S. 179.

um intraregionale Auslagerungen im Nahbereich oder um internationale Zweigwerksgründungen global operierender Konzerne handelt.[57] Das hier charakterisierte idealtypische Phasenmodell der betriebswirtschaftlichen Standortentscheidung bezieht sich vor allem auf die Situation in größeren Unternehmen. Lenkt man den Blick auf kleinere und mittlere Unternehmen, so ist von Unterschieden auszugehen. Kleine und mittlere Unternehmen sind häufig stärker lokal verhaftet und in ihrem geographischen Aktionsradius beschränkt.[58] Große Unterschiede ergeben sich auch bezüglich der organisatorischen Verankerung der Arbeiten zur Standortsuche und Standortbewertung. Im Extremfall werden alle anfallenden Aufgaben von einer Person der Geschäftsleitung übernommen. Auch vertraut man häufiger und stärker auf das eigene unternehmerische Gespür als auf ausgefeilte methodische Bewertungen.[59] Betrachtet man Existenzgründungen, so lässt sich feststellen, dass nicht wenige Unternehmensgründer gänzlich auf eine systematische Fundierung ihrer Standortentscheidung verzichten.[60]

6. Erkenntnisse der empirischen Standortforschung

Auf die Frage, welches die realen Standortfaktoren sind, die sich für betriebswirtschaftliche Standortentscheidungen verantwortlich zeichnen, geben empirische Untersuchungen zum Standortwahlverhalten von Unternehmen Hinweise. So lässt sich die tatsächliche Bedeutung einzelner Standortfaktoren im Standortentscheidungsprozess ermitteln.

In den siebziger Jahren lag das Hauptgewicht dieser Arbeiten zur Relevanz von Standortfaktoren bei Standortverlagerungsentscheidungen von Industriebetrieben. Ende der 80er Jahre rückten einzelne Standortfaktoren, wie bspw. die Telekommunikationsinfrastruktur im Zuge der Entwicklung innovativer Kommunikations- und Informationstechnologien, in den Mittelpunkt der Betrachtung.[61] Fasst man die empirischen Standortfaktor-Studien der 70er und 80er Jahre zusammen,[62] so lassen sich folgende Grundtenden-

---

57 Vgl. PIEPER, Das interregionale Standortwahlverhalten der Industrie in Deutschland, S. 18.

58 Vgl. SCHNURRENBERGER, Standortwahl und Standortmarketing, S. 218.

59 Vgl. SCHNURRENBERGER, Standortwahl und Standortmarketing, S. 219.

60 Vgl. SPIEß, Marktorientierte Standortentwicklung zur Förderung von Unternehmensgründungen, S. 70.

61 Vgl. KIRCHNER, Das industrielle Standortpotential in Südthüringen, S. 15 m. w. N.

62 Eine Überblickdarstellung zu den wichtigsten Untersuchungen findet sich bei PIEPER, Das interregionale Standortwahlverhalten der Industrie in Deutschland, S. 38.

zen im Hinblick auf die Relevanz von Standortfaktoren für die betriebswirtschaftliche Standortentscheidung ableiten:[63]

- Eine mit technologischen Entwicklungen und Verbesserungen des Verkehrssystems einhergehende abnehmende Transportkostenempfindlichkeit und nachlassende Rohstoffbindung.
- Hohes Gewicht der „klassischen“ Standortfaktoren Marktnähe, Verkehrsanbindung und Verfügbarkeit von Flächen/Gebäuden; konjunkturelle Abhängigkeiten hinsichtlich des Standortfaktors Arbeitsmarkt, jedoch mit allgemein höheren qualitativen Anforderungen an den Arbeitsmarkt. Abnehmende Relevanz klassischer Kostenfaktoren wie Lohnniveau oder Grundstückspreise in entwickelten Industrieländern.
- Zunehmende Bedeutung qualitativer Einflussgrößen für technologisch anspruchsvolle Produktionen mit einer stärkeren Gewichtung der betrieblichen Standortkontakte sowie des Wohnumfeldes (Freizeit, Kultur etc.) und der Umweltsituation.

Die Ergebnisse von Studien der letzten 10 Jahre (Abbildung 5) stehen nicht im Widerspruch zu diesen Aussagen. Allerdings zeigen die Untersuchungen mit Bezugsgebiet Thüringen und den neuen Bundesländern eine in der Tendenz größere Bedeutung von Kostenfaktoren. Zudem fällt auf, dass sich im Ergebnis der unterschiedlichen Studien die „Top 10“ der Standortfaktoren nicht wesentlich unterscheiden. Lediglich die Rangfolge variiert.

---

63 Vgl. PIEPER, Das interregionale Standortwahlverhalten der Industrie in Deutschland, S. 37.

Pieper 1994	Pieper 1994	Grabow/Henckel/Hollbach-Grömig 1995	Balderjahn 1996
Befragt wurden Unternehmen, die in den NBL investierten	Befragt wurden Unternehmen, die in den ABL investierten	Befragt wurden Unternehmen in Deutschland	Befragt wurden Unternehmen in Deutschland
1. Verfügbarkeit Industrie/Gewerbefläche	1. Verfügbarkeit Industrie/Gewerbefläche	1. Verkehrsanbindung	1. Information und Telekommunikation
2. Investitionsförderung	2. Fernstraßenanbindung	2. Arbeitsmarkt/Verfügbarkeit qualifizierter Arbeitnehmer am Standort	2. Geringe Steuerbelastung
3. Fernstraßenanbindung	3. Lage zu eigenen Absatzmärkten	3. Kommunale Abgaben, Steuern und Kosten	3. innerregionale Verkehrsanbindung
4. Lage zu eigenen Absatzmärkten	4. Grundstückspreise	4. Kosten der Flächen und Gebäude/Büros am Ort	4. Investitionsklima
5. Grundstückspreise	5. Fachkräftepotenzial	5. Wohnen und Wohnumfeld	5. Kooperative Behörden
6. Fachkräftepotenzial	6. Investitionsförderung	6. Wirtschaftspolitisches Klima im Bundesland	6. Lohnkostenniveau
7. Infrastruktur Ver-/Entsorgung	7. Potenzial hochqualifizierter Arbeitskräfte	7. Unternehmensfreundlichkeit der Verwaltungen	7. Wirtschaftsfreundliche Kommunalplanung
8. Lohn- und Gehaltsniveau	8. Arbeitsweisen der Behörden vor Ort	8. Flächenverfügbarkeit und/oder Verfügbarkeit von Büros	8. Ausgebaute Infrastruktur
9. Potenzial hochqualifizierter Arbeitskräfte	9. Lage im überreg. Raum	9. Umweltqualität (Luft, Wasser, Klima)	9. Qualifizierte Fachkräfte
10. Arbeitsweisen der Behörden vor Ort	10. Anlernkräftepotenzial	10. Kontakte zu Unternehmen der gleichen Branche	10. Gewerbeflächenpreise

Abbildung 5: Rangfolge der wichtigsten Standortfaktoren in ausgewählten empirischen Untersuchungen (Teil 1)

Büchner/Spieß/Zentgraf 1997	Spieß 2000	Spieß 2001
Befragt wurden technologieorientierte Unternehmen in Thüringen	Befragt wurden Investoren in Thüringen	Befragt wurden Unternehmen des verarbeitenden Gewerbes in Ostthüringen
1. Potenzial an qualifizierten Arbeitskräften	1. Arbeitskräftepotenzial	1. Fernstraßenanbindung
2. Telekommunikationsinfrastruktur	2. Fördermittel	2. Arbeitsweisen der Behörden vor Ort
3. Gewährung von Fördermitteln	3. Verkehrsanbindung	3. Gewährung von Fördermitteln
4. Niedrige Gewerbesteuerhebesätze	4. kostengünstige Gewerbe- und Industrieflächen	4. Fachkräftepotenzial
5. Niedrige Lohn- und Gehaltskosten	5. Kundennähe	5. Niedrige Ver- und Entsorgungskosten
6. Kooperationsbereitschaft der Behörden	6. niedrige Lohn- und Gehaltskosten	6. Niedrige Gewerbesteuersätze
7. gutes Image des Standortes	7. Kooperationsmöglichkeiten mit anderen Unternehmen	7. Telekommunikationsinfrastruktur
8. Niedrige Ver- und Entsorgungskosten	8. Zentrale Lage	8. Dienstleitungsangebot der Wirtschaftsförderung
9. Kooperationsmöglichkeiten	9. Arbeitsweisen der Behörden vor Ort	9. Potenzial hoch qualifizierter Arbeitskräfte
10. Nähe zu einem Autobahnanschluss	10. Nähe zu Universitäten und Forschungseinrichtungen	10. Niedrige Lohn- und Gehaltskosten

Abbildung 5: Rangfolge der wichtigsten Standortfaktoren in ausgewählten empirischen Untersuchungen (Teil 2)

Beim Vergleich der Ergebnisse unterschiedlicher Standortstudien und der Interpretation muss jedoch beachtet werden, dass unterschiedliche Erhebungstechniken vorliegen können. Meistens wird eine schriftliche Befragung mittels Fragebogen vorgenommen. Dabei kann nicht immer sichergestellt werden, dass der Antwortende auch zuständig ist. So kommt es vor, dass Unternehmen die Fragebögen von nachgeordneten Stellen ausfüllen lassen, obwohl diese nicht unmittelbar an der Standortentscheidung beteiligt waren. Auch können Standortentscheidungen bei einigen befragten Unternehmen schon relativ weit zurück liegen. Die tatsächlichen Abläufe der Standortentscheidung sind dann den Entscheidern u.U. nicht mehr präsent oder die Entscheider sind bereits nicht mehr im Unternehmen.[64]

Bei Befragungen ergibt sich auch das Problem, dass die nachgefragten Standortfaktoren oft allein vom Forscher festegelegt werden. Andere, vom Forscher nicht berücksichtigte Alternativen werden dann durch den Befragten oft nicht angegeben.[65]

Der Einfluss der spezifischen Unternehmenssituation, vor deren Hintergrund die Standortentscheidung getroffen wurde, geht beim Aggregieren von Einzelergebnissen in der Standortforschung zwangsläufig verloren. Übereinstimmungen in der Einschätzung der Wichtigkeit von Standortfaktoren bilden dann oft den „kleinsten gemeinsamen Nenner".[66] Das trifft besonders dann zu, wenn verschiedene Branchen und Unternehmenstypen eine heterogene Grundgesamtheit bilden.

Bei den in Abbildung 5 dargestellten empirischen Untersuchungen lässt sich im Hinblick auf die Relevanz von Standortfaktoren feststellen, dass die Verkehrsinfrastruktur und die Verfügbarkeit von Industrie- und Gewerbeflächen zu den wichtigsten Standortfaktoren für Unternehmen zählen. In den neuen Bundesländern erlangt außerdem die Gewährung von Fördermitteln und das Potenzial an qualifizierten Arbeitskräften besondere Bedeutung. Daneben wird für alle Unternehmen die Telekommunikationsinfrastruktur immer wichtiger.

Aus der Rangfolge der Standortfaktoren folgt im Umkehrschluss, dass ein Standort, der über schlechte Verkehrs- und Telekommunikationsinfrastruktur und ein geringes Potenzial an qualifizierten Arbeitskräften verfügt, von den investierenden Unternehmen als wenig attraktiv erachtet wird.

---

64 Vgl. NISHIOKA/KRUMME, Location Conditions, Factors and Decisions, S. 195 ff.

65 Vgl. SÖDERMAN, Industrial Location Planing, S. 9.

66 Vgl. RUNER, Die Bestimmung der Standortanforderungen bei Standortentscheidungen, S. 42.

Auffallend ist, dass Standortfaktoren ordnungspolitischer Art bei den durchgeführten Studien eher eine untergeordnete Rolle spielen.[67] Standortfaktoren ordnungspolitischer Art sind alle rechtlichen Regeln und organisatorischen Strukturen eines Staates, aus denen sich die Gestaltungsprinzipien der Gesellschaft ergeben und die die Art und Weise der Organisation, Steuerung und Anleitung der gesellschaftlichen Bereiche, insbesondere des wirtschaftlichen Handelns, durch den Staat und seiner Körperschaften definieren.[68] Für die ordnungspolitischen Rahmenbedingungen ist die vorherrschende Wirtschaftsordnung für das investierende Unternehmen von besonderer Bedeutung, da der Grad der Privatautonomie durch sie determiniert ist. Vom Grad der Privatautonomie ist es bspw. abhängig, inwiefern Gefahren und Beschränkungen des unternehmerischen Aktionsfeldes durch den Staat, bspw. durch Einschränkungen der Vertrags- oder der Niederlassungsfreiheit drohen.[69]

Für die Unternehmen spielen die gesetzlichen Rahmenbedingungen als Standortfaktor im Standortentscheidungsprozess kaum eine Rolle. Die Unternehmen übersehen aber, dass bei gleichen gesetzlichen Rahmenbedingungen durch unterschiedliche Anwendung, Auslegung und Praxis derselben Bestimmungen Wettbewerbsvor- oder -nachteile hervorgerufen werden können.[70]

Im Allgemeinen gelten gesetzliche Rahmenbedingungen eher als entwicklungshemmend. Als Belastungsfaktoren werden u.a. Vorschriften wie das Bundesbaugesetz oder die Baunutzungsverordnung angegeben, die losgelöst von historisch gewachsenen regionalen Besonderheiten die Investitionen in ein zu enges „gesetzliches Korsett" zwängen. Darüber hinaus werden die zeitaufwändigen Genehmigungsverfahren für größere Anlagen (z.B. Kraftwerke) kritisiert.[71]

Gesetze müssen aber nicht unbedingt entwicklungshemmend wirken, sie können vielmehr auch wirtschaftsstimulierende Einflüsse beinhalten. Als Beispiel sei Japan angeführt, das in den 50er und 60er Jahren strenge Qualitätsnormen einführte, denen sich die Produzenten unterwerfen mussten.

---

[67] Abgesehen von den Standortfaktoren Steuern, Abgaben und Subventionen, die im nationalen und internationalen Vergleich durchaus eine entscheidende Rolle spielen können.

[68] Vgl. SCHÜNNING, Der Einfluss wirtschaftspolitischer Rahmenbedingungen auf das Investitionsverhalten multinationaler Unternehmen, S. 64 ff.

[69] Vgl. HUMMEL, Internationale Standortentscheidung, S. 143.

[70] Vgl. MANSCHWETUS, Regionalmarketing, S. 195.

[71] Vgl. KLEMMER, Regionalpolitik auf dem Prüfstand, S. 63.

Heute gelten die japanischen Produkte hinsichtlich ihres Qualitätsstandards als weltweit mitführend.[72]

Gesetzliche Rahmenbedingungen sind somit ambivalent. Sie können sich sowohl positiv als auch negativ auf die wirtschaftliche Entwicklung auswirken. Bislang werden sie von Unternehmen bei der Standortfrage als vorgegeben hingenommen und beeinflussen die eigentliche Entscheidung des optimalen Standortes selten.

Im Ergebnis der Betrachtung der Grundzüge betriebswirtschaftlicher Standortentscheidungen kann daher festgehalten werden, dass die europäische Niederlassungsfreiheit und ihr möglicher Einfluss auf Standortentscheidungsprozesse bislang in der Standortforschung nicht aufgegriffen wurden. Insofern ist im Folgenden zu zeigen, welche Auswirkungen die europäische Niederlassungsfreiheit für Standortentscheidungsprozesse impliziert.

---

[72] Vgl. MANSCHWETUS, Regionalmarketing, S. 196.

B. Der Unternehmenssitz als Gegenstand der Standortentscheidung

1. Ausgangslage

Der unternehmerische Bewegungsspielraum ist in seinen Ausmaßen nicht mehr länger nur national sondern international, aufgrund des EG-Vertrages aus Sicht der Mitgliedstaaten insbesondere europäisch geprägt. Ursache hierfür ist nicht zuletzt die durch das Gemeinschaftsrecht gem. Artt. 43, 48 EG gewährte Niederlassungsfreiheit, die nicht nur den natürlichen Personen sondern auch den Unternehmen zusteht. Dies macht eine unternehmerische Standortsuche komplexer, da sich die Zahl der möglichen Standortalternativen mit den wachsenden Freiheitsgraden innerhalb der EG erhöht.

Will sich ein Unternehmen neu gründen oder hat ein bereits existierendes Unternehmen seinen standortbezogenen Handlungsbedarf erkannt , so hält es „Ausschau" nach geeigneten Standorten. Dabei werden in einem ersten Schritt - aus Sicht des Unternehmens - die relevanten Standortanforderungen festgelegt. Zu diesen, den Entscheidungsprozess prägenden Faktoren zählen die wirtschaftsrechtlichen Standortfaktoren in aller Regel nicht. Dennoch ist beispielsweise gerade das Unternehmensrecht[1] eines Staates nicht zu vernachlässigen, da bei einem Standortwechsel des Unternehmens von einem anderen Mitgliedstaat der EG nach Deutschland zunächst zu klären ist, welcher Rechtsordnung das Unternehmen bei seiner Ansiedlung überhaupt unterliegt.

Grundsätzlich hat sich ein Unternehmen der Wirtschaftsordnung des gewählten Ansiedlungsortes zu unterwerfen. Das Unternehmensrecht, das die gesellschaftsrechtlichen Verhältnisse des Unternehmens bestimmt, ist Teil dieser neuen Wirtschaftsordnung. *Ballerstedt*[2] definiert das Unternehmensrecht als „Inbegriff der Rechtsnormen, die das Unternehmen als sozialen Verband der in ihm durch Kapitalbeiträge oder personale Leistungen kooperierenden Rechtssubjekte und als Institution der Wirtschaftsverfassung betreffen". Welche Rolle dem Unternehmensrecht innerhalb einer Marktwirtschaft tatsächlich zukommt und welche Bedeutung die zunehmende Internationalisierung der unternehmerischen Geschäftstätigkeit in diesem Zusammenhang hat, soll zunächst dargelegt werden. Im Anschluss wird erörtert, welche Konsequenzen sich - ungeachtet der sonstigen unternehme-

---

[1] Der Begriff „Unternehmensrecht" wird als weite Fassung des Begriffs „Gesellschaftsrecht" verstanden, da nicht länger mehr die Gesellschafter eine entscheidende Rolle spielen, sondern die Organisation als solche. Vgl. dazu GROßFELD, Internationales und Europäisches Unternehmensrecht, S. 1. Im Folgenden werden die Begriffe „Gesellschaftsrecht" und „Unternehmensrecht" synonym verwandt.

[2] BALLERSTEDT, ZHR 1971, S. 484.

rischen Standortanforderungen - tatsächlich aus der Wirtschaftsordnung eines Standortes ergeben können, insbesondere aus dem dort geltenden Unternehmensrecht.

1.1 Der wirtschaftliche Primärzweck von Gesellschaften und die Rolle des Unternehmensrechts

Gesellschaften sind Unternehmen mit dem primären Zweck der Gewinnerzielung, da sie in der Regel zur Ausnutzung von Marktchancen, die Gewinn versprechen, gegründet werden.[3] Ein weiterer Zweck ist darin zu sehen, dass moderne Wirtschaftssysteme die Zusammenführung von Kapital und die hierzu komplementäre Arbeitsteilung erfordern.[4] Notwendige Folge dieses Bedürfnisses ist die Bereitstellung von Gesellschaftsformen.[5] Dem Unternehmensrecht kommt insoweit eine Ordnungsfunktion zu, da es die Rechtsbeziehungen zwischen den unterschiedlichen Interessengruppen (Anteilseigner, Investoren, Unternehmensleitung und Arbeitnehmer) regelt.[6] Es soll eine notwendige wirtschaftliche Organisation ermöglichen, ohne die eine Volkswirtschaft nicht annähernd effizient funktionieren könnte. Im Sinne einer wettbewerbsfähigen Volkswirtschaft bedeutet dies aber auch, dass das Unternehmensrecht kein Selbstläufer sein darf, sondern im Dienst einer funktionierenden Wirtschaftsgestaltung stehen muss.[7] Die rechtlichen Normen sollen die unternehmerische Geschäftstätigkeit vor allem unterstützend begleiten, ihr aber dort keine Grenzen setzen, wo das Recht durch weniger einschneidende Maßnahmen gewahrt werden kann. *Schäfer* spricht insoweit von einer „dienenden Funktion des Rechts".[8]

---

[3] Vgl. hierzu ausführlich NIEBEL, Der Status der Gesellschaften in Europa, S. 55 ff.

[4] Vgl. NIEBEL, Der Status der Gesellschaften in Europa, S. 57. Vgl. zur Frage der Arbeitsteiligkeit und der dafür erforderlichen Organisation durch Bildung von Gesellschaften, LIPPMANN, Die Gesellschaft freier Mensch, S. 224 ff.

[5] Vgl. BUXBAUM, Corporate Legitimacy, Economic Theory and Legal Doctrine, Ohio St.L.J. 45 (1984), S. 518.

[6] Vgl. zur Frage des ordnungspolitischen Gehalts des Unternehmensrechts, NIEBEL, Der Status der Gesellschaften in Europa, S. 57 ff.

[7] Vgl. SCHÄFER, in: Scheuing/Schwarz/Wollenschläger (Hrsg.), Europäisches Unternehmensrecht, S. 65.

[8] Vgl. SCHÄFER, in: Scheuing/Schwarz/Wollenschläger (Hrsg.), Europäisches Unternehmensrecht, S. 65. SCHÄFER führt weiter aus, dass das Motto für das Gesellschaftsrecht lauten sollte: „structure follows business"; es sollte keinesfalls zu einem „business follows structure" verkommen.

1.2 Globalisierung der Unternehmen

Globalisierung wird im Allgemeinen als eine weltweite Tendenz des Abbaus territorial definierter Schranken und Barrieren und als eine zunehmende internationale Verknüpfung verstanden.[9] Unternehmen sind von der Globalisierung in Form eines erweiterten potentiellen Aktionsradius betroffen.[10] Als allgemein bekannte Beispiele der globalen Entwicklung seien die Fusion von Rhône-Poulenc und Hoechst zu Aventis, die Fusion von Daimler und Chrysler und nicht zuletzt die Übernahme von Mannesmann genannt. Allen diesen Praxisfällen ist gemein, dass sie aus deutscher Sicht nicht ohne Probleme verlaufen sind. Bei der Fusion von Rhône-Poulenc und Hoechst hat man sich bewusst gegen einen deutschen und für einen französischen Unternehmenssitz entschieden.[11] Durch das Aufeinanderprallen unterschiedlichster Unternehmenskulturen kam es bei der DaimlerChrysler AG etwa bei dem Abhalten von Hauptversammlungen, aber auch bei der Besoldung der Vorstandsmitglieder zu Unstimmigkeiten. Nicht zuletzt die Aufsehen erregende Übernahme der Mannesmann AG hat gezeigt, dass bei Beteiligung mehrerer Rechtsordnungen Unklarheiten hinsichtlich der rechtlichen Anforderungen bestehen können.

Die Beispiele verdeutlichen, welche Schwierigkeiten sich bei der Ausdehnung der Wirtschaftstätigkeit auf andere Länder für Unternehmen ergeben können. Die Uneinheitlichkeit nationaler Wirtschaftsordnungen führt im Zeitalter der Globalisierung dazu, dass unternehmerische Handlungsfähigkeit nicht unterstützt, sondern erschwert wird. Auch die zunehmende Bedeutung der internationalen Geld- und Kapitalmärkte, die Zunahme grenzüberschreitender Direktinvestitionen und nicht zuletzt die Internationalisierung der Unternehmen zeigen auf, welche Mängel bei der Vereinheitlichung eines globalen Marktes in der Realität noch vorhanden sind. Gerade diese Defizite geben den wirtschaftlichen Anstoß, die unternehmensrechtlichen Rahmenbedingungen den wirtschaftlichen Erfordernissen anzupassen.[12] Insbesondere das Unternehmensrecht, das die Existenz von Gesellschaften erst ermöglicht, kann aufgrund dieser Tendenzen nicht mehr länger allein aus einem nationalen Blickwinkel betrachtet werden.

---

9 Vgl. SCHNURRENBERGER, Standortwahl und Standortmarketing, S. 2, m. w. N.

10 Vgl. MEYER-STAMER, Globalisierung, Standortkonkurrenz und Entwicklungspolitik, S. 3 ff.

11 Dabei war sicherlich die steuerliche Überlegung von entscheidender Bedeutung. Die französische Regierung sicherte zu, dass man die zugesicherten ermäßigten Steuersätze auch für die neue Gesellschaft erhalten wolle.

12 Vgl. SCHWARZ, Europäisches Gesellschaftsrecht, Rdnr. 28.

Einen Regelungsrahmen der internationalen unternehmerischen Geschäftstätigkeit bietet in Europa die Europäische Gemeinschaft. Bereits seit 30 Jahren bemüht sie sich, durch Angleichung der Gesellschafts- und Unternehmensrechte die wirtschaftliche Handlungsfreiheit, die Sicherheit im Rechtsverkehr und die Chancengleichheit zwischen den nationalen Unternehmen zu fördern. Ausgangspunkt der Harmonisierungsbestrebungen auf der Ebene der Europäischen Gemeinschaft war das Ziel, das wirtschaftliche Potenzial der einzelnen Mitgliedstaaten in einem Gemeinsamen Markt zusammenzuführen.[13] Ein solcher Wirtschaftsraum lässt sich aber nur dann schaffen, wenn die Rahmenbedingungen für die Unternehmen in allen Mitgliedstaaten im wesentlichen gleich sind. Ein gänzlich einheitliches europäisches Unternehmensrecht ist allerdings (noch) Utopie. Gesellschafts- und Unternehmensrecht ist innerhalb der Europäischen Gemeinschaft nach wie vor nationales Recht. Ein europäisches Unternehmensrecht, das an die Stelle der nationalen unternehmensrechtlichen Kodifikationen tritt, existiert bislang nicht. Dennoch ist ein wesentliches und gemeinsames Merkmal der fortbestehenden mitgliedstaatlichen Unternehmensrechte ihre zunehmende Europäisierung.[14] Vor diesem Hintergrund soll nicht die Globalisierung sondern die Europäisierung und damit die Europäische Gemeinschaft den Rahmen für den unternehmerischen Bewegungsspielraum, der dieser Arbeit zugrunde gelegt wird, darstellen.

2. Die rechtliche Bedeutung des Unternehmenssitzes

Im Allgemeinen wird unter dem Unternehmenssitz der Betriebsmittelpunkt (Hauptniederlassung) eines Unternehmens verstanden. Im Folgenden wird dargestellt, welche rechtliche Bedeutung diesem Unternehmenssitz national und international zuzuerkennen ist.

2.1 Definition des Unternehmenssitzes

Der Begriff Unternehmenssitz kann sich aus rechtlicher Sicht sowohl auf den Satzungssitz (statutarischer Sitz) als auch auf den Verwaltungssitz beziehen.

2.1.1 Verwaltungssitz

Unter dem Verwaltungssitz versteht man den Ort, an dem sich die Hauptverwaltung des Unternehmens tatsächlich befindet (effektiver Sitz, siège

---

13 Vgl. hierzu den CECCINI – Bericht, S. 22 ff.

14 Vgl. SCHWARZ, Europäisches Gesellschaftsrecht, Rdnr. 3.

réelle, central office).[15] Die Bestimmung des effektiven Verwaltungssitzes hat sich als nicht ganz einfach herausgestellt. Es wurden zur Bestimmung des tatsächlichen Verwaltungssitzes unterschiedliche Kriterien herangezogen, so z.B. der Ort, wo die Verwaltung der Gesellschaft tatsächlich geführt wurde,[16] der Ort, an dem der Wille der Leitungsorgane gebildet wurde (Ort der Gesellschafterversammlung, Ort, an dem die Geschäftsführer zusammentreffen),[17] der Ort der Umsetzung der internen Willensbildung nach außen[18] oder auch der Ort des wirtschaftlichen Schwerpunktes (= Schwerpunkt der gewerblichen Tätigkeit einer Gesellschaft).[19]

Zwischenzeitlich hat sich sowohl die Rechtsprechung als auch die Literatur für eine einheitliche Formel entschieden. Nach dem BGH[20] ist der tatsächliche Verwaltungssitz der Ort, der als Tätigkeitsort der Geschäftsführung und der dazu berufenen Vertretungsorgane gilt, damit also der Ort, wo „die grundlegenden Entscheidungen der Unternehmensleitung effektiv in laufende Geschäftsführungsakte umgesetzt werden".[21] Diese Formel hat sich zunehmend in Rechtsprechung[22] und Literatur[23] durchgesetzt. Sie geht zurück auf *Sandrock*, der formuliert, dass Verwaltungssitz der Gesellschaft der Ort sei, „an dem ihr zuständiges Verwaltungsorgan die Mehrzahl seiner Entscheidungen trifft, wo also die ‚großen' Richtlinien der Produktions-, Absatz-, Personal- usw. Politik in die kleine Münze der täglichen Verwaltungsentscheidungen umgesetzt werden".[24]

Diese Definition hat den Vorteil, dass sie die bisherigen Unstimmigkeiten im Hinblick auf die Bestimmung des Verwaltungssitzes bei konzernverbundenen Gesellschaften beseitigt.[25] Geht man davon aus, dass auch bei den inländischen Tochtergesellschaften einer ausländischen Muttergesell-

---

[15] Vgl. BGHZ 53, 181, 184; BGHZ 97, 269.

[16] Vgl. WIEDEMANN, GesR 1, S. 783.

[17] Vgl. EBENROTH/SURA, RabelsZ 1979, S. 315, 324.

[18] Vgl. OLG Hamburg, MDR 1976, S. 402.

[19] Vgl. BGH, NJW 1967, S. 38.

[20] Vgl. BGHZ 97, 269, 1272.

[21] BEHRENS, in: Hachenburg, Kommentar zum GmbHG, Einl. Rdnr. 112.

[22] Vgl. BayObLG, DB 1986, S. 1326; OLG Oldenburg, NJW 1990, S. 1422; OLG Hamburg, RIW 1988, S. 818.

[23] Vgl. GROßFELD, in: Staudinger, IntGesR, Rdnr. 219 ff.

[24] SANDROCK, BerDGesVölkR 1978, S. 238; vgl. auch DERS. Festschrift Beitzke, S. 683.

[25] Vgl. BEHRENS, in: Hachenburg, Kommentar zum GmbHG, Einl. Rdnr. 113; VON FALKENHAUSEN, RIW 1987, S. 819.

schaft auf den Ort abgestellt wird, an dem die wichtigsten Geschäftsführungsentscheidungen getroffen werden, so fällt bei der Anwendung dieses Sitzbegriffes der Gründungs- und der Sitzstaat auseinander.[26] Die Konsequenz wäre, dass die Tochtergesellschaft eigentlich nicht als rechtsfähig gelten dürfte. Dieses Problem wird dadurch umgangen, dass nach allgemeiner Auffassung auch die Tochtergesellschaften im Sinne der Sitztheorie einen eigenen Sitz haben.[27] Aufgrund der jetzigen Formel des BGH ist eine derartige Ausnahmeregelung aber nicht mehr nötig.

2.1.2 Satzungssitz

Im Unterschied zum Verwaltungssitz ist der Satzungssitz eines Unternehmens klar definiert. Darunter versteht man den Ort, der in der Satzung des Unternehmens als solcher von den Gesellschaftern festgeschrieben wurde.[28]

2.2 Rechtsformen im Gesellschaftsrecht

Das Unternehmen in Form einer Gesellschaft ermöglicht den Beteiligten das Zusammenführen von Ressourcen und Know-how. Um nach außen als Einheit auftreten zu können, stellt der Gesetzgeber verschiedene Rechtsformen zur Verfügung zwischen denen die Gründer unter Abwägung der Vor- und Nachteile auswählen können.

Die Kodifikation des Gesellschaftsrechts selbst war in seinen Anfängen ein Katalog dispositiv geregelter Rechtsformen, der die private Initiative nicht einschränken, sondern durch das Angebot bewährter Organisationsmodelle anregen und fördern sollte.[29] Da aber das „moderne“ Gesellschaftsrecht immer mehr zum Instrument wirtschaftlicher Geschäftstätigkeit wurde, nimmt es nunmehr grundsätzlich zwingenden Charakter an, weil sonst gesetzliche Maßnahmen des Staates zum Schutz des vermeintlich Schwächeren durch private Abmachungen entkräftet werden könnten.[30] Daher gilt heutzutage der Rechtsformzwang, wonach jeder nach außen auftretende Verband einer gesetzlichen Rechtsform zugehören muss. Unternehmen müssen somit, sofern es keine einzelkaufmännische Unternehmen sind, eine Wahl zwischen den vorgegebenen Rechtsformen, deren Organisation

---

26 Vgl. BEHRENS, in: Hachenburg, Kommentar zum GmbHG, Einl. Rdnr. 113.

27 Vgl. OLG Hamburg, MDR 1976, S. 402; BGH, WM 1979, S. 692, 693; KOPPENSTEINER, S. 124.

28 Vgl. für die deutschen Kapitalgesellschaften § 5 AktG bzw. § 4a GmbHG.

29 Vgl. KÜBLER, Gesellschaftsrecht, § 2 III 6.

30 Vgl. KÜBLER, Gesellschaftsrecht, § 2 III 5c.

und Haftungsverfassung vom objektiven Recht geordnet ist, treffen.[31] Welche Rechtsformen der nationale und der europäische Gesetzgeber der wirtschaftlichen Betätigung tatsächlich zur Verfügung stellt, wird im Folgenden dargelegt.

2.2.1 Die Gesellschaftsformen des deutschen Rechts

Die Rechtsformen des deutschen Gesellschaftsrechts werden traditionell in Personengesellschaften und Körperschaften aufgeteilt.[32] Die Personengesellschaft ist auf eine kleine Zahl von Mitgliedern angelegt und die Körperschaft im Unterschied dazu auf eine große Zahl von Mitgliedern.[33] Dieser strukturelle Unterschied manifestiert sich in den gegensätzlichen Typen der Gesellschaft bürgerlichen Rechts (GbR) i.S.d. §§ 705 ff. BGB und des rechtsfähigen Vereins (§§ 21 ff. BGB). Zu den Personengesellschaften gehören u.a.: Die Gesellschaft bürgerlichen Rechts (GbR), die offene Handelsgesellschaft (oHG) und die Kommanditgesellschaft (KG). Körperschaften sind u.a. die Gruppe der Kapitalgesellschaften: die Aktiengesellschaft (AG), die Kommanditgesellschaft auf Aktien (KGaA) und die Gesellschaft mit beschränkter Haftung (GmbH).

Die heute bei weitem dominierende Rechtsform für unternehmerische Betätigung ist die Kapitalgesellschaft. Während die Personengesellschaften i.d.R. auf den persönlichen Einsatz der Gesellschafter, ihre ständige, intensive und verantwortliche Mitarbeit im Unternehmen angelegt sind, wird die Kapitalgesellschaft vor allem durch die Kapitalbeteiligung bestimmt.[34] Neben der beschränkten Haftung, der Frage der Organisationsgewalt (Prinzip der Fremdorganschaft), die Steuer- und Kostenbelastung ist vor allem die Möglichkeit der Kapitalerhöhung ein Bestimmungsfaktor für die Wahl der Rechtsform Kapitalgesellschaft. So kann eine Kapitalgesellschaft zusätzliche Mittel als Eigenkapital aufnehmen. Insbesondere die Aktiengesellschaft (AG) kann sich das volle Spektrum des öffentlichen Kapitalmarktes erschließen. Dies macht sie zu einem flexiblen Instrument wirtschaftlicher Geschäftstätigkeit. Aufgrund der Bedeutung der Kapitalgesellschaften im heutigen Wirtschaftsgefüge wird im weiteren Verlauf der Arbeit nur noch auf die Aktiengesellschaft (AG) und die Gesellschaft mit beschränkter Haftung (GmbH) eingegangen. Insbesondere wird bei der Standortwahl eines

---

31 Vgl. SCHMIDT, Gesellschaftsrecht, § 5 II 1a.

32 Vgl. WIEDEMANN, GesR 1, § 2 I 1, 3; KÜBLER, Gesellschaftsrecht, § 3; SCHMIDT, Gesellschaftsrecht, § 3 I 2a.

33 Vgl. KÜBLER, Gesellschaftsrecht, § 3 I, II.

34 Daneben ist natürlich die unterschiedliche steuerliche Behandlung der Gesellschaftstypen von erheblicher Bedeutung. Vgl. dazu KÜBLER, Gesellschaftsrecht, § 3 III.

Unternehmens davon ausgegangen, dass dieses die Rechtsform der AG oder GmbH bzw. die entsprechenden Rechtsformen des Kapitalgesellschaftsrechts der anderen Mitgliedstaaten der EG bevorzugt.

Die Aktiengesellschaft ist in § 1 AktG definiert als eine Gesellschaft mit eigener Rechtspersönlichkeit und einem in Aktien zerlegten Grundkapital, für deren Verbindlichkeiten den Gläubigern nur das Gesellschaftsvermögen haftet. Derzeit muss zur Gründung einer Aktiengesellschaft mindestens ein Betrag i.H.v. 50.000,- € aufgebracht werden (vgl. § 7 AktG). Die GmbH kann zu jedem gesetzlich zulässigen Zweck errichtet werden, wobei die Gesellschafter mit Einlagen auf das in Stammteile zerlegte Stammkapital beteiligt sind, ohne persönlich für die Gesellschaftsschulden zu haften. Das Stammkapital muss mindestens 25.000,- € betragen (§ 5 Abs. 1 GmbHG). Sowohl die Aktiengesellschaft als auch die GmbH entstehen mit Eintragung ins Handelsregister als juristische Person (vgl. § 41 Abs. 1 S.1 AktG bzw. § 11 Abs. 1 GmbHG).

Kapitalgesellschaften müssen ihren Sitz zwingend in ihrer Satzung festlegen (vgl. § 3 Abs. 1 Nr.1 GmbHG u. § 23 Abs. 3 Nr. 1 AktG). Für die Aktiengesellschaft und die GmbH ist gem. § 5 Abs.1 AktG bzw. § 4a GmbHG Sitz der Gesellschaft der Ort, den die Satzung bestimmt. Es obliegt den Gesellschaftern zu bestimmen, welchen Sitz bzw. an welchem Ort die Gesellschaft ihren Sitz haben soll. Einschränkungen erfährt dieser Grundsatz aber durch § 5 Abs. 2 AktG bzw. § 4a Abs. 2 GmbHG. Denn danach hat die Satzung als Sitz in der Regel den Ort zu bestimmen, wo die Gesellschaft einen Betrieb hat, oder den Ort, wo sich die Geschäftsleitung befindet oder die Verwaltung geführt wird. Durch diese Bestimmung soll verhindert werden, dass die Gesellschafter einen Sitz und damit die Zuständigkeit eines Registergerichts „wählen" können, um so die Zuständigkeit des Registergerichts zu erreichen, bei dem die Eintragung mangels Praxis in Handelssachen leicht zu erlangen ist.[35] Im Unterschied zum Verwaltungssitz lässt sich der Satzungssitz anhand des Gesellschaftsvertrages bzw. der Satzung eindeutig feststellen.

Der satzungsmäßige Sitz muss nach deutschem Gesellschaftsrecht weder bei der AG noch bei der GmbH mit dem effektiven Verwaltungssitz übereinstimmen.[36] Allerdings muss sich der Satzungssitz einer deutschen AG oder GmbH zwingend im Inland befinden.[37] Denn vom Satzungssitz hängt

---

[35] Vgl. GROTHE, Die „ausländische Kapitalgesellschaft & Co.", S. 39.

[36] Vgl. HAUSMANN, in: Hausmann/Raupach, Steuergestaltung durch doppelt ansässige Gesellschaften?, S. 21.

[37] Vgl. BGHZ 19, 105; BGHZ 29, 328; HÜFFER, AktG, § 5 Rdnr. 5; EMMERICH, in: Scholz, GmbHG, § 3 Rdnr. 4.

die örtliche und internationale Zuständigkeit der Gerichte ab.[38] Könnte eine deutsche Gesellschaft ihren Satzungssitz im Ausland nehmen, so wäre sie dadurch der Kontrolle der deutschen Gerichte und Verwaltungsbehörden weithin entzogen.[39]

Bedeutung innerhalb des nationalen Gesellschaftsrechts erlangt der Unternehmenssitz bei einer Gesellschaft damit grundsätzlich deshalb, weil er für die Bestimmung des Gerichtsstandes und des für die Führung des Handelsregisters zuständigen Registergerichts maßgebend ist.

2.2.1.1 Die Zweigniederlassung eines Unternehmens

Unabhängig von der Rechtsform eines Unternehmens können Kaufleute und juristische Personen Zweigniederlassungen gründen (vgl. § 13 HGB). Die Zweigniederlassung eines Unternehmens ist dadurch gekennzeichnet, dass sie von der Hauptniederlassung räumlich getrennt ist, dem Unternehmenszweck unmittelbar dient und auf eine gewisse Dauer angelegt ist.[40] Dabei gilt der Grundsatz, dass jedes Unternehmen nur eine Hauptniederlassung hat, die sich regelmäßig dort befindet, wo die Geschäftsleitung auf Dauer angesiedelt ist, bei Kapitalgesellschaften an deren Sitz.[41] Die Zweigniederlassung besitzt keine eigene Rechtspersönlichkeit, ist also keine juristische Person.[42] Daraus folgt, dass ein Unternehmen an seinem Sitz die Hauptniederlassung betreibt, sich daneben aber an unterschiedlichen Standorten mit von ihm abhängigen Zweigniederlassungen ansiedeln kann.

2.2.1.2 Die Tochtergesellschaft eines Unternehmens

Unter einer Tochtergesellschaft versteht man die von einer Muttergesellschaft abhängige Kapitalgesellschaft. Tochtergesellschaften eines Unternehmens sind überwiegend in Form einer GmbH oder AG ausgestaltet, deren Kapital zu großem Teil, meist 100 %, im Besitz der herrschenden Gesellschaft ist.[43] Im Unterschied zur Zweigniederlassung ist die Tochtergesellschaft nur wirtschaftlich vom Mutterunternehmen abhängig. Durch diese rechtliche Selbständigkeit haben Tochtergesellschaften einen eigenen

---

38 Vgl. KEGEL, IPR, § 17 II 1, S. 416.

39 Vgl. HAUSMANN, in: Hausmann/Raupach, Steuergestaltung durch doppelt ansässige Gesellschaften?, S. 21.

40 Vgl. Baumbach/Duden/Hopt, HGB, § 13 Rdnr. 3.

41 Vgl. ACHILLES, in: GK-HGB, § 13 Rdnr. 5.

42 Vgl. BGHZ 4, 62, 65; MüKo z. HGB, § 13d Rdnr. 10.

43 Vgl. Gabler, Recht in der Wirtschaft, S. 930.

Unternehmenssitz und jede Tochtergesellschaft kann eine von dem Mutterunternehmen verschiedene Rechtsform haben.

Zur Expansion ihrer Geschäftstätigkeit steht einem Unternehmen somit die Ansiedlung von Zweigniederlassungen oder die Gründung von Tochtergesellschaften zur Auswahl. Aufgrund der Eigenschaft der Tochtergesellschaft als rechtlich selbständig ist sie im weiteren Verlauf der Arbeit hinsichtlich der rechtlichen Konsequenzen bei ihrer Ansiedlung der Neugründung eines Unternehmens gleichzustellen.

2.2.2 Die gemeinschaftsrechtlichen Gesellschaftsformen

Von den nationalen sind die gemeinschaftsrechtlichen Gesellschaftsformen zu unterscheiden. Einzige gemeinschaftsrechtliche Gesellschaftsform war lange Zeit die Europäische Wirtschaftliche Interessenvereinigung (EWIV).[44] Nunmehr ist nach fast 40 Jahren die Europäische Aktiengesellschaft (SE) doch noch Wirklichkeit geworden. Gemeinsam mit der SE wurde die lange umstrittene Richtlinie zur unternehmerischen Mitbestimmung verabschiedet.[45] Das Beispiel der SE zeigt, dass die tatsächliche Verabschiedung einer gemeinschaftsrechtlichen Gesellschaftsform aufgrund der unterschiedlichen Rechtsordnungen der Mitgliedstaaten eines langfristigen Harmonisierungsprozesses bedarf.

2.2.2.1 Europäisierung des Gesellschaftsrechts

Hintergrund der Harmonisierung gesellschaftsrechtlicher Vorschriften innerhalb der Europäischen Gemeinschaft ist das Ziel, den Unternehmen Organisationsformen anzubieten, die es ihnen erlauben, ihren Standort innerhalb der Gemeinschaft frei von gesellschaftsrechtlichen Erwägungen nach rein wirtschaftlichen Überlegungen wählen zu können.[46] Da gesellschaftsrechtliche Rahmenbedingungen am jeweiligen Standort für Unternehmen Wettbewerbsfaktoren sind, sollen Wettbewerbsverzerrungen durch unterschiedliche einzelstaatliche Rahmenbedingungen vermieden werden. Das Gesellschaftsrecht soll also wettbewerbsneutral sein.[47] Diese Neutralität soll

---

[44] Vgl. dazu die Verordnung über die Schaffung einer Europäischen Wirtschaftlichen Interessenvereinigung vom 25.7.1985, ABl.EG Nr. L 199 vom 31.7.1985, S. 1 ff.

[45] Vgl. dazu die Verordnung (EG) Nr. 2157/2001 des Rates vom 8.10.2001 über das Statut der Europäischen Gesellschaft (SE), ABl.EG Nr. 294 vom 10.11.2001, 1 ff. und die Richtlinie 2001/86/EG des Rates vom 8.10.2001 zur Ergänzung des Statuts der Europäischen Gesellschaft hinsichtlich der Beteiligung der Arbeitnehmer, ABl.EG Nr. L 294 vom 10.11.2001, 22 ff.

[46] Vgl. HELMS, Die Europäische Privatgesellschaft, S. 9.

[47] Vgl. SCHWARZ, Europäisches Gesellschaftsrecht, Rdnr. 8 m.w.N.

durch die Europäisierung der nationalen Rechtsordnungen geschaffen werden.

Rechtsgrundlagen zur Schaffung eines europäischen Gesellschaftsrechts finden sich im EG-Vertrag. Als rechtliche Instrumente zur Verwirklichung dieser Ziele kommen Staatsverträge,[48] Verordnungen[49] und Richtlinien[50] in Betracht. Eine Harmonisierung kann aber nur unter Beachtung des Prinzips

---

[48] **Abschluss von Staatsverträgen nach Art. 293 EG:** Art. 293 EG bietet als Integrationsmittel den Abschluss von Staatsverträgen an. Die Mitgliedstaaten sind soweit erforderlich zu Verhandlungen verpflichtet, wenn es gilt bestimmte Bereiche zugunsten der Staatsangehörigen sicherzustellen (vgl. SCHWARTZ, in: Groeben/Thiesing/Ehlermann, Kommentar zum EU-/EG-Vertrag, Art. 220 Rdnr. 24). Für das Gesellschaftsrecht führt Art. 293 Spiegelstrich 3 EG die gegenseitige Anerkennung von Gesellschaften i.S.d. Art. 48 Abs. 2 EG, die Beibehaltung der Rechtspersönlichkeit bei einer grenzüberschreitenden Sitzverlegung und die Möglichkeit der Verschmelzung von Gesellschaften, die den Rechtsvorschriften verschiedener Mitgliedstaaten unterstehen, an. Das klassische Instrument des Staatsvertrages hat sich allerdings mit seinem Zwang zur Mitwirkung und zur Einigkeit aller nationaler Parlamente als Harmonisierungsmittel für die Regelung gesellschaftsrechtlicher Fragen nicht als geeignet erwiesen (vgl. SCHWARZ, Europäisches Gesellschaftsrecht, Rdnr. 209). Auch das Vorhaben eines Übereinkommens zur Anerkennung von Gesellschaften vom 29.2.1968 ist gescheitert. Siehe dazu unten Teil B 3.3.

[49] **Verordnungen:** Mittels des Rechtsinstruments der Verordnung vermag die EG für die Mitgliedstaaten und ihre Bürger verbindliches Recht zu schaffen, das keiner Umsetzung durch den nationalen Gesetzgeber bedarf. Denn gem. Art. 249 Abs. 2 EG gilt die Verordnung unmittelbar in jedem Mitgliedstaat. Soweit die Verordnung Regelungen enthält, aus denen sich unmittelbare Rechte und Pflichten ableiten lassen, sind diese innerstaatlich anwendbar. Mit Hilfe der Verordnung wird einheitliches Recht in allen Mitgliedstaaten geschaffen (vgl. SCHWARZ, Europäisches Gesellschaftsrecht, Rdnr. 74). Dies umfasst die Maßgabe, dass die Anwendung von später erlassenem mitgliedstaatlichem Recht ausgeschlossen ist (vgl. SCHWEITZER/HUMMER, Europarecht, Rdnr. 335). Die Verordnung ist nach dem EG-Vertrag in allen ihren Teilen verbindlich. Dies unterscheidet sie von der Richtlinie, die nur hinsichtlich der zu erreichenden Ziele verbindlich ist (vgl. SCHWARZ, Europäisches Gesellschaftsrecht, Rdnr. 74).

[50] **Richtlinien:** Die Richtlinie dient vornehmlich der Rechtsangleichung. Unter Angleichung ist im Gemeinschaftsrecht die „Beseitigung von für das ordnungsgemäße Funktionieren des Gemeinsamen Marktes abträglichen Unterschiedlichkeiten in bestimmten Rechtsgebieten innerhalb der nationalen Rechtsordnungen der einzelnen Maßnahmen“ zu verstehen (vgl. OPPERMANN, Europarecht, Rdnr. 1200). Unterschiede der nationalen Rechtsordnungen werden zugunsten des Gemeinsamen Marktes beseitigt. Hohe Akzeptanz genießt das Integrationsmittel „Richtlinie“ gerade deshalb, weil das Richtlinienziel von den Mitgliedstaaten nach deren Wahl der Form und Mittel der Umsetzung erreicht werden kann (Vgl. den Wortlaut des Art. 249 Abs. 3 EG: „...hinsichtlich des zu erreichenden Ziels verbindlich, überlässt jedoch den innerstaatlichen Stellen die Wahl der Form und der Mittel.“). Rechtsangleichung in diesem Sinne lässt die Identität der von ihr erfassten Rechte unberührt, indem sie diese Rechte zwar verändert, nicht aber verdrängt (vgl. TASCHNER, in: Groeben/Thiesing/Ehlermann, Kommentar zum EU-/EG-Vertrag, Art. 100 Rdnr. 11). Hat der verpflichtete Mitgliedstaat die Richtlinie umgesetzt, so ist die zweigliedrige gemeinschaftsrechtliche Rechtsetzung abgeschlossen (vgl. LUKES, in: Dauses, Handbuch des EG-Wirtschaftsrechts, B II. Rdnr. 67).

der Subsidiarität, das ausdrücklich als Grundprinzip des Gemeinschaftsrechts in Art. 5 Abs. 2 EG festgeschrieben ist, erfolgen. Eine Ausübung der Gemeinschaftskompetenz ist danach nur dann möglich, wenn „die Ziele der in Betracht gezogenen Maßnahmen auf Ebene der Mitgliedstaaten nicht ausreichend erreicht werden können." Kumulativ muss noch hinzukommen, dass die Ziele „wegen ihres Umfangs oder ihrer Wirkungen besser auf Gemeinschaftsebene erreicht werden können."

Die überwiegende Mehrzahl der Akte zur Rechtsangleichung auf dem Gebiet des Gesellschaftsrechts ergeht in Form der Richtlinie. Tatsächlich ist das Europäische Gesellschaftsrecht also in der Regel weiterhin nationales Recht, da lediglich das materielle Gesellschaftsrecht der Mitgliedstaaten angeglichen und kein „höherrangiges" Recht gesetzt wird.[51]

2.2.2.2 Bislang getroffene Regelungen und Vorschläge im Bereich des europäischen Gesellschaftsrechts

Aus Sicht des einzelstaatlichen Rechts ist das Vorhandensein eines durch europäische Vorgaben harmonisierten Gesellschaftsrechts auch für den heimischen Wirtschaftsstandort vorteilhaft.[52] Die Harmonisierung der Gesellschaftsformen ermöglicht es Unternehmen in anderen EG-Mitgliedstaaten in einer Rechtsform tätig zu werden, die den nationalen Rechtsformen nicht unähnlich ist. Darüber hinaus erleichtert die Harmonisierung die grenzüberschreitende Tätigkeit von Unternehmen, schafft Rechtsklarheit und Rechtssicherheit für alle Beteiligten. Da heute ein großer Teil des Waren-, Dienstleistungs- und Kapitalverkehrs grenzüberschreitend hauptsächlich durch Kapitalgesellschaften abgewickelt wird, sind europäische Regelungen unverzichtbar geworden.

Im Bereich der Niederlassungs- und Dienstleistungsfreiheit des EG-Vertrages besteht eine besondere Verpflichtung, rechtliche und tatsächliche Beschränkungen abzubauen. Nicht zuletzt deshalb, um die im EG-Vertrag angesprochenen wirtschaftlichen und sozialen Ziele zu verwirklichen. Gegenstand der Rechtsangleichung ist daher grundsätzlich das gesamte Gesellschaftsrecht in seiner Auswirkung auf den Gemeinsamen Markt, da alle Vorschriften letztlich dem Schutz entweder der Gesellschaft oder Dritter

---

[51] Vgl. zu den erlassenen Richtlinien und deren Umsetzung im deutschen Recht S. 47 f.

[52] Zur nicht unumstrittenen Frage, ob auf europäischer Ebene eine Intensivierung der Rechtsangleichung durch den europäischen Gesetzgeber vorzunehmen ist, oder ob vielmehr ein Wettbewerb der mitgliedstaatlichen Rechtsordnungen erstrebenswert erscheint, vgl. Teil B 3. Siehe zu dieser Frage auch HABERSACK, Europäisches Gesellschaftsrecht, Rdnr. 15 ff.

dienen, die mit einer Gesellschaft rechtliche Beziehungen unterhalten, einschließlich der Mitbestimmungsvorschriften zugunsten der Arbeitnehmer.[53]

Bislang ist die Harmonisierung der nationalen Gesellschaftsrechte vor allem durch Richtlinien erfolgt. Die Gesellschaftsformen des europäischen Gemeinschaftsrechts basieren aber auf Verordnungen.[54] Im Folgenden ein kurzer Überblick über die wichtigsten Vorhaben bzw. tatsächlich verabschiedeten Richtlinien im Bereich des Gesellschaftsrechts:

- **Staatsverträge:** Nach Art. 293 EG ist der Einsatz völkerrechtlicher Übereinkommen möglich, soweit die Ermächtigungen des EG-Vertrages für ein Tätigwerden der Gemeinschaftsorgane nicht ausreichen.[55] Ein solches völkerrechtliches „Übereinkommen über die gegenseitige Anerkennung von Gesellschaften und juristischen Personen"[56] wurde bereits am 29.2.1968 von den damaligen Mitgliedstaaten unterzeichnet. Inhalt des Übereinkommens ist der Versuch durch einen Kompromiss die Anerkennungsprobleme zu lösen, die im Internationalen Gesellschaftsrecht wegen des Gegensatzes von Sitz- und Gründungstheorie bestehen. Dieses Übereinkommen ist bisher nicht in Kraft getreten. Es erscheint auch unwahrscheinlich, dass es jemals in Kraft treten wird, da es vor allem an der Zustimmung der Mitgliedstaaten, die der Gründungstheorie folgen, fehlt.[57]
- **Erlassene Richtlinien:** Für das Europäische Gesellschaftsrecht besonders bedeutsam ist folgende Auswahl:[58]

⇒ *Kapitalrichtlinie:*[59] Die Kapitalrichtlinie regelt die Harmonisierung der Bestimmungen über den Gründungsvorgang und die Kapitalgrundlagen der Aktiengesellschaft, um beim Schutz der Aktionäre und der Gläubiger der Gesellschaft ein Mindestmaß an Gleichwertigkeit sicherzustellen.[60] Eine Umsetzung dieser Richtlinie in deut-

---

53 Vgl. OPPERMANN Europarecht, Rdnr. 1243 ff.

54 Vgl. Teil B Fn. 49.

55 Vgl. BEHRENS, GmbHR 1993, S. 130.

56 Vgl. BGBl. II 1972, S. 370.

57 Vgl. BEHRENS, GmbHR 1993, S. 134.

58 Aufgelistet nach der offiziellen Bezeichnung der Richtlinien.

59 Vgl. 2. RL 77/91/EWG des Rates v. 13.12.1976, ABl.EG 1977, L 26/1; deutsche Umsetzung BGBl. I 1978, S. 1959.

60 Vgl. Präambel, Erwägungsgründe 2 und 5 Zweite RL.

sches Recht bedurfte es nicht, da die Vorgaben der Richtlinie bereits deutschem Recht entsprachen.[61]

⇒ *Fusionsrichtlinie,*[62] *Internationale Fusionsrichtlinie*[63] *und Spaltungsrichtlinie:*[64] Die Dritte (Fusionsrichtlinie), die Sechste (Spaltungsrichtlinie) und die Zehnte (Vorschlag einer Internationalen Fusionsrichtlinie) gesellschaftsrechtliche Richtlinie dienen der ausschließlichen Harmonisierung des Aktienrechts. Die Fusionsrichtlinie regelt nur Fusionen, die Spaltungsrichtlinie nur Spaltungen von Aktiengesellschaften innerhalb eines Mitgliedstaates.[65] Die grenzüberschreitende Fusion sollte durch die Internationale Fusionsrichtlinie koordiniert werden. Diese ist aber bislang noch nicht verabschiedet worden. Grund dafür sind insbesondere die divergierenden Auffassungen zur Arbeitnehmermitbestimmung.[66] Ob nach der Einigung hinsichtlich der Richtlinie über die Arbeitnehmerbeteiligung in der Europäischen Aktiengesellschaft[67] auch bei der Internationalen Fusionsrichtlinie ein Erfolg erzielt werden kann, bleibt abzuwarten.

⇒ *Bilanzrichtlinie,*[68] *Mittelstandsrichtlinie*[69] *und GmbH & Co. KG-Richtlinie:*[70] Die Vierte gesellschaftsrechtliche Richtlinie (Bilanzrichtlinie) dient der „Koordinierung der einzelstaatlichen Vorschriften über die Gliederung und den Inhalt des Jahresabschlusses sowie über die Bewertungsmethoden und die Offenlegung dieser Unterlagen, insbesondere bei der Aktiengesellschaft und der Gesellschaft

---

61 In anderen Mitgliedstaaten hat die Kapitalrichtlinie hingegen erhebliche Änderungen hervorgerufen. Vgl. dazu GANSKE, DB 1978, S. 2461.

62 Vgl. 3. RL 78/855/EWG des Rates v. 9.10.1978, ABl.EG 1978, L 295/36; deutsche Umsetzung BGBl. I 1982, S. 1425.

63 Vgl. 10. RL ABl.EG v. 25.1.1985, C 23/11, noch nicht in Kraft getreten.

64 Vgl. 6. RL 82/891/EWG des Rates v. 17.12.1982, ABl.EG 1982, L 378/47; deutsche Umsetzung noch nicht erfolgt.

65 Deutschland ist seiner Umsetzungspflicht der Fusionsrichtlinie mit dem Verschmelzungsrichtlinie-Gesetz vom 25.10. 1982 (vgl. BGBl. I 1982, S. 1425 ff.) nachgekommen.

66 Vgl. hierzu SCHWARZ, Europäisches Gesellschaftsrecht, Rdnr. 846.

67 Vgl. Richtlinie 2001/86/EG des Rates vom 8.10.2001 zur Ergänzung des Statuts der Europäischen Gesellschaft hinsichtlich der Beteiligung der Arbeitnehmer, ABl.EG Nr. L 294 vom 10.11.2001, 22 ff.

68 Vgl. 4. RL 78/660/EWG des Rates v. 25.7.1978, ABl.EG 1978, L 222/11; deutsche Umsetzung BGBl. I 1985, S. 2355.

69 Vgl. 18. RL, ABl.EG v. 16.11.1989, L 317/57; deutsche Umsetzung BGBl. I 1994, S. 1682.

70 Vgl. 19. RL, ABl.EG v. 16.11.1990, L 317/60; noch keine Umsetzung in deutsches Recht.

mit beschränkter Haftung...".[71] Anders als das frühere deutsche Rechnungslegungsrecht knüpft die Bilanzrichtlinie nicht an die Rechtsform des bilanzierenden Unternehmens an, sondern richtet sich nach der Unternehmensgröße.[72] Die Bilanzrichtlinie ist durch die GmbH & Co. KG-Richtlinie[73] und die Mittelstandsrichtlinie[74] modifiziert worden.[75]

⇒ *Zweigniederlassungsrichtlinie:*[76] Die Elfte gesellschaftsrechtliche Richtlinie (Zweigniederlassungsrichtlinie) erweitert den Anwendungsbereich der Publizitätsrichtlinie[77] und der Bilanzrichtlinie[78] auf Zweigniederlassungen. Die Richtlinie koordiniert die Harmonisierung der Offenlegungsvorschriften für Zweigniederlassungen. Bislang waren nur die Publizitätspflichten für Tochtergesellschaften geregelt. Da aber Gesellschaften von ihrer Niederlassungsfreiheit auch in Form von Zweigniederlassungen Gebrauch machen können, müssen „zum Schutz der Personen, die über eine Zweigniederlassung mit einer Gesellschaft in Beziehung treten, in dem Mitgliedstaat, in dem sich die Zweigniederlassung befindet, Maßnahmen der Offenlegung getroffen werden."[79] Daher verfügt die Zweigniederlassungsrichtlinie die Offenlegung bestimmter Angaben einer Zweigniederlassung einer Gesellschaft eines anderen Mitgliedstaates.[80]

- **Richtlinienvorschlag:** Mit dem „Vorschlag für eine Vierzehnte Richtlinie des Europäischen Parlaments und des Rates über die Verlegung des Sitzes einer Gesellschaft in einen anderen Mitgliedstaat

---

71 Präambel, Erwägungsgründe 1 und 2 Vierte RL.

72 Vgl. SCHWARZ, Europäisches Gesellschaftsrecht, Rdnr. 399.

73 Nach dieser Richtlinie ist die GmbH & Co. KG hinsichtlich der Rechnungslegungspflichten den Kapitalgesellschaften gleichzustellen.

74 Regelungsziel war die Vereinfachung bestimmter Anforderungen für kleine und mittlere Unternehmen; vgl. Präambel, Erwägungsgründe 2 bis 7, Mittelstandsrichtlinie.

75 Beachte auch die Anpassungsrichtlinien gem. Art. 53 Abs. 2 Vierte RL; vgl. dazu SCHWARZ, Europäisches Gesellschaftsrecht, Rdnr. 404.

76 Vgl. 11. RL 89/666/EWG des Rates v. 22.12.1989, ABl.EG 1989, L 395/36; deutsche Umsetzung BGBl. I 1993, S. 1282.

77 Vgl. Erste gesellschaftsrechtliche Richtlinie.

78 Vgl. Vierte gesellschaftsrechtliche Richtlinie.

79 Präambel, Erwägungsgrund 6 Elfte RL.

80 Die Richtlinie differenziert noch zwischen Zweigniederlassungen von Gesellschaften eines anderen Mitgliedstaates (Artt. 1 bis 6 Elfte RL) und Zweigniederlassungen von Gesellschaften aus Drittländern (Artt. 7 bis 10 Elfte RL).

der EU“ [81] hat die Kommission auf die Forderung nach mehr Mobilität und Flexibilität von Unternehmen in der Europäischen Gemeinschaft reagiert. Der Richtlinienvorentwurf setzt sich zum Ziel, „...den nach dem Recht eines Mitgliedstaates gegründeten Gesellschaften die Verlegung ihres satzungsmäßigen oder tatsächlichen Sitzes in einen anderen Staat unter Wahrung ihrer Rechtspersönlichkeit (d.h. ohne Auflösung), aber mit Wechsel des für die Gesellschaften maßgebenden Rechts, zu ermöglichen.“ [82] Der Vorschlag soll aber gerade nicht zur Vereinheitlichung der Anknüpfungskriterien führen. Die einzelnen Mitgliedstaaten werden weiterhin entsprechend ihren nationalen Regelungen entweder an den „tatsächlichen“ oder an den „satzungsmäßigen“ Sitz anknüpfen, um das auf die Gesellschaft anwendbare Recht festzustellen.[83] Ausgeschlossen aus dem Anwendungsbereich sind die Personengesellschaften. Der Richtlinienvorschlag findet nur auf die Kapitalgesellschaften Anwendung, da diese in den einzelnen Mitgliedstaaten wesentlich homogeneren und weitestgehend harmonisierten Regelungsvorschriften unterliegen.[84]

Die verabschiedeten Richtlinien aber auch die noch nicht in Kraft getretenen Vorhaben zeigen, dass durch den europäischen Gesetzgeber Anstrengungen unternommen werden, um rechtliche Unterschiede innerhalb der Gemeinschaft anzugleichen. Dieses Vorgehen verdeutlicht die innerhalb der EG vorherrschende Grundtendenz, wonach die rechtlichen nationalen Hindernisse insbesondere im Bereich der Niederlassungs- und Dienstleistungsfreiheit des EG-Vertrages im Hinblick auf ein harmonisiertes europäisches Gesellschaftsrecht abzubauen sind.

2.2.2.3 Die gemeinschaftsrechtlichen Gesellschaftsformen im einzelnen

Unter den gemeinschaftsrechtlichen Gesellschaften versteht man supranationale Gesellschaften, deren rechtliche Grundlage ein bilateraler oder multilateraler Staatsvertrag bildet.[85] Supranationale Gesellschaften bedürfen aber einer überstaatlichen Rechtsgrundlage, so dass rein private Unternehmen, die lediglich in mehreren Staaten tätig werden, keine supranationalen Ge-

---

81 Abgedruckt in ZIP 1997, S. 1721 ff.

82 Vorentwurf eines Richtlinienvorschlags zur Verlegung des Gesellschaftssitzes innerhalb der EU, A. VII. 1; ZIP 1997, S. 1722.

83 Vgl. Vorentwurf eines Richtlinienvorschlags zur Verlegung des Gesellschaftssitzes innerhalb der EU; A. VII. 2; ZIP 1997, S. 1723.

84 Vgl. DI MARCO, ZGR 1999, S.7.

85 Vgl. GROSSFELD, Internationales und Europäisches Unternehmensrecht, S. 6; GROSSFELD, in: Staudinger, IntGesR, Rdnr. 727.

sellschaften darstellen.[86] Bei der Forderung nach neuen Gesellschaftsformen spielen Kostenstrukturen eine nicht unerhebliche Rolle. So sind nach Ansicht des Rates für Wettbewerbsfähigkeit für grenzüberschreitend tätige Unternehmen, die die Möglichkeit einer gemeinschaftsweit einheitlichen Rechtsform wahrnehmen könnten, Kosteneinsparungen in Höhe von bis zu 30 Milliarden Euro denkbar.[87]

Durch die Schaffung europäischer Gesellschaftsformen soll den Unternehmen die Möglichkeit gegeben werden, ihre Gesellschaft nicht der Rechtsordnung eines einzelnen Mitgliedstaates zu unterwerfen, sondern einem internationalen Rechtsrahmen. Es geht um die Schaffung eines gemeinschaftsweit geltenden Einheitsrechts, damit die Unternehmen von dem einzelnen nationalen Gesellschaftsrecht unabhängig sind und sich grenzüberschreitend wirtschaftlich betätigen können, ohne auf rechtliche Schranken zu stoßen.[88] Der Zweck, der mit der Schaffung europäischer Gesellschaftsformen erreicht werden soll, ist die Unabhängigkeit der unternehmerischen Standortwahl von gesellschaftsrechtlichen Überlegungen.[89] Denn die bislang andauernde Unvollständigkeit des Gemeinsamen Marktes, die den ungehinderten grenzüberschreitenden Wirtschaftsverkehr stört, wird als Verstoß gegen die Vorgaben der Artt. 2 und 14 EG der Gemeinschaft gesehen. Ziel sei es schließlich, einen Binnenmarkt mit freiem Verkehr für Waren, Dienstleistungen, Kapital und Personen zu errichten.[90]

Die Europäische Wirtschaftliche Interessenvereinigung (EWIV) wurde 1985 von der Europäischen Gemeinschaft als erste supranationale Gesellschaftsform verabschiedet. Sie soll die grenzüberschreitende wirtschaftliche Kooperation von Personen und Unternehmen, die in verschiedenen Mitgliedstaaten niedergelassen sind, erleichtern.[91] Als zweite supranationale Gesellschaftsform verabschiedete der Rat der Europäischen Gemeinschaft am 8.10.2001 die Europäische Aktiengesellschaft (Societas Euro-

---

86 Vgl. SCHWARZ, Europäisches Gesellschaftsrecht, Rdnr. 948.

87 Vgl. MONTI, WM 1997, S. 607 f.

88 Vgl. BEHRENS, in: Dauses, Handbuch des EG-Wirtschaftsrechts, E III. Rdnr. 13.

89 Vgl. SCHWARZ, Europäisches Gesellschaftsrecht, Rdnr. 951.

90 Vgl. HELMS, Die Europäische Privatgesellschaft, S. 8 f.

91 Vgl. ABl.EG 1985 Nr. L 199; die EWIV kann seit dem 1.7.1989 errichtet werden. Der deutsche Gesetzgeber hat sich in seinem Ausführungsgesetz (vgl. BGBl. 1988, S. 514) dafür entschieden, die EWIV als offene Handelsgesellschaft zu behandeln, wobei in Teilbereichen aber auch Regelungen des GmbH-Rechts gelten. In der Praxis gibt es bisher aber lediglich 741 EWIV in der EG, von denen 65 derzeit in Deutschland ansässig sind (vgl. DB 1997, S. 861).

paea).[92] Mit der Rechtsform der SE soll den Unternehmen, die dem Recht verschiedener Mitgliedstaaten unterliegen, die Möglichkeit eröffnet werden, ihr Wirtschaftspotenzial durch Konzentrations- und Fusionsmaßnahmen zusammenzufassen.[93]

- **Grundstruktur der EWIV:** Die EWIV wurde vor allem im Hinblick auf die kleinen und mittleren Unternehmen verwirklicht, da sie diesen ermöglichen soll, sich den europäischen Markt zu erschließen.[94] Den Unternehmen soll durch die EWIV eine grenzüberschreitende Zusammenarbeit erleichtert werden. Die kooperierenden Beteiligten bleiben dabei aber rechtlich und wirtschaftlich selbständig.[95]

  Für den Unternehmenssitz gilt: Nach Art. 5 lit. b EWIV-VO ist der Sitz der EWIV im Gründungsvertrag anzugeben. Der Sitz kann von den Mitgliedern gem. Art. 12 EWIV-VO innerhalb der Gemeinschaft frei gewählt werden. Zu bestimmen ist nach Satz 2 dieser Vorschrift als Sitz der EWIV entweder der Ort, an dem die Vereinigung ihre Hauptverwaltung hat oder der Ort, an dem eines der Mitglieder der Vereinigung seine Hauptverwaltung hat oder, wenn es sich um eine natürliche Person handelt, seine Haupttätigkeit ausübt.[96] Der Sitz der EWIV erlangt vor allem deshalb Bedeutung, weil er maßgebend ist für die Anwendung des entsprechenden innerstaatlichen Rechts. Nach Art. 2 Abs. 1 EWIV-VO ist vorbehaltlich der Verordnung das innerstaatliche Recht des Staates anzuwenden, in dem die Vereinigung nach dem Gründungsvertrag ihren Sitz hat. Darüber hinaus ist der Sitz der EWIV für das zuständige Registergericht und den Gerichtsstand der Vereinigung für interne Streitigkeiten maßgebend.[97]

---

92 Daneben sollen noch weitere neue europäische Gesellschaftsformen eingeführt werden, so der Europäische Verein (vgl. ABl.EG 1992 C 89/1), die Europäische Genossenschaft (vgl. ABl.EG 1992 C 99/17) und die Europäische Gegenseitigkeitsgesellschaft (vgl. ABl.EG 1992 C 99/40). Diese Verordnungsvorschläge gleichen in ihrer Struktur der Verordnung zur Europäischen Aktiengesellschaft.

93 Vgl. Präambel, Erwägungsgrund 2 und 10, Verordnung Nr. 2157/2001 des Rates vom 8.10.2001 über das Statut der Europäischen Gesellschaft (SE), ABl.EG Nr. L 294 vom 10.11.2001, 1 ff; im Folgenden als SE-VO bezeichnet.

94 Vgl. Begründung zum Entwurf des deutschen EWIV-AusfG, BT-Drucks. 11/352, S. 6.

95 Vgl. Memorandum der Kommission an den Rat über die Industriepolitik der Gemeinschaft, KOM (70) 100 vom 18.3.1970, S. 137 ff.

96 Mit dieser Regelung wurde ein Kompromiss zwischen den Anhängern der Sitztheorie und denen der Gründungstheorie gefunden. Vgl. SCHWARZ, Europäisches Gesellschaftsrecht, Rdnr. 1001 m.w.N.

97 Vgl. SCHWARZ, Europäisches Gesellschaftsrecht, Rdnr.1001.

- **Grundstruktur der SE:** Die Unternehmen können mit Errichtung einer Europäischen Aktiengesellschaft eine Kapitalgesellschaft europäischen materiellen Rechts gründen. Bereits im Jahre 1970 legte die Kommission einen ausgearbeiteten Vorschlag[98] für das Statut einer Aktiengesellschaft vor. Weitere Vorschläge folgten in den Jahren 1975[99] und 1989.[100] Der Vorschlag von 1989 hatte die Besonderheit, dass er in eine Verordnung zum Statut der Europäischen Aktiengesellschaft und eine Richtlinie zur Stellung der Arbeitnehmer aufgeteilt wurde. 1991 erfuhren sowohl der Verordnungsvorschlag[101] als auch der Richtlinienvorschlag[102] eine Überarbeitung. Nach rund dreißig Jahren hatten sich die EG-Mitgliedstaaten am 20.12.2000 in Nizza auf eine Verordnung über das Statut der Europäischen Aktiengesellschaft[103] und eine Richtlinie über die Beteiligung der Arbeitnehmer in der Europäischen Aktiengesellschaft[104] geeinigt. Auf dieser Grundlage wurden Verordnung und Richtlinie am 8.10.2001 im Ministerrat verabschiedet und am 10.11.2001 im Amtsblatt der EU veröffentlicht.[105]

  Die SE ist eine Kapitalgesellschaft, deren Grundkapital in Aktien zerlegt ist (Art. 1 Abs. 2 SE-VO). Das Grundkapital muss mindestens 120.000,- € betragen (Art. 4 Abs. 2 SE-VO). Soweit in der Verordnung nichts anderes bestimmt ist, wird eine SE wie eine nach dem

---

98 Vgl. ABl.EG Nr. C 124/1 1970, Vorschlag einer Verordnung (EWG) des Rates über das Statut einer europäischen Aktiengesellschaft.

99 Vgl. Geänderter Vorschlag für eine Verordnung über das Statut der Europäischen Aktiengesellschaft vom 30.4.1975, Dok. KOM (75) 150 endg.

100 Vgl. Geänderter Vorschlag für eine Verordnung über das Statut der Europäischen Aktiengesellschaft vom 25.8.1989, ABl.EG Nr. C 263 vom 16.10.1989, S. 41 ff.

101 Geänderter Vorschlag für eine Verordnung über das Statut der Europäischen Aktiengesellschaft vom 16.5.1991, ABl.EG Nr. C 178 vom 8.7.1991, S. 1, Dok. KOM (91) 174 endg. - SYN 218 (16.5.1991).

102 Vgl. Geänderter Vorschlag für eine Richtlinie zur Ergänzung des SE-Statuts hinsichtlich der Stellung der Arbeitnehmer, ABl.EG Nr. C 138 vom 29.5.1991, S. 8 ff., Dok. KOM (91) 174 endg. - SYN 219 (16.5.1991).

103 Vgl. Geänderter Vorschlag für eine Verordnung über das Statut der Europäischen Aktiengesellschaft – Rat der Europäischen Union, Dokument 14717/00.

104 Vgl. Vorschlag einer Richtlinie des Rates über die Beteiligung der Arbeitnehmer in der Europäischen Aktiengesellschaft – Rat der Europäischen Union, Dokument 14719/00.

105 Vgl. Verordnung (EG) Nr. 2157/2001 des Rates vom 8.10.2001 über das Statut der Europäischen Gesellschaft (SE), ABl.EG Nr. L 294 vom 10.11.2001, 1 ff.; Richtlinie 2001/86/EG des Rates vom 8.10.2001 zur Ergänzung des Statuts der Europäischen Gesellschaft hinsichtlich der Beteiligung der Arbeitnehmer, ABl.EG Nr. L 294 vom 10.11.2001, 22 ff. Im Folgenden Richtlinie 2001/86/EG genannt.

Recht des Sitzstaates gegründete Aktiengesellschaft behandelt (Art. 10 SE-VO). Die SE erlangt Rechtsfähigkeit (Art. 1 Abs. 3 SE-VO) mit Eintragung im zuständigen Register (Art. 16 Abs. 1, Art. 12 SE-VO).[106]

Für den Unternehmenssitz gilt: Der Sitz der SE muss nach Art. 7 SE-VO in der Gemeinschaft liegen, und zwar in dem Mitgliedstaat, in dem sich die Hauptverwaltung der SE befindet. Bedeutung kommt dem Sitz der SE insoweit zu, als dass die Rechtsvorschriften des Sitzstaates auf die SE dann Anwendung finden, wenn Bereiche nur teilweise oder gar nicht in der Verordnung geregelt sind (Art. 9 Abs. 1 lit. c ii SE-VO).

Sowohl die EWIV als auch die SE sind supranationale Gesellschaften der EG. Dennoch sind sie nicht völlig unabhängig von den nationalen Gesellschaftsrechten der Mitgliedstaaten, da nationale Vorschriften desjenigen Staates zumindest hilfsweise auf die Gesellschaften Anwendung finden, in welchem sich die unternehmerische Hauptverwaltung befindet. Das nationale Gesellschaftsrecht der Mitgliedstaaten beeinflusst also auch die europaweite unternehmerische Tätigkeit der gemeinschaftsrechtlichen Gesellschaftsformen.

2.3 Gesellschaftsstatut

Die Globalisierung der wirtschaftlichen unternehmerischen Tätigkeit, insbesondere die Neugründung einer Gesellschaft, Tochtergesellschaft oder Zweigniederlassung im Ausland beinhaltet zwangsläufig Berührungspunkte zu verschiedenen Rechtsordnungen. Die Frage, wann und wie weit welche nationale Rechtsordnung im Bereich des Gesellschaftsrechts zur Anwendung gelangt, ist einer näheren Betrachtung der rechtlichen Bedeutung des Unternehmenssitzes im internationalen Kontext voranzustellen.

2.3.1 Grundlagen

Das sog. Internationale Privatrecht, das trotz der anders lautenden Bezeichnung nationales Recht ist, regelt bei Sachverhalten mit einer Verbindung zum Recht eines ausländischen Staates, welche Rechtsordnung zur Anwendung gelangt (Art. 3 Abs.1 EGBGB). Es entscheidet die Frage durch Kollisionsnormen. Mit diesen kollisionsrechtlichen Vorschriften des Internationalen Privatrechts dürfen die fremdenrechtlichen Vorschriften nicht verwechselt werden. Das Fremdenrecht beinhaltet Rechtsnormen, die unter-

---

[106] Vgl. zu den Regelungen der SE-VO LUTTER, BB 2002, S. 1 ff.

schiedliche Rechtsfolgen für In- und Ausländer herbeiführen.[107] Diese im materiellen Recht und nicht im Kollisionsrecht enthaltenen Sondervorschriften können auf ausländische Gesellschaften Anwendung finden.[108]

Das gesellschaftsrechtliche Kollisionsrecht ist Bestandteil des Internationalen Privatrechts und befasst sich mit dem Problem, welchem Recht eine ausländische Gesellschaft und die mitgliedschaftlichen Beziehungen ihrer Gesellschafter unterliegen.[109] Dieses sog. Internationale Gesellschaftsrecht beantwortet die Frage, welche Rechtsordnung auf die gesellschaftsrechtlichen Verhältnisse eines Unternehmens anzuwenden ist. Es gibt z.B. Antwort darauf, nach welcher nationalen Rechtsordnung die Rechtsfähigkeit einer Gesellschaft zu beurteilen ist.[110]

Eine gesetzliche Regelung für das deutsche Internationale Gesellschaftsrecht existiert bislang nicht. Auch das Internationale Privatrecht des EGBGB enthält keine gesellschaftsrechtlichen Kollisionsnormen. Art. 37 Nr. 2 EGBGB bestimmt lediglich, dass die Vorschriften des Unterabschnitts über die vertraglichen Schuldverhältnisse auf Fragen betreffend das Gesellschaftsrecht, das Vereinsrecht und das Recht der juristischen Personen, wie z.B. die Errichtung, die Rechts- und Handlungsfähigkeit, die innere Verfassung und die Auflösung von Gesellschaften, Vereinen und juristischen Personen sowie die persönliche gesetzliche Haftung der Gesellschafter und der Organe für die Schulden der Gesellschaft, des Vereins oder der juristischen Person keine Anwendung finden.[111]

Das Recht, das die gesellschaftsrechtlichen Beziehungen eines Unternehmens regelt, wird als *Gesellschaftsstatut* (lex societatis) bezeichnet.[112] Traditionell wird von einem einheitlichen Gesellschaftsstatut ausgegangen, so dass sich alle gesellschaftsrechtlichen Verhältnisse eines Unternehmens nach ein und demselben Recht beurteilen (sog. Einheitstheorie / Einheitslehre).[113] Dies bedeutet, dass grundsätzlich alle Fragen von der Entstehung bis zum Ende der Gesellschaft von einem einheitlichen Gesellschaftsstatut

---

107 Vgl. GROßFELD, in: Staudinger, IntGesR, Rdnr. 2.

108 Vgl. BEHRENS, in: Hachenburg, Kommentar zum GmbHG, Rdnr. 106.

109 Vgl. SCHMIDT, Gesellschaftsrecht, § 1 II 8a.

110 Vgl. GROßFELD, in: Staudinger, IntGesR, Rdnr. 1.

111 Nach Art. 37 Nr. 3 EGBGB gilt dies auch für die Frage, ob das Organ einer Gesellschaft, eines Vereins oder einer juristischen Person diese Gesellschaft, diesen Verein oder diese juristische Person gegenüber Dritten verpflichten kann.

112 Vgl. GROßFELD, in: Staudinger, IntGesR, Rdnr. 17.

113 Vgl. GROßFELD, in: Staudinger, IntGesR, Rdnr. 16; EBENROTH, in: MüKo zum EGBGB, Nach Art. 19 Rdnr. 177.

erfasst werden. Das gilt unabhängig davon, welche Anknüpfungsmerkmale der Bestimmung des Gesellschaftsstatuts zugrunde gelegt werden.[114]

Im Gegensatz zur herrschenden Einheitstheorie wird im Schrifttum vereinzelt die sog. Differenzierungslehre vertreten.[115] Danach unterliegt das Gesellschaftsstatut keiner einheitlichen Betrachtung, sondern das Innen- und Außenstatut der Gesellschaft werden jeweils gesondert angeknüpft.[116] Diese Lehre ist aber allein schon aus Gründen der Praktikabilität abzulehnen. Eine übergangslose Abgrenzung der Gesellschaftsvorgänge in Innen- und Außenverhältnis ist nicht immer möglich, so dass zwangsläufig nicht klar ist, welche Rechtsordnung im konkreten Fall anzuwenden ist.[117] Daher wird im Folgenden von einem einheitlichen Gesellschaftsstatut ausgegangen.

2.3.2 Reichweite des Gesellschaftsstatuts

Die Einheitslehre besagt, dass im Internationalen Gesellschaftsrecht sämtliche gesellschaftsrechtliche Fragen einem einheitlichen Gesellschaftsstatut unterstehen. Im konkreten Einzelfall kann es aber schwierig sein zu bestimmen, ob ein Sachverhalt dem Gesellschaftsstatut oder einem anderen Statut (Vertrags-, Orts- oder Deliktsstatut) unterfällt.[118] Daher ist es erforderlich, die für die Untersuchung wichtigen Sachverhalte dem einschlägigen Statut zuzuordnen.

Fragen der Gründung der Gesellschaft, insbesondere die Entstehung als Rechtssubjekt unterliegen dem Gesellschaftsstatut[119]. Damit auch die Fragen über Beginn und Umfang der allgemeinen Rechtsfähigkeit.[120] Eine Gesellschaft verdankt daher ihre Existenz allein einer nationalen Rechtsordnung. Auch die Persönlichkeitsrechte einer Gesellschaft, insbesondere das

---

[114] Vgl. BEHRENS, in: Behrens, Die GmbH im internationalen und europäischen Recht, IPR Rdnr. 24. A.A. GROßFELD, in: Staudinger, IntGesR, Rdnr. 239.

[115] Vgl. GRASMANN, System des Internationalen Gesellschaftsrechts, S. 615 ff. Berührungspunkte mit dieser Ansicht hat auch die von *Sandrock* vertretene Überlagerungstheorie. Vgl. zur Überlagerungstheorie im einzelnen S. 60.

[116] Vgl. BEHRENS, in: Behrens, Die GmbH im internationalen und europäischen Recht, IPR Rdnr. 25.

[117] Kritisch auch BEHRENS, in: Behrens, Die GmbH im internationalen und europäischen Recht, IPR Rdnr. 25; BEITZKE, Kollisionsrecht, S. 131; KOPPENSTEINER, S. 109 ff.; GROßFELD, in: Staudinger, IntGesR, Rdnr. 16, 64 f.

[118] Vgl. D. JASPER, in: Münchener Handbuch des Gesellschaftsrechts, Band 3, § 78 Rdnr. 33.

[119] Vgl. RGZ 73, 366, 367; RGZ 83, 367; BGHZ 53, 181, 183; OLG Frankfurt, NJW 1964, S. 2355; OLG Düsseldorf, RIW 1976, S. 452.

[120] Vgl. BGHZ 97, 269, 271; BayObLGZ 1986, 61, 66 f.; OLG Nürnberg, WM 1985, S. 259; LG Rottweil, IPRax 1986, S. 110.

Namens- und Firmenrecht,[121] die innere Verfassung und Organisation der Gesellschaft[122] und die Auflösung, Abwicklung und Beendigung der Gesellschaft[123] unterliegen dem Gesellschaftsstatut.[124] Die von der Errichtung einer Gesellschaft und der Verlegung einer Gesellschaft betroffenen Sachverhalte unterstehen somit einem einheitlichen Gesellschaftsstatut.

2.4 Anknüpfungstheorien

Um das Gesellschaftsstatut, d.h. das auf eine Gesellschaft anwendbare Recht bestimmen zu können, bedarf es sogenannter Anknüpfungsmerkmale. An welches Element des Sachverhaltes zur Bestimmung des Gesellschaftsstatuts anzuknüpfen ist, ist heftig umstritten. Durch das Fehlen gesetzlicher Regelungen zur Bestimmung des anwendbaren Rechts[125] bleibt die Diskussion um die Anknüpfung an den Verwaltungssitz der Gesellschaft (Sitztheorie) oder an den Eintragungsort bzw. Satzungssitz (Gründungstheorie, Inkorporationstheorie) bestehen. Die deutsche Rechtsprechung folgt der Sitztheorie.[126] Im Schrifttum finden beide Theorien sowohl Befürworter als auch Gegner.[127] Neben diesen beiden Theorien existieren weitere Auffassungen, die die Anknüpfungsmerkmale Verwaltungssitz und Satzungssitz für unterschiedliche Sachverhalte verwenden.[128]

---

[121] Vgl. RGZ 117, 215, 218.

[122] Vgl. LÜDERITZ, in: Soergel, Vor Art. 7 EGBGB, Rdnr. 233 mit zahlreichen Nachweisen aus der Rechtsprechung.

[123] Vgl. RGZ 153, 200, 205; BGHZ 51, 27, 28 f. = NJW 1969, S. 188, 189; OLG Stuttgart, NJW 1974, S. 1627.

[124] Zu Einzelfragen hinsichtlich der Reichweite des Gesellschaftsstatuts vgl. D. JASPER, in: Münchener Handbuch des Gesellschaftsrechts, Band 3, § 78 Rdnr. 34 ff.

[125] Bei der Neuregelung des EGBGB von 1986 wollte sich der Gesetzgeber aufgrund der Auseinandersetzung zwischen den Vertretern der Sitztheorie und den Vertretern der Gründungstheorie für keine der beiden Theorien entscheiden. Zu den Motiven für die Nichtbehandlung des Internationalen Gesellschaftsrechts bei der IPR - Reform von 1986 siehe die Begründung zum Gesetzentwurf der Bundesregierung: Gesetz zur Neuregelung des Internationalen Privatrechts, BT-Drucks. 10/504.

[126] Vgl. BGHZ 53, 181, 183; BGH, WM 1979, S. 692, 693; BGH, NJW 1984, S. 2762; BGHZ 97, 269, 271.

[127] Befürworter der Sitztheorie: z.B. GROßFELD, in: Staudinger, IntGesR; HELDRICH, in: Palandt; WESTERMANN, in: Scholz, GmbHG. Befürworter der Gründungstheorie: z.B. BEHRENS, in: Hachenburg, Kommentar zum GmbHG; KNOBBE-KEUK, ZHR 1990, S. 325 ff.

[128] Nicht näher eingegangen wird in diesem Zusammenhang auf die sog. Kontrolltheorie. Die Kontrolltheorie wurde 1812 in den Vereinigten Staaten entwickelt und war Bestandteil des deutschen Gesellschaftsrechts während des ersten Weltkrieges (vgl. W. SCHMIDT, Grundrechte und Nationalität juristischer Personen, S. 97). Da die Feststellung des Gesellschafts-

2.4.1 Sitztheorie[129]

Nach der Sitztheorie,[130] die von der deutschen Rechtsprechung vertreten wird[131] und kraft Gewohnheitsrechts gilt,[132] ist Gesellschaftsstatut das Recht des Staates, in dem die Gesellschaft ihren tatsächlichen Verwaltungssitz hat.[133] Damit wird an das objektive Merkmal des Verwaltungssitzes angeknüpft,[134] um zur Anwendung des Rechts des Staates zu gelangen, dessen Angehörige von der Tätigkeit der Gesellschaft am stärksten betroffen sind.[135] Ziel der Sitztheorie ist es, die Gesellschaft dem Einfluss der Rechtsordnung zu unterwerfen, die durch das Auftreten der Gesellschaft am meisten betroffen ist. Gleichzeitig wird dadurch verhindert, dass Eingriffe eines regelungsärmeren Rechts in die inländische Rechtsordnung zugelassen werden.[136]

Verlegt also bspw. eine Société à responsabilité limitée (S.A.R.L)[137] ihren effektiven Verwaltungssitz von Paris nach Berlin, so finden aus deutscher Sicht nunmehr deutsche gesellschaftsrechtliche Vorschriften auf die Unternehmensverhältnisse Anwendung.

Die Sitztheorie geht von einem einheitlichen Gesellschaftsstatut aus und folgt der Einheitstheorie,[138] so dass sich grundsätzlich alle Fragen vom Be-

---

statuts nach der Sitz- oder der Gründungstheorie bisweilen unzureichend sein kann, bestimmt die Kontrolltheorie das Gesellschaftsstatut nach der Staatsangehörigkeit der die Gesellschaft kontrollierenden Personen (vgl. GROßFELD, Internationales Unternehmensrecht, S. 16). Für die Bestimmung des Gesellschaftsstatuts wird die Kontrolltheorie abgelehnt (vgl. GROßFELD, in: Staudinger, IntGesR, Rdnr. 19; GROTHE, Die „ausländische Kapitalgesellschaft & Co.“, S. 24).

129 Die Sitztheorie wurde erstmals in Frankreich im 19. Jahrhundert begründet. - Vgl. zur Geschichte der Sitztheorie: GROßFELD, FS Westermann, S. 208 ff., 213 ff.

130 Die Sitztheorie ist nicht allein in Deutschland, sondern in ganz Kontinentaleuropa vorherrschend; vgl. GROßFELD, Internationales und Europäisches Unternehmensrecht, S. 32; Länderübersicht bei EBENROTH/EYLES, Die innereuropäische Verlegung des Gesellschaftssitzes als Ausfluss der Niederlassungsfreiheit?, Teil I, DB 1989, S. 363, Teil II, DB 1989, S. 413.

131 Vgl. BGH ZIP 1991, S. 1582; BGHZ 97, 269.

132 Vgl. BEHRENS, in: Hachenburg, Kommentar zum GmbHG, Einl. Rdnr. 107; LÜDERITZ, in: Soergel, Art. 10 EGBGB Anh. Rdnr. 8; GROßFELD, in: Staudinger, IntGesR, Rdnr. 26.

133 Vgl. GROßFELD, in: Staudinger, IntGesR, Rdnr. 17.

134 Siehe zur Definition des effektiven Verwaltungssitzes S. 38.

135 Vgl. GROßFELD, in: Staudinger, IntGesR, Rdnr. 18.

136 Vgl. GROßFELD, in: Staudinger, IntGesR, Rdnr. 21.

137 Entspricht im deutschen Recht einer GmbH.

138 Vgl. GROßFELD, Internationales und Europäisches Unternehmensrecht, S. 42.

ginn bis zum Ende der Gesellschaft nach dem Recht des Staates beurteilen, in welchem sich der effektive Verwaltungssitz der Gesellschaft befindet.

2.4.2 Gründungstheorie[139]

Nach der Gründungstheorie richtet sich das Gesellschaftsstatut ausschließlich nach dem Ort, an dem die Gesellschaft gegründet wurde, also unabhängig davon, wo die Gesellschaft ihren tatsächlichen Verwaltungssitz hat.[140] Dies wird aus Sicht der Gründer als großer Vorteil angesehen, da sie das Gesellschaftsstatut - und damit das auf die Gesellschaft anwendbare Recht - frei wählen können. Ist die Gesellschaft einmal wirksam errichtet, so kann sie ihren Verwaltungssitz von einem Staat in einen anderen verlegen, ohne dabei ihre Identität zu verlieren.[141] Im Unterschied zur Sitztheorie, die an das objektive Merkmal des Verwaltungssitzes anknüpft, wird bei der Gründungstheorie subjektiv an den Willen der Gründer angeknüpft.[142] Damit gewährt die Gründungstheorie der Gesellschaft einen internationalen Bewegungsspielraum.[143]

Dieser Bewegungsspielraum ist allerdings dadurch eingeschränkt, dass die meisten Rechtsordnungen, die der Gründungstheorie folgen, das Erfordernis des dauerhaften statutarischen Sitzes im Gründungsstaat kennen.[144] Das führt dazu, dass das Gründungsrecht mit dem Recht des Satzungssitzes identisch ist, so dass bei Verlegung des Satzungssitzes ein Wechsel des Gesellschaftsstatuts eintritt.[145]

Ausgehend von obigem Beispiel verlegt die französische Gesellschaft wiederum ihren effektiven Verwaltungssitz nach Berlin und belässt ihren Satzungssitz in Paris. Unter Zugrundelegung der Gründungstheorie wäre auf die Unternehmensverhältnisse nun-

---

139 Die Gründungstheorie entstand bereits im 18. Jahrhundert in England. Vgl. GROßFELD, in: Staudinger, IntGesR, Rdnr. 27; BEITZKE, FS Luther, S. 8. Innerhalb der EG gilt die Gründungstheorie in Großbritannien, Irland und den Niederlanden. Außerhalb der EG findet die Gründungstheorie in der Schweiz Anerkennung (Art. 154 des Bundesgesetzes über das Internationale Privatrecht vom 18.12.1987). Vgl. EBENROTH/EYLES, Die innereuropäische Verlegung des Gesellschaftssitzes als Ausfluss der Niederlassungsfreiheit?, Teil I, DB 1989, S. 365.

140 Vgl. D. JASPER, in: Münchener Handbuch des Gesellschaftsrechts, Band 3, § 78 Rdnr. 13.

141 Vgl. GROßFELD/KÖNIG, RIW 1992, S. 433; BEHRENS, in: Hachenburg, Kommentar zum GmbHG, Einl. Rdnr. 125.

142 Vgl. KALIGIN, DB 1985, S. 1450.

143 Vgl. GROßFELD, in: Staudinger, IntGesR, Rdnr. 22.

144 Vgl. BEHRENS, EuZW 1992, S. 550.

145 Vgl. KRUSE, Sitzverlegung von Kapitalgesellschaften innerhalb der EG, S. 8.

mehr weiterhin das französische Gesellschaftsrecht anwendbar, obwohl sich die Hauptverwaltung in Berlin befindet.

Auch die Gründungstheorie geht von einem einheitlichen Gesellschaftsstatut aus, so dass bei Anwendung dieser Theorie ebenso alle gesellschaftlichen Rechtsverhältnisse nach ein und demselben Recht beurteilt werden.[146]

2.4.3 Überlagerungstheorie[147]

Bei der Überlagerungstheorie beurteilt sich die Wirksamkeit der Gründung und die Rechtsfähigkeit der Gesellschaft nach dem Recht des Gründungsstaates. Insoweit folgt sie der Gründungstheorie.[148] Allerdings wird dieses Gründungsrecht von den zwingenden Normen des Verwaltungssitzrechts überlagert, wenn das Recht des Verwaltungssitzstaates den „unmittelbaren privatrechtlichen Gesellschaftsinteressen günstiger ist als das Gründungsstatut und wenn diese Interessenten sich darauf berufen".[149] Die Überlagerungstheorie bietet die Möglichkeit, dass die Sitztheorie die Gründungstheorie verdrängen kann, so dass Sitz- und Gründungsstatut nicht kumulativ sondern vielmehr alternativ anzuwenden sind.[150] Das Verwaltungssitzstatut kommt immer dann zum Zug und verdrängt das Gründungsstatut, wenn Gläubiger, Minderheitsgesellschafter oder andere Personen, die an der Gesellschaft ein unmittelbares privatrechtliches Interesse haben (etwa: Arbeitnehmervertreter hinsichtlich eventueller Mitbestimmungsbefugnisse) ver-

---

[146] Vgl. GROTHE, Die „ausländische Kapitalgesellschaft & Co.", S. 28.

[147] Die von SANDROCK in Anlehnung an das US-amerikanische Recht begründete Überlagerungstheorie ist eine Variante der Gründungstheorie. Vgl. SANDROCK, BB 1999, S. 1343.

Eine weitere Modifikation der Gründungstheorie ist die Differenzierungstheorie (siehe GRASMANN, System des internationalen Gesellschaftsrechts, Rdnr. 615 ff.), die bei einer Gesellschaft zwischen dem Innen- und Außenverhältnis unterscheidet. Für die Innenbeziehungen gilt das Gründungsrecht (Gründungstheorie) und für die Außenbeziehungen das Vornahme-, Wirkungs- oder Gründungsstatut. Vgl. GROßFELD, in: Staudinger, IntGesR, Rdnr. 36.

Die Überlagerungstheorie gilt heute in den amerikanischen Bundesstaaten New York und Kalifornien (vgl. SANDROCK, RabelsZ 1978, S. 260). Vgl. zur Überlagerungstheorie auch: SANDROCK, in: Internationalrechtliche Probleme multinationaler Korporationen, BerDGesVR 1978, S. 169 ff.; DERS., RabelsZ 1978, S. 227 ff.; DERS., Die Konkretisierung der Überlagerungstheorie in einigen zentralen Einzelfragen, in: Otto Sandrock (Hrsg.), FS Beitzke zum 70. Geburtstag 1979, S. 669 ff.

[148] Vgl. SANDROCK, BerDGesVölkR 1978, S. 202.

[149] SANDROCK, BerDGesVölkR 1978, S. 191.

[150] Vgl. SANDROCK, RabelsZ 1978, S. 247.

langen, dass nach den zwingenden Regeln des Sitzstatuts verfahren werden soll.[151]

2.4.4 Eingeschränkte Gründungstheorie[152]

Die eingeschränkte Gründungstheorie ist eine weitere Modifikation der Gründungstheorie. Sie erkennt an, dass es auch außerhalb des Gründungsstaates schützenswerte Interessen geben kann, die die Anwendung von entsprechenden Schutznormen rechtfertigen.[153] Die Sonderanknüpfung des Sitzrechts ist auf die Fälle beschränkt, in denen das Gründungsrecht Interessen, die in der Rechtsordnung des Sitzlandes geschützt sind, „in untragbarer Weise schutzlos stellt".[154] Die Anknüpfung an den Verwaltungssitz kommt also nur zur Durchsetzung zwingender Schutznormen in Betracht.

2.4.5 Stand der Meinungen

Die Unterschiedlichkeit der Anknüpfungsmerkmale zwingt zur Frage, welcher Theorie Vorrang einzuräumen ist. Alle Theorien haben sowohl Vor- als auch Nachteile.

Die *Überlagerungstheorie* versucht, zwischen der Gründungs- und der Sitztheorie einen Kompromiss zu finden. Gerade deswegen führt sie zu einem „Normenmix" und damit zu Anpassungsproblemen und möglichen Unvereinbarkeiten zwischen dem Gründungs- und Sitzstatut.[155] Denn Unklarheit herrscht dahingehend, wann die Schutzbestimmungen überhaupt anzuwenden sind. Die Berufung auf die Schutzbestimmungen durch Personen, die von der Gesellschaft betroffen sind, ist keine klare Aussage, um Rechtssicherheit für alle Beteiligten zu schaffen.

Eine genauere Abgrenzung hinsichtlich des anzuwendenden Rechts trifft die *eingeschränkte Gründungstheorie.* Die Gründer einer Gesellschaft können zwar weiterhin eine Rechtsordnung frei wählen, sind aber durch Schutzvorschriften, die zwingend dem Gründungsrecht vorgehen, eingeschränkt. Die eingeschränkte Gründungstheorie erreicht dadurch ein

---

151 Vgl. SANDROCK, BB 1999, S. 1343.

152 Vgl. dazu BEHRENS, ZGR 1978, S. 511; DERS. RabelsZ 1988, S. 515; DERS., in: Hachenburg, Kommentar zum GmbHG, Einl. Rdnr. 127 f.

153 Vgl. BEHRENS, in: Hachenburg, Kommentar zum GmbHG, Einl. Rdnr. 127.

154 BEHRENS, in: Hachenburg, Kommentar zum GmbHG, Einl. Rdnr. 128.

155 Vgl. GROßFELD, in: Staudinger, IntGesR, Rdnr. 64. *Großfeld* meint trotz aller Kritik, dass *Sandrocks* Überlagerungstheorie durchaus Chancen im Rahmen der Europäischen Gemeinschaft hat (vgl. Rdnr. 37). Vgl. auch EBENROTH, in: MüKo, Nach Art. 10 EGBGB, Rdnr. 166 ff.

Gleichgewicht hinsichtlich der Durchsetzung der Interessen der von der Gesellschaft Betroffenen. Um diese Theorie als abstraktes Modell anzuwenden, fehlt es bis heute aber an konkreten Aussagen darüber, welche Normen in welcher Weise zum Gegenstand einer Sonderanknüpfung gemacht werden sollen.[156] Gerade dieses Defizit macht die eingeschränkte Gründungstheorie bislang nicht zu einer echten Alternative der Sitztheorie.

Gegenwärtig werden daher bei der Bestimmung des Gesellschaftsstatuts in den nationalen Rechtsordnungen hauptsächlich zwei Theorien vertreten. Die Gründungstheorie und die Sitztheorie. Welcher der beiden Theorien der Vorzug zu geben ist, hängt nicht zuletzt davon ab, wie die wirtschaftliche und politische Macht von Gesellschaften, wie das Kontrollbedürfnis zu beurteilen sind und welchen Spielraum man der Parteiautonomie international gewähren will.[157] Ohne einen Rückgriff auf das materielle Recht, welches z.B. die Voraussetzungen einer wirksamen Gründung oder auch die Haftungsverhältnisse einer Gesellschaft klärt, lassen sich die Vor- bzw. Nachteile der Theorien nicht klären. Dabei spielt die Frage nach einer Wertung - wem soll das Recht besser „dienen", den Gesellschaftern oder den Gläubigern - eine nicht zu unterschätzende Rolle.

Für die *Gründungstheorie* spricht, dass die Anknüpfung an das Recht des Gründungsstaates einfach und zuverlässig zu ermitteln ist, da sich Gründungsdokumente und die Registrierung leicht feststellen lassen.[158] Dadurch besteht für alle Beteiligten Rechtssicherheit. Darüber hinaus liegt ein Vorzug der Gründungstheorie darin, dass ein einheitliches Gesellschaftsstatut für sämtliche Fragen betreffend die Gesellschaft gelten soll. Sonderanknüpfungen sind in der Regel nicht erforderlich.[159]

Allerdings hat die Gründungstheorie bei allen Vorzügen auch Nachteile.[160] Diese ergeben sich daraus, dass die Gründer einer Gesellschaft ihr Heimatrecht frei wählen können. Diese „Wahlfreiheit" ermöglicht es den Gründern eine Rechtsordnung zu wählen, in deren Rahmen der Schutz nationaler und individueller Interessen kaum oder wesentlich schwächer ist als in der Rechtsordnung des Staates, in dem die Gesellschaft hauptsächlich tätig ist.[161] Gegen die Gründungstheorie wird daher vor allem vorgebracht, sie

---

156 Vgl. ZIMMER, Internationales Gesellschaftsrecht, S. 215.

157 Vgl. GROßFELD, in: Staudinger, IntGesR, Rdnr. 20.

158 Vgl. EBENROTH, in: MüKo, Nach Art. 10 EGBGB, Rdnr. 145 m.w.N.

159 Vgl. D. JASPER, in: Münchener Handbuch des Gesellschaftsrechts, Band 3, § 78 Rdnr. 14.

160 Vgl. EBENROTH, in: MüKo, Nach Art. 10 EGBGB, Rdnr. 146 f. Vgl. auch: GROßFELD, in: Staudinger, IntGesR, Rdnr 47 ff.

161 Vgl. D. JASPER, in : Münchener Handbuch des Gesellschaftsrechts, Band 3, § 78 Rdnr. 15.

führe zu einer Flucht in ein regelungsärmeres Recht (race to laxity).[162] Dieser sogenannte Delaware-Effekt[163] begründe einen „Wettlauf um die Laxheit des Gesellschaftsrechts",[164] da die Gesellschaft in einem Staat gegründet werde, in welchem ein liberales Gesellschaftsrecht gilt, um dann in einem anderen Staat die wirtschaftlichen Aktivitäten zu entfalten, in dem eine Rechtsordnung gilt, in deren Gebiet „der zu regelnde Tatbestand nicht hinein reicht".[165] Durch eine derartige Gesellschaftserrichtung ist es für die Gründer möglich, die Interessen der Gesellschaftsgläubiger wesentlich zu beeinträchtigen, indem z.B. Schutz- oder Ordnungsvorschriften durch die „Rechtswahl" umgangen werden.[166] In Großbritannien und den USA wird dieser Nachteil dadurch ausgeglichen, dass die Gründungstheorie durch öffentlich-rechtliche Korrekturvorschriften (Großbritannien) oder durch die Einzelfallrechtsprechung der Gerichte (USA) korrigiert wird.[167]

Dieser Nachteil der Gründungstheorie ist gleichzeitig der Vorteil, der in Deutschland herrschenden *Sitztheorie*.[168] Nach der Sitztheorie gilt, dass eine Gesellschaft, die nach einer anderen Rechtsordnung gegründet wurde, als sich ihr jetziger Hauptverwaltungssitz befindet, nicht existiert, da sie als nicht wirksam gegründet angesehen wird.[169] Dadurch kommt es bei der Anwendung der Sitztheorie nicht zum sog. Delaware-Effekt, da die Rechtsordnung gilt, in deren Geltungsbereich das Unternehmen wirtschaftlich tätig wird. Der Staat, in dem das Unternehmen seinen Verwaltungssitz hat, kann die Tätigkeiten und damit auch die Interessen der Gläubiger und der Gesellschafter selbst überwachen.[170] Als weiterer Vorteil wird die automatische Sanktion der Sitztheorie bei einer fehlerhaften Gründung gesehen: die fehlerhaft gegründete Gesellschaft wird von der Rechtsordnung mit der Nichtanerkennung „bestraft". Dadurch bedarf es zur Vermeidung

---

162 Vgl. EBENROTH, in: MüKo, Nach Art. 10 EGBGB, Rdnr. 7 und 147 ff.; EBENROTH/HOPP, JZ 1989, S. 886 m.w.N.; LÜDERITZ, IPR, Rdnr. 237.

163 Benannt nach dem US-amerikanischen Bundesstaat Delaware, nach dessen Gesellschaftsrecht die Gründung von Unternehmen sehr einfach und der Gläubiger- und Gesellschafterschutz sehr gering ist. Aus diesem Grund gründen sich viele Gesellschaften nach diesem Recht.

164 SACK, JuS 1990, S. 353.

165 Vgl. GROßFELD, in: Staudinger, IntGesR, Rdnr. 47.

166 Vgl. D. JASPER, in: Münchener Handbuch des Gesellschaftsrechts, Band 3, § 78 Rdnr. 16.

167 Vgl. EBENROTH, in: MüKo, Nach Art. 10 EGBGB, Rdnr. 147.

168 Vgl. zum Verbreitungsgrad dieser Theorie GROTHE, Die „ausländische Kapitalgesellschaft & Co.", S. 43 ff. m.w.N.; BEHRENS, RabelsZ 1988, S. 501.

169 Vgl. GROßFELD, Internationales und Europäisches Unternehmensrecht, S. 39.

170 Vgl. D. JASPER, in: Münchener Handbuch des Gesellschaftsrechts, Band 3, § 78 Rdnr. 20.

oder zur Korrektur weder gesetzlicher noch behördlicher oder gar gerichtlicher Akte.[171] Um eine mögliche fehlerhafte Gründung und damit eine Nichtanerkennung des Unternehmens zu vermeiden, müssen sich die Gründer einer Gesellschaft dem inländischen Recht anpassen.[172]

Trotzdem gestehen auch die Vertreter der Sitztheorie zu, dass diese Theorie „keine ideale, immer befriedigende Lösung" für alle Probleme darstellt.[173] Schwierigkeiten bereitet die Sitztheorie bspw. bei der Bestimmung des Hauptverwaltungssitzes, der als objektives Anknüpfungsmerkmal für die Bestimmung des Gesellschaftsstatuts dient. Denn aufgrund der Globalisierung des Handelns ist es nicht ganz einfach den tatsächlichen Verwaltungssitz einer Gesellschaft zu ermitteln.[174]

2.5 Die Relevanz des Unternehmenssitzes

Innerhalb der Europäischen Gemeinschaft sind die Sitztheorie und die Gründungstheorie zur Bestimmung des auf die Gesellschaft anwendbaren Rechts (Gesellschaftsstatut) vorherrschend. Neben Deutschland folgen der Sitztheorie u.a. Belgien, Frankreich und Spanien. Der Gründungstheorie folgen u.a. Großbritannien, Niederlande, Irland und Dänemark.[175] Für ein Unternehmen, das sich innerhalb der EG mit seinem Unternehmenssitz an- oder umsiedeln will, ist hinsichtlich des Gesellschaftsstatuts entscheidend, welcher Theorie der Mitgliedstaat folgt, in welchem sich der neue Standort befinden soll. Denn danach entscheidet sich, welches nationale Recht auf das Unternehmen und seine gesellschaftsrechtlichen Verhältnisse Anwendung findet.

Ausgehend von der in Deutschland vorherrschenden Sitztheorie ist Gesellschaftsstatut das Recht des Staates, in dem die Gesellschaft ihren tatsächlichen Verwaltungssitz hat. Das bedeutet, dass auf ein Unternehmen, das seine Hauptniederlassung in Deutschland ansiedelt, zwangsläufig deutsches Gesellschaftsrecht Anwendung findet. Die Sitztheorie versteht sich als Schutztheorie zugunsten der Gesellschaftsgläubiger, der Arbeitnehmer und der Minderheitsgesellschafter. Deshalb schränkt sie die Wahlfreiheit der Gründer im Interesse des Rechtsverkehrs ein.[176] Strenggenommen ist die

---

171 Vgl. GROßFELD, in: Staudinger, IntGesR, Rdnr. 38.

172 Vgl. D. JASPER, in: Münchener Handbuch des Gesellschaftsrechts, Band 3, § 78 Rdnr. 20.

173 Vgl. GROßFELD, in: Staudinger, IntGesR, Rdnr. 33.

174 Vgl. SACK, JuS 1990, S. 353.

175 Vgl. für die restlichen Mitgliedstaaten SCHWARZ, Europäisches Gesellschaftsrecht, Rdnr. 164.

176 Vgl. SCHWARZ, Europäisches Gesellschaftsrecht, Rdnr. 162.

Anwendung der Sitztheorie mit der transnationalen Immobilität von Gesellschaften verbunden, da sie insbesondere die Flucht in ein regelungsärmeres Recht verhindern will.[177] Bildlich gesprochen bedeutet die Anwendung der Sitztheorie für ein Unternehmen, das sich in Deutschland niederlässt, dass eine Verlegung des Unternehmenssitzes ins Ausland vom deutschen Gesellschaftsrecht nicht gestattet wird. Die einzige Möglichkeit den Unternehmenssitz ins Ausland zu verlegen besteht darin, die Gesellschaft in Deutschland zu liquidieren und im Ausland neu zu gründen.[178]

Die Wahl eines Standortes innerhalb Deutschlands muss daher auch immer gesellschaftsrechtliche Erwägungen beinhalten, da das Unternehmen hinsichtlich seiner rechtlichen Existenz allein an das deutsche Recht gebunden ist bzw. an das jeweilige Recht der Mitgliedstaaten, die der Sitztheorie folgen. Selbst die Gründung einer EWIV bietet aus dieser Immobilität der Gesellschaften keinen Ausweg, da sie gem. Art. 3 Abs. 1 EWIV-VO nur zu dem Zweck gegründet werden kann, die wirtschaftliche Tätigkeit ihrer Mitglieder zu erleichtern oder zu entwickeln sowie die Ergebnisse dieser Tätigkeit zu verbessern oder zu steigern. Das Erwirtschaften eigener Gewinne darf hingegen von der EWIV nicht als Ziel verfolgt werden.[179] Allein die SE als supranationale Gesellschaftsform bietet den Unternehmen die Möglichkeit ihren Sitz in einen anderen Mitgliedstaat der EG ohne Auflösung der bestehenden Gesellschaft zu verlegen (Art. 8 SE-VO). Allerdings kommt die Rechtsform der SE nur für wenige Unternehmen in Betracht, da ein Grundkapital in Höhe von mindestens 120.000 zur Erric htung dieser Gesellschaft erforderlich ist.

Im Gegensatz zur Sitztheorie findet nach der Gründungstheorie auf eine Gesellschaft das Recht des Gründungsstaates Anwendung. Für ein Unternehmen, das sich in einem Mitgliedstaat ansiedelt, der der Gründungstheorie folgt, gelten die nach diesem mitgliedstaatlichen Recht festgelegten Rechtsfolgen bis an die Grenze des ordre public in jedem anderen Staat, ganz gleich, an welchem Ort der Verwaltungssitz liegt.[180] Die Wahlfreiheit des auf die Gesellschaft anzuwendenden Rechts lässt sich mit der Entstehung der Gründungstheorie erklären: Die Gründungstheorie wurde im 18. Jahrhundert in England entwickelt. Die damalige Kolonialmacht wollte auf diese Weise Gesellschaften, die in England nach vertrautem Recht gegründet wurden und die ihren Sitz in überseeische Gebiete verlagerten, das

---

177 Vgl. GROßFELD, in: Staudinger, IntGesR, Rdnr. 21.

178 Vgl. zur Auflösungs- und Neugründungspflicht im einzelnen unten Teil D 2.1 und 2.2.

179 Vgl. SCHWARZ, Europäisches Gesellschaftsrecht, Rdnr. 983.

180 Vgl. WIEDEMANN, GesR 1, § 14 II 1a.

Fortbestehen und damit den Schutz des heimischen Rechts garantieren.[181] Der Gründungstheorie liegen daher die Vorstellungen zugrunde, sie beinhalte eine Wahlfreiheit der Gründer, die Nichtwandelbarkeit des ausgewählten Gesellschaftsstatuts und damit die transnationale Mobilität der Gesellschaften.[182] Unternehmen, die für ihren Unternehmenssitz einen Mitgliedstaat wählen, der der Gründungstheorie folgt, sind in ihrer Bewegungsfreiheit hinsichtlich eines Standortwechsels wesentlich flexibler und können in der Regel ihren Sitz unter Beibehaltung ihrer Rechtsfähigkeit in einen Mitgliedstaat verlegen, der ebenfalls der Gründungstheorie folgt. Allerdings wird die Gründungstheorie bzw. ihre Wirkung in der Praxis meist durch staatliche Aufsicht eingeengt.[183]

Mit der erstmaligen Standortwahl geht für ein neu zu gründendes Unternehmen die Wahl des auf die Gesellschaft anzuwendenden Rechts einher. Mit Ausnahme der supranationalen Gesellschaftsformen verdankt ein Unternehmen in der Rechtsform einer Kapitalgesellschaft nach wie vor seine Existenz einer nationalen Rechtsordnung. Diese verleiht dem Unternehmen den Status einer Juristischen Person und somit Rechtsfähigkeit. Das Unternehmen selbst ist nunmehr Träger von Rechten und Pflichten.

Welche Mobilität eine Rechtsordnung einem Unternehmen zubilligt, entscheidet sich danach, welcher Anknüpfungstheorie der Mitgliedsstaat folgt. Lediglich die Gründungstheorie eröffnet denen nach ihr gegründeten Unternehmen die Möglichkeit ihren Standort ins Ausland zu verlegen. In Mitgliedstaaten die der Sitztheorie folgen müssen die Unternehmen an ihrem einmal gewählten Standort festhalten, es sei denn sie liquidieren die Gesellschaft und gründen sie im Ausland neu. Daraus folgt, dass der gewählte Standort in Form des Unternehmenssitzes dafür ausschlaggebend ist, ob das Unternehmen innerhalb der EG einen Bewegungsspielraum genießt oder nicht.

3. Wettbewerb der Systeme

Die innerhalb der Europäischen Gemeinschaft vorherrschenden Theorien (Sitztheorie und Gründungstheorie) führen bei der Frage, welches Recht dem Unternehmen größere gesellschaftsrechtliche Freiheiten bietet, unweigerlich zu einem Wettbewerb der Rechtsordnungen. Da sich die Europäische Gemeinschaft selbst als eine Rechtsgemeinschaft versteht,[184] hat die

---

181 Vgl. GROßFELD, in: FS Westermann, S. 199 ff.

182 Vgl. SCHWARZ, Europäisches Gesellschaftsrecht, Rdnr. 161.

183 Vgl. GROßFELD, in: Staudinger, IntGesR, Rdnr. 57.

184 Vgl. EuGHE 1991, I-6079, 6101, Tz. 21.

Kommission im Bereich der Niederlassungsfreiheit von Anfang an darauf hingearbeitet, dass die unternehmerische Standortwahl innerhalb der Gemeinschaft nicht an den unternehmensrechtlichen, sondern an den wirtschaftlichen Rahmenbedingungen des jeweiligen Mitgliedstaates ausgerichtet wird.[185] Der Standortwettbewerb zwischen den Mitgliedstaaten sollte nicht durch die unterschiedlichen nationalen Unternehmensrechte verzerrt werden.[186]

Trotz dieser Zielvorgabe der Kommission ist eine unternehmensrechtliche Rechtsangleichung aber nur teilweise vollzogen worden.[187] Nach wie vor sind die nationalen unternehmensrechtlichen Systeme der einzelnen Mitgliedstaaten innerhalb der EG bestimmend. Dies führt unweigerlich zu einem Vergleich der unterschiedlichen Rechtsordnungen und damit zu einem konkurrierenden Verhältnis. Ein derartiger Wettbewerb könnte im Ergebnis zu einer sachgerechten Abstimmung zwischen Gesellschaftsrechtsordnung und Wirtschaftsverhalten führen. Das ist aber nur dann möglich, wenn die Unternehmen sowohl die Vor- als auch die Nachteile der am jeweiligen Standort geltenden Rechtsordnung in Kauf nehmen müssen.[188] Müssen sie dies nicht, kommt es auch innerhalb der Europäischen Gemeinschaft zum Delaware-Effekt, bei welchem das Gesellschaftsrecht eines Mitgliedstaates systematisch dereguliert wird, um möglichst viele Gesellschaften anzuziehen.[189]

Der US-amerikanische Bundesstaat Delaware hat den Wettbewerb der Bundesstaaten um das attraktivste Unternehmensrecht innerhalb der Vereinigten Staaten von Amerika „gewonnen". Nach dem gesetzgeberischen Wettbewerb unter den amerikanischen Bundesstaaten spielt beispielsweise die Mindestkapitalanforderung in den meisten einzelstaatlichen Gesellschaftsrechtsordnungen heute nur noch eine untergeordnete Rolle.[190] Der Revised Model Business Corporation Act und das Delaware General Corporation Law haben das Erfordernis eines „legal capital" mittlerweile sogar vollständig aufgehoben.[191] Dieser Wettbewerb hat zu einer Angleichung der

---

185 Vgl. HABERSACK, Europäisches Gesellschaftsrecht, Rdnr. 15.

186 Vgl. TIMMERMANNS, RabelsZ 1984, S. 14.

187 Vgl. den Überblick über die bereits in Kraft getretenen und die noch nicht verabschiedeten unternehmensrechtlichen Richtlinien bei SCHWARZ, Europäisches Gesellschaftsrecht, Rdnr. 283.

188 Vgl. SCHÖN, ZHR 1996, S. 235.

189 Vgl. MERKT, RabelsZ 1995, S. 549.

190 Vgl. HENN/ALEXANDER, Laws of Corporations, S. 295.

191 Vgl. KÜBLER, ZHR 1995, S. 555.

einzelstaatlichen Gesellschaftsorganisationsrechte der US-amerikanischen Bundesstaaten geführt.[192]

Fraglich ist, inwieweit sich der US-amerikanische Vorgang der Angleichung einzelstaatlicher Gesellschaftsrechte auf den europäischen Ansatz der Gesellschaftsrechtsharmonisierung durch Gesetzgebung der übergeordneten Ebene übertragen lässt. Kritiker eines derartigen Wettbewerbs der einzelstaatlichen Rechtsordnungen weisen auf dessen weitreichende Nachteile hin.[193] Ein derartiges „race to the bottom" würde nur die Mitgliedstaaten privilegieren, die aus Gründen des Standortwettbewerbs auf Vorkehrungen zum Schutz der Gläubiger und Gesellschafter verzichten.[194] Aufgrund der unterschiedlichen rechtlichen Ausgangslage – innerhalb der U.S.A. herrscht die Gründungstheorie, in der EG finden sowohl Gründungs- als auch Sitztheorie Anwendung - kann das Wettbewerbsprinzip nicht ohne weiteres auf die Europäische Gemeinschaft übertragen werden.

Dennoch muss auch innerhalb der Europäischen Gemeinschaft ein Wettbewerb zugelassen werden, da sich an den unterschiedlichen gesellschaftsrechtlichen Systemen der einzelnen Mitgliedstaaten der EG auf absehbare Zeit nichts ändern wird. Ein Wettbewerb der Systeme darf sich aber nur in geregelten Bahnen abspielen, damit den Interessen all derjenigen, die von den gesellschaftsrechtlichen Regelungen eines Unternehmens betroffen sind, ausreichend Schutz gewährt werden kann. Denn es soll kein Wettbewerb um jeden Preis geführt werden. Vielmehr muss für diesen Wettbewerb der Systeme gelten, dass für die wirtschaftliche Betätigung hinsichtlich der gesellschaftsrechtlichen Regelungen auf europäischer Ebene eine Chancengleichheit geschaffen wird. Das bedeutet, dass dort, wo gesellschaftsrechtliche Unterschiede der einzelnen Mitgliedstaaten zum Wettbewerbsnachteil werden, das europäische Gemeinschaftsrecht korrigierend eingreifen muss.[195]

4. Rechtliche Gestaltungsmöglichkeiten für Unternehmen innerhalb der EG und die Konsequenzen für die betriebswirtschaftliche Standortentscheidung

Die rechtliche Bedeutung, die der einmal gewählte Unternehmenssitz für eine Gesellschaft hat, soll durch drei beispielhafte Grundfälle verdeutlicht

---

[192] Vgl. REHER, Gesellschaftsrecht in Gemeinsamen Märkten, S. 132.

[193] Vgl. TIMMERMANNS, RabelsZ 1984, S. 1ff; GROßFELD, Europäisches Unternehmensrecht, S. 45; LUTTER, Europäisches Unternehmensrecht, S. 4 ff; BEHRENS, EuZW 1996, S. 193.

[194] Vgl. HABERSACK, Europäisches Gesellschaftsrecht, Rdnr. 15.

[195] Vgl. SCHÄFER, in: Scheuing/Schwarz/Wollenschläger (Hrsg.), Europäisches Unternehmensrecht, S. 66.

werden. Die Fälle schildern die Möglichkeiten einer grenzüberschreitenden unternehmerischen Sitzverlegung bzw. Gründung, mit denen das deutsche Recht zu rechnen hat. Den *Zuzug* einer gemeinschaftsangehörigen ausländischen Kapitalgesellschaft nach Deutschland, den *Wegzug* einer nach deutschem Recht gegründeten Kapitalgesellschaft ins EG-Ausland und die *Errichtung einer Zweigniederlassung* in Deutschland, deren Muttergesellschaft im Ausland angesiedelt ist. Bei der Errichtung der Zweigniederlassung handelt es sich im Beispiel tatsächlich um die Errichtung der Hauptniederlassung des Unternehmens in Deutschland.

4.1 Grundfälle

Ausgehend von einem deutschen Blickwinkel werden drei Konstellationen unterschieden:

- die grenzüberschreitende Verwaltungssitzverlegung einer in den Niederlanden wirksam gegründeten Kapitalgesellschaft nach Deutschland *(Ausgangsfall 1)*,[196]
- die grenzüberschreitende Sitzverlegung einer in Deutschland gegründeten Kapitalgesellschaft ins mitgliedstaatliche Ausland *(Ausgangsfall 2)*[197] und
- die Gründung einer Gesellschaft in Großbritannien mit anschließender Gründung einer Zweigniederlassung (tatsächlich der Gründung einer Hauptniederlassung) in Deutschland *(Ausgangsfall 3)*.[198]

4.1.1 Ausgangsfall 1

Eine wirksam nach niederländischem Recht gegründete BV (Besloten Vennootschap met beperkte aansprakelijkheid),[199] die im Handelsregister für Amsterdam und Haarlem als „Besloten Vennootschap" (BV) eingetra-

---

196 In Anlehnung an den vom BGH zu entscheidenden Fall, in welchem die Gesellschaft in Deutschland gemäß der Sitztheorie nicht rechtsfähig und parteifähig ist. Vgl. Beschluss des BGH v. 30.3.2000, abgedruckt in: EuZW 2000, S. 412 ff.

197 In Anlehnung an den vom AG Heidelberg zu entscheidenden Fall, in welchem eine in Deutschland wirksam gegründete GmbH ihren tatsächlichen Sitz und ihren Satzungssitz nach Spanien verlegt. Vgl. Beschluss des AG Heidelberg v. 3.3.2000, abgedruckt in EuZW 2000, S. 414 ff.

198 In Anlehnung an die „Centros" - Entscheidung des EuGH, Urt. v. 9.3.1999, Rs. C-212/97, Centros, Slg. 1999 I, S. 1459 ff. Auch in dieser Entscheidung wurde die gesamte Geschäftstätigkeit der Gesellschaft durch die Zweigniederlassung betrieben.

199 Im deutschen Recht entspricht die niederländische BV, die eigene Rechtspersönlichkeit besitzt, der GmbH. Vgl. zu den Gründungsvoraussetzungen der BV GOTZEN, in: Behrens, Die GmbH im internationalen und europäischen Recht, NL Rdnr. 11 ff.

gen ist, veräußert ihre gesamten Geschäftsanteile an die Käufer K und F. Mit dem Erwerb der Gesellschaft erfolgt eine Verlegung des Verwaltungssitzes nach Deutschland. Der Satzungssitz der BV verbleibt in den Niederlanden. Eine Eintragung der Gesellschaft in das zuständige deutsche Handelsregister wird nicht vorgenommen.

Aus Sicht des niederländischen Rechts stehen dieser grenzüberschreitenden Verlegung des Verwaltungssitzes keine Hindernisse entgegen. Die Bedingungen und Folgen einer grenzüberschreitenden Sitzverlegung sind im niederländischen Recht zwar nicht völlig geklärt, im Hinblick auf die Anknüpfung des Gesellschaftsstatuts nach der überwiegend vertretenen Gründungstheorie steht aber fest, dass die Verlegung des Verwaltungssitzes für die BV bedeutungslos ist.[200]

Nach der ständigen Rechtsprechung des BGH[201] hingegen setzt sich die in den Niederlanden erworbene Rechtsfähigkeit der BV nicht ohne weiteres in Deutschland fort. Durch die Verlegung des tatsächlichen Verwaltungssitzes nach Deutschland, verliert die in den Niederlanden wirksam gegründete Gesellschaft ihre Rechtsfähigkeit. Um am Rechtsverkehr teilnehmen zu können, muss sie sich in einer Weise neu gründen, die zur Rechtsfähigkeit nach deutschem Recht führt.[202] Tut sie dies nicht, ist die Gesellschaft als nicht existent anzusehen und kann weder Träger von Rechten und Pflichten noch Partei in einem Gerichtsverfahren sein.

---

200 Vgl. zur Frage der grenzüberschreitenden Sitzverlegung nach niederländischem Recht GOTZEN, in: Behrens, Die GmbH im internationalen und europäischen Recht, NL Rdnr. 58.

201 Vgl. BGHZ 53, 183; BGHZ 97, 271 f.

202 Vgl. BGHZ 97, 272.

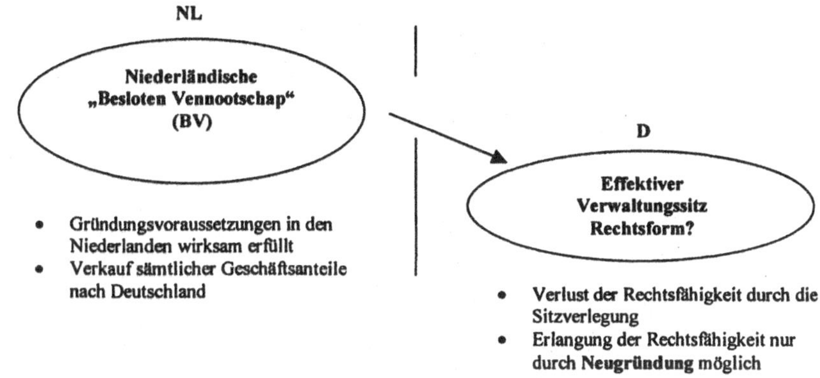

Abbildung 6: Ausgangsfall 1

4.1.2 Ausgangsfall 2

Eine nach deutschem Recht wirksam gegründete GmbH verkauft sämtliche Geschäftsanteile an spanische Käufer. Diese beschließen in einer Gesellschafterversammlung, den effektiven Verwaltungssitz und den Satzungssitz nach Spanien zu verlegen. In Deutschland selbst werden keine Geschäfte mehr betrieben.

Das spanische Recht billigt den Zuzug ausländischer Gesellschaften nach Spanien, sofern der bisherige Sitzstaat nicht die Auflösung fordert.[203] Somit ist keine Neugründung in Spanien erforderlich, sondern lediglich eine Anpassung der Satzung und die Beachtung der Publizitätsbestimmungen.[204]

---

[203] Vgl. zur spanischen „GmbH" Sociedad de responsabilidad limitada (S.L./S.R.L.) KEIL, in: Behrens, Die GmbH im internationalen und europäischen Recht, S. 1030 ff.

[204] Vgl. KEIL, in: Behrens, Die GmbH im internationalen und europäischen Recht, E Rdnr. 54.

Nach der Rechtsprechung des BGH[205] kann eine Gesellschaft, die wirksam in Deutschland gegründet wurde und in Deutschland ihren Sitz hat, ihren tatsächlichen und satzungsmäßigen Sitz nicht ins Ausland verlegen, ohne ihre Rechtspersönlichkeit zu verlieren. Die Liquidation der Gesellschaft ist, auch bei entgegenstehendem Willen der Gesellschafterversammlung, die Folge. Damit ist die GmbH in Deutschland aufzulösen und anschließend in Spanien neu zu gründen.

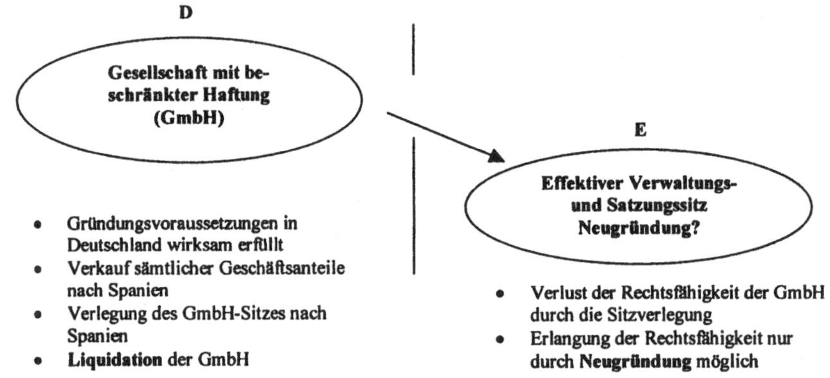

Abbildung 7: Ausgangsfall 2

4.1.3 Ausgangsfall 3

Bevorzugt ein Unternehmen den deutschen Wirtschaftsstandort, stellt sich die Frage der passenden Rechtsform. Die Gründung einer Gesellschaft im Ausland und die anschließende Gründung einer Tochtergesellschaft[206] in Deutschland scheidet aus, da die Tochtergesellschaft nach den Vorschriften des Standortes zu errichten ist, somit nach deutschem Gesellschaftsrecht.

---

205 Vgl. BGHZ 53, 181; BGHZ 97, 269; BayObLG, Rpfleger 1999, S. 27.

206 Durch Gründung einer Tochtergesellschaft werden die meisten Komplikationen rechtlicher Art übergangen, die sich im Falle einer intensiven, die Grenzen des bloßen Direktgeschäfts überschreitenden Betätigung in Deutschland ergeben könnten. Denn die deutsche Tochter des ausländischen Unternehmens ist für das deutsche Recht eine "inländische Gesellschaft" und wird nicht anders als eine von Inländern kontrollierte deutsche Gesellschaft behandelt.

Ausgehend von der Attraktivität eines regelungsärmeren ausländischen Rechts wäre an eine Umgehung der nationalen Niederlassungsvoraussetzungen zu denken. In Betracht käme ein Unternehmen, das sich in Deutschland in Form einer Zweigniederlassung niederlässt.[207]

Angestrebt wird daher im Ausgangsfall 3 die Gründung einer private company limited by shares nach britischem Recht, da in Großbritannien ein gesetzlicher Mindestbetrag, der bereits bei Gründung der Gesellschaft aufgebracht werden muss, nicht normiert ist.[208] Die Unternehmensgründer errichten in Großbritannien eine private company limited by shares. Zu ihrer wirksamen Gründung bedarf es lediglich einer Gründungsurkunde und einer Gesellschaftssatzung. Die Aufbringung des Gesellschaftskapitals ist kein Bestandteil des Gründungsvorgangs. Zur Erlangung der Rechtspersönlichkeit und zum Eintritt der Haftungsbeschränkung auf das Gesellschaftsvermögen ist die Eintragung in das Gesellschaftsregister (companies registry) erforderlich.[209] Nach der wirksamen Gründung und Eintragung der Gesellschaft in das Gesellschaftsregister unterhalten die Gründer in Großbritannien eine Postadresse. Ihre gesamte Geschäftstätigkeit verlegen sie in Form einer Zweigniederlassung nach Deutschland, um die Mindestkapitalanforderungen des deutschen GmbH - Rechts (25.000,- €) zu vermeiden.

Die Errichtung der Zweigniederlassung in Deutschland folgt deutschem Recht.[210] Damit diese Vorschriften aber auf die Zweigniederlassung Anwendung finden, muss die ausländische Muttergesellschaft im Inland anerkannt sein.[211] Die ausländische Muttergesellschaft wird nach deutschem Recht dann anerkannt, wenn sich der effektive Verwaltungssitz in Großbritannien befindet.

Im Ausgangsfall soll davon auszugehen sein, dass die Geschäfte ausschließlich in Deutschland am Sitz der Zweigniederlassung betrieben wer-

---

207 Bisher haben zwar sowohl ausländische wie deutsche Unternehmen ihre Niederlassungen in anderen Staaten überwiegend als selbständige Töchter und nicht als Zweigniederlassungen gegründet (vgl. MüKo z. HGB, § 13d Rdnr. 4), dennoch ist die Gründung einer Zweigniederlassung die kostengünstigere Variante. Ob nach der "Centros" - Entscheidung des EuGH nun eher Zweigniederlassungen als Tochtergesellschaften gegründet werden, bleibt abzuwarten und hängt vom Ergebnis dieser Untersuchung ab.

208 Vgl. BEHRENS, in: Die Gesellschaft mit beschränkter Haftung im internationalen und europäischen Recht, F Rdnr. 11; I Rdnr. 11; GB//NI/EI Rdnr. 16.

209 Vgl. BEHRENS, in: Die Gesellschaft mit beschränkter Haftung im internationalen und europäischen Recht, GB/NI/EI Rdnr. 16 ff.

210 Auch der Begriff der Zweigniederlassung folgt deutschem Recht; vgl. MüKo z. HGB, § 13d Rdnr. 10.

211 Vgl. GROßFELD, in: Staudinger, IntGesR, Rdnr. 1009.

den, so dass der effektive Verwaltungssitz nicht im Gründungsstaat sondern in Deutschland liegt. Damit ist die Muttergesellschaft aus deutscher Sicht nicht anzuerkennen, unabhängig davon, dass der Satzungssitz weiterhin in Großbritannien liegt. Die entscheidende Rechtsfolge der Sitztheorie besteht nämlich darin, dass eine Gesellschaft für den Fall des Auseinanderfallens von Satzungssitz und Verwaltungssitz grundsätzlich nicht als juristische Person angesehen wird. Denn die Gesellschaft hat die Gründungsvoraussetzungen des Zuzugstaates, die zur Erlangung der Rechtsfähigkeit erforderlich sind,[212] nicht erfüllt.[213]

Einer ausländischen Gesellschaft mit Verwaltungssitz in Deutschland wird nach der Sitztheorie keine Rechtsfähigkeit zuerkannt.[214] Die Divergenz zwischen dem Recht, nach dem die Gesellschaft gegründet worden ist, und dem Recht, das nun tatsächlich auf die Gesellschaft Anwendung findet, wird mit der Nichtanerkennung der Gesellschaft als juristische Person bestraft.[215] Dies bedeutet für die in Deutschland gegründete Zweigniederlassung, die ihre Existenzberechtigung von der ausländischen Muttergesellschaft ableitet, dass sie als rechtlich nicht existent zu behandeln ist. Eine Umgehung der deutschen gesellschaftsrechtlichen Gründungsvorschriften ist damit bislang nicht möglich.

---

212 Zur Erlangung der Rechtsfähigkeit ist die Registereintragung der Gesellschaft erforderlich (gem. § 41 Abs. 1 AktG bzw. § 11 Abs. 1 GmbHG bestehen die AG bzw. die GmbH vor der Eintragung in das Handelsregister (des Sitzes der Gesellschaft) als solche nicht.). Diese wird aber nur vorgenommen wenn sich der Satzungssitz in dem Staat befindet, wo auch das Register geführt wird (vgl. BEHRENS, in: Behrens, Die GmbH im internationalen und europäischen Recht, IPR Rdnr. 63). Eine Ausnahme dieser Rechtsfolge ist nur dann gegeben, wenn eine staatsvertragliche Vereinbarung (vgl. hierzu die einschlägigen Nachweise bei - LÜDERITZ, in: Soergel, EGBGB Vor Art. 7 207 ff.) zwischen den betroffenen Staaten über die gegenseitige Anerkennung aller im jeweiligen Hoheitsgebiet der Vertragsstaaten wirksam gegründeten Gesellschaften existiert (vgl. BEHRENS, in: Hachenburg, GmbHG, Einl. Rdnr. 115). Eine solche besteht mit Großbritannien nicht.

213 Vgl. BGHZ 53, 181, 184; BGHZ 97, 269, 272; LG Köln, RIW 1987, S. 54 f.

214 Vgl. BEHRENS, in: Hachenburg, GmbHG, Einl. Rdnr. 114; - GROẞFELD, in: Staudinger, IntGesR, Rdnr. 108.

215 Vgl. BEHRENS, RIW 1986, S. 591.

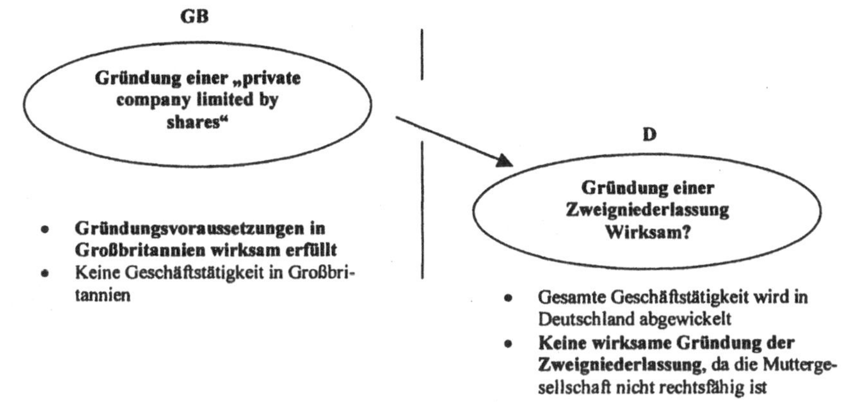

Abbildung 8: Ausgangsfall 3

4.2 Auswirkungen auf den betriebswirtschaftlichen Standortentscheidungsprozess

Die in den Grundfällen dargestellten Sachverhalte betreffen die Standortänderung (Ausgangsfälle 1 u. 2) und die erstmalige Wahl eines Standortes (Ausgangsfall 3). Das deutsche Gesellschaftsrecht lässt bei einer Berührung mit ausländischen Strukturen einen Standortwechsel eines Unternehmens von Deutschland ins Ausland oder vom Ausland nach Deutschland nicht zu. Die Folge für das Unternehmen ist, dass es sich in Deutschland vor dem Standortwechsel liquidieren muss bzw. bei einem Wechsel ins Inland nach deutschen Vorschriften neu gründen muss, was dazu führt, dass sich das Unternehmen am ehemaligen Standort ebenfalls liquidieren muss. Die Abwicklung einer Kapitalgesellschaft und deren Liquidation tritt aber nicht sofort ein, sondern vollzieht sich als zeitraubender Prozess. Beide Alternativen sind für bereits existierende Unternehmen daher wenig attraktiv.

Auch die Errichtung des Erststandortes eines Unternehmens in Deutschland in Form einer Zweigniederlassung, deren ausländische Muttergesellschaft vom deutschen Recht als nicht existent angesehen wird, lässt das deutsche Gesellschaftsrecht nicht zu. Auf ein derart gegründetes Unternehmen fänden aus deutscher Sicht die Regelungen des Personengesellschaftsrechts

(GbR, oHG oder KG) Anwendung, da es die Gründungsvoraussetzungen des deutschen Kapitalgesellschaftsrechts nicht erfüllt.[216]

Die Ausgangsfälle machen deutlich, dass das deutsche Gesellschaftsrecht Potenzial hat, den Entscheidungsprozess der Standortwahl nachhaltig zu beeinflussen. Die Wahl eines unternehmerischen Standorts innerhalb Deutschlands beinhaltet zwangsläufig die Entscheidung für eine Rechtsform deutschen Rechts. Die Änderung des Standorts von Deutschland ins Ausland oder vom Ausland nach Deutschland ist für ein Unternehmen dadurch charakterisiert, dass vor der Ansiedlung am neuen Standort das Unternehmen zunächst zu liquidieren ist.

---

216 Vgl. ZIMMER, ZHR 2000, S. 25.

C. Die Niederlassungsfreiheit des EG-Vertrages unter dem Gesichtspunkt der unternehmerischen Standortwahl

Dem Europäischen Binnenmarkt i.S.d. Art. 14 EG bzw. der Errichtung eines Gemeinsamen Marktes i.S.d. Art. 2 EG liegt die Vorstellung zugrunde,[1] dass Unternehmen unabhängig von den unterschiedlichen Rechtsordnungen der Mitgliedstaaten ihren Standort frei wählen können. Ein Unternehmen muss dort tätig werden können, wo die Produktionsfaktoren, die Infrastruktur die rechtlichen oder sozialen Strukturen oder sonstigen Bedingungen am vorteilhaftesten sind, um von diesem Standort aus die Freiheit des Waren- oder Dienstleistungsverkehrs zu nutzen.[2] Diese unternehmerische Bewegungsfreiheit soll das Niederlassungsrecht innerhalb des EG-Vertrages gewährleisten. Daher kommt der Niederlassungsfreiheit im Rahmen der Verwirklichung des Binnenmarktes eine wesentliche wirtschaftliche Bedeutung zu.[3] Wirtschaftlich am bedeutendsten sind dabei die Auslandsinvestitionen von Unternehmen, insbesondere zum Aufbau von sekundären Niederlassungen, dem Aufbau von Kooperationen mit ausländischen Partnern und der zumindest teilweisen Produktionsverlagerung in einen anderen Mitgliedstaat.[4]

Für das Europäische Gesellschaftsrecht und die international tätigen Unternehmen ist die Niederlassungsfreiheit die wichtigste Grundfreiheit des primären Gemeinschaftsrechts. *Lutter* hat die Niederlassungsfreiheit als die „Magna Charta“ des europäischen Gesellschaftsrechts bezeichnet.[5] Niederlassungsfreiheit im Sinne einer ökonomisch bestimmten Standortwahl innerhalb des gesamten Gemeinschaftsgebietes ist aber bislang ein ideeller Zustand. Seiner Herstellung dient im EG-Vertrag das Kapitel „Niederlassungsrecht“ (Artt. 43 bis 48 EG). In diesem Teil der Arbeit soll erörtert werden, unter welchen Voraussetzungen das Europäische Gemeinschafts-

---

1 Die Begriffe „Binnenmarkt“ und „Gemeinsamer Markt“ sind nach h. M. nicht identisch. Der „Gemeinsame Markt“ umfasst die vier Grundfreiheiten des freien Waren-, Personen-, Dienstleistungs- und Kapitalverkehrs. Der „Binnenmarkt“ hingegen geht über den „Gemeinsamen Markt“ hinaus und zielt auf ein höheres Integrationsniveau im Bereich der vier Grundfreiheiten ab. Vgl. SCHWARZ, Europäisches Gesellschaftsrecht, Rdnr. 52; BEUTLER/BIEBER/PIPKORN/STREIL, Die Europäische Union, S. 54.

2 Vgl. TROBERG, in: Kommentar zum EU-/EG-Vertrag, Vorbm. zu den Artt. 52 bis 58 Rdnr. 3.

3 Vgl. TROBERG, in: Kommentar zum EU-/EG-Vertrag, Vorbm. zu den Artt. 52 bis 58 Rdnr. 4.

4 Vgl. SCHLAG, in: Schwarze (Hrsg.), EU-Kommentar, Art. 43 EGV Rdnr. 5.

5 Vgl. LUTTER, Europäisches Unternehmensrecht, S. 36.

recht den Unternehmen innerhalb der EG eine freie Niederlassung und damit eine freie Wahl des Standortes gewährt.

1. Das Verhältnis des Gemeinschaftsrechts zu den nationalen Rechtsordnungen der Mitgliedstaaten

Sowohl die Rechtsordnung der EG als auch die nationalen mitgliedstaatlichen Rechtsordnungen fordern die unmittelbare Anwendung vor den nationalen Gerichten. Dass dies zu Konflikten führen kann, liegt auf der Hand. Vorab ist daher das Verhältnis des nationalen Rechts zum Gemeinschaftsrecht zu klären.

1.1 Die Eigenständigkeit des Gemeinschaftsrechts

Gemeinschaftsrecht und nationales Recht sind „selbständige, voneinander verschiedene Rechtsordnungen“,[6] die grundsätzlich eigenständig nebeneinander stehen. Die Rechtsordnung der Gemeinschaft gilt auf dem Boden der Mitgliedstaaten,[7] mit der Folge, dass das Gemeinschaftsrecht als eigene Rechtsordnung getrennt von denen der Mitgliedstaaten besteht. Auslegung und Anwendung gehorchen folglich nicht nationalen Regelungen, sondern unterliegen den europäischen Gerichten, in erster Linie dem EuGH.[8]

1.2 Die unmittelbare Geltung des Gemeinschaftsrechts

Die Frage, ob dem Gemeinschaftsrecht schon mit seinem Erlass unmittelbare Wirkung in den Mitgliedstaaten zukommt, ist seit der grundlegenden Entscheidung „van Gend & Loos“[9] beantwortet. Die vom EuGH in dieser Entscheidung zum erstenmal bejahte Direktwirkung besagt, dass die Gemeinschaftsnorm mit Erlass und ohne Umsetzung oder Vollzugsbefehl nationaler Organe im innerstaatlichen Hoheitsgebiet Geltung erlangt.[10] Voraussetzung ist, dass die Norm rechtlich vollkommen ist, eine unbedingte Handlungs- oder Unterlassungspflicht enthält und zu ihrem Vollzug kein

---

[6] EuGH Slg. VIII (1962), 97/110 (Bosch).

[7] Vgl. EuGH, Rs. 6/64, Costa/ENEL, Slg. 1964, S. 1251, 1269; EuGH - EWR, Gutachten 1/91, Slg. 1991, I-6079, 6102.

[8] Gebilligt durch BVerfGE 75, 223, 242 - 244. Das Bundesverfassungsgericht hat für die Bundesrepublik Deutschland ausdrücklich anerkannt, dass neben der deutschen Rechtsordnung die Rechtsordnung der Gemeinschaft auf dem Boden der Bundesrepublik Deutschland gilt. Vgl. BVerfGE 22, 296 f.; 31, 173 f.

[9] Vgl. EuGH, Urt. v. 5.2.1963, Rs. 26/62, van Gend & Loos, Slg. 1963, S. 3.

[10] Vgl. STETTNER, in: Dauses, Handbuch des EG-Wirtschaftsrechts, A. IV Rdnr. 14; siehe dazu auch BEUTLER/BIEBER/PIPKORN/STREIL, Die Europäische Gemeinschaft, S. 54, 225 ff.

Eingriff des staatlichen Gesetzgebers nötig ist.[11] Bei Vorliegen der Voraussetzungen bedeutet dies für die EG-Bürger und gemeinschaftsangehörigen Gesellschaften, dass sie sich vor Behörden und Gerichten auf Bestimmungen der Gründungsverträge nach Maßgabe näherer Qualifizierung als unmittelbar wirkend, darüber hinaus aber auch auf Verordnungen und in bestimmten Fällen sogar auf Richtlinien und staatengerichtete Entscheidungen berufen können.[12]

Diese Direktwirkung des Gemeinschaftsrechts ist wiederum Voraussetzung dafür, dass eine Kollision zwischen Gemeinschaftsrecht und nationalem Recht überhaupt entstehen kann. Denn nur bei einer unmittelbaren Geltung des Gemeinschaftsrechts in den jeweiligen Mitgliedstaaten kann es zu Kollisionen mit innerstaatlichem Recht kommen.

1.3 Das Verhältnis des Gemeinschaftsrechts zum nationalen Recht (Grundsatz des Vorrangs des Gemeinschaftsrechts)

Das Verhältnis des Gemeinschaftsrechts zum nationalen Recht ist geklärt. Die Gemeinschaft besitzt eine autonome Rechtsordnung, „die bewusst von den Mitgliedstaaten unter Aufgabe bestimmter Souveränitätsrechte akzeptiert wurde. Diese Gemeinschaftsrechtsordnung hat Vorrang vor der innerstaatlichen Gesetzgebung ...“.[13] Dies beinhaltet die Verpflichtung der Mitgliedstaaten, auch zukünftig kein nationales Recht zu erlassen, welches dem bestehenden Gemeinschaftsrecht zuwiderläuft.[14] Der Vorrang des Gemeinschaftsrechts gilt für jede Normstufe. Das bedeutet, dass Gemeinschaftsrecht jeder Normstufe[15] nationalem Recht - auch nationalem Verfassungsrecht - vorgeht.

Die Konsequenz des Vorrangs des Gemeinschaftsrechts vor dem nationalen Recht besteht in einem Anwendungsvorrang.[16] Für die gemeinschaftswidri-

---

11 Vgl. EuGH, Urt. v. 5.2.1963, Rs. 26/62, van Gend & Loos, Slg. 1963, S. 3, OPPERMANN, Europarecht, Rnr. 536.

12 Vgl. STETTNER, in: Dauses, Handbuch des EG-Wirtschaftsrechts, A. IV Rdnr. 14; siehe dazu auch BEUTLER/BIEBER/PIPKORN/STREIL, Die Europäische Gemeinschaft, S. 54, 225 ff.

13 EuGH, Urt. v. 15.6.1964, Rs 6/64, Costa/ENEL, Slg. 1964, S. 1251; BVerfGE 37, S.271, Solange I; Siehe auch BVerfGE 73, S. 339, Solange II.

14 Vgl. EuGH, Urt. v. 9.3.1978, Rs. 106/77, Simmenthal, Slg. 1978, S. 629.

15 Der EuGH hat ausdrücklich festgehalten, dass z.B. eine Richtlinie für die Mitgliedstaaten einen „nicht weniger zwingenden Inhalt hat als eine Regel des Vertrags“, so EuGH, Kommission/Italien, Slg. XIX (1973), 667, 671 f.

16 Vgl. HOFFMANN, DÖV 1967, S. 439.

ge nationale Norm bedeutet dies, dass sie „ohne weiteres unanwendbar“[17] wird. Der EuGH fordert bei Anwendung des Gemeinschaftsrechts von den nationalen Gerichten jede entgegenstehende Bestimmung des nationalen Rechts unangewendet zu lassen.[18] Um nationale Empfindlichkeiten zu schonen, gelten die gemeinschaftswidrigen Regelungen aber nicht als nichtig.[19] Denn die Gültigkeit des nationalen Rechts kann nur durch den nationalen Gesetzgeber aufgehoben werden.[20]

2. Auslegungsgrundsätze

Die Auslegung des Gemeinschaftsrechts folgt grundsätzlich den allgemeinen Regeln der historischen, systematischen und teleologischen Auslegung.[21] Der Wortlaut selbst ist aber auch im Gemeinschaftsrecht der Ausgangspunkt und die Grenze der Auslegung.[22]

Für die historische Auslegung finden sich Anhaltspunkte in den Präambeln zu den Gemeinschaftsverträgen und zu den Rechtsakten des abgeleiteten Gemeinschaftsrechts.[23] Im Rahmen der systematischen Auslegung erkennt der EuGH an, dass die einzelne Norm in den Gesamtzusammenhang des Vertragswerks hineingestellt werden muss.[24] Diese Methode entspricht dem Grundsatz der Einheit der Rechtsordnung, in dem Widerspruchsfreiheit herrscht.[25]

Die teleologische Auslegung dient der Ermittlung von Sinn und Zweck einer Norm. Der EuGH würdigt im Rahmen dieser Auslegung die Interessen der Beteiligten,[26] wobei die Interessen besondere Beachtung verdienen, die

---

17 EuGHE 1968, S. 363; EuGH, Urt. v. 9.3.1978, Rs. 106/77, Simmenthal, Slg. 1978, S. 629.

18 Vgl. EuGH, Rs. C-184/89, Nimz/Freie und Hansestadt Hamburg, Slg. 1991, I-297, 321; dazu ZULEEG, RdA 1992, S. 139.

19 Entgegen dem Vorschlag von GRABITZ, Gemeinschaftsrecht bricht nationales Recht, 1966.

20 Vgl. ZULEEG, in: Groeben/Thiesing/Ehlermann, Kommentar zum EU-/EG-Vertrag, Art. 1 Rdnr. 26.

21 Vgl. dazu im einzelnen BERNHARDT, Zur Auslegung des europäischen Gemeinschaftsrechts, in: FS Hans Kutscher, S. 22 f.

22 Vgl. ZULEEG, in: Groeben/Thiesing/Ehlermann, Kommentar zum EU-/EG-Vertrag, Art. 1 Rdnr. 35.

23 Vgl. ZULEEG, in: Groeben/Thiesing/Ehlermann, Kommentar zum EU-/EG-Vertrag, Art. 1 Rdnr. 36.

24 Vgl. EuGH, Rs. 23/75, Rey Soda/Cassa Conguaglio Zucchero, Slg. 1975, S. 1302.

25 Vgl. ZULEEG, in: Groeben/Thiesing/Ehlermann, Kommentar zum EU-/EG-Vertrag, Art. 1 Rdnr. 37.

26 Vgl. EuGH, Rs. 144/81, Keurkoop/Nancy Kean Gifts, Slg. 1982, S. 2873.

sich schwer durchsetzen lassen.[27] Anhaltspunkte für die Erfassung der Ziele einer Regelung ergeben sich aus den Gründungsverträgen und ihren Abänderungen oder der Begründung eines erlassenen Rechtsakts.[28]

Diesen Auslegungsgrundsätzen soll bei der näheren Betrachtung der Niederlassungsfreiheit i.S.d. Artt. 43 u. 48 EG gefolgt werden.

3. Die Anerkennung von Gesellschaften

Das Niederlassungsrecht der Artt. 43, 48 EG verleiht den Gesellschaften kein subjektives Recht gegenüber dem einzelnen Mitgliedstaat i.S. eines Rechts auf Zulassung zu einer bestimmten unternehmerischen Tätigkeit bzw. Niederlassung.[29] Die mitgliedstaatlichen Vorschriften werden nur dann unanwendbar, soweit sie dem Niederlassungsrecht entgegenstehen.[30] Die dem Gemeinschaftsrecht widersprechenden Vorschriften können daher der niederlassungswilligen ausländischen Gesellschaft nicht entgegengehalten werden.[31]

Die entscheidende Frage aber, die dem Niederlassungsrecht des EG-Vertrages vorgeht, ist die Frage der Anerkennung der Existenz von Gesellschaften.[32] Denn Grundvoraussetzung jeglicher wirtschaftlicher Betätigung im Aufnahmestaat ist die Anerkennung der Gesellschaft als Rechtssubjekt. Erachtet ein Mitgliedstaat eine ausländische Gesellschaft, die ihren Standort verlegen will, als nicht existent, ist diese aus Sicht des Mitgliedstaates nicht als Berechtigte i.S.d. Artt. 43, 48 EG anzusehen.

Bei der Anerkennung einer ausländischen Gesellschaft geht es um die Frage, ob eine ausländische Gesellschaft auch im Inland Träger von Rechten und Pflichten sein kann.[33] Die Problematik entsteht erst dann, wenn eine

---

27 Vgl. ZULEEG, in: Groeben/Thiesing/Ehlermann, Kommentar zum EU-/EG-Vertrag, Art. 1 Rdnr. 38, mit Verweis auf REICH, Europäisches Verbraucherschutzrecht, insbes. S. 24 – 49.

28 Vgl. ZULEEG, in: Groeben/Thiesing/Ehlermann, Kommentar zum EU-/EG-Vertrag, Art. 1 Rdnr. 38.

29 Vgl. TROBERG, in: Groeben/Thiesing/Ehlermann, Kommentar zum EU-/EG-Vertrag, Art. 52 Rdnr. 68 und Art. 59 Rdnr. 45.

30 Vgl. SCHWARZ, Europäisches Gesellschaftsrecht, Rdnr. 114.

31 Entsprechend dieser Wirkung des Niederlassungsrechts werden die Träger des Niederlassungsrechts als „Begünstigte" und nicht als „Berechtigte" definiert. Vgl. dazu das allgemeine Programm, das vom Rat auf Vorschlag der Kommission gem. Art. 54 Abs. 2 EGV a.F. erlassen wurde: Ratsbeschluss vom 18.12.1962, ABl.EG Nr.2 vom 15.1.1962, S.36.

32 Vgl. BEHRENS, RabelsZ 1988, S. 498 f.

33 Betrachtet man die Entwicklung der „Anerkennungsproblematik" unter historischen Gesichtspunkten, so lässt sich die Entstehung der Anerkennung aus der Angst vor und der

Gesellschaft, die innerhalb einer fremden Rechtsordnung gegründet wurde, innerhalb einer anderen Rechtsordnung Rechtsfähigkeit beansprucht.[34] Es geht ausdrücklich nicht um die Aufnahme der ausländischen Gesellschaft in eine neue Rechtsordnung, sondern darum, dieser Gesellschaft die Befähigung zum Rechtssubjekt zu ermöglichen.[35]

3.1 Begriff der Anerkennung

Gesellschaften sind, im Gegensatz zu natürlichen Personen, Geschöpfe einer bestimmten Rechtsordnung.[36] Um innerhalb einer anderen Rechtsordnung Geschäfte tätigen zu können, muss die Gesellschaft selbst rechtsfähig sein. Dies erreicht die ausländische Gesellschaft durch Anerkennung im Inland. Anerkennung bedeutet daher, dass ein Staat, in welchem eine ausländische Gesellschaft tätig werden will, von der rechtlichen Existenz dieser Gesellschaft Kenntnis erlangen muss, da diese Gesellschaft ihre Rechtspersönlichkeit aus einer fremden Rechtsordnung herleitet.[37] Die Anerkennung regelt das Problem, ob und unter welchen Voraussetzungen eine nach ausländischem Recht gegründete Gesellschaft Träger von Rechten und Pflichten im Inland sein kann.[38] Schwierigkeiten ergeben sich dadurch, dass die von einer Staatshoheit erteilte Rechtsfähigkeit nicht beliebig in ein anderes Land übertragen werden kann.[39]

3.2 Anerkennung nach deutschem und internationalem Recht

Eine allgemeine völkerrechtliche Verpflichtung, die Rechtsfähigkeit von im Ausland errichteten Gesellschaften für das Inland anzuerkennen, gibt es nicht.[40] Innerhalb des Anwendungsbereichs des EG-Vertrages könnte aber etwas anderes gelten. Zwar enthält der EG-Vertrag keine ausdrückliche Verpflichtung zur Anerkennung von ausländischen Gesellschaften aus den

---

daraus resultierenden Abwehr ausländischer Wirtschaftsmacht erklären; vgl. GROßFELD, Internationales und Europäisches Unternehmensrecht, S. 57.

34 Voraussetzung der Anerkennung ist daher, dass die Gesellschaft im Gründungsstaat selbst Rechtsfähigkeit erlangt hat.

35 Vgl. TROBERG, in: Groeben/Thiesing/Ehlermann, Kommentar zum EU-/EG-Vertrag, Art. 58 Rdnr. 10.

36 Vgl. GROßFELD, in: Staudinger, IntGesR, Rdnr. 157.

37 Vgl. WANG, Die europäische Aktiengesellschaft in der EWG, S. 117.

38 Vgl. BEHRENS, ZGR 1978, S. 500; EBENROTH/SURA, RabelsZ 1979, S.315; GROßFELD, RabelsZ 1967, S. 1.

39 Vgl. BGHZ 25, 134, 144.

40 Vgl. GROßFELD, in: Staudinger, IntGesR, Rdnr. 160.

Mitgliedstaaten, aber aus Artt. 43, 48 EG ergibt sich dann eine Verpflichtung zur Anerkennung, wenn die europarechtlichen Anforderungen der Sitztheorie (oder Gründungstheorie, je nachdem, welcher Theorie der Mitgliedstaat folgt) erfüllt sind.[41] Innerhalb der EG ist es gängige Praxis, dass die Mitgliedstaaten ausländische Gesellschaften unter gewissen Voraussetzungen anerkennen.[42]

Nach herrschender Meinung im deutschen internationalen Gesellschaftsrecht bedeutet Anerkennung einer ausländischen Gesellschaft, die Hinnahme des Unternehmens so wie es sich aus der Anwendung des ausländischen Rechts ergibt.[43] Daher ist die Gesellschaft in einem ersten Schritt einem bestimmten ausländischen Recht zuzuordnen.[44] Bei der Ermittlung, welchem Recht die Gesellschaft unterliegt, gelten die Grundsätze des Internationalen Privatrechts. Welchem Recht eine Gesellschaft zuzuordnen ist, beurteilt sich daher nach dem Gesellschaftsstatut. Damit fällt die Anerkennung der Rechtsfähigkeit mit der Anwendung des maßgeblichen Gesellschaftsstatuts zusammen.[45] Welches das maßgebliche Gesellschaftsstatut ist, beurteilt sich in Deutschland nach der vorherrschenden Sitztheorie.[46] Danach ist Gesellschaftsstatut das Recht des Staates, in dem die Gesellschaft ihren tatsächlichen Verwaltungssitz hat.[47].

Nach der Ermittlung des Gesellschaftsstatuts erfolgt in einem zweiten Schritt die „eigentliche" Anerkennung. Die Gesellschaft kann dabei so gestellt werden, dass sie auch nach inländischem Recht Träger von Rechten und Pflichten zu sein vermag.[48] Grundsätzlich bedarf es dabei nach deutschem Recht keines besonderen Anerkennungsaktes mehr (Anerkennung ipso iure),[49] soweit die Gesellschaft nach ihrem jeweiligen Gesellschaftssta-

41 Vgl. GROßFELD, in: Staudinger, IntGesR, Rdnr. 161.

42 Vgl. TROBERG, in: Groeben/Thiesing/Ehlermann, Kommentar zum EU-/EG-Vertrag, Art. 58 Rdnr. 12.

43 Vgl. EBENROTH, in: MüKo, EGBGB, Nach Art. 10 Rdnr. 132.

44 Vgl. TROBERG, in: Groeben/Thiesing/Ehlermann, Kommentar zum EU-/EG-Vertrag, Art. 58 Rdnr. 10.

45 Vgl. BEHRENS, in: Dauses, Handbuch des EG-Wirtschaftsrechts, E III Rdnr. 112.

46 Für die Anerkennung von ausländischen Gesellschaften in den Staaten, die der Gründungstheorie folgen, genügt es, dass die betreffende Gesellschaft in irgendeinem Staat Rechtsfähigkeit erlangt hat; vgl. BEHRENS, in: Dauses, Handbuch des EG-Wirtschaftsrechts, E III Rdnr. 112.

47 Vgl. GROßFELD, in: Staudinger, IntGesR, Rdnr. 17.

48 Vgl. TROBERG, in: Groeben/Thiesing/Ehlermann, Kommentar zum EU-/EG-Vertrag, Art. 58 Rdnr. 11.

49 Unstreitig seit RGZ 83, 367; RGZ 92, 73,76.

tut wirksam gegründet wurde. Insoweit wird auf die vom Gesellschaftsstatut verliehene Rechtsfähigkeit verwiesen.[50] Die Anerkennung kann aber unter Umständen davon abhängen, dass die Gegenseitigkeit verbürgt ist, sie kann für Gesellschaften aller Formen einschließlich der Juristischen Personen des öffentlichen Rechts oder nur für Gesellschaften bestimmter Struktur gelten, sie kann das Recht, Grundstücke zu erwerben, umfassen oder ausschließen usw.[51] Egal, wie weit der Umfang der Anerkennung geht, es kommt explizit nicht darauf an, dass die Voraussetzungen für die Erlangung der Rechtsfähigkeit nach deutschem Recht erfüllt sind.[52]

Die Anerkennung einer ausländischen Gesellschaft kann allerdings dann versagt werden, wenn der Rechtsgedanke des ordre public (Art. 6 EGBGB) eingreift. Verstößt z.B. die Struktur des ausländischen Gebildes gegen zwingende und auch international unverzichtbare Grundsätze des deutschen Rechts, so kann der Rechtsgedanke des ordre public die Anerkennung verhindern.[53] Aber auch juristische Personen, die keiner Rechtsform des deutschen Gesellschaftsrechts vergleichbar sind, genießen im Inland Rechtsfähigkeit.[54] Diese Regelung gilt auch für handelsrechtliche Gesellschaften ohne Rechtsfähigkeit, wie z.B. die offene Handelsgesellschaft (oHG) oder die Kommanditgesellschaft (KG).[55]

3.3 Anerkennungsübereinkommen

Nach Art. 293 Spiegelstrich 3 EG ist der Einsatz völkerrechtlicher Übereinkommen möglich, soweit die Ermächtigungen des EG-Vertrages für ein Tätigwerden der Gemeinschaftsorgane nicht ausreichen.[56] Damit können nach dem EG-Vertrag die Ziele der Gemeinschaft[57] auch zwischenstaatlich erreicht werden. Explizit erkennt der EG-Vertrag das Bedürfnis nach Aner-

---

50 Vgl. GROßFELD, Internationales und Europäisches Unternehmensrecht, S. 58.

51 Vgl. TROBERG, in: Groeben/Thiesing/Ehlermann, Kommentar zum EU-/EG-Vertrag, Art. 58 Rdnr. 11.

52 Vgl. BpatG, IPRspr 1966/67 Nr. 184.

53 Vgl. OLG Stuttgart, NJW 1965, S. 1139.

54 So die herrschende Meinung. Vgl. GROßFELD, in: Staudinger, IntGesR, Rdnr. 191.

55 Vgl. HELDRICH, in: Palandt, Anh. zu EGBGB 12, Rdnr. 20 m.w.N.

56 Vgl. BEHRENS, GmbHR 1993, S. 130.

57 Insbesondere die Beseitigung der Hindernisse für den freien Personenverkehr (vgl. Art. 3 lit. c bzw. Art. 18 EG), die als Mittel zur Errichtung des Gemeinsamen Marktes (vgl. Art. 2 EG) für natürliche und juristische Personen eingesetzt werden können.

kennung, Sitzverlegung und Fusion über nationale Grenzen an.[58] Nach Art. 293 Spiegelstrich 3 EG leiten die Mitgliedstaaten, soweit erforderlich, untereinander Verhandlungen ein, um zugunsten ihrer Staatsangehörigen die gegenseitige Anerkennung der Gesellschaften i.S.d. Art. 48 Abs. 2 EG, die Beibehaltung der Rechtspersönlichkeit bei Verlegung des Sitzes von einem Staat in einen anderen und die Möglichkeit der Verschmelzung von Gesellschaften, die den Rechtsvorschriften verschiedener Mitgliedstaaten unterstehen, sicherzustellen. Aufgrund dieser Vorschrift waren die Mitgliedstaaten zu Verhandlungen verpflichtet.[59]

Abgeschlossen wurde ein „Übereinkommen über die gegenseitige Anerkennung von Gesellschaften und juristischen Personen".[60] Dieses Anerkennungsübereinkommen vom 29.2.1968 zielt darauf ab, die gegenseitige Anerkennung von Gesellschaften i.S.d. Art. 48 Abs. 2 EG soweit wie möglich sicherzustellen.[61] Das Übereinkommen ist der Versuch durch einen Kompromiss die Anerkennungsprobleme zu lösen, die im Internationalen Gesellschaftsrecht wegen des Gegensatzes von Sitz- und Gründungstheorie bestehen. Es regelt lediglich die Frage, ob der Gesellschaft Rechtspersönlichkeit zukommt, nicht aber welches Gesellschaftsstatut auf sie anwendbar ist.[62] Dieses Übereinkommen wurde auch durch die Bundesrepublik Deutschland ratifiziert.[63] Es ist aber mangels Zustimmung aller Vertragsstaaten nie in Kraft getreten.

4. Die Niederlassungsfreiheit

Der Begriff der Niederlassungsfreiheit ist im EG-Vertrag nicht gesetzlich definiert. Als eine der vier Grundfreiheiten des EG-Vertrages stellt die Niederlassungsfreiheit einen Fall der Freizügigkeit der Personen dar. Über Art. 48 EG wird eine Gleichstellung für die Fälle „Freizügigkeit der Ge-

---

58 Vgl. SCHWARTZ, in: Groeben/Thiesing/Ehlermann, Kommentar zum EU-/EG-Vertrag, Art. 220 Rdnr. 92.

59 Art. 293 EG ist auf der Rechtsfolgenseite als Mussvorschrift zu interpretieren. Vgl. EuGH, Urt. v. 6.10.1976, Rs 12/76, Slg. 1976, S. 1484, Tz. 9.

60 Vgl. Übereinkommen vom 29.2.1968 über die gegenseitige Anerkennung von Gesellschaften und juristischen Personen (nebst Protokoll mit den gemeinsamen Erklärungen Nr. 1, 2 und 3); BGBl. II 1972, S. 370.

61 Vgl. die Präambel des Übereinkommens über die gegenseitige Anerkennung von Gesellschaften und juristischen Personen vom 29.2.1968.

62 Vgl. SCHWARZ, Europäisches Gesellschaftsrecht, Rdnr. 1418.

63 Vgl. BGBl. II 1972, S. 369.

sellschaften" erreicht. Die Niederlassungsfreiheit i.S.d. Art. 43 und Art. 48 EG gewährt somit die Freizügigkeit der Selbständigen und Unternehmen.[64]

Um den Wesensgehalt der Niederlassungsfreiheit genauer definieren zu können, ist eine kurze Abgrenzung zu den übrigen Grundfreiheiten des EG-Vertrages erforderlich. Von der Arbeitnehmerfreizügigkeit (Art. 39 EG) grenzt sich die Niederlassungsfreiheit durch das Merkmal der Selbständigkeit der Erwerbstätigkeit ab. Selbständig und damit im Rahmen der Niederlassungsfreiheit handelt derjenige, der auf eigene Rechnung und auf eigenes Risiko hin tätig wird.[65]

Kennzeichnend für die Dienstleistungsfreiheit (Art. 49 EG) ist das Vorliegen eines entgeltlichen grenzüberschreitenden Tatbestandes.[66] Der Unterschied zur Niederlassungsfreiheit liegt hier in dem zeitlichen Moment. Die Niederlassung ist in der Regel auf einen längeren bzw. unbefristeten Zeitraum ausgerichtet, während im Falle der Dienstleistung der Aufenthalt nur „vorübergehend" (Art. 50 Abs. 3 EG) ist.[67] Das Niederlassungsrecht ist daher dann einschlägig, wenn sich der Betreffende auf Dauer in die Wirtschaft des Aufnahmestaates integrieren will.[68]

Zugunsten des Kapitels über den Kapital- und Zahlungsverkehr enthält Art. 42 Abs. 2 EG einen Vorbehalt. Damit wird klargestellt, dass die im Rahmen einer Niederlassung notwendigen Investitionen, Finanzierungen und sonstigen Kapitaltransfers nicht nach dem Niederlassungsrecht, sondern nach den Regeln über den freien Kapital- und Zahlungsverkehr (Art. 56 bis Art. 60 EG) zu behandeln sind.[69]

Der EuGH definiert in Abgrenzung zu den anderen Grundfreiheiten des EG-Vertrages die Niederlassungsfreiheit als Recht zur tatsächlichen Ausübung einer wirtschaftlichen Tätigkeit mittels einer festen Einrichtung in einem anderen Mitgliedstaat auf unbestimmte Zeit.[70] Dieses Verständnis der Niederlassungsfreiheit gilt gem. Art. 48 EG auch für gemeinschaftsangehörige Gesellschaften.

---

64 Vgl. TROBERG, in: Groeben/Thiesing/Ehlermann, Kommentar zum EU-/EG-Vertrag, Vorbm. zu den Artt. 52 bis 58 Rdnr. 1.

65 Vgl. RANDELZHOFER, in: Grabitz/Hilf, Kommentar zum EG-V, Art. 52 Rdnr. 12.

66 Vgl. OPPERMANN, Europarecht, Rdnr. 1580.

67 Vgl. SCHWARZ, Europäisches Gesellschaftsrecht, Rdnr. 120.

68 Vgl. SCHLAG, in: Schwarze (Hrsg.), EU-Kommentar, Art. 43 EGV Rdnr. 2.

69 Vgl. SCHWARZ, Europäisches Gesellschaftsrecht, Rdnr. 122.

70 Vgl. EuGH, Urt. v. 25.7.91, Rs. C-221/89, Factortame Ltd. II, Slg. 1991, S. I-3905, 3965, Tz. 20; EuGH, Urt. V. 4.10.1991, Rs. C-246/89, Kommission/Großbritannien, Slg. 1991, S. I-4585, 4614, Tz. 21.

4.1 Die Niederlassungsformen

4.1.1 Primäre und sekundäre Niederlassung

Der Begriff der Niederlassung ist gesetzlich nicht definiert. Der EuGH definiert die Niederlassung als die tatsächliche Ausübung einer wirtschaftlichen Tätigkeit mittels einer festen Einrichtung in einem anderen Mitgliedstaat auf unbestimmte Zeit.[71] Das Niederlassungsrecht des Art. 43 EG kennt zwei verschiedene Arten, die *primäre* Niederlassung und die *sekundäre* Niederlassung.

Von einer *primären* Niederlassung spricht man, wenn ein Unternehmen oder eine natürliche Person in einen Mitgliedstaat übersiedelt, um dort eine Tätigkeit neu aufzunehmen. Dabei darf im Herkunftsland keine oder lediglich eine abhängige Betriebsstätte verbleiben.[72] Die *primäre* Niederlassung bildet die Hauptniederlassung, da sich hier der Schwerpunkt der Geschäftstätigkeit befindet.[73] Im Umkehrschluss zur *primären* Niederlassung liegt eine *sekundäre* Niederlassung dann vor, wenn lediglich eine wirtschaftlich abhängige Betriebsstätte in einen Mitgliedstaat umgesiedelt wird.[74] Die Hauptniederlassung und damit der Schwerpunkt der Geschäftstätigkeit verbleibt im Herkunftsland.[75]

Die Niederlassungsformen *primär* und *sekundär* dürfen nicht mit der primären und sekundären Niederlassungsfreiheit verwechselt werden. Auch sekundäre Niederlassungen genießen, wenn es sich um selbständige Niederlassungen handelt, sowohl primäre als auch sekundäre Niederlassungsfreiheit.[76]

4.1.2 Formen der sekundären Niederlassung

Innerhalb der sekundären Niederlassung unterscheidet Art. 43 EG zwischen Agenturen, Zweigniederlassungen und Tochtergesellschaften.[77] Die Toch-

---

[71] Vgl. EuGH, Rs. C-221/89, Factortame I, Slg. 1991, I-3905, Tz. 20.

[72] Vgl. TROBERG, in: Groeben/Thiesing/Ehlermann, Kommentar zum EU-/EG-Vertrag, Vorbm. zu den Artt. 52 bis 58 Rdnr. 1.

[73] Vgl. SCHNICHELS, Reichweite der Niederlassungsfreiheit, S. 40.

[74] Vgl. TROBERG, in: Groeben/Thiesing/Ehlermann, Kommentar zum EU-/EG-Vertrag, Art. 52 Rdnr. 14.

[75] Vgl. RANDELZHOFER, in: Grabitz/Hilf, Kommentar zum EG-V, Art. 52 Rdnr. 2.

[76] Vgl. SCHWARZ, Europäisches Gesellschaftsrecht, Rdnr. 125.

[77] Vgl. zur Definition der Zweigniederlassung und Tochtergesellschaft im deutschen Recht oben Teil B 2.2.1.1 und 2.2.1.2.

tergesellschaft ist rechtlich selbständig,[78] aber wirtschaftlich weiterhin vom Mutterunternehmen im Herkunftsland abhängig.[79] Agenturen und Zweigniederlassungen beinhalten keine abschließende Definition ihrer Reichweite, stellen aber rechtlich unselbständige Formen dar. Darunter fallen Betriebe bzw. Betriebsteile aller Art und gleich welcher Funktion.[80] Der EuGH fasst hier den Schutzbereich sehr weit und subsumiert auch sog. „Nebenstellen" unter diese Niederlassungsformen, ohne an diese besondere Anforderungen zu stellen.[81]

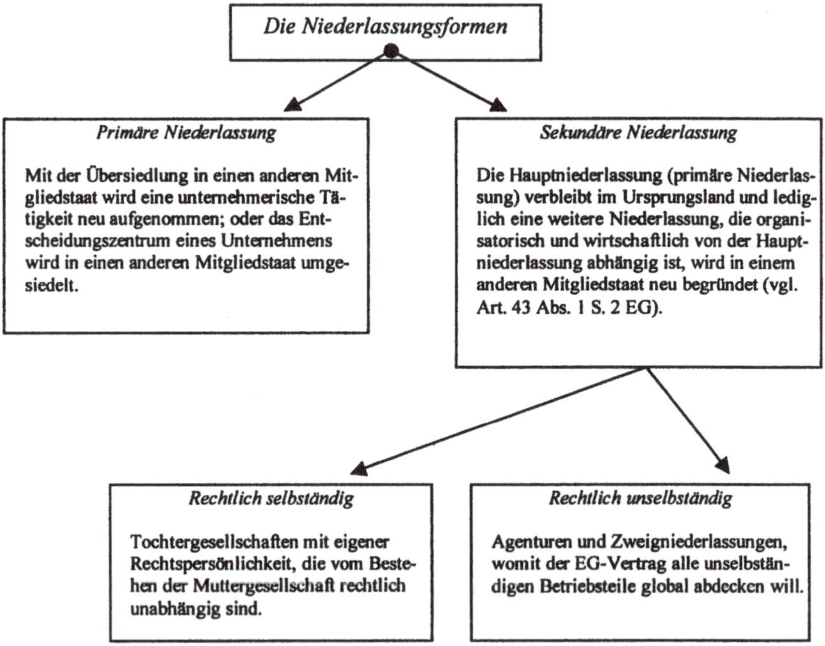

Abbildung 9: Die Niederlassungsformen

78 Vgl. ROTH, in Dauses, Handbuch des EG-Wirtschaftsrechts, E I. Rdnr. 36.

79 Vgl. TROBERG, in: Groeben/Thiesing/Ehlermann, Kommentar zum EU-/EG-Vertrag, Art.52 Rdnr. 15.

80 Vgl. ROTH, in Dauses, Handbuch des EG-Wirtschaftsrechts, E I. Rdnr. 36.

81 Vgl. EuGHE 1986, S.303, Tz. 14; EuGHE 1987, S.737, Tz. 10.

4.2 Anwendungsbereich der Niederlassungsfreiheit für Gesellschaften

Art. 48 EG verweist für die Gesellschaften auf die Geltung des Kapitels über das Niederlassungsrecht. Danach soll den Gesellschaften unter bestimmten Voraussetzungen die Niederlassungsfreiheit wie den natürlichen Personen gewährt werden.

4.2.1 Sachlicher Anwendungsbereich

Die Niederlassungsfreiheit umfasst gem. Art. 43 Abs. 2 EG die Aufnahme und Ausübung selbständiger Erwerbstätigkeiten durch den Niedergelassenen bzw. die Niederlassung. Darunter fallen alle Tätigkeiten, die unmittelbar oder mittelbar mit der Errichtung, der Unterhaltung und Leitung einer selbständigen oder unselbständigen Niederlassung verbunden sind.[82] Um die Effektivität der Niederlassungsfreiheit zu gewährleisten, fallen auch Tätigkeiten, die außerhalb der mittelbaren Niederlassung liegen, wie z. B. der Kauf von Grundstücken, das Anmieten von Wohn- bzw. Büroraum, die Zuteilung von Darlehen,[83] in den Anwendungsbereich des Art. 43 EG.[84]

4.2.2 Persönlicher Anwendungsbereich

In den persönlichen Anwendungsbereich der Niederlassungsfreiheit fallen zunächst die natürlichen Personen. Art. 48 EG stellt aber klar, dass als Begünstigte der Niederlassungsfreiheit bei Vorliegen gewisser Bedingungen auch die Gesellschaften anzusehen sind.

4.2.2.1 Begriff der Gesellschaft

Gesellschaften i.S.d. Art. 48 EG sind solche, die einen Erwerbszweck verfolgen. Auf die Rechtsform der Gesellschaft kommt es nicht an. Auch nichtrechtsfähige Gesellschaften fallen, entgegen des Wortlauts des Abs. 2 ("...und die sonstigen juristischen Personen...") unter Art. 48 EG.[85] Ausgenommen von der Niederlassungsfreiheit sind lediglich die Gesellschaften, die keinen wirtschaftlichen Zweck verfolgen.

4.2.2.2 Gleichstellungsvoraussetzungen

Im Unterschied zu Art. 43 EG, der den Kreis der Begünstigten nach der Staatsangehörigkeit der natürlichen Personen beurteilt, stellt Art. 48 EG

---

82 Vgl. ROTH, in: Dauses, Handbuch des EG-Wirtschaftsrechts, E I. Rdnr. 43.

83 Vgl. EuGHE 1988, S. 29; EuGHE 1989, S. 1461; vgl. auch EuGHE 1984, S. 3677.

84 Vgl. ROTH, in: Dauses, Handbuch des EG-Wirtschaftsrechts, E. I Rdnr. 44.

85 Vgl. RANDELZHOFER in: Grabitz/Hilf, Kommentar zum EG-V, Art. 58 Rdnr. 3.

verschiedene Voraussetzungen auf, die Gesellschaften erfüllen müssen, um den natürlichen Personen gleichgestellt zu werden. Art. 48 Abs. 1 EG stellt folgende Gleichstellungskriterien für Gesellschaften auf:

- Die Gesellschaft muss nach den Rechtsvorschriften eines Mitgliedstaates gegründet sein (a) und
- ihr satzungsmäßiger Sitz, ihre Hauptverwaltung oder ihre Hauptniederlassung muss sich innerhalb der Gemeinschaft befinden (b).

Diese Voraussetzungen müssen kumulativ vorliegen.[86]

(a) Gründung nach den Rechtsvorschriften eines Mitgliedstaates

Eine Gesellschaft ist i.S.d. Art. 48 EG gegründet, wenn diese Gesellschaft im Rahmen einer Rechtsordnung eines Mitgliedstaates zur Entstehung gelangt ist und bei der Gründung die Voraussetzungen dieser Rechtsordnung beachtet worden sind.[87] Die Gründung der Gesellschaft muss von dem betroffenen Mitgliedstaat selbst als wirksam angesehen werden.[88] Für den Begriff der Gründung ist derjenige Zeitpunkt maßgebend, in dem von der Niederlassungsfreiheit Gebrauch gemacht werden soll. Daraus folgt, dass z. B. eine nach einer Rechtsordnung eines Mitgliedstaates wirksam gegründete Gesellschaft dann ihr Niederlassungsrecht verliert, wenn sie nachträglich unter Umgründung, insbesondere unter Satzungsänderung in ein Drittland umzieht.[89]

(b) Satzungssitz, Hauptverwaltung oder Hauptniederlassung innerhalb der Gemeinschaft

Die nach den Rechtsvorschriften eines Mitgliedstaates gegründete Gesellschaft muss, wenn sie in den Genuss der Niederlassungsfreiheit gelangen will, ihren satzungsmäßigen Sitz, ihre Hauptverwaltung oder ihre Hauptniederlassung innerhalb eines Mitgliedstaates - *nicht unbedingt im Gründungsstaat* - haben.

Diese Voraussetzung ist nach den Rechtsordnungen, die der Sitztheorie folgen, ohnehin zwingend.[90] "Satzungsmäßiger Sitz" i.S.d. Art. 48 EG ist

---

86 Vgl. TROBERG, in: Groeben/Thiesing/Ehlermann, Kommentar zum EU-/EG-Vertrag, Art. 58 Rdnr. 1.

87 Vgl. TROBERG, in: Groeben/Thiesing/Ehlermann, Kommentar zum EU-/EG-Vertrag; Art. 58 Rdnr. 6.

88 Vgl. SCHNICHELS, Reichweite der Niederlassungsfreiheit, S. 55.

89 Vgl. TROBERG, in: Groeben/Thiesing/Ehlermann, Kommentar zum EU-/EG-Vertrag, Art. 58 Rdnr. 6.

90 Vgl. TROBERG, in: Groeben/Thiesing/Ehlermann, Kommentar zum EU-/EG-Vertrag, Art. 58 Rdnr. 7.

der in der Gesellschaftssatzung angegebene Sitz.[91] Die Hauptverwaltung einer Gesellschaft hingegen befindet sich an dem Ort, "an dem die Willensbildung und die eigentliche unternehmerische Leitung der Gesellschaft erfolgt, also meist der Sitz der Organe".[92] Die Hauptniederlassung einer Gesellschaft letztlich befindet sich an dem Ort, an dem sich der tatsächliche Geschäftsschwerpunkt befindet. Bei einer Fabrik beispielsweise wäre dies die zentrale Produktionsstätte oder "sonst ein Ort, wo sich die wesentlichen personellen Mittel oder Sachmittel konzentrieren".[93]

In den Anwendungsbereich des Art. 48 EG fallen aber auch die Gesellschaften, die nach der Rechtsordnung eines Mitgliedstaates wirksam gegründet wurden, die ihre Hauptverwaltung und ihre Hauptniederlassung außerhalb der Gemeinschaft haben, deren Satzungssitz sich aber in einem Mitgliedstaat befindet.[94]

4.3 Wirtschaftliche Verbindung der Gesellschaft zu einem Mitgliedstaat

Umstritten ist die Frage, ob für die Gesellschaften genauso wie für die natürlichen Personen, die eine sekundäre Niederlassung errichten wollen, die Voraussetzung i.S.d. Art. 43 Abs. 1 S. 2 EG gilt, wonach die Ansässigkeit dieser Personen in irgendeinem Mitgliedstaat gefordert wird.[95] Für die Errichtung von sekundären Niederlassungen von Gesellschaften wird daher von einigen Autoren gefordert,[96] diese, genauso wie die natürlichen Personen, die Voraussetzung der Ansässigkeit erfüllen zu lassen. Die Kommission definiert diese Ansässigkeit als „tatsächliche und dauerhafte Verbindung mit der Wirtschaft eines Mitgliedstaats".[97]

Die geforderte Voraussetzung der Ansässigkeit ist aber nur für die Gesellschaften relevant, deren Hauptverwaltung und Hauptniederlassung außerhalb der Gemeinschaft liegen, die also lediglich einen satzungsmäßigen

---

91 Vgl. GEIGER, EUV/EGV, Art. 48 Rdnr. 7.

92 TROBERG, in: Groeben/Thiesing/Ehlermann, Kommentar zum EU-/EG-Vertrag, Art. 58 Rdnr. 7.

93 TROBERG, in: Groeben/Thiesing/Ehlermann, Kommentar zum EU-/EG-Vertrag, Art. 58 Rdnr. 7.

94 Vgl. ROTH, in: Dauses, Handbuch des EG-Wirtschaftsrechts, E. I Rdnr. 60.

95 Vgl. TROBERG, in: Groeben/Thiesing/Ehlermann, Kommentar zum EU-/EG-Vertrag, Art. 58 Rdnr. 8.

96 Vgl. BLECKMANN, Europarecht, Rdnr. 1115 m.w.N.; RANDELZHOFER, in: Grabitz/Hilf, Kommentar zum EG-V, Art. 58 Rdnr. 14.

97 Allgemeines Programm zur Aufhebung der Beschränkungen der Niederlassungsfreiheit, Abschnitt I, vierter Spiegelstrich, ABl.EG 1962, S. 36.

Sitz innerhalb der Gemeinschaft haben (z.B. sog. „Briefkastenfirmen").[98] Eine formale Präsenz, wie der Satzungssitz allein, begründet keine Ansässigkeit. Diese ist vielmehr erst dann gegeben, wenn beispielsweise der Binnenmarkt eines der wichtigsten Absatzgebiete der Gesellschaft ist,[99] ein gewisser Umfang ihrer Investitionen in die Gemeinschaft fließt oder eine gewisse Dauerhaftigkeit des Handelsverkehrs mit in der Gemeinschaft ansässigen Unternehmen gegeben ist.[100] Eine Gesellschaft kann daher dann als ansässig gelten, wenn ihre unternehmerische Betätigung in tatsächlicher und dauerhafter Verbindung mit der Wirtschaft eines Mitgliedstaates steht.[101]

4.4 Die Stellung von Unternehmen aus Drittländern

Der Wortlaut des Art. 48 EG macht die Gewährung der Niederlassungsfreiheit zunächst nicht davon abhängig, ob die Gesellschafter bzw. die Anteilseigner Staatsangehörige der Gemeinschaft sind oder nicht. Eine Muttergesellschaft, deren Gesellschafter Angehörige eines Nicht-EG-Landes sind, kann eine mitgliedstaatliche Gesellschaft durch Gründung einer Tochtergesellschaft in der EG errichten. Im Unterschied zu den natürlichen Personen kann eine Gesellschaft verhältnismäßig einfach in den Genuss der Niederlassungsfreiheit gelangen.

Gegen diese Offenheit der EG für Gesellschaften mit Gesellschaftern aus Drittländern stellt sich die sog. *Kontrolltheorie*. Diese beharrt darauf, dass sich die Gesellschaft nicht nach ihrem Sitz oder ihrem Gründungsstatut definiert, sondern nach der Staatsangehörigkeit ihrer Gesellschafter bzw. Kapitaleigner.[102] Die Kontrolltheorie lässt sich aber durch die Allgemeinen Programme der Kommission widerlegen.[103] In diesen ist für die Gesellschaften, die weder ihre Hauptverwaltung noch ihre Hauptniederlassung sondern lediglich ihren Satzungssitz in der Gemeinschaft haben, das Krite-

---

98 Vgl. TROBERG, in: Groeben/Thiesing/Ehlermann, Kommentar zum EU-/EG-Vertrag, Art. 58 Rdnr. 8.

99 Vgl. TROBERG, in: Groeben/Thiesing/Ehlermann, Kommentar zum EU-/EG-Vertrag, Art. 58 Rdnr. 8.

100 Vgl. RANDELZHOFER, in: Grabitz/Hilf, Kommentar zum EG-V, Art. 58 Rdnr. 8.

101 Vgl. SCHWARZ, Europäisches Gesellschaftsrecht, Rdnr. 154.

102 Vgl. TROBERG, in: Groeben/Thiesing/Ehlermann, Kommentar zum EU-/EG-Vertrag, Art. 58 Rdnr. 20; Vertreter der Kontrolltheorie: BLECKMANN WiVerw 1987, S. 120; anders jetzt aber DERS., Europarecht, Rdnr. 1115.

103 Vgl. ABl.EG 1962 Nr. 2, S. 32, 36; die entsprechenden Passagen finden sich im Niederlassungsprogramm in Abschnitt I, vierter Spiegelstrich und im Dienstleistungsprogramm Abschnitt I, zweiter Spiegelstrich.

rium der Ansässigkeit maßgebend. Die Frage der Ansässigkeit darf aber „nicht von der Staatsangehörigkeit, insbesondere derjenigen der Gesellschafter, der Mitglieder der Leitungs- oder Überwachungsorgane oder der Inhaber des Gesellschaftskapitals, abhängig gemacht werden".[104]

Sachlich spricht gegen die Kontrolltheorie, dass es nicht zu rechtfertigen wäre, einem Unternehmen, das zwar von Kapitaleignern aus Nicht-EG-Staaten getragen wird, eine Teilnahme an der wirtschaftlichen Betätigung in den Mitgliedstaaten zu versagen, obwohl die unternehmerische Tätigkeit auf den Binnenmarkt fixiert ist. Daher ist die Kontrolltheorie abzulehnen.[105]

5. Umfang der Niederlassungsfreiheit

Für Unternehmen, die die Tatbestandsvoraussetzungen der Art. 43 und Art. 48 EG erfüllen, stellt sich die Frage, an welchen rechtlichen Rahmen sie bei der Gründung der Niederlassung und bei der Ausübung der Geschäftstätigkeit gebunden sind.[106] In diesem Zusammenhang wird intensiv diskutiert, ob die Niederlassungsfreiheit nur ein Diskriminierungsverbot[107] umfasst oder ob Art. 43 EG darüber hinaus ein allgemeines Beschränkungsverbot[108] beinhaltet.

---

104 TROBERG, in: Groeben/Thiesing/Ehlermann, Kommentar zum EU-/EG-Vertrag, Art. 58 Rdnr. 20.

105 In diesem Sinne: EYLES, Niederlassungsrecht der Kapitalgesellschaften, S. 88 f.; TROBERG, in: Groeben/Thiesing/Ehlermann, Kommentar zum EU-/EG-Vertrag, Art. 58 Rdnr. 20; RANDELZHOFER, in: Grabitz/Hilf, Kommentar zum EG-V, Art. 58 Rdnr. 8.

106 Vgl. SCHNICHELS, Reichweite der Niederlassungsfreiheit, S. 64.

107 Vgl. TROBERG, in: Groeben/Thiesing/Ehlermann, Kommentar zum EU-/EG-Vertrag, Art. 52 Rdnr. 34 ff.; RANDELZHOFER, in: Grabitz/Hilf, Kommentar zum EG-V, Art. 52 Rdnr. 43; GEIGER, EUV/EGV, Art. 43 Rdnr. 8 ff.; HAILBRONNER, JuS 1991, S. 919 f.; EVERLING, DB 1990, S 1857 f.; DERS., Festschrift von der Groeben, S. 116; FIKENTSCHER, Wirtschaftsrecht I, S. 505; IPSEN Europäisches Gemeinschaftsrecht, 35/1, S. 642; GROß AG 1990, S. 536; NACHBAUR, EuZW 1991, S. 470; HAILBRONNER, in: Handkommentar zum EGV, Art. 52 Rdnr. 12 ff.; RABE, NJW 1987, S. 2188 (anders jetzt aber DERS., AnwBl 1992, S. 149); WÄGENBAUR, EuZW 1991, S. 430 ff.; EYLES, Das Niederlassungsrecht der Kapitalgesellschaften in der Europäischen Gemeinschaft, S. 71 ff.

108 Vgl. STEINDORFF, EuR 1988, S. 20 ff.; KNOBBE-KEUK, DB 1991, S. 298; DIES., DB 1990, S. 2575 ff.; DIES., EuZW 1991, S. 651; BLECKMANN, Europarecht, Rdnr. 1142; ROTH, RabelsZ 1991, S. 647; GROTHE, Die „ausländische Kapitalgesellschaft & Co.", S. 164 ff.; BLUMENWITZ, NJW 1989, S. 623; EHLERS, NVwZ 1990, S. 811 f.; BEHRENS, RabelsZ 1988, S. 510 f.; DERS., ZGR 1994, S. 15; SACK, JuS 1990, S. 355; SCHNICHELS, Reichweite der Niederlassungsfreiheit, S. 140; SANDROCK/AUSTMANN, RIW 1989, S. 250; RESS, EuZW 1990, S. 521; JARASS, RIW 1993, S. 5.

5.1 Diskriminierungsverbot

Art. 43 EG besagt, dass „Die Beschränkungen der freien Niederlassung ...verboten" sind. Unter dem Begriff Niederlassung ist in diesem Zusammenhang nicht nur die Aufnahme der selbständigen Erwerbstätigkeit gemeint, sondern auch alle nachfolgenden Geschäfte eines Unternehmens. Die Volkswirtschaften der Mitglieder der Gemeinschaft sollen für alle Mitgliedstaaten offen sein.[109] Dies macht die Niederlassungsfreiheit zur wichtigsten Regelung des primären Gemeinschaftsrecht.

Unstrittig beinhaltet Art. 43 EG ein Diskriminierungsverbot, da das Niederlassungsrecht i.S.d. Art. 43 EG als Ausprägung des Diskriminierungsverbotes des Art. 12 Abs. 1 EG zu verstehen ist.[110] Der EuGH selbst hat das Niederlassungsrecht im Rahmen des Art. 43 EG ausdrücklich im Sinne des Grundsatzes der Inländergleichbehandlung[111] gedeutet.[112] Damit verbietet der Anspruch auf die Niederlassungsfreiheit jede Diskriminierung aus Gründen der Staatsangehörigkeit.

Über Art. 48 EG wirkt dieses Diskriminierungsverbot auch auf Gesellschaften.[113] Zwar kennen die Gesellschaften keine Staatsangehörigkeit, wie sie den natürlichen Personen eigen ist, aber der Kreis der Begünstigten des EG-Vertrages bemisst sich bei Gesellschaften nach deren Gemeinschaftszugehörigkeit. Diese ist dann gegeben, wenn die Gesellschaft nach den Rechtsvorschriften eines Mitgliedstaates gegründet wurde und ihr Satzungssitz, ihre Hauptniederlassung oder ihre Hauptverwaltung sich innerhalb der Gemeinschaft befindet.[114] Dem Sitzerfordernis innerhalb der Gemeinschaft wird vom EuGH die gleiche Funktion zugewiesen, die die

---

109 TROBERG, in: Groeben/Thiesing/Ehlermann, Kommentar zum EU-/EG-Vertrag, Art. 52 Rdnr. 34.

110 Vgl. TROBERG, in: Groeben/Thiesing/Ehlermann, Kommentar zum EU-/EG-Vertrag, Art. 52 Rdnr. 36.

111 Bislang die h.M. Vgl. EYLES, Das Niederlassungsrecht der Kapitalgesellschaften in der Europäischen Gemeinschaft, S. 71 ff.; EVERLING, DB 1990, S. 1853 ff.; FIKENTSCHER, Wirtschaftsrecht, S. 504ff. ; HAILBRONNER, JuS 1991, S. 917; NACHBAUR, EuZW 1991, S. 470; GEIGER, EUV/EGV, Art. 43 Rdnr. 8 ff.; RABE, NJW 1987, S. 2185 (anders aber DERS., AnwBl 1992, S. 149).

112 Vgl. ROTH, in: Dauses, Handbuch des EG-Wirtschaftsrechts, E. I Rdnr. 62. Vgl. zur Rechtsprechung des EuGH auch WÄGENBAUR, EuZW 1991, S. 427. Grundlegend EuGHE 1974, S. 631; vgl. auch EuG-HE 1977, S. 1199 ; EuGHE 1979, S. 437; EuGHE 1984, S. 3677; EuGHE 1987, S. 719; EuGHE 1988, S. 29; EuGHE 1989, S. 4035.

113 Vgl. SCHNICHELS, Reichweite der Niederlassungsfreiheit, S. 87.

114 Vgl. ROTH, in: Dauses, Handbuch des EG-Wirtschaftsrechts, E. I Rdnr. 57.

Staatsangehörigkeit bei natürlichen Personen übernimmt. Nämlich die Bestimmung der Zugehörigkeit der Gesellschaft zu einem Mitgliedstaat.[115]

Hinsichtlich des Diskriminierungsverbotes ist zu klären, welche Handlungen von dem Verbot ausgeschlossen werden sollen.

5.1.1 Begriff der Diskriminierung

Nach dem Wortlaut des Art. 43 EG sind „...Beschränkungen der freien Niederlassung ... verboten. Das gleiche gilt für Beschränkungen der Gründung von... Zweigniederlassungen...". Es geht um die Frage, in wie weit Angehörige bzw. Gesellschaften anderer Mitgliedstaaten daran gehindert werden können, in das Wirtschaftsleben anderer Mitgliedstaaten einzutreten. Grundsätzlich darf keine der Volkswirtschaften gegen Unternehmen aus anderen Mitgliedstaaten abgeschirmt werden.[116]

Der *Grundsatz der Inländergleichbehandlung* besagt im Rahmen der Niederlassungsfreiheit, dass die Angehörigen der Mitgliedstaaten hinsichtlich der Aufnahme und der Ausübung der selbständigen Erwerbstätigkeit wie Inländer zu behandeln sind.[117] Unter Einbeziehung dieses Grundsatzes liegt eine Diskriminierung zumindest dann vor, wenn zwei identische Sachverhalte zum Nachteil eines Betroffenen unterschiedlich behandelt werden.[118] Andererseits ist eine Diskriminierung auch dann denkbar, wenn zwei verschiedene Sachverhalte, die nach ihren wesentlichen Merkmalen nicht übereinstimmen, zum Nachteil eines Betroffenen eine identische Behandlung erfahren.[119] Was wesentlich ist, bestimmt sich nach einer wertenden Prüfung, die sich am Gemeinschaftsrecht orientiert.[120] Zu unterscheiden sind hierbei die *offene* und die *versteckte* Diskriminierung.

---

115 Vgl. EuGHE 1986, S. 304, Tz. 18; EuGHE 1986, S. 2387, Tz. 13.

116 Vgl. TROBERG, in: Groeben/Thiesing/Ehlermann, Kommentar zum EU-/EG-Vertrag, Art. 52 Rdnr. 34.

117 Vgl. zum Grundsatz der Inländergleichbehandlung EYLES, Das Niederlassungsrecht der Kapitalgesellschaften in der Europäischen Gemeinschaft, S. 71 ff.; EVERLING, DB 1990, S. 1853 ff.; FIKENTSCHER, Wirtschaftsrecht, S. 504 ff.; HAILBRONNER, JuS 1991, S. 917; NACHBAUR, EuZW 1991, S. 470; GEIGER, EUV/EGV, Art. 43 Rdnr. 8 ff.

118 Vgl. VON BOGDANDY, in: Grabitz/Hilf, Kommentar zum EG-V, Art. 6 Rdnr. 8.

119 Vgl. ZULEEG, in: Groeben/Thiesing/Ehlermann, Kommentar zum EU-/EG-Vertrag, Art. 6 Rdnr. 1.

120 Vgl. KRUSE, Sitzverlegung von Kapitalgesellschaften innerhalb der EG, S. 83.

5.1.2 Offene Diskriminierung[121] *und Versteckte Diskriminierung*[122]

Art. 43 EG enthält ein Verbot der *offenen* Diskriminierung.[123] Verboten sind alle nationalen Regelungen, deren Grund für die Benachteiligung in der ausländischen Staatsangehörigkeit zu sehen ist.[124] Das Kriterium der Staatsangehörigkeit muss Tatbestandsvoraussetzung der fraglichen Norm sein.[125] Meist handelt es sich dabei um Regelungen, die eine Überfremdung der einheimischen Wirtschaft verhindern oder die eine angenommene Unsicherheit durch die Ausländereigenschaft ausgleichen sollen.[126]

Neben dem Verbot der offenen Diskriminierung enthält der EG-Vertrag nach allgemeiner Ansicht auch ein Verbot der *versteckten* Diskriminierung[127]. Darunter versteht man Diskriminierungen, die nicht offensichtlich aufgrund der Staatsangehörigkeit erfolgen, sondern die durch die Anwendung anderer Unterscheidungsmerkmale tatsächlich zu dem gleichen Ergebnis führen.[128] Kennzeichnend für eine versteckte Diskriminierung ist,

121 Gleichbedeutend werden auch die Begriffe formale, unmittelbare oder direkte Diskriminierung verwendet.

122 Gleichbedeutend werden auch die Begriffe verschleierte Diskriminierung (vgl. BLECKMANN, EuR 1987, S. 43), materielle Diskriminierung (vgl. EYLES, Das Niederlassungsrecht der Kapitalgesellschaften in der Europäischen Gemeinschaft, S. 52) und indirekte Diskriminierung (vgl. BLUMENWITZ, NJW 1989, S. 626) verwendet.

123 Vgl. EYLES, Das Niederlassungsrecht der Kapitalgesellschaften in der Europäischen Gemeinschaft, S. 51; STOLZ, Öffentliches Auftragswesen, S. 49 f.; HAILBRONNER, in: Handkommentar, Art. 52 Rdnr. 7 m.w.N.

124 Vgl. VON BOGDANDY, in: Grabitz/Hilf, Kommentar zum EG-V, Art. 6 Rdnr. 12; GROß, AG 1990, S. 353; JERRENTRUP, Die Niederlassungsfreiheit im Gemeinsamen Markt, S. 7 ff.

125 Vgl. VON BOGDANDY, in: Grabitz/Hilf, Kommentar zum EG-V, Art. 6 Rdnr. 12.

126 Vgl. SCHWARZ, Europäisches Gesellschaftsrecht, Rdnr. 133.

127 Vgl. HAILBRONNER, in: Handkommentar, Art. 52 Rdnr. 8 f.; STOLZ, Öffentliches Auftragswesen, S. 51 f.; SCHWEITZER/HUMMER, Europarecht, Rdnr. 1065; BLECKMANN, Europarecht, Rdnr. 1223; VON BOGDANDY, in: Grabitz/Hilf, Kommentar zum EG-V, Art. 6 Rdnr. 12.

128 Vgl. Sotigu-Entscheidung des EuGH in Rs. 152/73, Slg. 1974, S. 164 ff., Tz. 11f.; diese Entscheidung betraf die Art. 48 ff. EGV (Art. 39 ff. EG n. F.); der EuGH formulierte: Die Vorschriften über die Gleichbehandlung (...) verbieten nicht nur offensichtliche Diskriminierungen aufgrund der Staatsangehörigkeit, sondern auch alle versteckten Formen der Diskriminierung (...). Diese Auslegung (ist geboten), um die Wirksamkeit eines der Grundprinzipien der Gemeinschaft zu wahren (...). Diesen Grundsatz hat der EuGH in der Thieffry- Entscheidung (vgl. EuGH, Rs. 71/76, Slg. 1977, S. 765 ff., Tz. 13) auch auf Art. 52 ff. EGV (Art. 43 ff. EG n. F.) angewendet. Diese grundlegenden Gedanken führte der EuGH in ständiger Rechtsprechung weiter fort: vgl. EuGH, Urt. v. 3.2.1982, verb. Rs. 62 und 63/81, Seco/Evi, Slg. 1982, S. 235, Tz. 8; EuGH, Urt. v. 7.7.1988, Rs. 143/87, Stanton, Slg. 1988, S. 3894, Tz. 9; EuGH, Urt. v. 5.12.1989, Rs. C-3/88, Kommission/Italien,

dass die EG-Ausländer tatsächlich gegenüber den Inländern benachteiligt werden, ohne dass die entsprechende Norm in ihren Voraussetzungen ausdrücklich auf die Staatsangehörigkeit abstellt.[129] Diese Auffassung entspricht den Vorgaben des „Allgemeinen Programms zur Herstellung der Niederlassungsfreiheit",[130] wonach Beschränkungen aufzuheben sind, die „zwar unabhängig von der Staatsangehörigkeit gelten, jedoch ausschließlich oder vorwiegend Ausländer bei der Aufnahme oder Ausübung dieser Tätigkeit behindern."[131] Nach dieser Definition wird das Diskriminierungsverbot als sehr weitgehend verstanden. Allerdings ist bislang zumindest noch nicht abschließend geklärt, wann ein Verstoß gegen das Diskriminierungsverbot vorliegt.[132] Der EuGH[133] selbst bejaht eine versteckte Diskriminierung schon dann, wenn die einschlägige Regelung bzw. deren Unterscheidungskriterien bei einer wirtschaftlichen Betrachtungsweise eine höhere Belastung für die in einem anderen Mitgliedstaat Ansässigen darstellt.[134]

5.2 Beschränkungsverbot

Ursprünglich war die Niederlassungsfreiheit als *Inländergleichbehandlungsgebot* konzipiert worden.[135] Auch der EuGH ist mit seiner Rechtsprechung dieser Deutung der Niederlassungsfreiheit, wenn auch unter weiter Auslegung des Diskriminierungsbegriffes, lange gefolgt.[136] Mittlerweile hat sich die Rechtsprechung des EuGH auch innerhalb der Niederlassungsfreiheit von einem „bloßen" Diskriminierungsverbot hin zu einem „weiten"

Slg. 1989, S. 4059, Tz. 8; EuGH, Urt. v. 30.5.1989, Rs. 33/88, Allué, Slg. 1989, S. 1610, Tz. 11.

129 Vgl. SCHNICHELS, Reichweite der Niederlassungsfreiheit, S. 89.

130 Vgl. Das Allgemeine Niederlassungsprogramm vom 18.12.1961 ist abgedruckt im ABl.EG v. 15.1.1962.

131 Das Allgemeine Niederlassungsprogramm (vgl. Fn. 130), S. 32.

132 Typische Fälle einer versteckten Diskriminierung sind Regelungen, die einen Wohnsitz im betroffenen Mitgliedstaat voraussetzen (z.B. EuGH, Urt. v. 25.7.1991, Rs. C-221/89, Factortame Ltd. II, Slg. 1991, S. I-3967, Tz. 32) oder Sprachkenntnisse fordern (z.B. EuGH, Urt. v. 28.11.1989, Rs. C-379/87, Groener, Slg. 1989, S. 3993, Tz. 19).

133 Vgl. EuGH, Urt. v. 3.2.1982, verb. Rs. 62 und 63/81, Seco/Evi, Slg. 1982, S. 235, Tz. 9.

134 Vgl. zur Frage, wann eine versteckte Diskriminierung tatsächlich gegeben ist: SCHNICHELS, Reichweite der Niederlassungsfreiheit, S. 89 ff.; KRUSE, Sitzverlegung von Kapitalgesellschaften innerhalb der EG, S. 85 f.

135 Zu dem herkömmlichen Verständnis der Niederlassungsfreiheit, das sich auf den Willen der Vertragsväter beruft vgl. Abschnitt III des Allgemeinen Programms zur Aufhebung der Beschränkungen der Niederlassungsfreiheit, ABl.EG 1962, S. 36 ff.

136 Vgl. ROTH, in: Dauses, Handbuch des EG-Wirtschaftsrechts, E. I Rdnr. 61.

Beschränkungsverbot entwickelt. Unter Beschränkungen i.S.d. Art. 43 EG sind neben den diskriminierenden auch diskriminierungsfreie Regelungen zu verstehen, die geeignet sind, die Ausübung der Niederlassungsfreiheit zu behindern oder weniger attraktiv zu machen.[137]

Ausgangspunkt des EuGH auf dem Weg zu einem weit zu verstehenden Beschränkungsverbot sind die Fälle „Dassonville“[138] und „Cassis de Dijon“,[139] die im Rahmen des freien Warenverkehrs ergangen sind. Innerhalb der Entscheidung „Dassonville“ hat sich der EuGH zum ersten Mal mit der Frage beschäftigt, ob und inwieweit eine Grundfreiheit des EG-Vertrages über das Diskriminierungsverbot hinaus auch das Verbot rechtlicher und tatsächlicher Beschränkungen beinhaltet. Der EuGH entschied, dass eine „Maßnahme gleicher Wirkung (...) jede Handelsregelung der Mitgliedstaaten (ist), die geeignet ist, den innergemeinschaftlichen Handel unmittelbar oder mittelbar, tatsächlich oder potentiell zu behindern“.[140]

Das aus dieser und der weiteren Rechtsprechung des EuGH [141] entwickelte Herkunftslandprinzip erfuhr aber eine Einschränkung durch das „Cassis de Dijon“ - Urteil. Danach müssen „Hemmnisse für den Binnenhandel der Gemeinschaft, die sich aus den Unterschieden der nationalen Regelungen über die Vermarktung dieser Erzeugnisse ergeben, (müssen) hingenommen werden, soweit diese Bestimmungen notwendig sind, um zwingenden Erfordernissen gerecht zu werden, insbesondere den Erfordernissen einer wirksamen steuerlichen Kontrolle, des Schutzes der öffentlichen Gesundheit, der Lauterkeit des Handelsverkehrs und des Verbraucherschutzes“.[142]

Nicht nur eine Einschränkung, sondern eine Kehrtwende erfuhr die Rechtsprechung des EuGH durch die „Keck“ - Entscheidung.[143] In diesem Urteil führte der EuGH aus, dass die Vorschriften[144] (Vorschriften, die die im vor-

---

137 Vgl. SCHWARZ, Europäisches Gesellschaftsrecht, Rdnr. 136.

138 Vgl. EuGH, Urt. v. 11.7.1974, Rs. 8/74, Dassonville, Slg. 1974, S. 837 ff.

139 Vgl. EuGH, Urt. v. 20.2.1979, Rs. 120/78, Cassis de Dijon, Slg. 1979, S. 649 ff.

140 EuGH, Rs. 8 /74, Slg. 1974, S. 842, Tz. 5.

141 Vgl. EuGH, Urt. v. 20.2.1979, Rs. 120/78, Cassis de Dijon, Slg. 1979, S. 662, Tz. 8; EuGH, Urt. v. 15.12.1982, Rs. 286/81, Oosthoek, Slg. 1982, S. 4587 f., Tz. 15.

142 EuGH, Urt. v. 20.2.1979, Rs. 120/78, Cassis de Dijon, Slg. 1979, S. 662, Tz. 8.

143 Vgl. EuGH, Urt. v. 24.11.1993, verb. Rs. C-267/91 und C-268/91, Keck, Slg. 1993, S. I-6097 ff.

144 Dem Keck-Urteil lag folgender Sachverhalt zugrunde: Im Grenzgebiet zur Bundesrepublik hatten zwei französische Einkaufszentren einzelne Artikel zum Verlustpreis weiterverkauft, was als Methode der Absatzförderung in Frankreich im Gegensatz zu Deutschland verboten und sogar strafbar ist. Im Strafverfahren beriefen sich die Leiter der Einkaufszentren auf Art.28 EG (ex Art. 30 EGV).

liegenden Fall angewandte Methode der Absatzförderung unter Strafe stellen)[145] nicht geeignet seien, „den Handel zwischen den Mitgliedstaaten im Sinne des Urteils Dassonville unmittelbar oder mittelbar, tatsächlich oder potentiell zu behindern, sofern diese Bestimmungen für alle Wirtschaftsteilnehmer gelten, die ihre Tätigkeit im Inland ausüben, und sofern sie den Absatz der inländischen Erzeugnisse und der Erzeugnisse aus den anderen Mitgliedstaaten rechtlich wie tatsächlich in der gleichen Weise berühren".[146]

Damit stellte der EuGH fest, dass unter Art. 28 EG nicht jedwede Regelung beanstandet werden kann, die sich als Beschränkung der geschäftlichen Freiheit auswirkt. Das Verbot von Art. 28 EG ist daher insoweit einzuschränken, als es nationale Bestimmungen betrifft, die lediglich bestimmte Verkaufsmodalitäten beschränken oder verbieten. Vertriebsanforderungen sind daher grundsätzlich nicht geeignet, den Handel zwischen den Mitgliedstaaten i.S.d. Art. 28 EG zu behindern.[147] Mit dieser Rechtsprechung folgt der EuGH wieder dem Gedanken der Marktzugangsbeschränkung durch Art. 28 EG[148] indem er darauf hinweist, dass Art. 28 EG gerade keine allgemeine Handlungsfreiheit gewährt.[149]

Auch im Rahmen des freien Dienstleistungsverkehrs urteilt der EuGH[150] nicht nur im Sinne eines Diskriminierungsverbots sondern auch im Sinne eines weit zu verstehenden Beschränkungsverbots. Die Dienstleistungsfreiheit gebietet danach nicht nur die Beseitigung sämtlicher Diskriminierungen des Dienstleistungserbringers, sondern auch die Aufhebung aller Beschränkungen, die unterschiedslos für einheimische Dienstleistende wie für

---

145 Anmerkung der Verfasserin.

146 EuGH, Urt. v. 24.11.1993, verb. Rs. C-267/91 und C-268/91, Keck, Slg. 1993, S. I-6131, Tz. 16.

147 Vgl. OPPERMANN, Europarecht, Rdnr. 1293.

148 Vgl. ACKERMANN, RIW 1994, S. 193.

149 Vgl. BASEDOW, EuZW 1994, S. 225.

150 Vgl. zur Rechtsprechung des EuGH: EuGH, Urt. v. 26.11.1975, Rs. 39/75, Coenen, Slg. 1975, S. 1554, Tz. 5, 7; EuGH, Urt. v. 18.1.1979, verb. Rs. 110-111/78, van Wesemael, Slg. 1979, S. 55, 3. Leitsatz; EuGH, Urt. v. 17.12.1981, Rs. 279/80, Webb, Slg. 1981, S. 3324, Tz. 16; EuGH, Urt. v. 26.2.1991, Rs. C-154/89, Kommission/Frankreich, Slg. 1991, S. I-685, Tz. 12; EuGH, Urt. v. 26.2.1991, Rs. C-180/89, Kommission/Italien, Slg. 1991, S. I-722, Tz. 15; EuGH, Urt. v. 26.2.1991, Rs. C-198/89, Kommission/Griechenland, Slg. 1991, S. I-740, Tz. 16.

Dienstleistende anderer Mitgliedstaaten gelten.[151] Das Schrifttum stimmt dieser weiten Auslegung der Dienstleistungsfreiheit i.S.d. Art. 49 EG zu.[152]

Zu fragen bleibt, ob in Anlehnung der Rechtsprechung des EuGH zur Warenverkehrs- und Dienstleistungsfreiheit von einem Beschränkungsverbot auch bei der Niederlassungsfreiheit ausgegangen werden kann.[153] Im Sinne eines allgemeinen Beschränkungsverbots lässt sich die „Klopp" – Entscheidung deuten.[154] Darin entschied der EuGH, dass ein auf Inländer wie Ausländer gleichermaßen anwendbares Verbot der Gründung einer Zweigniederlassung mit Art. 43 EG unvereinbar ist, soweit dadurch die sekundäre Niederlassungsfreiheit jeglicher Wirksamkeit beraubt wird.[155] Desgleichen hat der EuGH in der „Daily Mail" - Entscheidung[156] die Niederlassungsfreiheit auch als Wegzugsfreiheit gedeutet[157] und damit für die Niederlassungsfreiheit einen Bereich erschlossen, in welchem sich das Prinzip der Inländergleichbehandlung nicht sinnvoll anwenden lässt.[158]

Eine Bestätigung dieser Rechtsprechung findet sich in der „Gebhard" - Entscheidung.[159] Der EuGH entschied, dass nationale Maßnahmen, die die Ausübung der durch den Vertrag garantierten grundlegenden Freiheiten behindern oder weniger attraktiv machen könnten, nur zulässig sind, wenn sie in nicht diskriminierender Weise angewandt werden, aus zwingenden

---

151 Vgl. EuGH, Urt. v. 25.7.1991, Rs. C-76/90, Säger/Dennemeyer, Slg. 1991, S. I-4243, Tz. 12.

152 Vgl. u.a. BEHRENS, Jura 1989, S. 567, EVERLING, Festschrift von der Groeben, S. 122, GRABITZ/BOGDANDY, JuS 1990, S. 172; HAILBRONNER, in: Handkommentar zum EGV, Art. 59, 60 Rdnr. 28; RABE, AnwBl. 1992, S. 147; STEINDORFF, RIW 1983, S. 833 f.; TROBERG, in: Groeben/Thiesing/Ehlermann, Kommentar zum EU-/EG-Vertrag, Art. 59 Rdnr. 3 ff.

153 Vgl. ausführlich zu dieser Fragestellung: SCHNICHELS, Reichweite der Niederlassungsfreiheit, S. 115 ff.; KRUSE, Sitzverlegung von Kapitalgesellschaften innerhalb der EG, S. 103 ff.

154 Vgl. EuGH, Urt. v. 12.7.1984, Rs. 107/83, Klopp, Slg. 1984, S. 2971 ff.

155 Vgl. EuGH, Urt. v. 12.7.1984, Rs. 107/83, Klopp, Slg. 1984, S. 2989, Tz. 19; Vgl. auch EuGHE 1986, S. 1486, Tz. 11; EuGHE 1988, S. 3894, Tz. 11; EuGHE 1988, S. 3912; Tz. 11; EuGHE, EuZW 1992, S. 513, Tz. 21.

156 Vgl. EuGH, Urt. v. 27.9.1988, Rs. 81/87, Daily Mail, Slg. 1988, S. 5483 ff.

157 Der EuGH stellte fest: „Wie die Kommission zurecht ausgeführt hat, wären die in Art. 52 ff. gewährten Rechte sinnentleert, wenn der Herkunftsstaat Unternehmen verbieten könnte auszuwandern, um sich in einem anderen Mitgliedstaat niederzulassen." Vgl. EuGH, Urt. v. 27.9.1988, Rs. 81/87, Daily Mail, Slg. 1988, S. 5510, Tz. 16.

158 Vgl. ROTH, in: Dauses, Handbuch des EG-Wirtschaftsrechts, E I, Rdnr. 63.

159 Vgl. EuGH, Urt. v. 30.11.1995, Rs. C-55/94, Gebhard, Slg. 1995, I-4165 ff.

Gründen des Allgemeininteresses gerechtfertigt und verhältnismäßig sind.[160]

Bestätigt wird die Sichtweise, des Art. 43 EG als ein weites Beschränkungsverbot, durch die „Centros" - Entscheidung.[161] Darin führte der EuGH wie zuvor schon in dem „Gebhard" - Urteil aus, dass einschränkende Maßnahmen zulässig sind, wenn vier Voraussetzungen erfüllt sind: „sie müssen in nichtdiskriminierender Weise angewandt werden, sie müssen zwingenden Gründen des Allgemeininteresses entsprechen, sie müssen zur Erreichung des verfolgten Zieles geeignet sein, und sie dürfen nicht über das hinausgehen, was zur Erreichung dieses Zieles erforderlich ist".[162] Nach diesem neuerlichen „Bekenntnis" des Gerichtshofes für ein weites Beschränkungsverbot innerhalb des Art. 43 EG kann von einer Klärung der Streitfrage, ob Art. 43 EG ein Diskriminierungs- und Beschränkungsverbot enthält, ausgegangen werden. Aufbauend auf diese Rechtsprechung hat sich in der Literatur eine starke Meinung herausgebildet, [163] die in Anlehnung der Rechtsprechung zur Warenverkehrs- und Dienstleistungsfreiheit von einem Beschränkungsverbot auch bei der Niederlassungsfreiheit ausgeht.[164]

6. Ausnahmetatbestände

Der Umfang der Niederlassungsfreiheit findet seine Grenzen in den Art. 45 und Art. 46 EG. Danach dürfen die Mitgliedstaaten aus Gründen der öffentlichen Ordnung, Sicherheit oder Gesundheit bzw. bei Tätigkeiten in Ausübung öffentlicher Gewalt die Niederlassungsfreiheit beschränken.

---

160 Vgl. EuGH, Urt. v. 30.11.1995, Rs. C-55/94, Gebhard, Slg. 1995, I-4197, Tz. 37.

161 Vgl. EuGH, Urt. v. 9.3.1999, Rs. C-212/97, Centros, Slg. 1999 I, S. 1459 ff.

162 EuGH, Urt. v. 9.3.1999, Rs. C-212/97, Centros, Slg. 1999 I, S. 1459 ff., Tz. 34.

163 Vgl. STEINDORFF, EuR 1988, S. 19 ff.; KNOBBE-KEUK, DB 1991, S. 298; DIES., DB 1990, S. 2573; DIES., EuZW 1991, S. 651 f.; BLECKMANN, Europarecht, Rdnr. 1142; DERS., DVBl 1986, S. 69 ff.; BLUMENWITZ, NJW 1989, S. 621 ff.; GROTHE, Die „ausländische Kapitalgesellschaft & Co", S. 164 ff.; BEHRENS, RabelsZ 1988, S. 508 ff.; SACK, JuS 1990, S. 355.

164 Bedenken hinsichtlich der Interpretation des Art. 43 EG als allgemeines Beschränkungsverbot bestehen vor allem dahingehend, dass im Bereich des Niederlassungsrechts der Begünstigte seinen Standort in eine fremde Volkswirtschaft hinein verlegt, an deren nationale Regelungen er sich grundsätzlich zu halten hat. Vgl. SCHWARZ, Europäisches Gesellschaftsrecht, Rdnr. 140; vgl. auch EYLES, Das Niederlassungsrecht der Kapitalgesellschaften, S. 71 ff.

6.1 Ausübung öffentlicher Gewalt

Gem. Art. 45 EG findet das Kapitel über das Niederlassungsrecht auf Tätigkeiten, die in einem Mitgliedstaat dauernd oder zeitweise mit der Ausübung öffentlicher Gewalt verbunden sind, in den betreffenden Mitgliedstaaten keine Anwendung. Geregelt ist eine in der Praxis wichtige Ausnahmevorschrift zu Art. 43 EG.[165] Art. 45 Abs. 1 EG macht damit eine Ausnahme vom sachlichen Geltungsbereich der Niederlassungsfreiheit.[166] Ziel und Zweck des Art. 45 Abs.1 EG ist es, den Mitgliedstaaten zu überlassen, wem sie ihre spezifisch staatliche Herrschaftsmacht anvertrauen wollen.[167]

Der Begriff der öffentlichen Gewalt ist bislang gemeinschaftsrechtlich nicht näher definiert worden.[168] Die öffentliche Gewalt beinhaltet die Möglichkeit für denjenigen, der sie ausübt, dem Bürger gegenüber von Sonderrechten, Hoheitsprivilegien und Zwangsbefugnissen Gebrauch zu machen.[169] Der EuGH stellt aber klar, dass Art. 45 EG nur auf einzelne Tätigkeiten abstellt, die von den Mitgliedstaaten zu bestimmen und hinsichtlich ihrer Qualität der „öffentlichen Gewalt" zu untersuchen und zu definieren sind.[170] Damit ist jede Tätigkeit dahingehend zu überprüfen, ob sie eine „unmittelbare und spezifische Teilnahme an der öffentlichen Gewalt"[171] darstellt. Für eine konkrete gemeinschaftsrechtliche Ausgestaltung des Begriffs der öffentlichen Gewalt fehlt es bislang an gemeinschaftsrechtlichen Vorgaben.[172]

---

165 Vgl. SCHLAG, in: Schwarze (Hrsg.), EU-Kommentar, Art. 45 EGV Rdnr. 1.

166 Vgl. TROBERG in: Groeben/Thiesing/Ehlermann, Kommentar zum EU-/EG-Vertrag, Art. 55 Rdnr. 1.

167 Vgl. ROTH, in: Dauses, Handbuch zum EG-Wirtschaftsrecht, E. I Rdnr. 29.

168 Vgl. SCHNICHELS, Reichweite der Niederlassungsfreiheit, S. 97 m.w.N.; ROTH, in: Dauses, Handbuch zum EG-Wirtschaftsrecht, E. I Rdnr. 30.

169 Vgl. GA MAYRAS, EuGHE 1974, S. 665; vgl. auch ROTH. In: Dauses, Handbuch des EG-Wirtschaftsrechts, E. I Rdnr. 30.

170 Vgl. EuGH, Rs. 2/74, Reyners, Slg. 1974, S. 631 ff.

171 EuGH, Urt. v. 13.7.93, Rs. C-42/92, Thijssen, Tz. 8; EuGH, Rs. 2/74, Reyners, Slg. 1974, S. 631ff., Tz. 44f.; EVERLING, FS für von der Groeben, S. 118.

172 Vgl. EuGHE 1988, S. 1654, Tz. 9; vgl. zur Frage, ob einzelne Berufe bzw. Berufsbilder der „öffentlichen Gewalt" angehören TROBERG in: Groeben/Thiesing/Ehlermann Kommentar zum EU-/EG-Vertrag, Art. 55 Rdnr. 3 ff.

6.2 Öffentliche Ordnung, Sicherheit, Gesundheit

Im Unterschied zu Art. 45 EG enthält Art. 46 EG keine Einschränkungen des Geltungsbereichs der Niederlassungsfreiheit, sondern dient der Klarstellung dahingehend, dass die Niederlassungsfreiheit nicht zur Abschaffung allen Ausländerrechts führen muss.[173] Nach Art. 46 Abs.1 EG dürfen die Mitgliedstaaten aus Gründen der öffentlichen Ordnung, Sicherheit und Gesundheit die Niederlassungsfreiheit beschränken. Art. 46 EG findet nicht nur auf natürliche Personen, sondern auch auf Gesellschaften Anwendung.[174]

Beschränkungen sind gem. Art. 46 EG z.B. dann gerechtfertigt, wenn sie auf Bestimmungen des Ausländerpolizeirechts beruhen, ohne dass Art. 46 EG den Anwendungsbereich allein auf diesen Bereich beschränkt.[175] Wie bereits dargestellt, beinhaltet die Niederlassungsfreiheit auch die für die effektive Wahrnehmung dieser Grundfreiheit notwendigen Begleitrechte. Vor allem in diesem Rahmen, soweit es um die Ausübung der Begleitrechte geht, erlangt Art. 46 EG hinsichtlich der „Anwendbarkeit der Rechts- und Verwaltungsvorschriften, die eine Sonderregelung für Ausländer vorsehen“, seine Bedeutung.

Die Einschränkung der Niederlassungsfreiheit kann gem. Art. 46 EG auch auf Gründen der öffentlichen Ordnung, Sicherheit oder Gesundheit beruhen. Eine Definition dieser Begriffe findet sich im EG-Vertrag nicht. Da die Vorschrift des Art. 46 EG der Wahrung nationaler Interessen dient, ist davon auszugehen, dass den Mitgliedstaaten ein gewisser Beurteilungs- und Ermessensspielraum[176] hinsichtlich der Frage zusteht, ob und gegebe-

---

173 Vgl. TROBERG, in: Groeben/Thiesing/Ehlermann, Kommentar zum EU-/EG-Vertrag, Art. 56 Rdnr. 1. Damit gewährt der Vertrag den Mitgliedstaaten die Möglichkeit gegenüber Staatsangehörigen anderer Mitgliedstaaten Maßnahmen ergreifen zu können, die gegenüber ihren eigenen Angehörigen nicht zulässig wären (vgl. ROTH, in: Dauses, Handbuch des EG-Wirtschaftsrechts, E. I. Fn. 170).

174 Der EuGH wendet in der Segers- Entscheidung (vgl. EuGH, Rs. 79/85, Slg. 1986, S. 2375ff., Tz. 17) Art. 46 EG (ex Art. 56 EGV) ohne nähere Begründung auch auf Gesellschaften an. Vgl. auch KNOBBE-KEUK, DB 1990, S. 2581.

175 Vgl. ROTH, in: Dauses, Handbuch des EG-Wirtschaftsrechts, E. I Rdnr. 72; vgl. auch EuGHE 1986, S. 2388, Tz. 17, worin der EuGH über die Abwehr betrügerischer Machenschaften durch nach dem Recht eines anderen Staates gegründete Gesellschaft befindet.

176 Dieser Ermessensspielraum, der den Mitgliedstaaten zugestanden wird, ist aber durch EG-Recht begrenzt. Einerseits kann eine Begrenzung des Ermessens durch EG-Sekundärrecht erfolgen. Daneben dürfen die Mitgliedstaaten keine strengeren Anforderungen als in koordinierten Schutzbestimmungen vorgesehen, stellen; Vgl. SCHNICHELS, Reichweite der Niederlassungsfreiheit, S. 99; KNOBBE-KEUK, DB 1990, S. 2581.

nenfalls wie auf eine Gefährdung nationaler Interessen zu reagieren ist.[177] Da sich für den Begriff der „öffentlichen Sicherheit und Ordnung“ im EG-Vertrag keine Definition findet, ist grundsätzlich auf die jeweilige Definition im nationalen Recht abzustellen.[178] Der Anwendungsbereich des Begriffs der „öffentlichen Sicherheit und Ordnung“ bezieht sich auf Bedrohungen und Gefahren für die Existenz des Staates,[179] aber auch auf Gefahren für das Leben, die Freiheits- und Vermögenssphäre des einzelnen sowie das Zusammenleben in der Gesellschaft.[180]

7. Die Rechtsprechung des EuGH zur Niederlassungsfreiheit von Gesellschaften

Streit über die tatsächliche Tragweite der Niederlassungsfreiheit - insbesondere im Internationalen Gesellschaftsrecht - herrscht schon lange. Dabei geht es zumeist um die Frage, ob ein Unternehmen in Form einer Kapitalgesellschaft seinen Standort unter Beibehaltung seiner Rechtspersönlichkeit von einem Mitgliedstaat in einen anderen verlegen kann.

Hervorzuheben sind in dem Bereich „Niederlassungsfreiheit von Gesellschaften“ zwei Entscheidungen des EuGH, die vielfältige Reaktionen hervorgerufen haben. Zum einen die „Daily Mail“ – Entscheidung,[181] bei der es um die Verlegung des Satzungssitzes einer englischen Gesellschaft in die Niederlande ging. Zum anderen die Entscheidung des EuGH im Fall „Centros“,[182] welche ein gutes Jahrzehnt nach „Daily Mail“ die Voraussetzungen festschreibt, unter welchen einer Gesellschaft die (sekundäre?)[183] Niederlassungsfreiheit nach Art. 43 und Art. 48 EG zu gewähren ist. Im

---

177 Vgl. EuGH, Rs. 41/74, van Duyn, Slg. 1974, S. 1337 ff., Tz. 18, 19; EuGH, Rs. 36/75, Slg. 1975, Rutili, S. 1219 ff., Tz. 26, jeweils für Art. 39 EG (ex Art. 48 EGV).

178 Vgl. SCHNICHELS, Reichweite der Niederlassungsfreiheit, S. 99.

179 Vgl. EuGHE 1984, S. 2751, Tz. 74.

180 Vgl. EuGHE 1977, S. 2013, Tz. 35; EuGHE 1982, S. 1707, Tz. 8; ROTH, in: Dauses, Handbuch des EG-Wirtschaftsrechts, E. I, Rdnr. 73.

181 Vgl. EuGH, Urt. v. 27.8.1988, Rs. 81/87, Daily Mail, Slg. 1988, S. 5506 ff.

182 Vgl. EuGH, Urt. v. 9.3.1999, Rs. C-212/97, Centros, Slg. 1999 I, S. 1459 ff., abgedruckt u. a. in NJW 1999, S. 2027 mit Aufsatz KINDLER, NJW 1999, S. 1993; JZ 1999, S. 669 mit Besprechungsaufsätzen EBKE, JZ 1999, S. 656 und ULMER, JZ 1999, S. 662; EuZW 1999, S. 216 mit Aufsatz FREITAG, EuZW 1999, S. 267.

183 Zur Frage, ob die „Centros“ - Entscheidung lediglich die sekundäre oder aber auch die primäre Niederlassungsfreiheit betrifft, vgl. Teil E 4.2.

Zuge dieses Urteils wurde und wird lebhaft diskutiert, welches Schicksal die in Deutschland von der h. M. vertretene Sitztheorie ereilen wird.[184]

7.1 Das „Daily Mail" - Urteil des EuGH

Dem Urteil, das sich mit der primären Niederlassungsfreiheit beschäftigte, lag der Fall einer englischen private limited company zugrunde, die aus steuerlichen Gründen ihren Sitz der Geschäftsleitung in die Niederlande verlegen wollte. Die damals für den Wegzug einer Gesellschaft nach britischem Steuerrecht erforderliche Genehmigung wurde von der zuständigen Finanzbehörde verweigert. Hierin sah die betroffene Gesellschaft eine Verletzung ihres Rechts aus Art. 43 und Art. 48 EG.[185] Der mit dem Rechtsstreit befasste High Court of Justice legte dem EuGH im Vorabentscheidungsverfahren u.a. die Frage vor, ob die Art. 43 und Art. 48 EG es einem Mitgliedstaat verwehren, einer Kapitalgesellschaft die Verlegung des Verwaltungssitzes in einen anderen Mitgliedstaat zu verbieten.[186] Der EuGH entschied diese Frage, dahingehend, dass zwar

- die Bestimmungen über die Niederlassungsfreiheit auch den in Art. 48 EG-Vertrag genannten Gesellschaften „das Recht auf Niederlassung" gewährten;[187]
- dass aber die Artt. 43 und 48 EG-Vertrag den Gesellschaften nationalen Rechts kein Recht gewähren, den Sitz ihrer Geschäftsleitung unter Bewahrung ihrer Eigenschaft als Gesellschaften des Mitgliedstaates ihrer Gründung in einen anderen Mitgliedstaat zu verlegen.[188]
- Somit gewähren die Art. 43 und Art. 48 EG-Vertrag beim „derzeitigen Stand des Gemeinschaftsrechts" einer Gesellschaft, die nach dem Recht eines Mitgliedstaates gegründet ist und in diesem ihren satzungsmäßigen Sitz hat, „nicht das Recht..., den Sitz ihrer Geschäftsleitung in einen anderen Mitgliedstaat zu verlegen".[189]

---

184 Zahlreiche Autoren sind der Ansicht, nach „Centros" sei im Anwendungsbereich der Art. 43 und Art. 48 EG kein Raum mehr für die Sitztheorie; vgl. z.B. SEDEMUND/HAUSMANN, BB 1999, S. 810; FREITAG, EuZW 1999, S. 269; HÖFLING, DB 1999, S. 1206 ff.

185 Die Artikel des EG-Vertrages werden im Folgenden alle in der Fassung des Vertrages von Amsterdam genannt. Sachliche Änderungen sind bei den zitierten Vorschriften nicht eingetreten.

186 Vgl. zum Sachverhalt die Entscheidungsgründe 1 bis 10 des Urteils des EuGH vom 27.8.1988, Daily Mail, Slg. 1988, S. 5506 ff.

187 Vgl. EuGH, Urt. v. 27.8.1988, Daily Mail, Slg. 1988, S. 5510, Tz. 15.

188 Vgl. EuGH, Urt. v. 27.8.1988, Daily Mail, Slg. 1988, S. 5512, Tz. 24.

189 EuGH, Urt. v. 27.8.1988, Daily Mail, Slg. 1988, S. 5514, Tenor.

Mit dieser Entscheidung im Jahre 1988 stellte der EuGH fest, dass die Gesellschaften der Mitgliedstaaten grundsätzlich die Niederlassungsfreiheit des EG-Vertrages genießen. Allerdings sollte die Reichweite der Niederlassungsfreiheit nicht soweit gehen, dass sie eine Anpassung an das Recht des „neuen" Sitzstaates nicht erforderlich machen würde. Gesellschaften, die ihren Sitz verlegen, haben sich an dem neuen Gesellschaftsstatut zu messen.

Die Aussage des EuGH, dass „beim derzeitigen Stand des Gesellschaftsrechts" eine Gesellschaft, die nach dem Recht eines Mitgliedstaates gegründet ist und in diesem ihren satzungsmäßigen Sitz hat, auch nicht nach Art. 43 und Art. 48 EG das Recht hat, den Sitz ihrer Geschäftsleitung in einen anderen Mitgliedstaat zu verlegen, kann als allgemeine Aussage dahingehend verstanden werden, dass die Sitzverlegung einer Gesellschaft mit Statutenwechsel aus dem Schutzbereich der Niederlassungsfreiheit herausfällt. Vertreter der Sitztheorie schlossen aus dieser Rechtsprechung des EuGH, dass die Sitztheorie mit dem Gemeinschaftsrecht vereinbar sei.[190]

7.2 Die „Centros" - Entscheidung des EuGH

Ein gutes Jahrzehnt nach „Daily Mail" hat der EuGH in der „Centros" - Entscheidung die Voraussetzungen festgeschrieben, unter welchen einer Gesellschaft die Niederlassungsfreiheit nach Art. 43 und Art. 48 EG zu gewähren ist. Auch nach diesem Urteil ist nicht eindeutig geklärt, welches Schicksal die Sitztheorie ereilen wird.[191]

---

190 Vgl. GROßFELD, in: Staudinger, IntGesR, Rdnr. 121; GROßFELD/LUTTERMANN, JZ 1989, S. 387; EBENROTH/EYLES, DB 1989, S. 373 u. 417; EYLES, Das Niederlassungsrecht der Kapitalgesellschaften in der Europäischen Gemeinschaft, S. 351 f.; BEHRENS, in: Hachenburg, Kommentar zum GmbHG, Einl. Rdnr. 123; DERS., in: Dauses, Handbuch des EG-Wirtschaftsrechts, E III Rdnr. 14; ROTH, RabelsZ 1991, S. 631; SACK, JuS 1990, S. 353.

191 Zahlreiche Autoren sind der Ansicht, nach „Centros" sei im Anwendungsbereich der Art. 43 und Art. 48 EG kein Raum mehr für die Sitztheorie; vgl. z.B. SEDEMUND/HAUSMANN, BB 1999, S. 810; FREITAG, EuZW 1999, S. 269; MEILICKE, DB 1999, S. 627; HÖFLING, DB 1999, S. 1206 ff.

Andere Autoren sind vorsichtiger und begrenzen die Tragweite der „Centros" - Entscheidung in die eine oder andere Richtung; vgl. z.B. BUNGERT, DB 1999, S. 1843 und STEINDORFF, JZ 1999, S. 1141, die den Kern der Entscheidung darin sehen, dass kein Mitgliedstaat verhindern darf, dass eine in einem anderen Mitgliedstaat wirksam gegründete Gesellschaft, die dort ihren statutarischen Sitz hat, ihre gesamten wirtschaftlichen Aktivitäten in seinem Hoheitsgebiet über eine Zweigniederlassung ausübt. Vgl. auch ZIMMER, ZHR 2000, S. 29.

7.2.1 Der Sachverhalt

Die Eheleute Bryde, beide dänische Staatsangehörige, gründeten nach englischem Recht die „Centros private limited company“ mit Satzungssitz in England. Da das Recht des Vereinigten Königreichs bei Gesellschaften mit beschränkter Haftung die Einzahlung eines Mindestgesellschaftskapitals nicht vorschreibt,[192] wurde das Gesellschaftskapital der „Centros“ von 100 £ weder in die Gesellschaft einbezahlt noch zu deren Verwendung individualisiert. Die Gesellschaft entfaltete in England keinerlei Geschäftstätigkeit sondern unterhielt in London, bei einem Freund, eine Postadresse. Die gesamte Geschäftstätigkeit sollte in Dänemark durch eine Zweigniederlassung ausgeübt werden. Die beantragte Eintragung der Zweigniederlassung von „Centros“ in Dänemark wurde u.a. mit der Begründung versagt, die „Centros“, die seit ihrer Errichtung keine Geschäftstätigkeit im Vereinigten Königreich entfaltet habe, beabsichtige unter Umgehung der nationalen Vorschriften, insbesondere über die Einzahlung eines Mindestgesellschaftskapitals von 200.000 dän. Kronen,[193] in Wirklichkeit, in Dänemark nicht eine Zweigniederlassung, sondern einen Hauptsitz zu errichten.

Im Rahmen eines gerichtlichen Verfahrens machte die „Centros“ geltend, sie erfülle die Voraussetzungen, von deren Erfüllung das dänische GmbH-Gesetz die Eintragung der Zweigniederlassung einer ausländischen Gesellschaft abhängig mache. Da sie im Vereinigten Königreich rechtmäßig errichtet worden sei, habe sie nach Art. 43 i.V. m. Art. 48 EG das Recht, eine Zweigniederlassung in Dänemark zu eröffnen. Dass sie seit ihrer Errichtung im Vereinigten Königreich keine Geschäftstätigkeit entfaltet habe, berühre ihre Niederlassungsfreiheit nicht.

7.2.2 Die Entscheidung des EuGH

Der EuGH entschied:[194] „Ein Mitgliedstaat, der die Eintragung der Zweigniederlassung einer Gesellschaft verweigert, die in einem anderen Mitgliedstaat, in dem sie ihren Sitz hat, rechtmäßig errichtet worden ist, aber keine Geschäftstätigkeit entfaltet, verstößt gegen die Art. 43 und 48 EG, wenn die Zweigniederlassung es der Gesellschaft ermöglichen soll, ihre gesamte Geschäftstätigkeit in dem Staat auszuüben, in dem diese Zweigniederlassung errichtet wird, ohne dort eine Gesellschaft zu errichten und

---

192 Vgl. zu den Gründungsvoraussetzungen und dem Gesellschaftskapital einer „Private company limited by shares“ BEHRENS, in: Behrens, Die GmbH im internationalen und europäischen Recht, GB/NI/EI Rdnr. 16.

193 Vgl. im dänischen Recht Gesetz Nr. 886 vom 21.12.1991.

194 Leitsatz des Urt. v. 9.3.1999, Rs. C-212/97, Centros, Slg. 1999 I, S. 1459 ff.

damit das dortige Recht über die Errichtung von Gesellschaften zu umgehen, das höhere Anforderungen an die Einzahlung des Mindestgesellschaftskapitals stellt."[195]

In seinen Gründen weist der EuGH zunächst darauf hin,

- dass eine Sachlage, in der eine nach dem Recht eines Mitgliedstaates, in dem sie ihren satzungsgemäßen Sitz hat, gegründete Gesellschaft eine Zweigniederlassung in einem andern Mitgliedstaat gründen will, unter das Gemeinschaftsrecht fällt.[196]

Weiter führt der EuGH aus,

- dass aus den Artt. 43 u. 48 EG unmittelbar folgt, dass die Gesellschaften i.S.d. Art. 48 EG das Recht haben, ihre Tätigkeit in einem anderen Mitgliedstaat durch eine Zweigniederlassung auszuüben, wobei ihr satzungsmäßiger Sitz, ihre Hauptverwaltung oder ihre Hauptniederlassung, ebenso wie die Staatsangehörigkeit bei natürlichen Personen dazu dient, ihre Zugehörigkeit zur Rechtsordnung eines Mitgliedstaates zu bestimmen.[197]
- „Verweigert ein Mitgliedstaat unter bestimmten Umständen die Eintragung der Zweigniederlassung einer Gesellschaft, die ihren Sitz in einem anderen Mitgliedstaat hat, so werden die nach dem Recht dieses anderen Mitgliedstaates gegründeten Gesellschaften an der Wahrnehmung ihres Niederlassungsrechts aus den Artt. 43 u. 48 EG gehindert."[198]

---

[195] Der Leitsatz des „Centros" - Urteils , vgl. Slg. 1999 I, S. 1459, endet folgendermaßen: „Diese Auslegung schließt jedoch nicht aus, dass die Behörden des betreffenden Mitgliedstaates alle geeigneten Maßnahmen treffen können, um Betrügereien zu verhindern oder zu verfolgen. Das gilt sowohl - gegebenenfalls im Zusammenwirken mit dem Mitgliedstaat, in dem sie errichtet wurde - gegenüber der Gesellschaft selbst als auch gegenüber den Gesellschaftern, wenn diese sich mittels der Errichtung der Gesellschaft ihren Verpflichtungen gegenüber inländischen privaten oder öffentlichen Gläubigern entziehen möchten."

[196] Vgl. EuGH, Urt. v. 9.3.1999, Rs. C- 212/97, Centros, Slg. 1999 I, S. 1459 ff., Tz. 17. Die dänische Regierung hatte ausgeführt, dass es sich bei dem vorliegenden Fall um eine rein interne dänische Situation handele, da kein gemeinschaftsrechtlicher, insbesondere im Hinblick auf die Niederlassungsfreiheit relevanter, über den nationalen Rahmen hinausweisenden Aspekt vorliegen würde (vgl. Tz. 16).

[197] Vgl. EuGH, Urt. v. 9.3.1999, Rs. C- 212/97, Centros, Slg. 1999 I, S. 1459 ff., Tz. 20; der EuGH verweist vergleichend auf die Urteile Segers, Urt. v. 10.7.1986, Rs. 79/85, Slg. 1986, S. 2375 ff., Tz. 13; Kommission/Frankreich, Urt. v. 28.1.1986, Rs. 270/83, Slg. 1986, S. 273 ff., Tz. 18; Commerzbank AG, Urt. v. 13.7.1993, Rs. C-330/91, Slg. 1993, S. I-4017 ff., Tz. 13; ICI, Urt. v., Slg. 1998, S. I-495 ff., Tz. 20.

[198] EuGH, Urt. v. 9.3.1999, Rs. C- 212/97, Centros, Slg. 1999 I, S. 1459 ff., Tz. 21.

- „Ein solches Vorgehen beschränkt die Ausübung der in diesen Bestimmungen gewährleisteten Freiheiten."[199]
- Es stellt für sich allein keine missbräuchliche Ausnutzung des Niederlassungsrechts dar, wenn ein Staatsangehöriger eines Mitgliedstaates, der eine Gesellschaft gründen möchte, diese in dem Mitgliedstaat errichtet, dessen gesellschaftsrechtliche Vorschriften ihm die größte Freiheit lassen, und in anderen Mitgliedstaaten Zweigniederlassungen gründet. Das Recht, eine Gesellschaft nach dem Recht eines Mitgliedstaates zu errichten und in anderen Mitgliedstaaten Zweigniederlassungen zu gründen, folgt nämlich im Binnenmarkt unmittelbar aus der vom EG-Vertrag gewährleisteten Niederlassungsfreiheit.[200]
- „Somit ist es mit den Artt. 43 u. 48 EG unvereinbar, dass es ein Mitgliedstaat mit der Begründung ablehnt, die Zweigniederlassung einer nach dem Recht eines anderen Mitgliedstaates, in dem sie ihren Sitz hat, errichteten Gesellschaft einzutragen, die Zweigniederlassung solle es der Gesellschaft ermöglichen, ihre gesamte Geschäftstätigkeit im Aufnahmemitgliedstaat auszuüben, wobei die Zweigniederlassung dem nationalen Recht über die Einzahlung eines Mindestgesellschaftskapitals entzogen werde, da diese Weigerung jede Wahrnehmung der Freiheit zur Gründung einer Zweigniederlassung verhindert, die durch die Artt. 43 u. 48 EG gerade gewährleistet werden soll."[201]
- Eine Rechtfertigung des dänischen Vorgehens im Rahmen des Art. 46 EG verneint der EuGH, da das dänische Vorgehen nicht geeignet ist, das verfolgte Ziel des Gläubigerschutzes zu erreichen, da die Zweigniederlassung in Dänemark eingetragen worden wäre, wenn die Gesellschaft eine Geschäftstätigkeit im Vereinigten Königreich ausgeübt hätte, obwohl die dänischen Gläubiger in diesem Fall ebenso gefährdet gewesen wären.[202] „Da die Gesellschaft als Gesellschaft des englischen Rechts, nicht als Gesellschaft dänischen Rechts auftritt, ist den Gläubigern weiter bekannt, dass sie nicht dem dänischen Recht über die Haftung unterliegt."[203]

---

199 EuGH, Urt. v. 9.3.1999, Rs. C- 212/97, Centros, Slg. 1999 I, S. 1459 ff, Tz. 22.

200 Vgl. EuGH, Urt. v. 9.3.1999, Rs. C- 212/97, Centros, Slg. 1999 I, S. 1459 ff., Tz. 27.

201 EuGH, Urt. v. 9.3.1999, Rs. C- 212/97, Centros, Slg. 1999 I, S. 1459 ff., Tz. 30.

202 Vgl. EuGH, Urt. v. 9.3.1999, Rs. C- 212/97, Centros, Slg. 1999 I, S. 1459 ff., Tz. 35.

203 EuGH, Urt. v. 9.3.1999, Rs. C- 212/97, Centros, Slg. 1999 I, S. 1459 ff., Tz. 36.

Zusammenfassend stellt der EuGH mit dieser Entscheidung klar, dass die Nichteintragung einer Zweigniederlassung einer britischen Gesellschaft in das dänische Handelsregister als Verstoß gegen die gemeinschaftsrechtlich gewährte Niederlassungsfreiheit i.S.d. Art. 43 und Art. 48 EG zu werten ist.

Stark umstritten ist die Frage, welche Konsequenzen diese Rechtsprechung des EuGH für das deutsche Internationale Gesellschaftsrecht und die Standortwahlmöglichkeiten für Unternehmen innerhalb der Europäischen Gemeinschaft hat. Zur Beantwortung dieser Frage ist es aber zunächst erforderlich, die Niederlassungsmöglichkeiten für Unternehmen nach deutschem Recht genauer zu analysieren, um anschließend die Auswirkungen des „Centros" - Urteils bewerten zu können. Vorab werden die Rechtswahlmöglichkeiten für Unternehmen im Geltungsbereich des Gemeinschaftsrechts zusammenfassend dargestellt.

8. Rechtswahlmöglichkeiten für Unternehmen unter alleiniger Einbeziehung des Gemeinschaftsrechts und die Auswirkungen auf den Standortentscheidungsprozess

8.1 Rechtswahlmöglichkeiten für Unternehmen

Nach Art. 48 EG werden die gemeinschaftsangehörigen Gesellschaften den natürlichen Personen, die Staatsangehörige eines Mitgliedstaates sind, unter bestimmten Voraussetzungen gleichgestellt.[204] Die Gesellschaften sind daher auch Träger des Niederlassungsrechts. Der Umfang des Niederlassungsrechts ergibt sich dagegen für Gesellschaften ausschließlich aus Art. 43 EG.

Eine natürliche Person kann ihren Gewerbebetrieb von einem Mitgliedstaat in einen anderen verlegen und kann auf diese Weise von seiner Niederlassungsfreiheit Gebrauch machen.[205] Die Verlegung sowohl des Satzungssitzes, des Verwaltungssitzes als auch beider Sitze gleichzeitig steht bei *alleiniger abstrakter* Betrachtung des Gemeinschaftsrechts einem Unternehmen in Form einer Kapitalgesellschaft frei. Denn die wirtschaftliche Funktion des Niederlassungsrechts bestimmt, dass Regelungen zur Aufnahme und Ausübung selbständiger Tätigkeiten in keinem Mitgliedstaat Wirtschaftssubjekte aus den anderen Mitgliedstaaten allgemein abweisen dürfen.[206] Ei-

---

[204] Vgl. MÜLLER-HUSCHKE, in: Schwarze (Hrsg.), EU-Kommentar, Art. 48 EGV Rdnr. 1.

[205] Vgl. SCHWARZ, Europäisches Gesellschaftsrecht, Rdnr. 184.

[206] Vgl. TROBERG, in: Groeben/Thiesing/Ehlermann, Kommentar zum EU-/EG-Vertrag, Vorbem. zu den Artt. 52 bis 58 Rdnr. 3.

ne „freie“ Standortwahl ist den Unternehmen daher durch das Gemeinschaftsrecht gewährleistet.

Die Einschränkung der Niederlassungsfreiheit kann sich somit lediglich aus den nationalen Rechtsordnungen der Mitgliedstaaten ergeben.

8.2 Grundfälle

Die Ausgangsfälle 1 bis 3 werden dahingehend untersucht, ob sie in den Anwendungsbereich der Niederlassungsfreiheit des EG-Vertrages fallen und, wenn die Gesellschaften Berechtigte i.S.d. Artt. 43, 48 EG sind, in welchem Umfang ihnen die Niederlassungsfreiheit gewährt wird.

8.2.1 Ausgangsfall 1

Eine wirksam nach niederländischem Recht gegründete „Besloten Vennootschap“ (BV) verlegt ihren Verwaltungssitz nach Deutschland.

Die Vorfrage, die zunächst zu stellen ist, ist die Frage nach der Anerkennung der Rechtsform „BV“ in Deutschland. Nach dem Prinzip der automatischen Anerkennung - eine Gesellschaft ist unter dem Vorbehalt des ordre public (Art. 6 EGBGB) bereits dann als rechtlich existent anzusehen, wenn sie nach ihrem Heimatrecht wirksam entstanden ist[207] - beurteilt sich grundsätzlich die Frage der Anerkennung einer ausländischen Gesellschaft im Inland. Im Verhältnis zur Bundesrepublik Deutschland gilt jedoch der Vertrag über die gegenseitige Anerkennung der Aktiengesellschaften und anderer kommerzieller, industrieller oder finanzieller Gesellschaften,[208] so dass auf das Prinzip der automatischen Anerkennung nicht zurückgegriffen werden muss. Die BV kann daher in Deutschland Träger von Rechten und Pflichten sein und wird als rechtfähig anerkannt.

Die BV ist eine Gesellschaft i.S.d. Art. 48 Abs. 2 EG[209] und fällt damit in den Schutzbereich der Artt. 43, 48 EG. Als Niederlassungsform liegt in diesem Fall eine primäre Niederlassung vor, da im Herkunftsland (Niederlande) keine Betriebsstätte mehr verbleibt und die gesamte Geschäftstätigkeit in Deutschland als neuem Standort wahrgenommen wird. Die Niederlassungsfreiheit ermächtigt zur Aufnahme und Ausübung selbständiger Erwerbstätigkeiten. Traditionell ist die Niederlassungsfreiheit im Sinne eines

---

[207] Vgl. BGH, BGHZ 78, 318, 334; BayObLGZ 1986, 61, 66 f. Siehe zur Frage der Anerkennung S. 81 f.

[208] Vgl. Vertrag vom 11.2.1907, RGBl. 1908, S. 65. Wiederanwendung mit Wirkung vom 1.1.1952. Vgl. die Bekanntmachung vom 29.2.1952, BGBl. II 1952, S. 435.

[209] Siehe zu den einzelnen Gleichstellungsvoraussetzungen, die für Gesellschaften gelten oben S. 90 f.

Diskriminierungsverbots verstanden worden, das den Bürgern der Mitgliedstaaten einen Anspruch auf Inländerbehandlung einräumt.[210] Darüber hinaus beinhaltet die Niederlassungsfreiheit ein Beschränkungsverbot,[211] wonach diskriminierungsfreie Regelungen, die geeignet sind, die Ausübung der Niederlassungsfreiheit zu behindern oder weniger attraktiv zu machen, verboten sind.

Übertragen auf den *Ausgangsfall 1* bedeutet dieser Ansatz für die BV, die ihre gesamte Geschäftstätigkeit nach Deutschland verlagert hat, dass sie einen Anspruch auf Inländergleichbehandlung und auf die Nichtanwendung von Regelungen hat, die die Ausübung ihrer Niederlassungsfreiheit behindern.

Aus ausschließlicher Sicht des Gemeinschaftsrechts ist die Verlegung des Verwaltungssitzes einer niederländischen Gesellschaft nach Deutschland ohne Auflösung und Neugründung möglich.

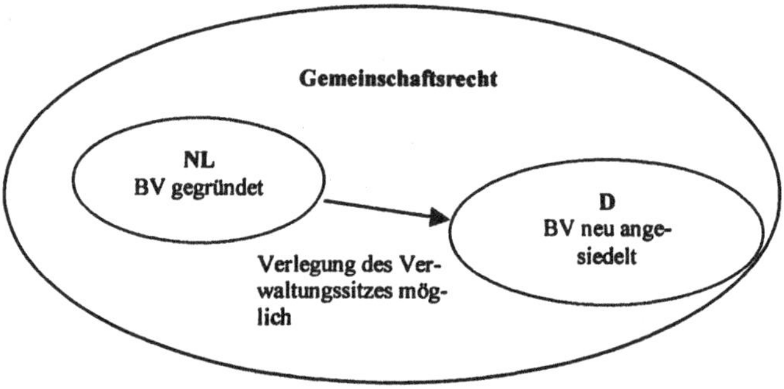

Abbildung 10: Niederlassungsrecht der BV

8.2.2 Ausgangsfall 2

Eine nach deutschem Recht wirksam gegründete GmbH verlegt sowohl ihren Satzungssitz als auch den effektiven Verwaltungssitz nach Spanien.

Die Vorfrage der Anerkennung der Rechtspersönlichkeit deutscher juristischer Personen in Spanien ergibt sich aus Art. 7 des Niederlassungsvertra-

---

210 Vgl. ROTH, in: GS Knobbe-Keuk, S. 730 m. w. N. auf die Rechtsprechung des EuGH, beginnend mit dem Urteil Reyners (Slg. 1974, S. 631 bis Slg. 1989, S. 4035).

211 Siehe zum Beschränkungsverbot im einzelnen S. 98 ff.

ges zwischen Deutschland und Spanien.[212] Danach wird eine nach deutschem Recht wirksam gegründete GmbH in Spanien als rechtsfähig anerkannt. Die deutsche GmbH ist eine Gesellschaft i.S.d. Art. 48 Abs. 2 EG und fällt damit in den Schutzbereich der Artt. 43, 48 EG. Als Niederlassungsform liegt hier eine primäre Niederlassung vor, da im Gründungsstaat (Deutschland) keine Betriebsstätte mehr verbleibt und der Schwerpunkt der Geschäftstätigkeit nach Spanien verlagert wird. Ausgehend von einem Umfang der Niederlassungsfreiheit, der sowohl ein Diskriminierungsverbot als auch ein Beschränkungsverbot umfasst, gewährt das Gemeinschaftsrecht der deutschen GmbH den Umzug nach Spanien, ohne die Pflicht zur Auflösung und anschließender Neugründung.

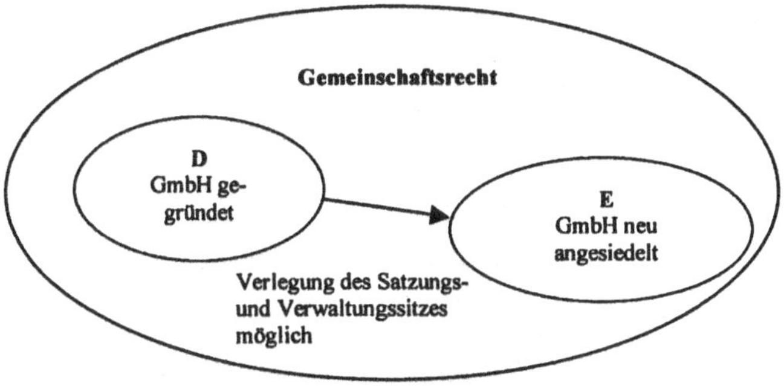

Abbildung 11: Niederlassungsrecht der GmbH

8.2.3 Ausgangsfall 3

In Großbritannien wird eine private company limited by shares wirksam gegründet. Nach Gründung und Eintragung der Gesellschaft in das Gesellschaftsregister wird lediglich eine Postadresse in Großbritannien unterhalten. Die gesamte Geschäftstätigkeit wird nach Deutschland verlegt. Dort wird eine Zweigniederlassung der britischen Muttergesellschaft errichtet.

Die Vorfrage der Anerkennung der britischen Gesellschaft kann hier mit dem Prinzip der automatischen Anerkennung beantwortet werden. Die private company limited by shares ist dann als rechtlich existent anzusehen, wenn sie nach ihrem Heimatrecht wirksam entstanden ist. Der in Deutsch-

212 Vgl. Niederlassungsvertrag zwischen der Bundesrepublik Deutschland und Spanien vom 23.4.1970; BGBl. II 1972, S. 1041, in Kraft getreten am 26.11.1972, BGBl. II 1972, S. 1557.

land gegründeten Zweigniederlassung kommt keine eigene Rechtspersönlichkeit zu,[213] so dass die Frage der Anerkennung der Gesellschaft nur im Zusammenhang mit der Muttergesellschaft zu stellen und von dieser abhängig ist. Die britische Muttergesellschaft in der Rechtsform einer company limited by shares wird in Deutschland als rechtfähig angesehen.[214]

Die britische Muttergesellschaft in der Rechtsform einer private limited by shares ist eine Gesellschaft i.S.d. Art. 48 Abs. 2 EG und genießt grundsätzlich die Niederlassungsfreiheit des EG-Vertrages. Nach ständiger Rechtsprechung umfasst die Niederlassungsfreiheit, das Recht zur Aufnahme und Ausübung selbständiger Erwerbstätigkeiten sowie zur Errichtung von Unternehmen und zur Ausübung der Unternehmertätigkeit nach den Bestimmungen, die im Niederlassungsstaat für dessen eigene Angehörige gelten.[215] Hieraus folgt unmittelbar, dass die Gesellschaften das Recht haben, ihre Tätigkeit in einem anderen Mitgliedstaat durch eine Agentur oder eine Zweigniederlassung oder Tochtergesellschaft auszuüben, wobei ihr satzungsmäßiger Sitz, ihre Hauptverwaltung oder ihre Hauptniederlassung, ebenso wie die Staatsangehörigkeit bei natürlichen Personen dazu dient, ihre Zugehörigkeit zur Rechtsordnung eines Mitgliedstaates zu bestimmen.[216]

Für den *Ausgangsfall 3* bedeutet dies, dass das Niederlassungsrecht der britischen Muttergesellschaft innerhalb der EG die Freiheit zugesteht, eine sekundäre Niederlassung in Form einer Zweigniederlassung in einem anderen Mitgliedstaat - in Deutschland - zu errichten. Verweigert ein Mitgliedstaat die Eintragung der Zweigniederlassung einer Gesellschaft, die ihren Sitz in einem anderen Mitgliedstaat hat, so werden die nach dem Recht dieses anderen Mitgliedstaates gegründeten Gesellschaften an der Wahrnehmung ihres Niederlassungsrechts aus den Art. 43 und 48 EG gehindert.[217] Ein derartiges Vorgehen beschränkt die Ausübung der Niederlassungsfreiheit.[218] Die wirksame Errichtung einer Zweigniederlassung in Deutschland kann daher nach Gemeinschaftsrecht nicht versagt werden.

---

213 Vgl. MüKo zum HGB, § 13 Rdnr. 10.

214 Vgl. zur Rechtspersönlichkeit der Ltd. BEHRENS, in: Behrens, Die GmbH im internationalen und europäischen Recht, GB/NI/EI Rdnr. 15.

215 Vgl. EuGH, Urt. v. 9.3.1999, Rs. C-212/97, Centros, Slg. 1999 I, S. 1459 ff., Tz. 19.

216 Vgl. EuGH, Urt. v. 9.3.1999, Rs. C-212/97, Centros, Slg. 1999 I, S. 1459 ff., Tz. 20. Der EuGH verweist weiter auf die Urteile Segers, Tz. 13; EuGH, Slg. 1986, 273 Tz. 18 - Kommission/Frankreich EuGH, Slg. 1993, I-4017 = EuZW 1993, 740, Tz. 13 - Commerzbank; EuGH, Slg. 1998, I-495 = EuZW 1999, 20 Tz. 20 - ICI.

217 Vgl. EuGH, Urt. v. 9.3.1999, Rs. C-212/97, Centros, Slg. 1999 I, S. 1459 ff., Tz. 21.

218 Vgl. EuGH, Urt. v. 9.3.1999, Rs. C-212/97, Centros, Slg. 1999 I, S. 1459 ff., Tz. 22.

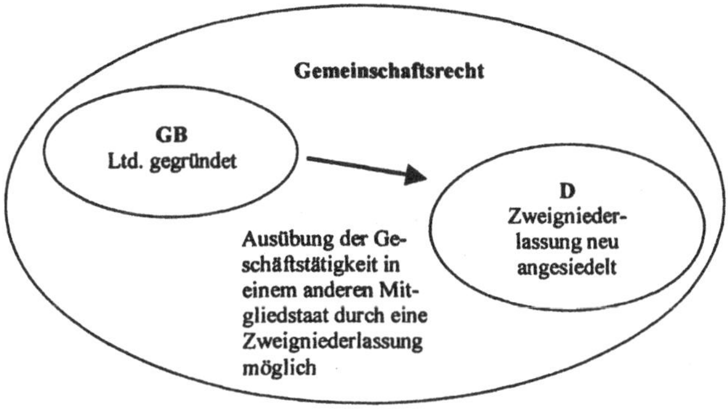

Abbildung 12: Niederlassungsrecht einer Zweigniederlassung in Deutschland

8.3 Auswirkungen auf den Standortentscheidungsprozess

Die Grundfälle verdeutlichen, dass das Gemeinschaftsrecht die Vorstellung eines Wirtschaftsraumes ohne Binnengrenzen durch das Niederlassungsrecht der Artt. 43 u. 48 EG zu verwirklichen versucht. Im Rahmen der Niederlassungsfreiheit können Unternehmen, die die Voraussetzungen der Artt. 43 u. 48 EG erfüllen, ihren Standort innerhalb der Europäischen Gemeinschaft frei wählen. Für den Standortentscheidungsprozess bedeutet diese Vorgabe des europäischen Rechts, dass ein Unternehmen seinen Standort frei von gesellschaftsrechtlichen Erwägungen nach rein wirtschaftlichen Überlegungen treffen kann. Einschränkungen dieser Unabhängigkeit von gesellschaftsrechtlichen Bindungen können sich nur aus den nationalen Rechtsordnungen der Mitgliedstaaten ergeben, soweit die Ausübung öffentlicher Gewalt (Art. 45 EG) in Frage steht oder die öffentliche Ordnung, Sicherheit oder Gesundheit (Art. 46 EG) gefährdet sind.

D. Die Niederlassungsmöglichkeiten für Unternehmen nach deutschem Recht

Die Europäisierung der Wirtschaft rückt nicht nur die Grundfreiheiten des EG-Vertrages sondern auch das unmittelbar betroffene Internationale Gesellschaftsrecht in eine zentrale Rolle. Im Europäischen Binnenmarkt finden nach wie vor neben dem Gemeinschaftsrecht nationale gesellschaftsrechtliche Vorschriften auf Gesellschaften Anwendung. Denn die Kapitalgesellschaften verdanken ihre Existenz - die Verleihung ihrer Rechtsfähigkeit - einer bestimmten nationalen Rechtsordnung.[1] Wie bereits dargestellt gewährt das Gemeinschaftsrecht den Unternehmen die freie Wahl des Standortes, inklusive der Möglichkeit den Unternehmenssitz grenzüberschreitend zu verlegen. Eine Einschränkung der Niederlassungsfreiheit kann sich lediglich aus den nationalen Rechtsordnungen der Mitgliedstaaten ergeben.

Das zwingt dazu, das deutsche Recht näher zu betrachten. Es gilt zu klären, wie das deutsche Recht auf Unternehmen reagiert, die sich in Deutschland neu ansiedeln wollen, oder im umgekehrten Fall ihren Standort in das europäische Ausland verlegen wollen. Zu fragen ist auch, welche Möglichkeiten das deutsche Recht ausländischen Unternehmen zur Gründung von Tochtergesellschaften und Zweigniederlassungen offeriert. Antworten hierauf finden sich im deutschen Kollisions- und Sachrecht.

I. Deutsches Kollisionsrecht

Schwierigkeiten ergeben sich bei einer Änderung des Unternehmensstandortes immer dann, wenn zwei verschiedene Rechtsordnungen aufeinandertreffen, wenn also der Unternehmenssitz in ein anderes Land verlegt wird. Bislang wird die grenzüberschreitende Sitzverlegung durch das nationalen Recht der betroffenen Mitgliedstaaten geregelt.[2] Die grenzüberschreitende

[1] Vgl. EuGH, Urt. v. 27.9.1988, Rs. 81/87, Daily Mail, Slg. 1988, S. 5511, Tz. 19, worin der EuGH ausführt, dass Gesellschaften im Gegensatz zu natürlichen Personen aufgrund einer nationalen Rechtsordnung gegründet werden und sie jenseits der jeweiligen nationalen Rechtsordnung, die ihre Gründung und ihre Existenz regelt, als nicht existent angesehen werden.

Eine Ausnahme hiervon bietet die Möglichkeit der Gründung einer supranationalen Kapitalgesellschaft in Form einer Europäischen Aktiengesellschaft (SE). Allerdings unterliegt die SE mit ihrer Organisationsstruktur weiterhin größtenteils den nationalen Vorschriften des Mitgliedstaates, in welchem sie ihren Sitz hat.

[2] Dass die grenzüberschreitende Sitzverlegung eines Unternehmens zu Problemen führen kann, da unterschiedliche Rechtsordnungen aufeinandertreffen, hat auch die Kommission erkannt und mit der Erarbeitung eines Richtlinienvorschlags zur Verlegung des Gesellschaftssitzes innerhalb der EU einen Lösungsvorschlag unterbreitet.

Sitzverlegung des Unternehmensstandortes unterliegt zunächst dem Internationale Gesellschaftsrecht und wirft verschiedene kollisionsrechtliche Fragen auf:

- Welches Recht findet auf das grenzüberschreitende Unternehmen nach Ansiedlung am neuen Standort überhaupt Anwendung?
- Wechselt bei einer grenzüberschreitenden Unternehmenssitzverlegung das Gesellschaftsstatut immer oder nur bei Geltung/Anwendung unterschiedlicher Theorien (Sitz- oder Gründungstheorie)?
- Wenn es zu einem Statutenwechsel kommt, welche Konsequenzen bringt dieser Wechsel dann für die Gesellschaft als Rechtssubjekt mit sich (bzw. welche materiellrechtlichen Konsequenzen ergeben sich für das Unternehmen)?
- Kann das Unternehmen trotz „Grenzüberschreitung" rechtlich bestehen bleiben oder muss es sich an seinem neuen Standort neu gründen?

Um diese Fragen beantworten zu können, muss strengstens zwischen der kollisionsrechtlichen und der sachrechtlichen (materiell-rechtlichen) Ebene unterschieden werden. Bei der Frage, ob ein Unternehmen das Gesellschaftsstatut wechseln kann/muss, geht es um die kollisionsrechtliche Bestimmung des Faktors, der einen Wechsel des Gesellschaftsstatuts auslöst. Findet bei der Sitzverlegung dann tatsächlich ein Statutenwechsel statt, geht es um die Frage der sachrechtlichen Auswirkung des Statutenwechsels auf die Wahrung der Identität und Rechtsfähigkeit der Gesellschaft.[3] Ob eine identitätswahrende Sitzverlegung möglich ist, bestimmt sich daher aus der Kombination von Internationalem Gesellschaftsrecht (Kollisionsrecht) mit dem Sachrecht, auf das die Kollisionsnorm verweist. Für den Standortwechsel eines Unternehmens bedeutet dies, dass bei dem Aufeinandertreffen verschiedener Rechtsordnungen in einem ersten Schritt zu klären ist, welchem Gesellschaftsstatut das Unternehmen tatsächlich unterliegt (Prüfung der kollisionsrechtlichen Ebene). In einem zweiten Schritt gilt es dann festzustellen, welche Konsequenzen sich aus dem anzuwendenden nationalen Gesellschaftsrecht für das Unternehmen ergeben.

2. Deutsches Sachrecht

Die Frage, welches Recht das Gesellschaftsstatut einer Gesellschaft ist, wird durch das Internationale Gesellschaftsrecht, in Deutschland durch die

---

3 Vgl. BEHRENS, in: Dauses, Handbuch des EG-Wirtschaftsrechts, E III. Rdnr. 117.

Sitztheorie beantwortet,[4] also durch Kollisionsrecht. Die Frage, ob eine Gesellschaft ihren einmal festgelegten Sitz verändern kann, beurteilt sich nach dem Sachrecht.

Will eine Gesellschaft grenzüberschreitend ihren Standort verlegen, so sind von diesem Umzug immer zwei Rechtsordnungen betroffen. Die des Wegzugstaates und die des Zuzugstaates. Für die Frage der identitätswahrenden Sitzverlegung einer Gesellschaft kommt es auf das Zusammenspiel der im Wegzugstaat und im Zuzugstaat geltenden Vorschriften an.[5] Nur wenn beide Rechtsordnungen den identitätswahrenden Umzug gestatten, ist der Fortbestand der Gesellschaft möglich. Aus deutscher Sicht ist zu fragen, welche Konsequenzen sich für ein Unternehmen ergeben, dass seinen Standort nach Deutschland bzw. seinen Standort von Deutschland ins europäische Ausland verlegen will.

2.1 Neugründungspflicht

Ist Deutschland Zuzugstaat für ein ausländisches Unternehmen, will dieses also seinen Standort vom Ausland nach Deutschland verlegen, fordert das deutsche Recht eine Neugründung dieses Unternehmens (sog. Neugründungspflicht).[6]

---

[4] Da die Sitztheorie in Deutschland sowohl im Schrifttum als auch in der Rechtsprechung herrschende Meinung ist, wird von ihrer Anwendung ausgegangen. Befürworter der Sitztheorie: z.B. GROßFELD, in: Staudinger, IntGesR; HELDRICH, in: Palandt; WESTERMANN, in: Scholz, GmbHG. Befürworter der Gründungstheorie: z.B. BEHRENS, in: Hachenburg, Kommentar zum GmbHG; KNOBBE-KEUK, ZHR 1990, S. 325 ff.

[5] Vgl. BEHRENS, in: Die GmbH im internationalen und europäischen Recht, IPR Rdnr. 65.

[6] Nicht alle europäischen mitgliedstaatlichen Rechtsordnungen sind bei dem Zuzug von ausländischen Unternehmen so rigoros wie das deutsche Gesellschaftsrecht:

Das *niederländische* Recht billigt den Zuzug ausländischer Gesellschaften unter Wahrung der Rechtspersönlichkeit, sofern der ausländische Staat die Gesellschaft nicht zur Auflösung zwingt. Eine Neugründungspflicht kennt das niederländische Recht nicht, sondern es verlangt lediglich die Anpassung der Satzung an das nationale Recht (vgl. GOTZEN, in: Behrens, Die GmbH im internationalen und europäischen Recht, NL Rdnr. 58).

Das *britische* Recht knüpft mögliche Konsequenzen an die Verlegung des Satzungssitzes einer Gesellschaft (registered office). Eine Verlegung des Satzungssitzes ist nur innerhalb des Gründungslandes möglich, ohne Änderung des Gründungsortes (domicile) (vgl. BEHRENS, in: Behrens, Die GmbH im internationalen und europäischen Recht, GB/NI/EI Rdnr. 62). Damit ist nach britischem Recht der Zuzug einer Gesellschaft unter Wahrung der Rechtspersönlichkeit nur bei Verbleib des Satzungssitzes im Gründungsstaat möglich.

Das *spanische* Recht kennt keine Neugründungspflicht für grenzüberschreitende Gesellschaftsverlegungen. Ein Zuzug ausländischer Gesellschaften ist möglich, sofern der bisherige Sitzstaat nicht die Auflösung fordert. Das spanische Recht verlangt bei einem Zuzug lediglich eine Anpassung der Satzung der Gesellschaft und die Beachtung der Publizitäts-

Nach der Rechtsprechung[7] kann ein ausländisches Unternehmen in Form einer Kapitalgesellschaft, das seinen Verwaltungssitz nach Deutschland verlegt, die nach deutschem Recht geltenden gesellschaftsrechtlichen Anforderungen nur dadurch erfüllen, dass es sich in Deutschland neu gründet. Damit wird an den Zuzug ausländischer Gesellschaften eine Neugründungspflicht geknüpft. Für die zuziehende Gesellschaft bedeutet dies, dass sie ihre Rechtsfähigkeit neu erwerben muss. Dies selbst dann, wenn sie einer deutschen Gesellschaftsform vergleichbar ist.[8] Auch eine Umstrukturierung der ausländischen Gesellschaft, zur Anpassung an inländische Strukturen, genügt nicht.[9] Eine identitätswahrende Sitzverlegung ausländischer Gesellschaften nach Deutschland wird so unmöglich, da die herrschende Meinung Neugründung und damit Neuerwerb der Rechtsfähigkeit im Inland verlangt.[10]

Begründet wird die Pflicht zur Neugründung damit, dass eine Gesellschaft, um Rechtsfähigkeit zu erlangen, in Deutschland ins Handelsregister eingetragen werden muss. Dies dient dem Schutz der betroffenen Allgemeinheit, insbesondere dem Schutz der Gläubiger, Arbeitnehmer und Minderheitsgesellschafter. Sollte das zuziehende Unternehmen also nicht dem deutschen Gesellschaftsrecht unterliegen, wird vermutet, dass ein ausreichender Schutz der vom Unternehmen in Deutschland unmittelbar Betroffenen nicht gewährleistet werden kann. Aus diesem Grund muss sich ein Unternehmen den deutschen gesellschaftsrechtlichen Vorschriften „unterwerfen".

2.2 Auflösungspflicht

Will aus Deutschland eine nach nationalem Recht gegründete Kapitalgesellschaft ins Ausland umziehen, fordert das deutsche Recht die Auflösung der Gesellschaft (sog. Auflösungspflicht).[11]

---

bestimmungen (vgl. KEIL, in: Behrens, Die GmbH im internationalen und europäischen Recht, E Rdnr. 53).

7 Vgl. u.a.: RGZ 7, 69; RGZ 88, 55; BGHZ 25, 134; BGHZ 97, 269; OLG Nürnberg, IPRaX 1985, S. 342; LG Magdeburg, RIW 1994, S. 63; vgl. auch in der Literatur: EYLES, Das Niederlassungsrecht der Kapitalgesellschaften in der Europäischen Gemeinschaft, S. 372 f.; KALIGIN, DB 1985, S. 1455; EBENROTH/AUER, GmbHR 1994, S. 18 f.

8 Vgl. GROßFELD, in: Staudinger, IntGesR, Rdnr. 642; vgl. RGZ 159, 33, 49.

9 Vgl. GROßFELD, in: Staudinger, IntGesR, Rdnr. 590.

10 Vgl. BGHZ 97, 269; GROßFELD, in: Staudinger, IntGesR, Rdnr. 642 m.w.N.

11 Der Wegzug von inländischen Unternehmen ins Ausland wird auch von anderen mitgliedstaatlichen Rechtsordnungen sanktioniert:

Eine Kapitalgesellschaft deutschen Rechts, die ihren Sitz ins europäische Ausland verlegen will, fasst diese angestrebte Satzungsänderung zunächst im Rahmen eines Beschlusses. Die herrschende Meinung sieht in diesem Beschluss der Gesellschaftsversammlung, den Sitz in das Ausland zu verlegen, einen zwingenden Grund zur Auflösung und Abwicklung der Gesellschaft.[12] Selbst wenn die Gesellschafter die Auflösung der Gesellschaft ausdrücklich nicht wollen, wird der gefasste Verlegungsbeschluss als Auflösungsbeschluss behandelt.[13] Das bedeutet, dass der Gesellschafterbeschluss automatisch zur Liquidation der Gesellschaft führt, vorausgesetzt der Beschluss wurde wirksam gefasst.[14] Somit ist ein Wegzug aus Deutschland für eine Gesellschaft unter Wahrung ihrer Rechtspersönlichkeit nicht möglich.

Begründet wird die Auflösungspflicht damit, dass „...die von einer bestimmten Staatshoheit erteilte Rechtsfähigkeit nicht beliebig in ein anderes Land hinübergetragen werden“ kann,[15] und dass sich die Gesellschaft aus dem Rechtskreis löst, von dem sie ihre Rechtsfähigkeit ableitet und in ein

---

So wird z.B. der Wegzug einer Gesellschaft von den Niederlanden ins Ausland ohne sondergesetzliche Regelung nach niederländischem Recht nicht für möglich gehalten. Das bedeutet auch hier für das Unternehmen, es muss aufgelöst und abgewickelt werden (vgl. GOTZEN, in: Behrens, Die GmbH im internationalen und europäischen Recht, NL Rdnr. 58).

Nach britischem Recht ist lediglich die Verlegung des Satzungssitzes (registered office) der Gesellschaft bedeutsam. Soweit die Verlegung des Satzungssitzes innerhalb des Gründungslandes vorgenommen wird, ist sie zulässig. Eine grenzüberschreitende Verlegung und ein damit zusammenhängender Statutenwechsel ist auch nach britischem Recht nicht möglich (vgl. BEHRENS, in: Behrens, Die GmbH im internationalen und europäischen Recht, GB/NI/EI Rdnr. 62). Die Verlegung des Verwaltungssitzes eines Unternehmens wir aber vom britischen Recht toleriert.

Aus der zwingenden Festlegung des Sitzes einer spanischem Gesellschaft auf spanisches Staatsgebiet, folgt, dass die spanische Gesellschaft grundsätzlich nicht ihren Sitz ins Ausland verlegen kann. Ein Wegzug einer spanischen Gesellschaft ins Ausland ist nur zulässig, sofern ein entsprechendes Abkommen zwischen Spanien und dem neuen Sitzstaat existiert (vgl. KEIL, in: Behrens, Die GmbH im internationalen und europäischen Recht, E Rdnr. 54).

12 Vgl. GROßFELD, in: Staudinger, IntGesR, Rdnr. 610; BayObLG, WM 1992, S. 1371.

13 Vgl. RGZ 7, 68, 69; RGZ 88, 53, 54; RGZ 107, 94, 97; BGHZ 25, 134, 144; BayObLG, IPRax 1992, S. 389; EBENROTH/AUER, GmbHR 1994, S. 16, 18 m.w.N; WIEDEMANN, GesR 1, S. 870.

14 Da das GmbH-Gesetz keine Regelungen für fehlerhafte Gesellschafterbeschlüsse kennt. Vgl. KÜBLER, Gesellschaftsrecht, § 17 IV.

15 BGHZ 25, 134, 144.

anderes wirtschaftliches, rechtliches, kulturelles und politisches Umfeld eintritt.[16]

2.2.1 Folgen für die Gesellschaft im Wegzugstaat (Deutschland)

Die vom deutschen Recht geforderte Auflösungspflicht führt zur Abwicklung der betroffenen Kapitalgesellschaft und mit dem Vollzug der Liquidation zu ihrem Ende. Das Ende der Kapitalgesellschaft tritt nicht sofort ein, sondern vollzieht sich als zeitraubender Prozess.

Die nach deutschem Recht gegründete Aktiengesellschaft muss im Rahmen der Abwicklung ihre laufenden Geschäfte beenden, die noch ausstehenden Forderungen einziehen, das übrige Vermögen in Geld umsetzen und die Gläubiger befriedigen. Die Gläubiger müssen unter den Voraussetzungen des § 267 AktG aufgefordert werden, ihre Ansprüche anzumelden. Erst nach Ablauf eines Sperrjahres darf das restliche Gesellschaftsvermögen an die Aktionäre verteilt werden (§ 272 AktG). Nach Beendigung der Abwicklung wird die Aktiengesellschaft im Handelsregister gelöscht (§ 273 AktG).[17] Als Folge der Auflösung unterliegt die AG der Liquidationsbesteuerung nach §§ 11, 12 KStG.

Die Auflösung, Abwicklung und Beendigung der GmbH läuft entsprechend den Vorschriften für die Aktiengesellschaft. Die Gesellschaft bzw. deren Liquidatoren müssen die laufenden Geschäfte beenden, Forderungen einziehen, das Vermögen in Geld umsetzen und ihre Schulden begleichen. Auch die Gläubiger der GmbH müssen zur Geltendmachung ihrer Forderungen aufgefordert werden (§ 65 Abs. 2 GmbHG). Bevor mit der Vermögensverteilung begonnen werden kann, ist ein Sperrjahr abzuwarten (§ 73 Abs. 1 GmbHG). Nach Beendigung der Liquidation ist die Gesellschaft im Handelsregister zu löschen (§ 74 Abs. 1 GmbHG).[18] Auch die GmbH unterliegt als Folge der Auflösung der Liquidationsbesteuerung nach §§ 11, 12 KStG.

2.2.2 Folgen für die Gesellschaft im Zuzugstaat

Verlegt eine Gesellschaft ihren Sitz von Deutschland ins europäische Ausland, so ist dies nicht unter Wahrung der Rechtspersönlichkeit möglich. Das deutsche Recht zwingt die Gesellschaft zur Auflösung. Damit bleibt

---

16 Vgl. GROßFELD, in: Staudinger, IntGesR, Rdnr. 610.

17 Zum Auflösungsverfahren einer Aktiengesellschaft im einzelnen vgl. SCHMIDT, Gesellschaftsrecht, § 30 IV 3; KÜBLER, Gesellschaftsrecht, § 15 VI.

18 Zum Auflösungsverfahren einer GmbH im einzelnen vgl. SCHMIDT, Gesellschaftsrecht, § 38 IV 3; KÜBLER, Gesellschaftsrecht, § 17 VII.

der Gesellschaft im Zuzugstaat nur die Neugründung nach den dort geltenden nationalen Vorschriften. Nach dieser restriktiven deutschen Rechtspraxis kann aus deutscher Sicht ein anderer Staat gar kein Zuzugstaat für ein Unternehmen sein.

2.3 Möglichkeiten der Sitzverlegung nach deutschem Sachrecht

Im Ergebnis ist festzuhalten, dass das deutsche Sachrecht die Frage, ob ein Unternehmen seinen einmal festgelegten Standort in andere Rechtskreise verlegen kann, ganz klar mit „nein" beantwortet. Aus Gründen des Schutzes verschiedenster Interessen soll es einem Unternehmen nicht möglich sein den Rechtskreis zu verlassen, dem es seine tatsächliche Existenz verdankt.

Die Neugründungs- und die Auflösungspflicht sind aber nur dann zu beachten, wenn bei einem Sachverhalt mit einer Verbindung zum Recht eines ausländischen Staates aufgrund der kollisionsrechtlichen Verweisung deutsches Sachrecht Anwendung findet. Aus diesem Grund ist weiter zu prüfen, wann bei einem grenzüberschreitenden Standortwechsel eines Unternehmens auf deutsches Sachrecht überhaupt verwiesen wird.

3. Revidierung der getroffenen Standortentscheidung

Traditionell werden betriebswirtschaftliche Standortentscheidungen zwar als schwer revidierbar bezeichnet, dennoch kann es zeitweise für ein Unternehmen günstig sein - z.B. unter Beachtung des Marktmotivs oder auch des Kostendruckmotivs - seine getroffene Standortentscheidung zu widerrufen und sich an einem neuen Standort anzusiedeln.

Welche Folgen die grenzüberschreitende Verlegung des Unternehmens, insbesondere des Verwaltungs- und/oder des Satzungssitzes nach sich zieht, ist davon abhängig, welcher Theorie der Mitgliedstaat, dessen Recht auf die Gesellschaft Anwendung findet, folgt. Durch das Fehlen gesetzlicher Regelungen zur Bestimmung des anwendbaren Rechts[19] bleibt die Diskussion um die Anwendbarkeit der Sitztheorie oder der Gründungstheorie in Deutschland bestehen. Die deutsche Rechtsprechung folgt der Sitz-

[19] Bei der Neuregelung des EGBGB von 1986 wollte sich der Gesetzgeber aufgrund der Auseinandersetzung zwischen den Vertretern der Sitztheorie und den Vertretern der Gründungstheorie für keine der beiden Theorien entscheiden. Zu den Motiven für die Nichtbehandlung des Internationalen Gesellschaftsrechts bei der IPR - Reform von 1986 siehe die Begründung zum Gesetzentwurf der Bundesregierung: Gesetz zur Neuregelung des Internationalen Privatrechts, BT-Drucks. 10/504.

theorie.[20] Im Schrifttum finden beide Theorien sowohl Befürworter als auch Gegner.[21] Eine internationale Unternehmenssitzverlegung ist also nicht frei von dem Streit um die Anwendbarkeit der Sitz- oder Gründungstheorie.

Nachfolgend werden die Konsequenzen der grenzüberschreitenden Verlegung eines Unternehmens in Form einer Kapitalgesellschaft erörtert. Unterschieden wird dabei zwischen der Verlegung des Verwaltungssitzes unter Beibehaltung des Satzungssitzes, der gleichzeitigen Verlegung von Verwaltungs- und Satzungssitz und der Verlegung des Satzungssitzes unter Beibehaltung des Verwaltungssitzes. Dies sind die drei einschlägigen Möglichkeiten, die einem Unternehmen zur Verlegung seines Standortes offen stehen.

3.1 Verlegung des Verwaltungssitzes unter Beibehaltung des Satzungssitzes

Bei der Verlegung des effektiven Verwaltungssitzes sind unterschiedliche Konstellationen unter Geltung unterschiedlicher Theorien (Gründungstheorie / Sitztheorie) vorstellbar.

3.1.1 Verlegung des Verwaltungssitzes von Deutschland ins europäische Ausland

Verlegt ein Unternehmen in Form einer deutschen Kapitalgesellschaft nur seinen Verwaltungssitz in einen Mitgliedstaat der EG, der der *Sitztheorie* folgt, der Satzungssitz verbleibt aber in Deutschland, so gilt Folgendes:

Unabhängig von einer genauen kollisionsrechtlich Betrachtung[22] besteht die entscheidende Rechtsfolge der Sitztheorie darin, dass eine Gesellschaft für

---

20 Vgl.: BGHZ 53, 181, 183; BGH, WM 1979, S. 692, 693; BGH, NJW 1984, S. 2762; BGHZ 97, 269, 271.

21 Befürworter der Sitztheorie: z.B. GROßFELD, in: Staudinger, IntGesR; HELDRICH, in: Palandt; WESTERMANN, in: Scholz, GmbHG. Befürworter der Gründungstheorie: z.B. BEHRENS, in: Hachenburg, Kommentar zum GmbHG; KNOBBE-KEUK, ZHR 1990, S. 325 ff.

22 Bei der ausschließlichen Verlegung des Verwaltungssitzes kommt es zum Auseinanderfallen von Satzungssitz und Verwaltungssitz. Der Satzungssitz der Gesellschaft verbleibt im Wegzugstaat (Deutschland), während der Verwaltungssitz grenzüberschreitend verlegt wird (EG-Ausland). Da die Sitztheorie das Gesellschaftsstatut anhand des effektiven Verwaltungssitzes bestimmt, führt, unabhängig vom Verbleib des Satzungssitzes im Inland, die Verlegung des Verwaltungssitzes ins Ausland zu einer Verweisung auf das Recht des Zuzugstaates. *Kollisionsrechtlich* zu beachten ist hierbei Art. 4 Abs. 1 EGBGB. Nach Abs. 1 S. 1 wird durch die Verweisung auf das Recht des Zuzugstaates dessen Kollisionsrecht angerufen, es sei denn, dies würde dem Sinn der Verweisung widersprechen. Durch die Einbeziehung des Kollisionsrechts des neuen Verwaltungssitzstaates richten sich die internationalprivatrechtlichen Folgen dieser Sitzverlegung danach, ob der Zuzugstaat der Sitztheorie oder der Gründungstheorie folgt. Bei Verlegung des Verwaltungssitzes in einen

den Fall des Auseinanderfallens von Satzungssitz und Verwaltungssitz grundsätzlich nicht als juristische Person angesehen wird.[23] Einer solchen Gesellschaft wird in Deutschland nach der Sitztheorie keine Rechtsfähigkeit zuerkannt.[24] Eine Ausnahme ist nur dann gegeben, wenn eine staatsvertragliche Vereinbarung[25] zwischen den betroffenen Staaten über die gegenseitige Anerkennung aller im jeweiligen Hoheitsgebiet der Vertragsstaaten wirksam gegründeten Gesellschaften existiert.[26]

Außerdem ist bei einer Verlegung des Verwaltungssitzes einer nach deutschem Recht gegründeten Gesellschaft zu beachten, dass nach der herrschenden Meinung die Verlegung des Verwaltungssitzes in ein anderes Land einen zwingenden Grund zur Auflösung und Abwicklung der Gesellschaft darstellt.[27]

Verlegt ein Unternehmen in Form einer deutschen Kapitalgesellschaft nur seinen Verwaltungssitz in einen Mitgliedstaat der EG, der der *Gründungstheorie* folgt, so findet auch hier – unabhängig von den kollisionsrechtlichen Konsequenzen[28] - die nach deutschem Sachrecht geltende Auflö-

---

Staat, der der *Sitztheorie* folgt, kommt es zu einem Statutenwechsel (vgl. GROßFELD, in: Staudinger, IntGesR, Rdnr. 608), d.h. auf die Gesellschaft findet nunmehr das Recht des Zuzugstaates Anwendung. Das ursprüngliche Gesellschaftsstatut bleibt nicht bestehen. Folgt der Zuzugstaat der Sitztheorie, so kommt es zu keiner Rückverweisung auf das deutsche Recht i.S.d. Art. 4 Abs.1 EGBGB. Kollisionsrechtlich ist damit die Prüfung abgeschlossen, da nun feststeht, dass auf die Gesellschaft das Recht des Zuzugstaates Anwendung findet.

23 Vgl. BGHZ 53, 181, 184; BGHZ 97, 269, 272; LG Köln, RIW 1987, 54 f.

24 Vgl. BEHRENS, in: Hachenburg, Kommentar zum GmbHG, Einl., Rdnr. 114; GROßFELD, in: Staudinger, IntGesR, Rdnr. 108.

25 Vgl. hierzu die einschlägigen Nachweise bei LÜDERITZ, in: Soegel, Vor Art. 7 EGBGB, Rdnr. 207 ff.

26 Vgl. BEHRENS, in: Hachenburg, Kommentar zum GmbHG, Einl. Rdnr. 115.

27 Vgl. GROßFELD, in: Staudinger, IntGesR, Rdnr. 610; WESTERMANN, in: Scholz, Kommentar zum GmbHG, Einl. Rdnr. 130; RITTNER, in: Rowedder u.a, Kommentar zum GmbHG, Einl. Rdnr. 201.

28 Verlegt eine Gesellschaft ihren Verwaltungssitz in einen Staat, der der Gründungstheorie folgt, ergeben sich *kollisionsrechtlich* folgende Konsequenzen: Die zunächst aus deutscher Sicht anzuwendende Sitztheorie verweist auf das Recht des Zuzugstaates, da sich dort der neue Verwaltungssitz befindet. Nach Art. 4 Abs.1 EGBGB ist dann dessen Kollisionsrecht zu beachten. Folgt der Zuzugstaat der Gründungstheorie, so ist auf die Gesellschaft das Recht des Staates anzuwenden, in welchem sich die Gesellschaft gegründet hat. Ausgehend vom Gründungsort Deutschland verweist die Gründungstheorie und damit das Kollisionsrecht zurück auf das deutsche Recht. Diese Rückverweisung wird vom deutschen Recht angenommen (vgl. BGH BB 1969, 892; GROßFELD, in: Staudinger, IntGesR, Rdnr. 107; OLG Frankfurt, RIW 1990, S. 885). Dadurch finden gem. Art. 4 Abs.1 S.2 EGBGB die deutschen Sachvorschriften Anwendung.

sungspflicht für die Gesellschaft Anwendung. Eine Verlegung des Verwaltungssitzes einer deutschen Kapitalgesellschaft in einen Mitgliedstaat, der der Gründungstheorie folgt, ist nicht möglich. Das Unternehmen hat sich in Deutschland aufzulösen und im Zuzugstaat neu zu gründen.

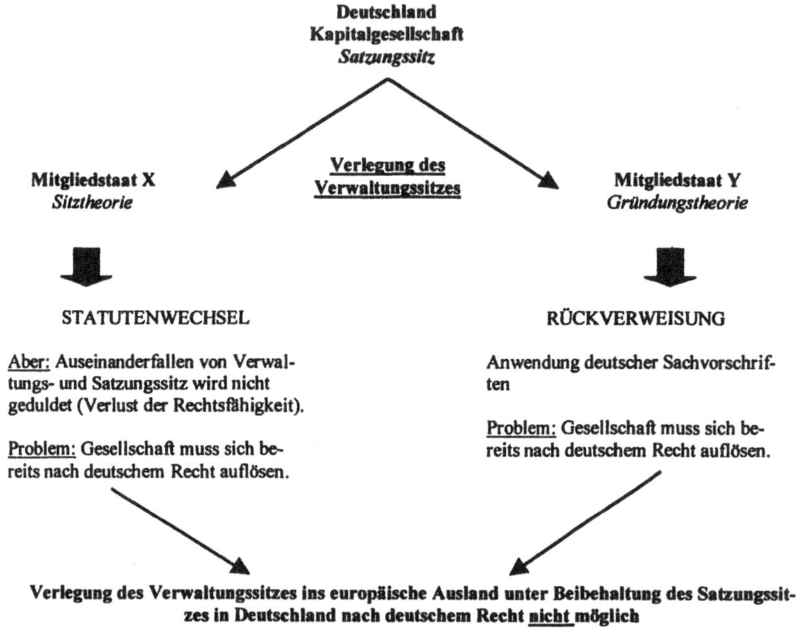

Abbildung 13: Verlegung des Verwaltungssitzes

Die Folgen dieser Rückverweisung auf das deutsche Recht sind nicht ganz unumstritten. Teilwiese wird vertreten, dass die Gesellschaft nur dann aufzulösen sei, wenn kein Satzungssitz im Inland o-der keine „sonstige Geschäftstätigkeit" im Inland mehr verbleibt (vgl. EBENROTH/WILKEN, JZ 1991, S. 1014, S. 1019 f.; RG IPRspr 1934 Nr. 14; KNOBBE-KEUK, ZHR 1990, S. 350; KROPHOLLER, Internationales Privatrecht, § 55 I 2b). Die herrschende Meinung hingegen stellt aber allein auf die Verlegung des Verwaltungssitzes ab, unabhängig davon, ob der Zuzugstaat der Gründungs- oder der Sitztheorie folgt (vgl. GROßFELD, in: Staudinger, IntGesR, Rdnr. 629; EBKE, ZGR 1987, S. 255).

3.1.2 Verlegung des Verwaltungssitzes vom europäischen Ausland nach Deutschland

Ein Unternehmen in Form einer ausländischen Kapitalgesellschaft verlegt nur seinen Verwaltungssitz aus einem Mitgliedstaat der EG, der der *Sitztheorie* folgt nach Deutschland. Der Satzungssitz verbleibt im Gründungsstaat. Es geht also um die Folgen der Verlegung des Verwaltungssitzes einer ausländischen Gesellschaft ins Inland unter Beibehaltung ihres ausländischen Satzungssitzes.

Grundsätzlich gilt, dass eine ausländische Gesellschaft im Zuzugstaat dann nicht existieren kann, wenn das Recht des Wegzugstaates die Gesellschaft beim Wegzug auflöst.[29] Folgt also der Wegzugstaat der Sitztheorie, so ergibt sich in der Regel aus dem nationalen Sachrecht eine Auflösungspflicht der Gesellschaft im Wegzugstaat.[30] Daraus folgt, dass diese Gesellschaft auch im Zuzugstaat (Deutschland) nicht fortbestehen kann, sondern sich neu gründen muss.

Folgt der Wegzugstaat aber der *Gründungstheorie*, so wird der Umzug der Gesellschaft nicht mit ihrer Auflösung und Liquidation sanktioniert, da aus Sicht des Wegzugstaates kein Statutenwechsel stattfindet. Weitere Konsequenzen, die sich für die Gesellschaft ergeben könnten, hängen davon ab, ob der Zuzugstaat selbst die Gesellschaft fortbestehen lässt oder ihr andere Verpflichtungen abverlangt.[31] Dies beurteilt sich nach dem nationalen Sachrecht des Zuzugstaats.

Bei dem Zuzug einer ausländischen Gesellschaft nach Deutschland verlangt die herrschende Meinung eine Neugründung der Gesellschaft und damit einen Neuerwerb der Rechtsfähigkeit im Inland. Dies gilt unabhängig davon, ob der Wegzug der ausländischen Gesellschaft schon schadet oder nicht.[32] Diese Folge soll auch dann eintreten, wenn die ausländische Gesellschaft eine Anpassung an die inländische Gesellschaftsstruktur vornimmt[33] bzw. selbst dann, wenn das ausländische Recht mit dem deutschen

---

[29] Vgl. GROßFELD, in: Staudinger, IntGesR, Rdnr. 640; OLG Frankfurt a.M., DB 1990, S. 1224.

[30] Vgl. zu den Wegzugsmöglichkeiten von Gesellschaften aus Staaten, die der Sitztheorie folgen BEHRENS, in: Behrens, Die GmbH im internationalen und europäischen Recht.

[31] BGHZ 97, 269, 271 f.; IPRspr 1986 Nr. 19, S. 40; OLG Zweibrücken, IPRax 1991, S. 406; BayObLG, WM 1982, S. 521; GROßFELD, in: Staudinger, IntGesR, Rdnr. 641.

[32] Vgl. GROßFELD, in: Staudinger, IntGesR, Rdnr. 642; BGHZ 97, 269; KG, NJW 1989, S. 3100; OLG Nürnberg, IPRspr 1984 Nr. 120, S. 281.

[33] Vgl. GROßFELD, in: Staudinger, IntGesR, Rdnr. 642; OLG Zweibrücken, WM 1990 mit Anmerkung GROßFELD/KÖNIG, IPRax 1991, S. 380.

Recht inhaltlich übereinstimmt.[34] Für die ausländischen Kapitalgesellschaften bedeutet dies, dass sie sich im Fall der angestrebten Rechtsform einer Aktiengesellschaft nach dem Aktiengesetz und bei der angestrebter Rechtsform einer Gesellschaft mit beschränkter Haftung nach den Vorschriften des GmbH-Gesetzes neu gründen müssen.[35] Damit erlangen die „ausländischen" Gesellschaften erst nach Neugründung mit der Eintragung in das deutsche Handelsregister Rechtsfähigkeit.[36] Eine identitätswahrende grenzüberschreitende Sitzverlegung einer ausländischen Gesellschaft wird somit letztlich durch deutsches Sachrecht vereitelt.

Mitgliedstaat Z folgt der
Gründungstheorie
Kapitalgesellschaft
Satzungssitz

Verlegung des
Verwaltungssitzes

↓

KEIN STATUTENWECHSEL

Die ursprünglich auf die Gesellschaft anwendbare Rechtsordnung gilt weiterhin.

Problem: Gesellschaft muss sich in Deutschland nach deutschem Recht neu gründen.

↓

Verlegung des Verwaltungssitzes unter Beibehaltung des ausländischen Satzungssitzes nach Deutschland ist nicht möglich

---

Abbildung 14: Verlegung des ausländischen Verwaltungssitzes

3.1.3 Ergebnis – Auswirkungen auf das betroffene Unternehmen

Im Ergebnis bleibt festzuhalten, dass eine Verlegung des Verwaltungssitzes einer deutschen Gesellschaft ins Ausland unter Beibehaltung des Satzungssitzes in Deutschland bzw. die Verlegung des Verwaltungssitzes einer aus-

---

[34] Vgl. GROßFELD, in: Staudinger, IntGesR, Rdnr. 642; RGZ 159, 33, 49.

[35] Zu den einzelnen Gründungsvoraussetzungen und -schritten vgl. für die AG vgl. SCHMIDT, Gesellschaftsrecht, § 27 II; KÜBLER, Gesellschaftsrecht, § 15 I; vgl. für die GmbH SCHMIDT, Gesellschaftsrecht, § 34 II; KÜBLER, Gesellschaftsrecht, § 17 III.

[36] Vgl. § 41 Abs. 1 AktG bzw. § 11 Abs. 1 GmbHG.

ländischen Gesellschaft nach Deutschland unter Beibehaltung ihres ausländischen Satzungssitzes identitätswahrend nicht möglich ist. Dies liegt aber nicht an der Sitztheorie selbst, sondern an der Forderung des deutschen Rechts nach Neugründung bzw. Auflösung bei einem grenzüberschreitenden Sitzwechsel einer Gesellschaft.

3.2 Gleichzeitige Verlegung von Verwaltungs- und Satzungssitz

Will sich eine Gesellschaft von ihrem Umfeld völlig lösen, so kann sie sowohl ihren Verwaltungssitz als auch ihren Satzungssitz gleichzeitig verlegen. Dies gilt für eine deutsche Gesellschaft, die ihren Sitz ins Ausland verlegen will als auch für eine ausländische Gesellschaft, die ihren Verwaltungs- und Satzungssitz nach Deutschland verlegen will.

Allerdings gilt auch hier - unabhängig vom Kollisionsrecht[37] - Die Auflösungs- bzw. Neugründungspflicht. Hinsichtlich der Auflösungspflicht entschied das BayObLG,[38] dass die gleichzeitige Verlegung von Verwaltungs- und Satzungssitz nicht möglich ist, da auch hier für die Gesellschaft eine Pflicht zur Auflösung besteht.[39] Bezüglich der Neugründungspflicht führt das OLG Zweibrücken aus,[40] dass das deutsche Recht eine identitätswahrende Sitzverlegung einer ausländischen Gesellschaft in das Inland nicht

---

37 Die gleichzeitige Verlegung von Verwaltungs- und Satzungssitz einer deutschen Gesellschaft ins Ausland führt *kollisionsrechtlich* zu einem Statutenwechsel. Denn unter Anwendung der Sitztheorie wird bei Verlegung des Verwaltungssitzes auf das Recht des Zuzugstaates verwiesen. Aus kollisionsrechtlicher Sicht gibt es somit keine Unterschiede zwischen der Verlegung des Verwaltungssitzes unter Beibehaltung des Satzungssitzes im Inland und der gleichzeitigen Verlegung von Verwaltungs- und Satzungssitz ins Ausland.

Folgt der Zuzugstaat allerdings der *Gründungstheorie*, die das Gesellschaftsstatut an den Gründung-sort der Gesellschaft knüpft, so wird grundsätzlich zurück auf deutsches Recht verwiesen. Da sich aber bei gleichzeitiger Verlegung von Verwaltungs- und Satzungssitz der Satzungssitz nicht mehr im Gründungsstaat befindet, kommt es zu keiner Rückverweisung i.S.d. Art. 4 Abs.1 EGBGB. Es ist daher auch bei Geltung der Gründungstheorie im Zuzugstaat von einem Statutenwechsel auszugehen (vgl. EBENROTH, in: MüKo, nach Art. 10 EGBGB, Rdnr. 222).

Verlegt eine ausländische Gesellschaft sowohl ihren Verwaltungs- als auch ihren Satzungssitz nach Deutschland, so folgt aus *kollisionsrechtlicher* Sicht ein Statutenwechsel. Dies ist unabhängig davon, ob der Wegzugstaat der Sitz- oder der Gründungstheorie folgt. Denn die für das Gesellschaftsstatut maßgebenden Anknüpfungsmerkmale beider Theorien werden nach Deutschland verlegt (vgl. THÖMMES, DB 1993, S. 1022; SCHÜMANN, EuZW 1994, S. 270).

38 Vgl. EuZW 1992, S. 548 ff. = DB 1992, S. 1400 = ZIP 1992, S. 842 = DNotZ 1993, S. 187 mit zustimmender Anmerkung von EBENROTH/AUER.

39 Vgl. auch EBENROTH, in: MüKo, Nach Art. 10 EGBGB, Rdnr. 222; EBENROTH/AUER, JZ 1993, S. 375.

40 Vgl. OLG Zweibrücken, NJW 1990, S. 3092 f.

zulässt. Die einzige Möglichkeit für die ausländische Gesellschaft besteht darin, sich im Inland neu zu gründen.[41]

3.3 Verlegung des Satzungssitzes unter Beibehaltung des Verwaltungssitzes

Neben der Verlegung des Verwaltungssitzes hat eine Gesellschaft aber auch die Möglichkeit, lediglich ihren Satzungssitz (statutarischer Sitz) unter Beibehaltung ihres Verwaltungssitzes zu verlegen.[42]

Verlegt ein Unternehmen in Form einer deutschen Kapitalgesellschaft seinen Satzungssitz ins Ausland, so ist dafür ein Gesellschafterbeschluss notwendig. Die Folgen des Beschlusses, den Satzungssitz zu verlegen, sind umstritten.[43] Die herrschende Meinung geht davon aus, dass der Beschluss zur Verlegung des Satzungssitzes[44] gleichzeitig als Beschluss zur Auflösung der Gesellschaft anzusehen sei.[45] Begründet wird dies mit der Bedeutung des Satzungssitzes für die deutsche Gerichts- und Behördenzuständigkeit. Denn nur so bleibt die Durchsetzung des deutschen Gesellschaftsrechts und eine darauf zugeschnittene gerichtliche und behördliche Kontrolle gewährleistet.[46] Durch diese Sanktion wird die Verlegung des Satzungssitzes verhindert.[47]

---

41 Vgl. EBENROTH, in: MüKo, Nach Art. 10 EGBGB, Rdnr. 218, 228; KALIGIN, DB 1985, S. 1455; EYLES, Das Niederlassungsrecht der Kapitalgesellschaften in der Europäischen Gemeinschaft, S. 373.

42 Kollisionsrechtlich gilt für die Verlegung des Satzungssitzes eines Unternehmens unter gleichzeitiger Beibehaltung seines Verwaltungssitzes in Deutschland, dass aus deutscher Sicht aufgrund der Sitztheorie kein Wechsel des Gesellschaftsstatuts stattfindet (vgl. ASSMANN, in: GroßKomm, Einl. Rdnr. 565, Fn. 134; GROßFELD, in: Staudinger, IntGesR, Rdnr. 650). Da sich der effektive Verwaltungssitz der Gesellschaft nach wie vor in Deutschland befindet, bleibt auf die Gesellschaft deutsches Gesellschaftsrecht anwendbar. *Kollisionsrechtlich* besteht daher für die Gesellschaft kein Hinderungsgrund für die Verlegung des Satzungssitzes ins Ausland.

43 GROßFELD bemängelt, dass die Diskussion darunter leidet, dass oft nicht zwischen dem Beschluss über die Verlegung des Verwaltungssitzes und der Verlegung des Satzungssitzes unterschieden wird (vgl. GROßFELD, in: Staudinger, IntGesR, Rdnr. 651).

44 Dabei spielt es keine Rolle, ob der Beschluss zur Verlegung des Satzungssitzes einstimmig getroffen wurde oder nicht (vgl. GROßFELD, in: Staudinger, IntGesR, Rdnr. 653).

45 Vgl. GROßFELD, in: Staudinger, IntGesR, Rdnr. 651; EBENROTH/AUER, JZ 1993, S. 375; ULMER, in: Hachenburg, Kommentar zum GmbHG, § 3 Rdnr. 18. A.A. NUßBAUM, Deutsches Internationales Privatrecht 1932, S. 204; WIEDEMANN, GesR 1, S. 870.

46 Vgl. GROßFELD, in: Staudinger, IntGesR, Rdnr. 651, 652.

47 Zu fragen bleibt, ob sich an diesem Ergebnis etwas ändert, wenn man statt der Sitztheorie die Geltung der Gründungstheorie innerhalb Deutschlands zugrunde legt. *Kollisionsrechtlich* führt die Verlegung des Satzungssitzes bei Geltung der Gründungstheorie zu einem Wechsel des Gesellschaftsstatuts. Denn die meisten Gesellschaftsrechte der einzelnen

Verlegt eine ausländische Gesellschaft ihren Satzungssitz unter Beibehaltung ihres ausländischen Verwaltungssitzes nach Deutschland, so ist zunächst zu beachten, dass die Satzungssitzverlegung der ausländischen Gesellschaft grundsätzlich nach dem ausländischen Kollisionsrecht des Wegzugstaates möglich sein muss.[48]

Auch die *sachrechtlichen* Folgen des Satzungssitzwechsels richten sich zuallererst nach dem Recht des Wegzugstaates. Verliert die Gesellschaft aufgrund des Satzungssitzwechsels nach dem Recht des Wegzugstaates ihre Rechtsfähigkeit, so kann sie auch im Zuzugstaat keine Rechtsfähigkeit beanspruchen. Gewährt der Wegzugstaat aber tatsächlich die Verlegung des Satzungssitzes, so scheitert die Verlegung am deutschen Sachrecht. § 5 Abs. 2 AktG beinhaltet für die Gesellschaft zwar eine Wahlfreiheit hinsichtlich ihres Satzungssitzes, diese Wahlfreiheit bezieht sich allerdings nur auf mögliche Satzungssitze innerhalb Deutschlands,[49] da § 5 AktG[50] keine Kollisionsnorm darstellt, sondern die Anwendbarkeit deutschen Rechts voraussetzt.[51] Eine Eintragung des Satzungssitzes ins deutsche Handelsregister wird daher nicht vorgenommen, denn es fehlt an der Eintragung der Gründung einer Gesellschaft nach deutschem Recht.[52]

Nach anderer Ansicht soll zumindest dann etwas anderes gelten, wenn eine Gesellschaft mit ausländischem Verwaltungssitz ihren Satzungssitz ins In-

---

Staaten verlangen, dass sich zumindest der Satzungssitz im Gründungsstaat befindet (vgl. BEHRENS, EuZW 1992, S. 550), so dass das Gründungsrecht mit dem Recht des Satzungssitzes identisch ist (vgl. KRUSE, Sitzverlegungen von Kapitalgesellschaften innerhalb der EG, S. 8). Auch das deutsche Recht verlangt, dass bei der Gründung einer inländischen Gesellschaft ein inländischer Satzungssitz vorliegt (vgl. BEHRENS, in: Behrens, Die Gesellschaft mit beschränkter Haftung im internationalen und europäischen Recht, IPR Rdnr. 62). Der Satzungssitz einer Gesellschaft muss daher im Inland verbleiben, da ansonsten den deutschen Gerichten die internationale Zuständigkeit entzogen wäre (vgl. BGHZ 19, 102, 105; BGHZ 29, 238; RGZ 107, 94,97). Folgt man daher im deutschen Recht der Gründungstheorie, so erfolgt zwar ein Statutenwechsel, gleichwohl würde das deutsche Recht die Verlegung des Satzungssitzes auch in diesem Fall nicht akzeptieren.

48 Vgl. KRUSE, Sitzverlegungen von Kapitalgesellschaften innerhalb der EG, S. 47.

49 Vgl. EBENROTH, in: MüKo, Anhang zu Art. 12 EGBGB, 239 f.; WESTERMANN, in: Scholz, Kommentar zum GmbHG, Einl. Rdnr. 101.

50 Nach WESTERMANN, in: Scholz, Kommentar zum GmbHG, Einl. Rdnr. 101 ist § 5 AktG lediglich zu entnehmen, dass eine Gesellschaft, die dem deutschen Recht unterliegt, auch einen Satzungssitz in Deutschland haben muss.

51 Vgl. LÜDERITZ, in: Soergel, Vor Art. 7 EGBGB, Rdnr. 205; BEHRENS, in: Hachenburg, Kommentar zum GmbHG, Einl. Rdnr. 135.

52 Vgl. ECKARDT, in: Geßler/Hefermehl/Eckardt/Kropff, Kommentar zum AktG, § 45 Rdnr. 19.

land verlegt und daneben zumindest beabsichtigt im Inland einen Betrieb zu errichten.[53]

Abbildung 15: Verlegung des Satzungssitzes

Im Ergebnis bleibt festzuhalten, dass es nach geltendem Recht bislang einer deutschen Gesellschaft nicht möglich ist, ihren Satzungssitz unter Beibehaltung des Verwaltungssitzes im Inland ins Ausland zu verlegen. Auch die Verlegung des Satzungssitzes einer ausländischen Gesellschaft nach Deutschland unter Beibehaltung des Verwaltungssitzes im Ausland wird vom deutschen Recht nicht akzeptiert.

---

53 Vgl. KOPPENSTEINER, S. 128; BEITZKE, Kollisionsrecht, S. 108.

4. Gründung einer Zweigniederlassung

Ein Unternehmen, dass einen Standort innerhalb einer fremden Volkswirtschaft anstrebt, kann den Standort auch in Form einer Zweigniederlassung wahrnehmen. Die Frage der wirksamen Existenz der Zweigniederlassung nach deutschem Recht, gliedert sich in *kollisionsrechtliche* und *registerrechtliche* Voraussetzungen. Das Gesetz zur Durchführung der Elften gesellschaftsrechtlichen Richtlinie des Rates der Europäischen Gemeinschaften vom 22.7.1993 hat die registerrechtlichen Vorschriften[54] für Zweigniederlassungen neu geregelt. Damit diese Vorschriften aber auf die Zweigniederlassung Anwendung finden, muss die ausländische Muttergesellschaft im Inland anerkannt sein.[55]

Der Zweigniederlassung[56] kommt im Gegensatz zur Tochtergesellschaft niemals eine eigene Rechtspersönlichkeit zu.[57] Die Zweigniederlassung ist lediglich die Niederlassung einer Handelsgesellschaft, an der die Beschäftigten teils abhängig von der Hauptniederlassung, teils unabhängig von ihr wirken.[58] Die rechtlichen Verhältnisse der Zweigniederlassung - z.B. Rechtsfähigkeit, Beziehungen der Gesellschafter untereinander - werden nach dem Recht der ausländischen Muttergesellschaft beurteilt.[59] Die Zweigniederlassung leitet ihre Existenz also von der ausländischen Muttergesellschaft ab. Ist diese in Deutschland anerkannt, kann die Zweigniederlassung ins Handelsregister eingetragen werden.

Zunächst ist daher aus kollisionsrechtlicher Sicht das Gesellschaftsstatut der Muttergesellschaft zu bestimmen. Nach deutschem Recht wird die Muttergesellschaft automatisch anerkannt, wenn die Anforderungen der Sitztheorie erfüllt sind (Prinzip der automatischen Anerkennung).[60] Eines eigenständigen Anerkennungsaktes bedarf es heute nicht mehr. Vielmehr tritt an dessen Stelle die kollisionsrechtliche Verweisung auf das Heimatrecht, d.h. auf das Gesellschaftsstatut. Verleiht das nach der Sitztheorie bestimmte Gesellschaftsstatut als Gründungsrecht dem Gebilde Rechtsfähigkeit, so

---

[54] Vgl. §§ 13 – 13h HGB.

[55] GROßFELD, in: Staudinger, IntGesR, Rdnr. 1009.

[56] Begriff und Errichtung der Zweigniederlassung folgen deutschem Recht. Vgl. MüKo z. HGB, § 13d Rdnr. 10.

[57] Vgl. MüKo z. HGB, § 13d Rdnr. 10.

[58] Vgl. Baumbach / Hopt, HGB, § 13 Rdnr. 3.

[59] Vgl. MüKo z. HGB, § 13d Rdnr. 11. Dies führt zu einer eher geringen Akzeptanz bei den Geschäftspartnern vor Ort.

[60] Vgl. GROßFELD, in: Staudinger, IntGesR, Rdnr. 167.

nimmt das deutsche Recht dies hin.[61] Nach der in Deutschland vorherrschenden Sitztheorie[62] ist Gesellschaftsstatut das Recht des Staates, in dem die Gesellschaft ihren tatsächlichen Verwaltungssitz hat.[63]

Erlangt die ausländische Muttergesellschaft aus deutscher Sicht aber keine Rechtsfähigkeit, so muss nach ihrem eigenen Schicksal gefragt werden, soweit die Niederlassung im Inland ihre Geschäftstätigkeit aufgenommen hat. Fraglich ist, wie die Niederlassung rechtlich zu behandeln ist. Wem gehört das Vermögen, wie sind die Vertretungsverhältnisse der Niederlassung im Außenverhältnis zu bewerten und wer haftet für die Verbindlichkeiten?

Im deutschen Gesellschaftsrecht herrscht Rechtsformzwang. Wer ein Unternehmen errichten will, das eigenes Vermögen begründen kann, selbständig handeln und haften soll, muss gesetzliche Mindestvoraussetzungen erfüllen.[64] Nur innerhalb der vom Gesetzgeber zur Verfügung gestellten Rechtsformen (numerus clausus des Gesellschaftsrechts) besteht Wahlfreiheit. Der Grund dieser Begrenzung der Privatautonomie ist in der Rechtssicherheit des Verbandsrechts zu sehen.[65] Um dem Gedanken des Verkehrsschutzes gerecht zu werden, normiert das Gesellschaftsrecht Regeln, die die Wahrung der unterschiedlichen Interessen der Unternehmensbeteiligten (Gesellschafter, Gläubiger, Arbeitnehmer) gewährleisten sollen.

Als Grundsatz gilt, dass das zu betrachtende Gebilde nach dem Recht des tatsächlichen Verwaltungssitzes zu behandeln ist.[66] Befindet sich der Verwaltungssitz in Deutschland, findet deutsches Recht auf das Gebilde Anwendung. Nur wenn die einschlägigen Gründungsvorschriften erfüllt sind, kann das Gebilde als eine Gesellschaft des deutschen Rechts angesehen werden.

Für eine Zweigniederlassung, deren Muttergesellschaft vom deutschen Recht als nicht existent angesehen wird, ist damit zu prüfen, welchem Gesellschaftstyp des deutschen Rechts die Niederlassung entspricht. Zur wirksamen Gründung einer Kapitalgesellschaft ist die Eintragung ins Handels-

---

61 Vgl. ASSMANN, in: Großkommentar, Einl. Rdnr. 561.

62 Der Sitztheorie folgen neben Deutschland Belgien, Frankreich, Luxemburg, Österreich, Portugal und Italien; vgl. LÜDERITZ, in: Soergel, Art. 10 Anh. Fn. 4 oder die Länderübersicht bei EBENROTH/EYLES, Teil I, DB 1989, S. 363, Teil II, DB 1989, S. 413.

63 Vgl. GROßFELD, in: Staudinger, IntGesR, Rdnr. 17.

64 Vgl. SCHMIDT, Gesellschaftsrecht, § 5 II 1a.

65 Vgl. SCHMIDT, Gesellschaftsrecht, § 5 II 1a, b. Vgl. auch WIEDEMANN, GesR 1, S. 42.

66 Vgl. GROßFELD, in: Staudinger, IntGesR, Rdnr. 426.

register erforderlich.[67] Eine Eintragung ins Handelsregister kann aber in der Regel nicht vorgenommen werden, da die Mindestkapitalanforderungen bei der Zweigniederlassung nicht denen des deutschen Rechts entsprechen.

Die Zweigniederlassung kann daher lediglich als Personengesellschaft deutschen Rechts klassifiziert werden. Voraussetzung wäre aber auch hier, dass sie einem Personengesellschaftstyp des deutschen Rechts entspricht. In Betracht kommt meist die offene Handelsgesellschaft. Nach § 105 Abs. 1 HGB wäre die Zweigniederlassung dann als oHG anzusehen, wenn ihr Zweck auf den Betrieb eines Handelsgewerbes gerichtet wäre. Auch die wirksame Entstehung einer oHG erfordert die Eintragung ins Handelsregister, allerdings entsteht die Gesellschaft im Verhältnis zu Dritten mit Aufnahme ihrer Geschäftstätigkeit (§ 123 Abs. 2 HGB). Betreibt die Zweigniederlassung kein Handelsgewerbe so ist das Gebilde als Gesellschaft bürgerlichen Rechts anzusehen und die §§ 705 ff. BGB finden auf sie Anwendung.

Besteht die im Inland ansässige Zweigniederlassung aber lediglich aus einem Gesellschafter, so können die Grundsätze des deutschen Personengesellschaftsrechts nicht greifen, da dessen Anwendung das Zusammenwirken mehrerer voraussetzt. Rechtsprechung[68] und Schrifttum[69] haben in solchen Fällen angenommen, dass der alleinige Gesellschafter im Inland als Einzelkaufmann in Anspruch genommen werden könne.[70]

5. Rechtswahlmöglichkeiten für Unternehmen unter alleiniger Einbeziehung des deutschen Rechts und die Auswirkungen auf den Standortentscheidungsprozess

5.1 Rechtswahlmöglichkeiten nach deutschem Recht

Das deutsche Kollisionsrecht bestimmt das Gesellschaftsstatut mit dem effektiven Verwaltungssitz. Bei einem Auseinanderfallen von Satzungssitz und Verwaltungssitz wird die Gesellschaft nach der Sitztheorie nicht als rechtlich existent angesehen. Das bedeutet für die Gesellschaften, dass sowohl der statutarische als auch der Verwaltungssitz in ein und demselben Staat liegen müssen.

---

67 Vgl. § 11 Abs. 1 GmbHG bzw. § 41 Abs. 1 AktG.

68 Vgl. OLG Frankfurt a.M., NJW 1964, S. 2355, 2356.

69 Vgl. EBENROTH/SURA, RabelsZ 1979, S. 315, 341; VON FALKENHAUSEN, RIW 1987, S. 818, 820.

70 Vgl. ZIMMER, Internationales Gesellschaftsrecht, S. 305.

Die Rechtswahlmöglichkeiten eines Unternehmens, das einen Standort in Deutschland errichten will, werden durch die nach deutschem Sachrecht geltende Neugründungspflicht beschränkt. Kapitalgesellschaften mit Sitz in Deutschland können sich nur nach deutschem Recht gründen, es sei denn sie lassen sich als Zweigniederlassung nieder. Voraussetzung einer wirksamen Zweigniederlassung in Deutschland ist aber die Annerkennung der Rechtsfähigkeit der ausländischen Muttergesellschaft.

Die Wahl einer deutschen Rechtsform mit Sitz im Ausland wird ebenfalls durch das deutsche Sachrecht vereitelt. Die Auflösungspflicht zwingt das Unternehmen, sich vor seinem Umzug ins Ausland aufzulösen.

Die Rechtswahlfreiheit von Gesellschaften bei Beteiligung des deutschen Rechts beschränkt sich auf die Möglichkeit der Gründung einer Gesellschaft deutschen Rechts, deren Satzungs- und Verwaltungssitz allerdings in Deutschland verbleiben muss. Lediglich die Errichtung der Zweigniederlassung einer rechtsfähigen ausländischen Muttergesellschaft akzeptiert das deutsche Recht.

5.2 Grundfälle

Für die Ausgangsfälle 1 bis 3 gilt es festzustellen, welche Auswirkungen die deutschen gesellschaftsrechtlichen Vorschriften auf die rechtliche Existenz der Unternehmen haben.

5.2.1 Ausgangsfall 1

Eine wirksam nach niederländischem Recht gegründete „Besloten Vennootschap" (BV) verlegt ihren Verwaltungssitz nach Deutschland.[71]

An den Zuzug ausländischer Gesellschaften knüpft die Rechtsprechung eine Neugründungspflicht.[72] Für die zuziehende niederländische BV bedeutet dies, dass sie ihre Rechtsfähigkeit neu erwerben muss. Dies obwohl die Rechtsform der niederländischen BV durchaus mit der deutschen Gesellschaftsform der GmbH vergleichbar ist.

---

71 Im ersten Schritt ist festzustellen, welchem *Gesellschaftsstatut* das Unternehmen unterliegt. Vor der Verwaltungssitzverlegung ist - auch aus deutscher Sicht - niederländisches Recht anwendbar. Mit der grenzüberschreitenden Verwaltungssitzverlegung findet aus deutscher Sicht ein Statutenwechsel statt. Nach der Sitztheorie findet auf eine Gesellschaft das Recht des Staates Anwendung, in dem die Gesellschaft ihren tatsächlichen Verwaltungssitz hat (vgl. GROßFELD, in: Staudinger, IntGesR, Rdnr. 17). Mit der Verlegung des Verwaltungssitzes von den Niederlanden nach Deutschland, findet nunmehr deutsches Recht auf die Gesellschaft (BV) Anwendung.

72 Vgl. u.a.: RGZ 7, 69; RGZ 88, 55; BGHZ 25, 134.

Aus Sicht des deutschen Gesellschaftsrechts ist eine grenzüberschreitende Verlegung des Verwaltungssitzes unter Beibehaltung der Rechtspersönlichkeit der Gesellschaft nicht möglich. Um am Rechtsverkehr wieder teilnehmen zu können, muss sich die niederländische BV nach den Vorschriften des GmbH-Gesetzes neu gründen. Tut sie dies nicht, ist die Gesellschaft als rechtlich nicht existent anzusehen.

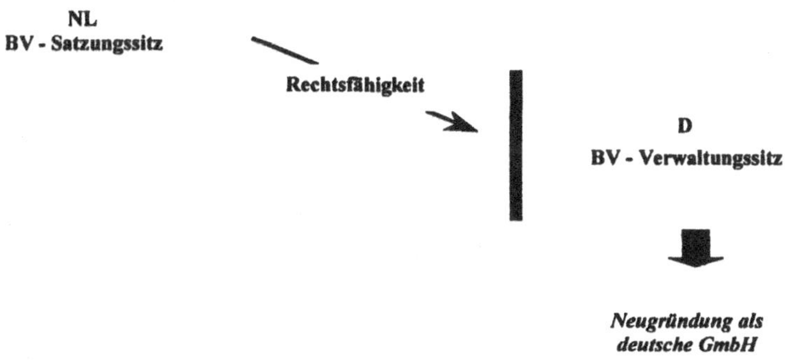

Abbildung 16: Verwaltungssitzverlegung der niederländischen BV

5.2.2 Ausgangsfall 2

Eine nach deutschem Recht wirksam gegründete GmbH verlegt sowohl ihren Satzungssitz als auch den effektiven Verwaltungssitz nach Spanien.

Das deutsche Sachrecht[73] fordert bei Verlegung des Gesellschaftssitzes ins Ausland die Auflösung der GmbH.[74] Der Beschluss der Gesellschafterver-

[73] Aus *kollisionsrechtlicher* Sicht findet ein Statutenwechsel statt. Vor der Sitzverlegung fand deutsches Recht auf die Gesellschaft Anwendung. Aus deutscher Sicht findet nach der Verlegung des Satzungs- und Verwaltungssitzes nach der Sitztheorie nunmehr spanisches Recht auf die Gesellschaft Anwendung. Das spanische Recht billigt den Zuzug ausländischer Gesellschaften, die lediglich eine Anpassung der Satzung und die Publizitätserfordernisse des spanischen Rechts beachten müssen (vgl. KEIL, in: Behrens, Die GmbH im internationalen und europäischen Recht, E Rdnr. 54). Voraussetzung ist aber, dass der bisherige Sitzstaat nicht die Auflösung der Gesellschaft fordert.

[74] Vgl. den Beschluss des OLG Hamm vom 1.2.2001, abgedruckt in: BB 2001, S. 744 f. Darin stellt das OLG fest, dass es auch nach der „Centros" - Entscheidung vom 9.3.1999 dabei bleibt, dass die Sitzverlegung einer in Deutschland gegründeten GmbH nach England zur Auflösung der Gesellschaft führt und deshalb im Handelsregister nicht eingetragen werden kann.

sammlung, den Verwaltungs- und Satzungssitz nach Spanien zu verlegen, wird von der herrschende Meinung als zwingender Grund zur Auflösung und Abwicklung der GmbH gesehen.[75] Diese Rechtsfolge gilt auch, wenn die Gesellschafterversammlung einen entgegenstehenden Willen äußert. Die GmbH muss sich daher in Deutschland auflösen und liquidieren und sich anschließend in Spanien nach spanischem Recht neu gründen.

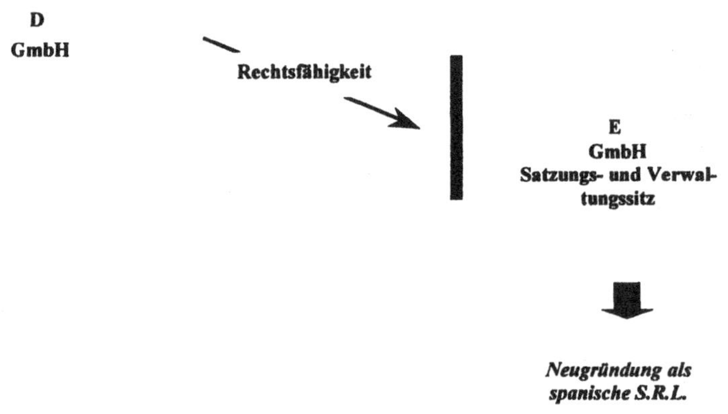

Abbildung 17: Verlegung des Gesellschaftssitzes nach Spanien

5.2.3 Ausgangsfall 3

In Großbritannien wird eine private company limited by shares wirksam gegründet. Nach Gründung und Eintragung der Gesellschaft in das Gesellschaftsregister wird lediglich eine Postadresse in Großbritannien unterhalten. Die gesamte Geschäftstätigkeit wird nach Deutschland verlegt. Dort wird eine Zweigniederlassung der britischen Muttergesellschaft gegründet.

5.2.3.1 Schicksal der Zweigniederlassung nach deutschem Recht

Einer ausländischen Gesellschaft mit Verwaltungssitz in Deutschland wird nach der Sitztheorie keine Rechtsfähigkeit zuerkannt.[76] Die Divergenz zwischen dem Recht, nach dem die Gesellschaft gegründet worden ist, und

---

[75] Vgl. GROßFELD, in: Staudinger, IntGesR, Rdnr. 610.

[76] Vgl. BEHRENS, in: Hachenburg, Kommentar zum GmbHG, Einl., Rdnr. 114; GROßFELD, in: Staudinger, IntGesR, Rdnr. 108.

dem Recht, das nun tatsächlich auf die Gesellschaft Anwendung findet, wird mit der Nichtanerkennung der Gesellschaft als juristische Person bestraft.[77] Begründung dieser Rechtsfolge ist der Interessenschutz des Sitzstaates. Nach dem BayObLG[78] gewährleiste die Sitztheorie, dass regelmäßig das Recht des Staates durchgesetzt werde, der am meisten betroffen sei. Die Sitztheorie ermögliche eine wirksame staatliche Kontrolle und biete den größtmöglichen Schutz der Gläubigerinteressen.

Das bedeutet für den Ausgangsfall, dass die ausländische Muttergesellschaft nach deutschem Recht dann anerkannt wird, wenn sich der effektive Verwaltungssitz in Großbritannien befindet. Im Ausgangsfall ist davon auszugehen, dass die Geschäfte ausschließlich in Deutschland am Sitz der Zweigniederlassung betrieben werden, so dass der effektive Verwaltungssitz nicht im Gründungsstaat sondern in Deutschland liegt. Damit ist die Muttergesellschaft aus deutscher Sicht *nicht* anzuerkennen, unabhängig davon, dass der Satzungssitz weiterhin in Großbritannien liegt. Die entscheidende Rechtsfolge der Sitztheorie besteht ja gerade darin, dass eine Gesellschaft für den Fall des Auseinanderfallens von Satzungssitz und Verwaltungssitz grundsätzlich nicht als juristische Person angesehen wird. Denn die Gesellschaft hat die Gründungsvoraussetzungen des Zuzugstaates, die zur Erlangung der Rechtsfähigkeit erforderlich sind,[79] nicht erfüllt.[80]

Für den Ausgangsfall bedeutet dies:

Die Zweigniederlassung wird von zwei Gesellschaftern betrieben. Aufgrund der fehlenden Gründungsvoraussetzungen für eine GmbH ist nach deutschem Recht von einer Personengesellschaft auszugehen. Ob diese in Form einer oHG oder GbR betrieben wird hängt vom Geschäftsgegenstand bzw. von dem genauen Unternehmenszuschnitt ab.[81] Klar ist aber, dass die

---

77 Vgl. BEHRENS, RIW 1986, S. 591.

78 Vgl. WM 1992, S. 1371 = EuZW 1992, S. 548.

79 Zur Erlangung der Rechtsfähigkeit ist die Registereintragung der Gesellschaft erforderlich (gem. § 41 Abs. 1 AktG bzw. § 11 Abs. 1 GmbHG bestehen die AG bzw. die GmbH vor der Eintragung in das Handelsregister (des Sitzes der Gesellschaft) als solche nicht.). Diese wird aber nur vorgenommen wenn sich der Satzungssitz in dem Staat befindet, wo auch das Register geführt wird (vgl. BEHRENS, in: Behrens, Die GmbH im internationalen und europäischen Recht, IPR Rdnr. 63). Eine Ausnahme dieser Rechtsfolge ist nur dann gegeben, wenn eine staatsvertragliche Vereinbarung (Vgl. hierzu die einschlägigen Nachweise bei LÜDERITZ, in: Soergel, Vor Art. 7 EGBGB, 207 ff.) zwischen den betroffenen Staaten über die gegenseitige Anerkennung aller im jeweiligen Hoheitsgebiet der Vertragsstaaten wirksam gegründeten Gesellschaften existiert (vgl. BEHRENS, in: Hachenburg, Kommentar zum GmbHG, Einl. Rdnr. 115). Eine solche besteht mit Großbritannien nicht.

80 Vgl. BGHZ 53, 181, 184; BGHZ 97, 269, 272; LG Köln, RIW 1987, 54 f.

81 Vgl. § 105 HGB.

beiden Gesellschafter mit ihrem Privatvermögen unbeschränkt haften müssen, obwohl sie gerade diesen Umstand vermeiden wollten.

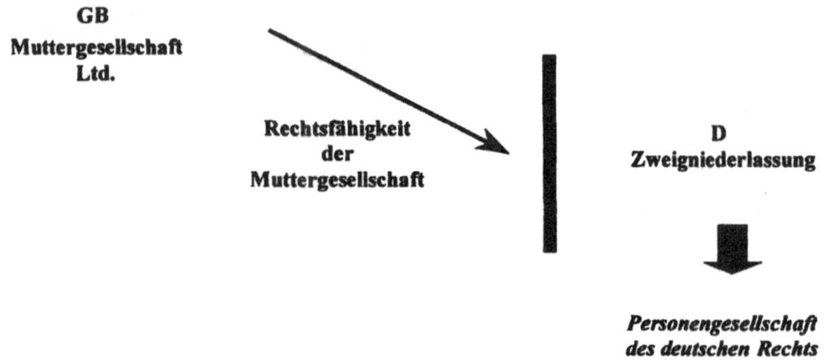

Abbildung 18: Schicksal einer „englischen" Zweigniederlassung

5.2.3.2 EXKURS: Schicksal der Zweigniederlassung bei Geltung der Gründungstheorie

Zum Vergleich zur Sitztheorie und deren Auswirkungen auf das nationalen Sachrecht, soll die Gründungstheorie zugrunde gelegt werden. Der Ausgangsfall wird also unter Zugrundelegung der Gründungstheorie geprüft.

Die Gründungstheorie bestimmt das Gesellschaftsstatut ausschließlich nach dem Ort, an dem die Gesellschaft gegründet wurde, also unabhängig davon, wo die Gesellschaft ihren tatsächlichen Verwaltungssitz hat.[82] Im Unterschied zur Sitztheorie, die an das objektive Merkmal des Verwaltungssitzes anknüpft, wird bei der Gründungstheorie subjektiv an den Willen der Gründer angeknüpft.[83]

Für den Ausgangsfall gilt nach der Gründungstheorie:

Bei Anwendung der Gründungstheorie ergibt sich für die rechtliche Existenz der Zweigniederlassung ein völlig anderes Bild. Die englische Muttergesellschaft wird vom deutschen Recht als rechtsfähig angesehen, da die Gesellschaft nach englischem Recht wirksam gegründet wurde. Somit gilt

[82] Vgl. D. JASPER, in: Münchener Handbuch des Gesellschaftsrechts, Band 3, § 78 Rdnr. 13.

[83] Vgl. KALIGIN, DB 1985, S. 1450.

auch die Zweigniederlassung in Deutschland als rechtlich existent, da sich ihre Rechtsfähigkeit von der rechtsfähigen englischen Muttergesellschaft ableitet. Aufgrund der Rechtsfähigkeit der ausländischen Muttergesellschaft kann die Eintragung der Zweigniederlassung in das deutsche Handelregister erfolgen.

Im Ergebnis ist festzuhalten, dass die Sitztheorie die Gründung einer ausländischen Zweigniederlassung mit Verwaltungssitz in Deutschland nicht akzeptiert. Die Gründungstheorie hingegen unterstützt die Rechtswahl des Gründers und sieht die Zweigniederlassung als rechtlich existent an.

5.3 Auswirkungen auf den Standortentscheidungsprozess

Ist bei einem Standortwechsel oder bei einer Ansiedlung Deutschland als ehemaliger oder neuer Standort eines Unternehmens involviert, so kommt dem deutschen Gesellschaftsrecht eine entscheidende Rolle zu. Will das Unternehmen den Standort Deutschland verlassen, muss es sich zuerst auflösen und liquidieren, um sich im Ausland anschließend neu zu gründen. Will das Unternehmen sich am Standort Deutschland neu ansiedeln, so muss es sich nach deutschem Gesellschaftsrecht neu gründen. Selbst wenn innerhalb des Standortentscheidungsprozesses das Unternehmensrecht bei der Entscheidungsfindung keine Rolle gespielt hat, kommt der deutschen Rechtsordnung tatsächlich große Bedeutung zu. Ein Unternehmen mit dem Standort Deutschland kann nur nach deutschen gesellschaftsrechtlichen Vorschriften existieren. Verlässt es diesen Rechtskreis, muss es sich zwangläufig auflösen und liquidieren.

Allein die Zweigniederlassung eines ausländischen Mutterunternehmens wird vom deutschen Gesellschaftsrecht akzeptiert. Dies aber auch nur dann, wenn die ausländische Muttergesellschaft aus *deutscher* Sicht rechtsfähig ist. Insoweit maßt sich das deutsche Recht eine Beurteilung und Wertung der Gründungsvoraussetzungen von Kapitalgesellschaften nach anderen Rechtsordnungen an. Dies führt dazu, dass Unternehmen, die nach den Vorschriften des Gründungsstaates rechtmäßig errichtet worden sind, vom deutschen Gesellschaftsrecht nicht akzeptiert werden. Das deutsche Recht verneint deren rechtliche Existenz. Allein die Gründung von Tochtergesellschaften mit dem Standort Deutschland lässt das deutsche Gesellschaftsrecht zu. Dies aber auch nur deshalb, weil Tochtergesellschaften aufgrund ihrer rechtlichen Unabhängigkeit vom ausländischen Mutterunternehmen nach deutschen Gründungsvoraussetzungen errichtet werden müssen.

Damit kommt dem deutschen Gesellschaftsrecht bei der Standortwahl eines Unternehmens insoweit Bedeutung zu, als dass sich das Unternehmen bei seiner Ansiedlung immer neu gründen muss. Das deutsche Gesellschaftsrecht ist im Standortentscheidungsprozess eine Variable, die die Wahl des optimalen Standortes durchaus zu beeinflussen vermag. Die Wahlfreiheit, die durch das Gemeinschaftsrecht den Mitgliedstaaten in Form der Niederlassungsfreiheit garantiert wird, wird durch das deutsche Recht, das innerhalb seines Geltungsbereiches uneingeschränkte Anwendung verlangt, erheblich eingeschränkt. Die Niederlassung ist für ausländische Unternehmen zwar grundsätzlich möglich, dies aber nur wenn sich das Unternehmen nach deutschen gesellschaftsrechtlichen Vorschriften neu gründet. In der Konsequenz folgt der Wahl des Standortes Deutschland unweigerlich die Wahl einer Unternehmensform des deutschen Rechts.

Der Standortentscheidungsprozess wird durch das Unternehmensrecht zumindest dahingehend beeinflusst, dass die Entscheider bei einer möglichen Wahl des Standortes Deutschland zu berücksichtigen haben, dass das anzusiedelnde Unternehmen nach deutschen gesellschaftsrechtlichen Vorschriften zu errichten ist. Ein identitätswahrender Zuzug eines bereits nach ausländischen Vorschriften existierenden Unternehmens lässt das deutsche Recht nicht zu. Gleiches gilt für den Wegzug eines nach deutschen Vorschriften errichteten Unternehmens. Dieses muss sich vor einem Wegzug ins Ausland auflösen und liquidieren. Eine derartige restriktive Haltung des deutschen Unternehmensrechts lässt den Standort Deutschland nicht unbedingt attraktiv erscheinen.

E. Folgen der „Centros“ - Rechtsprechung des EuGH für das deutsche Gesellschaftsrecht

Die bisherige Untersuchung hat gezeigt, dass das Gemeinschaftsrecht in Form der Niederlassungsfreiheit den Unternehmen eine freie Standortwahl innerhalb des gesamten Gemeinschaftsgebietes ermöglicht. Einschränkungen dieser freien Standortwahl können sich hinsichtlich der Unabhängigkeit von gesellschaftsrechtlichen Bindungen allein aus den mietgliedstaatlichen Rechtsordnungen ergeben. Das deutsche Gesellschaftsrecht gewährt den Unternehmen lediglich die Gründung einer Gesellschaft nach nationalen Vorschriften. Ein identitätswahrender Zuzug oder Wegzug eines Unternehmens ist bei Geltung des deutschen Rechts unmöglich. Fraglich ist, ob diese Haltung des deutschen Gesellschaftsrechts nach der „Centros“ - Rechtsprechung des EuGH weiterhin Geltung beanspruchen kann.

Der EuGH stellte mit seiner Entscheidung im Fall „Centros“ klar,[1] dass die Nichteintragung einer Zweigniederlassung einer britischen Gesellschaft in das dänische Handelsregister als Verstoß gegen die gemeinschaftsrechtlich gewährte Niederlassungsfreiheit i.S.d. Art. 43 und Art. 48 EG zu werten ist. Stark umstritten ist nunmehr die Frage, welche Konsequenzen diese Rechtsprechung des EuGH für die deutsche Gesellschaftsrechtspraxis hat, wonach sich Unternehmen mit einem Standort in Deutschland zwangsläufig nach deutschem Recht zu gründen haben. Im Folgenden wird daher untersucht, wie sich die „Centros“ - Rechtsprechung auf das deutsche Internationale Gesellschaftsrecht, insbesondere auf die von der herrschenden Meinung vertretene Sitztheorie auswirkt. In einem weiteren Schritt ist dann zu erörtern, welche Folgen das Urteil für das deutsche Sachrecht (Auflösungs- und Neugründungspflicht) mit sich bringt. Zu fragen ist insbesondere, ob innerhalb der Europäischen Gemeinschaft nach „Centros“ von einer „Rechtsformwahlfreiheit“ für Unternehmen auszugehen ist. Dies hätte zur Konsequenz, dass sich ein Unternehmen an jedem beliebigen Standort innerhalb der EG jede beliebige Rechtsform überstülpen könnte, die irgendein Mitgliedstaat nach seiner Rechtsordnung zur Verfügung stellt. Das Gesellschaftsrecht wäre dann innerhalb des Standortentscheidungsprozesses eine unabhängige Variable.

Um diese Fragen beantworten zu können, ist zu erörtern, ob sich die starken Einschränkungen des deutschen Gesellschaftsrechts mit der durch das Gemeinschaftsrecht des EG-Vertrages gewährten Niederlassungsfreiheit vereinbaren lassen.

---

[1] Zur Frage der Bedeutung und der Bindungswirkung der Rechtsprechung des EuGH siehe nachfolgende Seite.

1. Die Bedeutung des „Centros" - Urteils

1.1 Die Bindungswirkung des „Centros" - Urteils

Sowohl im Fall „Daily Mail" als auch im Fall „Centros" entschied der EuGH im Wege des Vorabentscheidungsurteils. Hinsichtlich der Rechtsprechung des EuGH ist zunächst zu klären, welche rechtliche Bindungswirkung einem solchen Urteil zukommen kann.

Grundsätzlich gilt, dass das Vorabentscheidungsurteil im Ausgangsverfahren sowohl das vorlegende Gericht selbst als auch jedes andere Gericht, das in demselben Rechtsstreit zu entscheiden hat, bindet.[2] Ob dem Vorabentscheidungsurteil des EuGH neben dieser sog. „inter partes" Wirkung auch eine Bindungswirkung „erga omnes" zuzusprechen ist, ist umstritten.[3] Hinsichtlich der „erga omnes" Wirkung von Auslegungsurteilen scheint der EuGH selbst dahin zu tendieren, auch diesen Urteilen allgemeine Bedeutung beizumessen.[4] Dies lässt sich insbesondere aus den Feststellungen des EuGH herleiten, wonach letztinstanzliche mitgliedstaatliche Gerichte nicht zur Vorlage verpflichtet sind, wenn die gleiche Streitfrage bereits vom EuGH entschieden ist.[5] Damit ähnelt die Präjudizwirkung von Auslegungsurteilen des EuGH der von höchstrichterlichen Urteilen im nationalen Recht.[6] Im Ergebnis dürfte daher auch im Fall der Auslegungsurteile des EuGH von einer tatsächlichen Bindungswirkung in dem Sinne auszugehen sein, dass diese Urteile außerhalb des Ausgangsrechtsstreits zwar keine unmittelbare Bindung, jedoch aufgrund ihrer „Leitfunktion für die Anwendung des Gemeinschaftsrechts"[7] über den Einzelfall hinaus eine „tatsächlich rechtsbildende Kraft"[8] entfalten.[9] Denn die primäre Aufgabe des EuGH ist es, bestehende Regelungslücken zu schließen und durch die Auslegung des EG-Vertrages die Ziele der Europäischen Gemeinschaft durchzusetzen. Daher kommt im Ergebnis den Auslegungsurteilen in Vorabentscheidungs-

[2] Vgl. BORCHARDT, Der EuGH, Art. 234 Rdnr. 50.

[3] Zur Differenzierung der Urteile hinsichtlich der Gültigkeit einer Gemeinschaftshandlung und der Wirkung von Auslegungsurteilen vgl. SCHWARZE, in: Schwarze (Hrsg.), EU-Kommentar, Art. 234 Rdnr. 64 ff.

[4] Vgl. BORCHARDT, Der EuGH, Art. 234 Rdnr. 55.

[5] Vgl. z.B. EuGH, Rs. 283/81, C.I.L.F.I.T., Slg. 1982, S. 3415.

[6] Vgl. BORCHARDT, Der EuGH, Art. 234 Rdnr. 55.

[7] EVERLING, Das Vorabentscheidungsverfahren, S. 66.

[8] BEUTLER/BIEBER/PIPKORN,/STREIL, S. 259.

[9] Vgl. SCHWARZE, in: Schwarze (Hrsg.), EU-Kommentar, Art. 234 Rdnr. 65. I.d.S. auch BORCHARDT, Der EuGH, Art. 234 Rdnr. 55.

verfahren de facto eine „erga omnes" Wirkung zu. Dies gilt auch für die „Centros" - Entscheidung.

1.2 Die Bedeutung des „Centros" - Urteils für das deutsche Gesellschaftsrecht

Die Ansichten zur Bedeutung des Urteils für die deutsche Gesellschaftsrechtspraxis sind kontrovers. Die verschiedenen Meinungen im Schrifttum[10] reichen von der geforderten Aufgabe der Sitztheorie[11] bis hin zu der Ansicht, dass die „Centros" - Entscheidung keine grundsätzliche Ablehnung der Sitztheorie gebietet.[12] Betrachtet man die Entscheidungsgründe des Urteils genauer, so stellt man fest, dass der EuGH an keiner Stelle die Gemeinschaftswidrigkeit der Sitztheorie ausgesprochen hat. Auch sucht man vergebens nach einem Hinweis des EuGH, in welchem Verhältnis die „Centros" - Entscheidung zu dem Urteil „Daily Mail" steht. Dies führt zu weiten Interpretationsmöglichkeiten der „Centros" - Entscheidung.

Zumindest die „Daily Mail" - Entscheidung stellte klar, dass die Lehre der Sitztheorie mit dem Niederlassungsrecht des EG-Vertrages vereinbar ist.[13] In der „Centros" - Entscheidung hingegen räumt der EuGH der Niederlassungsfreiheit Vorrang vor dem Recht der Mitgliedstaaten ein. Ob dies eine Änderung der Rechtsprechung des EuGH bedeutet, ist umstritten.

Kindler beispielsweise kommt bei der Analyse der Entscheidung zu dem Ergebnis, dass die „Centros" - Entscheidung keine unmittelbare Auswirkung auf das deutsche Internationale Gesellschaftsrecht habe, da Deutschland ein Sitztheorie-Staat sei.[14] Er begründet diese Schlussfolgerung damit, dass unter Anwendung der Sitztheorie eine Gesellschaft nach Art der „Centros" Ltd. als nicht rechtmäßig errichtet anzusehen sei, da die Frage

---

[10] Vgl. u.a.: ULMER, JZ 1999, S. 662; SANDROCK, BB 1999, S. 1337; SEDEMUND/HAUSMANN, BB 1999, S. 810; HÖFLING, DB 1999, S. 1206; FREITAG, EuZW 1999, S. 267; RISSE, MDR 1999, S. 752; EBKE, JZ 1999, S. 656; KINDLER, NJW 1999, S. 1993; STEINDORFF, JZ 1999, S. 1140; BUNGERT, DB 1999, S. 1841; TIMME/HÖLK, JuS 1999, S. 1055; ZIMMER, ZHR 2000, S. 23.

[11] Vgl. z.B. SANDROCK, BB 1999, S. 1337 ff.

[12] Vgl. z.B. EBKE, JZ 1999, S. 656 ff.

[13] Der EuGH entschied in seinem Urteil v. 27.8.1988, Daily Mail, Slg. 1988, S. 5512, Tz. 25, „dass die Artikel 52 und 58 EWG-Vertrag beim derzeitigen Stand des Gemeinschaftsrechts einer Gesellschaft, die nach dem Recht eines Mitgliedstaates gegründet ist und in diesem ihren satzungsmäßigen Sitz hat, nicht das Recht gewähren, den Sitz ihrer Geschäftsleitung in einen anderen Mitgliedstaat zu verlegen."

[14] Vgl. KINDLER, NJW 1999, S. 1999.

der rechtmäßigen Errichtung nicht nach Gemeinschaftsrecht, sondern nach nationalem Recht des Mitgliedstaates zu beantworten sei.[15]

Ebke wählt einen anderen Ansatzpunkt. Er weist darauf hin, dass die „Centros" Ltd. nach englischem Recht wirksam errichtet war und aus Sicht Dänemarks als solche fortbestand, um ihre einzige Geschäftstätigkeit mittels Zweigniederlassung in Dänemark zu betreiben. Der EuGH hatte damit nicht die Europarechtskonformität der Anknüpfung an den effektiven Verwaltungssitz zu prüfen.[16] Diese Frage sei in der „Centros" - Entscheidung weder direkt noch indirekt behandelt worden. Daraus zieht *Ebke* den Umkehrschluss, dass es vom EuGH nur konsequent war die Rechtssache „Daily Mail" in dem Urteil „Centros" nicht zu zitieren.[17] Daher kann in der „Centros" - Entscheidung auch keine Abkehr von der bisherigen Rechtsprechung des EuGH gesehen werden. Allerdings gesteht *Ebke* zu, dass die Sitztheorie im Hinblick auf die fortschreitende Harmonisierung der mitgliedstaatlichen Gesellschaftsrechte lediglich eine „Theorie auf Zeit"[18] sein kann.[19]

Andere Autoren sehen in dem „Centros" - Urteil eine Absage an die Sitztheorie. *Freitag* beispielsweise sieht in der weiteren Geltung der Sitztheorie für in Deutschland ansässige und unter deutschem Recht gegründete Gesellschaften eine inländerdiskriminierende Wirkung, „die deutsche Gesell-

---

[15] Vgl. KINDLER, NJW 1999, S. 1997.

[16] Verlegt eine in einem der Gründungstheorie folgenden Mitgliedstaaten wirksam errichtete Gesellschaft ihre Hauptniederlassung /effektiven Verwaltungssitz nach Deutschland, so tritt aus Sicht der Sitztheorie ein Statuenwechsel ein, der zum Identitätsverlust der Gesellschaft in Deutschland führt. Vgl. GROßFELD, in: Staudinger, IntGesR, Rdnr. 641 - 642.

[17] Vgl. EBKE, JZ 1999, S. 658.

[18] Vgl. GROßFELD, in: Staudinger, IntGesR, Rdnr. 124; auch HÖFLING, DB 1999, S. 1208 sieht die Bezeichnung der Sitztheorie als „Theorie auf Zeit" bestätigt.

[19] Vgl. EBKE, JZ 1999, S. 661; siehe auch STEINDORFF, in JZ 1999, S. 1140 ff., der die „Centros" - Entscheidung im Hinblick auf das aus den Grundfreiheiten ableitbare Recht einer Gesellschaft auf die Wahl der ihr günstigsten Rechtsordnung und den darauf basierenden Wettbewerb der Rechtsordnungen untersucht; er kommt dabei zu dem Ergebnis, dass das Recht einer Gesellschaft auf Wahl einer Rechtsordnung auf solche Fälle zu beschränken ist, in denen ein Sachverhalt mit dieser Rechtsordnung durch tatsächliches Verhalten verknüpft ist. TIMME/HÜLK sehen in der „Centros" - Entscheidung gleichfalls kein Ende der Sitztheorie im Internationalen Gesellschaftsrecht auf europäischer Ebene, da die „Daily Mail" - Entscheidung nach wie vor noch „good law" (S. 1058) sei. BUNGERT geht in DB 1999, S. 1844 nicht ganz so weit; er sieht in der „Centros" - Entscheidung zwar keinen Grund für die Aufgabe der Sitztheorie, räumt aber ein, dass deren Anwendung zunehmend schwieriger werden wird.

schaften am Gebrauch der Niederlassungsfreiheit hindert...".[20] Darüber hinaus stellt das Urteil „Centros" für *Freitag* eine Abkehr von „Daily Mail" dar, zumal sich in dem Schlussantrag des Generalanwalts *La Pergola*[21] der Hinweis darauf findet, dass die primäre Niederlassungsfreiheit allen Gesellschaften das Recht gewährt, sich überall in der Gemeinschaft niederzulassen.[22]

Blieb die in vielen Mitgliedstaaten geltenden Lehre der Sitztheorie von der „Daily Mail" - Entscheidung noch unberührt, so ist dies nach dem Urteil „Centros" nach Ansicht von *Sandrock* nicht mehr möglich.[23] Dies begründet *Sandrock* mit den Entscheidungsgründen des EuGH Tz. 25 bis 28, wonach „..das Recht, eine Gesellschaft nach dem Recht eines Mitgliedstaates zu errichten und in anderen Mitgliedstaaten Zweigniederlassungen zu gründen, .(....) im Binnenmarkt unmittelbar aus der vom EG-Vertrag gewährten Niederlassungsfreiheit" folgt.[24] Dies kann (nach *Sandrock*) nur bedeuten, „dass die nationalen Kollisionsrechte, die bisher einer Verwirklichung der Niederlassungsfreiheit für Gesellschaften entgegenstanden, nicht mehr beachtlich sein sollen". Daraus folge weiter, dass eine Gesellschaft, die bislang ihren Sitz in der Gemeinschaft hatte und die sich in einem anderen als ihrem Heimatstaat niederlässt, durch diesen Umzug ihre Rechtspersönlichkeit nicht verlieren solle. „Denn der Begriff der Niederlassung setzt seinerseits voraus, dass die Identität derjenigen Person, die sich in einem anderen Mitgliedstaat niederlässt, erhalten bleibt."[25]

Daher sieht *Sandrock* die „..in den einzelnen nationalen Kollisionsrechten der Mitgliedstaaten geltenden Regeln der Sitztheorie zumindest insoweit aufgehoben, als sie einer Sitzverlegung innerhalb des EG-Binnenmarktes entgegenstehen."[26]

---

20 FREITAG, EuZW 1999, S. 270. Der Autor weist auch kritisch darauf hin, dass das Urteil des EuGH keinen Bezug auf die „Daily Mail" - Entscheidung nimmt, obwohl der Fall „Centros" zu einem völligen Umschwung der Rechtsprechung führen dürfte.

21 Vgl. Nr.20 des Schlussantrages, der in der französischen Fassung lautet: „La société nouvellement constitué a le droit de s'établir - à titre principal et, éventuellement, également sécondaire - *là ou elle le préfère* - dans le cadre communautaire"; (Hervorhebung im Orginal).

22 Vgl. FREITAG, EuZW 1999, S. 269.

23 Vgl. SANDROCK, BB 1999, S. 1337 ff.

24 EuGH, Urt. v. 9.3.1999, Rs. C-212/97, Centros, Slg. 1999 I, S. 1459 ff, Tz. 27; vgl. die Argumentation zur Frage des Schweigens der „Centros" - Entscheidung zum Kollisionsrecht bei SANDROCK, BB 1999, S. 1340.

25 SANDROCK, BB 1999, S. 1340.

26 SANDROCK, BB 1999, S. 1341.

In diesem Sinne argumentieren auch andere Autoren,[27] die aufgrund der sehr generell gehaltenen Urteilsgründe des EuGH in der Entscheidung „Centros" davon ausgehen, „dass der EuGH die Durchsetzung der gemeinschaftsrechtlichen Niederlassungsfreiheit nicht vom Stand und Inhalt des jeweiligen nationalen Rechts (Geltung der Gründungs- oder Sitztheorie) abhängig machen, sondern dass er für sämtliche Gesellschaftsgründungen innerhalb der EG, die in Übereinstimmung mit dem nationalen Recht des Gründungsorts erfolgt sind, die Freiheit sicherstellen will, Zweigniederlassungen in anderen Mitgliedstaaten zu errichten."[28]

Nicht zuletzt wegen einzelner strittiger Punkte in der Urteilsbegründung[29] gibt die „Centros" - Entscheidung hinsichtlich der Frage nach der Relevanz des Urteils für das deutsche Internationale Gesellschaftsrecht keine ausdrückliche und eindeutige Auskunft. Das Urteil führt aber unweigerlich zu der Frage, ob die Sitztheorie bzw. die mit ihr verbundenen Rechtsfolgen weiterhin als gemeinschaftskonform anzusehen sind.[30] Sicher ist zumindest, dass durch diese Entscheidung neue Maßstäbe hinsichtlich der Niederlassungsfreiheit i.S.d. Artt. 43, 48 EG gesetzt wurden.

2. Nationale Rechtsprechung

Die „Centros" - Entscheidung war nicht ohne Einfluss auf die deutsche Rechtsprechung. Verunsichert hinsichtlich der tatsächlichen Tragweite des EuGH - Urteils hatten gleich zwei deutsche Gerichte - der BGH[31] und das

---

27 Eine - zumindest zukünftige - Grundlage für die Abkehr von der Sitztheorie sehen in der „Centros" - Entscheidung: ROTH, ZGR 2000, S. 311 ff.; SEDEMUND/HAUSMANN, BB 1999, S. 810 f.

28 ULMER, JZ 1999, S. 662, der in der „Centros" - Entscheidung eine Ablehnung der Sitztheorie sieht und auf dem Boden dieser Ansicht der Frage nach möglichen Gefahren für den inländischen Rechtsverkehr und geeigneten Maßnahmen zu ihrer Abwehr nachgeht.

29 Gegenstand der Diskussion hinsichtlich der Urteilsbegründung ist z.B. die Frage, ob die „Centros" - Entscheidung als Entscheidung zur sekundären oder zur primären Niederlassungsfreiheit ergangen ist (vgl. z.B. KIENINGER, ZGR 1999, S. 728). Siehe zu dieser Frage S. 162 f.

30 In der Praxis häufen sich Fälle, bei denen sich betroffene Gesellschaften auf die „neue" Niederlassungsfreiheit der Artt. 43, 48 EG nach der „Centros" - Entscheidung berufen. Bis zu dieser Entscheidung war die Gemeinschaftskonformität der Sitztheorie eindeutig geklärt. So hatte das OLG Hamm mit Beschluss vom 30.4.1997 (abgedruckt in EuZW 1998, S. 31) festgestellt, „Die Verlegung des effektiven Verwaltungssitzes einer nach deutschem Recht gegründeten GmbH in das Ausland führt zur Auflösung der Gesellschaft....Dieser Beurteilung stehen die Vorschriften des EG-Vertrages betreffend die Niederlassungsfreiheit nicht entgegen." Das OLG Hamm entscheidet damit genauso wie das BayObLG im Jahre 1992; vgl. hierzu BayObLGZ 1992, 113; abgedruckt in EuZW 1992, S. 548.

31 Vgl. EuZW 2000, S. 412.

AG Heidelberg[32] - den EuGH um die Vorabentscheidung über die Frage ersucht, inwieweit die grenzüberschreitende Sitzverlegung eines Unternehmens Änderungen für das deutsche Gesellschaftsrecht beinhalte. Der EuGH sollte darüber entscheiden, ob die grenzüberschreitende Sitzverlegung von der Niederlassungsfreiheit des EG-Vertrages gedeckt sei oder nicht.

2.1 Vorlagefragen des AG Heidelberg

Das AG Heidelberg hatte die Eintragungsfähigkeit der Sitzverlegung (sowohl Verwaltungs- als auch Satzungssitz) einer nach deutschem Recht gegründeten GmbH nach Spanien zu beurteilen.[33] Auf die Ausgangslage wendete das Gericht die herrschende Auffassung an, wonach gilt, dass eine Gesellschaft, die wirksam in Deutschland gegründet wurde und in Deutschland ihren Sitz hat, ihren tatsächlichen und satzungsmäßigen Sitz nicht nach Spanien verlegen kann, ohne ihre Rechtspersönlichkeit und ihre Eigenschaft als Gesellschaft mit beschränkter Haftung zu verlieren.[34]

Als Folge war das Amtsgericht gehalten, das Löschungsverfahren von Amts wegen einzuleiten, da der tatsächliche Sitz und die Geschäftsführung in Spanien lagen. "Die Gesellschaft besteht nach der Verlegung des Sitzes ins Ausland als deutsche Gesellschaft lediglich bis zur Löschung im Handelsregister im Interesse des Verkehrsschutzes weiter. *Wenn jedoch die Auslegung ergibt, dass die identitätswahrende Sitzverlegung zulässig ist, ist die Gesellschaft nicht aufzulösen und die Sitzverlegung ist im deutschen Register einzutragen.* "[35]

Das AG Heidelberg stellte weiter fest, dass im europäischen Binnenmarkt die in den Mitgliedstaaten wirksam gegründeten Gesellschaften nicht nur Zugang zu den Märkten der anderen Mitgliedstaaten haben müssen, sondern ihnen muss auch die Möglichkeit offen stehen, ihren satzungsmäßigen und tatsächlichen Sitz in andere Mitgliedstaaten identitätswahrend verlegen zu können. Dies sei zwar nicht dem „Centros" - Urteil zu entnehmen aber dem Schlussantrag des Generalanwalts *La Pergola*.[36]

---

32 Vgl. EuZW 2000, S. 414.

33 Der die Untersuchung begleitende Ausgangsfall 2 ist dieser Entscheidung nachgebildet.

34 Vgl. AG Heidelberg, Beschluss v. 3.3.2000, EuZW 2000, S. 415. Das AG verweist auf die einschlägige Rechtsprechung: BGHZ 53, 181; BGHZ 97, 269; BayObLG, RPfleger 1999, 27; und auf das herrschende Schrifttum: vgl. SCHOLZ, GmbHG, 8. Aufl., Einl. Rdnr. 129.

35 AG Heidelberg, EuZW 2000, S. 415. Hervorhebung durch die Verfasserin.

36 Vgl. Schlussanträge des Generalanwalts LA PERGOLA, Slg. 1999, I-1459; Vgl. den genauen Wortlaut oben Teil E Fn. 21.

Das AG Heidelberg wies darauf hin, dass es nunmehr zu den grundlegenden Freiheiten der gemeinschaftsangehörigen Gesellschaften nach der „Centros" - Entscheidung gehöre, das für eine Gesellschaft maßgebliche Recht frei zu wählen. „Es stellt sich daher die entscheidungserhebliche Frage, ob Deutschland als Mitgliedstaat nach den Grundsätzen der Niederlassungsfreiheit Gesellschaften, die aber ihren tatsächlichen Sitz und Tätigkeitsschwerpunkt aus wirtschaftlichen Gründen in einen anderen Mitgliedstaat verlegt haben, die Eintragung der Sitzverlegung im Handelsregister verwehren darf und diese Gesellschaften somit aufzulösen und zu liquidieren sind."

Daraus leitete das AG Heidelberg folgende Vorlagefragen an den EuGH ab:

1. Gehört eine Sitzverlegung einer nach deutschem Recht wirksam errichteten und im deutschen Register eingetragenen Gesellschaft mit beschränkter Haftung (GmbH), deren alleinige Gesellschafterin eine spanische Firma ist, nach Spanien unter Wahrung der Identität zu den von Artt. 43, 48 EG erfassten Rechten?
2. Stehen Artt. 43, 48 EG einer Regelung entgegen, die eine Sitzverlegung einer nach deutschem Recht wirksam errichteten und im deutschen Register eingetragenen Gesellschaft mit beschränkter Haftung (GmbH), deren alleinige Gesellschafterin eine spanische Firma ist, nach Spanien unter Wahrung der Identität verbietet?

Mit Beschluss vom 10.7.2001[37] lehnte der EuGH die Vorlagefragen des AG Heidelberg als unzulässig ab, da eine Vorlage gem. Art. 234 EG nur in einem Verfahren zulässig sei, das auf eine Entscheidung mit Rechtsprechungscharakter abziele.[38] Die Entscheidung bestätigt die bisherige Praxis des EuGH, wonach Vorlagen unzulässig sind, die von nationalen Gerichten in Verfahren der freiwilligen Gerichtsbarkeit erhoben werden, wenn sie dabei erstmalig mit Anträgen zu Handels- oder sonstigen Registersachen befasst werden.[39] Da der EuGH das AG Heidelberg im vorliegenden Fall nicht als vorlageberechtigtes Gericht i.S.d. Art. 234 EG ansah, wurde die Vorabentscheidung im durch den BGH vorgebrachten Fall mit umso größerer Spannung erwartet.

---

37 Vgl. EuGH, Beschluss v. 10.7.2001, Rs. C-86/00; abgedruckt in: NJW 2001, S. 3179.

38 Zwischenzeitlich entschied der EuGH mit Urt. v. 15.1.2001, Rs. C-182/00, abgedruckt in EuZW 2002, S. 127, in einem vom österreichischen Landgericht Wels vorgelegten Rechtsstreit entsprechend dem Beschluss, der gegenüber dem AG Heidelberg erging.

39 Vgl. HAACK, MDR 2001, S. 1363.

2.2 Vorlagefragen des BGH

Der BGH hatte über die Rechtsfähigkeit einer nach niederländischem Recht gegründeten Gesellschaft, die ihren tatsächlichen Verwaltungssitz nach Deutschland verlegte, zu entscheiden.[40] Problematisch in diesem Fall war die Parteifähigkeit der niederländischen Gesellschaft. Eine im Ausland wirksam gegründete, in der Bundesrepublik Deutschland zunächst als rechtsfähig anerkannte Gesellschaft verliert ihre Rechtsfähigkeit, wenn sie ihren ständigen Verwaltungssitz in der Bundesrepublik nimmt. „Um am Rechtsverkehr teilnehmen zu können, muss sie sich in einer Weise neu gründen, die zur Rechtsfähigkeit nach deutschem Recht führt."[41]

Auch beim derzeitigen Stand des Gemeinschaftsrechts und des Gesellschaftsrechts innerhalb der Europäischen Gemeinschaft erwog der Senat, an der Rechtsprechung des BGH festzuhalten. Begründet wurde dies im Einklang mit der Sitztheorie mit der Befürchtung eines europäischen „Wettbewerbs der Rechtsordnungen" und mit dem Schutzbedürfnis der Gesellschaftsgläubiger, Minderheitsgesellschafter und Arbeitnehmer der betroffenen Gesellschaft.[42]

Da der BGH der Ansicht war, der Rechtsprechung des EuGH im Fall „Centros" sei nicht zu entnehmen, ob die in Artt. 43, 48 EG garantierte Niederlassungsfreiheit für Gesellschaften der Anknüpfung an deren tatsächlichen Verwaltungssitz entgegensteht, und im deutschen Schrifttum die Meinung vorherrschend sei, dass der EuGH mit dem Urteil eine Abkehr von den Grundsätzen der „Daily Mail" - Entscheidung vollzogen habe,[43] hielt der Senat folgende Vorlagefragen für erforderlich:

1. Sind Art. 43 und Art. 48 EG dahin auszulegen, dass es im Widerspruch zur Niederlassungsfreiheit für Gesellschaften steht, wenn die Rechtsfähigkeit und die Parteifähigkeit einer Gesellschaft, die nach dem Recht eines Mitgliedstaates wirksam gegründet worden ist, nach dem Recht des Staates beurteilt werden, in den die Gesellschaft ihren tatsächlichen Verwaltungssitz verlegt hat, und wenn sich aus dessen Recht ergibt, dass sie vertraglich begründete Ansprüche dort nicht mehr gerichtlich geltend machen kann?

2. Sollte der EuGH diese Frage bejahen: Gebietet es die Niederlassungsfreiheit für Gesellschaften (Art. 43 und Art. 48 EG), die

[40] Der die Untersuchung begleitende Ausgangsfall 3 ist dieser Entscheidung nachgebildet.

[41] BGH, Beschluss v. 30.3.2000, EuZW 2000, S. 413.

[42] Vgl. BGH, Beschluss v. 30.3.2000, EuZW 2000, S. 413.

[43] Vgl. BGH, Beschluss v. 30.3.2000, EuZW 2000, S. 413, 414.

Rechtsfähigkeit und die Parteifähigkeit nach dem Recht des Gründungsstaates zu beurteilen?

2.2.1 Schlussantrag des Generalanwalts

In seinen Schlussanträgen[44] setzt der Generalanwalt *Colomer* die „Centros" - Rechtsprechung konsequent fort und führt eine Abkehr vom „Daily Mail" - Urteil herbei. Der Generalanwalt zählt zu den für Gesellschaften unmittelbar anwendbaren Normen des Gemeinschaftsrechts trotz Art. 293 EG auch die Niederlassungsfreiheit. Somit gelten auch für die Kollisionsnormen des Internationalen Gesellschaftsrechts die vom EuGH entwickelten allgemeinen Beurteilungskriterien, d.h. eine etwaige Behinderung der Niederlassungsfreiheit darf nicht diskriminierend sein und sie muss im Rahmen der Verhältnismäßigkeit geeignet sein, zwingende Allgemeininteressen zu schützen.[45]

Der BGH sieht die deutsche Rechtspraxis der Aberkennung der Parteifähigkeit einer ausländischen Gesellschaft aufgrund der Verlegung ihres Verwaltungssitzes ins Inland mit der Sitztheorie als „Schutztheorie" gerechtfertigt.[46] Generalanwalt *Colomer* hingegen verneint schon die Eignung der Sitztheorie einen Gläubiger-, Minderheiten- und Arbeitnehmerschutz zu gewährleisten, zumal im Ausgangsrechtsstreit die Aberkennung der Parteifähigkeit der Gesellschaft offenkundig nicht ihre Gläubiger schützt, sondern vielmehr ihre Schuldner. Und er verneint auch die Verhältnismäßigkeit angesichts der Tatsache, dass die Sitztheorie die schwere Sanktion der Aberkennung der Parteifähigkeit unabhängig von konkreten Risiken für bestimmte schutzbedürftige Personen verhängt.[47]

2.2.2 Das Urteil des EuGH in der Rechtssache „Überseering"[48]

Der EuGH entschied:

1. „Es verstößt gegen die Artt. 43 und 48 EG, wenn einer Gesellschaft, die nach dem Recht des Mitgliedstaates, in dessen Hoheitsgebiet sie ihren satzungsmäßigen Sitz hat, gegründet worden ist und von der nach dem Recht eines anderen Mitgliedstaates angenommen wird,

---

[44] Siehe zu den Schlussanträgen des Generalanwalts *Colomer* NZG 2002, S. 16.

[45] Vgl. BEHRENS, EuZW 2002, S. 127.

[46] Vgl. BGH, Beschluss v. 30.3.2000, EuZW 2000, S. 413.

[47] Vgl. BEHRENS, EuZW 2002, S. 127.

[48] Vgl. EuGH, Urt. v. 5.11.2002, Rs. C-208/00, Überseering, abgedruckt in: NJW 2002, S. 3614 ff., DB 2002, S. 2425 ff.

dass sie ihren tatsächlichen Verwaltungssitz dorthin verlegt hat, in diesem Mitgliedstaat die Rechtsfähigkeit und damit die Parteifähigkeit vor seinen nationalen Gerichten für das Geltendmachen von Ansprüchen aus einem Vertrag mit einer in diesem Mitgliedstaat ansässigen Gesellschaft abgesprochen wird."

2. „Macht eine Gesellschaft, die nach dem Recht des Mitgliedstaates gegründet worden ist, in dessen Hoheitsgebiet sie ihren satzungsmäßigen Sitz hat, in einem anderen Mitgliedstaat von ihrer Niederlassungsfreiheit Gebrauch, so ist dieser andere Mitgliedstaat nach den Artt. 43 und 48 EG verpflichtet, die Rechtsfähigkeit und damit die Parteifähigkeit zu achten, die diese Gesellschaft nach dem Recht ihres Gründungsstaates besitzt."[49]

Zur Frage der Anwendbarkeit der Bestimmungen des EG-Vertrages über die Niederlassungsfreiheit erläuterte der EuGH:

- „Wie der Gerichtshof bereits bei anderer Gelegenheit ausgeführt hat, umfasst die Niederlassungsfreiheit, die Art. 43 EG den Gemeinschaftsangehörigen zuerkennt, das Recht zur Aufnahme und Ausübung selbständiger Erwerbstätigkeiten sowie zur Errichtung von Unternehmen und zur Ausübung der Unternehmertätigkeit nach den Bestimmungen, die im Niederlassungsstaat für dessen eigene Angehörige gelten. Außerdem stehen nach dem Wortlaut des Art. 48 EG für die Anwendung (der Bestimmungen des EG-Vertrages über das Niederlassungsrecht) die nach den Rechtsvorschriften eines Mitgliedstaates gegründeten Gesellschaften, die ihren satzungsmäßigen Sitz, ihre Hauptverwaltung oder ihre Hauptniederlassung innerhalb der Gemeinschaft haben, den natürlichen Personen gleich, die Angehörige der Mitgliedstaaten sind."[50]
- „Hieraus folgt unmittelbar, dass diese Gesellschaften das Recht haben, ihre Tätigkeit in einem anderen Mitgliedstaat auszuüben, wobei ihr satzungsmäßiger Sitz, ihre Hauptverwaltung oder ihre Hauptniederlassung, ebenso wie die Staatsangehörigkeit bei natürlichen Personen, dazu dient, ihre Zugehörigkeit zur Rechtsordnung eines Mitgliedstaates zu bestimmen."[51]

---

[49] Leitsätze des Urt. v. 5.11.2002, Rs. C-208/00, Überseering.

[50] EuGH, Urt. v. 5.11.2002, Rs. C-208/00, Überseering, Tz. 56.

[51] EuGH, Urt. v. 5.11.2002, Rs. C-208/00, Überseering,, Tz. 57.

- „Die Inanspruchnahme der Niederlassungsfreiheit setzt zwingend die Anerkennung dieser Gesellschaften durch alle Mitgliedstaaten voraus, in denen sie sich niederlassen wollen.“[52]
- „Nach alledem beruft sich Überseering zu Recht auf die Niederlassungsfreiheit, um sich dagegen zur Wehr zu setzen, dass das deutsche Recht sie nicht als parteifähige juristische Person ansieht.“[53]

Hinsichtlich dem Vorliegen einer Beschränkung der Niederlassungsfreiheit weist der EuGH darauf hin, dass

- Überseering, die in den Niederlanden wirksam gegründet worden ist und dort ihren satzungsmäßigen Sitz hat, aufgrund der Artt. 43 und 48 EG das Recht genießt, als Gesellschaft niederländischen Rechts in Deutschland von ihrer Niederlassungsfreiheit Gebrauch zu machen.[54]
- „Ihre Existenz hängt sogar untrennbar mit ihrer Eigenschaft als Gesellschaft niederländischen Rechts zusammen, da eine Gesellschaft, wie bereits ausgeführt wurde, jenseits der nationalen Rechtsordnung, die ihre Gründung und ihre Existenz regelt, keine Realität hat. Das Erfordernis, dieselbe Gesellschaft in Deutschland neu zu gründen, kommt daher der Negierung der Niederlassungsfreiheit gleich.“[55]

Zur eventuellen Rechtfertigung der Beschränkung der Niederlassungsfreiheit führt der EuGH aus:

- „Es lässt sich nicht ausschließen, dass zwingende Gründe des Gemeinwohls, (...), unter bestimmten Umständen und unter Beachtung bestimmter Voraussetzungen Beschränkungen der Niederlassungsfreiheit rechtfertigen können.“[56]
- „Solche Ziele können es jedoch nicht rechtfertigen, dass einer Gesellschaft, die in einem anderen Mitgliedstaat ordnungsgemäß gegründet worden ist und dort ihren satzungsmäßigen Sitz hat, die Rechtsfähigkeit und damit die Parteifähigkeit abgesprochen wird. Eine solche Maßnahme kommt nämlich der Negierung der den Gesellschaften in den Artt. 43 und 48 EG zuerkannten Niederlassungsfreiheit gleich.“[57]

---

52 EuGH, Urt. v. 5.11.2002, Rs. C-208/00, Überseering, Tz. 59.

53 EuGH, Urt. v. 5.11.2002, Rs. C-208/00, Überseering, Tz. 76.

54 Vgl. EuGH, Urt. v. 5.11.2002, Rs. C-208/00, Überseering, Tz. 80.

55 EuGH, Urt. v. 5.11.2002, Rs. C-208/00, Überseering, Tz. 81.

56 EuGH, Urt. v. 5.11.2002, Rs. C-208/00, Überseering, Tz. 92.

57 EuGH, Urt. v. 5.11.2002, Rs. C-208/00, Überseering, Tz. 93.

Zusammenfassend stellt der EuGH klar, dass die *Nichtanerkennung* einer Gesellschaft, die ihren Verwaltungssitz grenzüberschreitend verlegt, ihren Satzungssitz gleichzeitig aber im Gründungsstaat belässt, eine *Negierung* der den Gesellschaften zuerkannten Niederlassungsfreiheit bedeutet. Damit führt der EuGH die Rechtsprechung des „Centros" – Urteils hinsichtlich einer weiten Interpretation der Niederlassungsfreiheit für Gesellschaften mit der Entscheidung im Fall „Überseering" weiter.

3. *Rechtsprechung des österreichischen OGH nach der „Centros" - Entscheidung*

Die „Centros" - Entscheidung hat die Diskussion zur Frage, ob die kollisionsrechtliche Sitztheorie zur Bestimmung des Gesellschaftsstatuts noch mit der Niederlassungsfreiheit gem. Artt. 43, 48 EG vereinbar ist, nicht nur in Deutschland, sondern europaweit neu entfacht. Die erste *höchstrichterliche* Rechtsprechung zur Vereinbarkeit der Sitztheorie mit der Niederlassungsfreiheit nach dem „Centros" - Urteil kommt aus Österreich.[58]

Der österr. OGH hatte in zwei Entscheidungen darüber zu befinden, ob die Sitztheorie, die in § 10 österr. IPRG[59] normiert ist, mit der Niederlassungsfreiheit des EG-Vertrages vereinbar ist. Den Entscheidungen lagen vergleichbare Sachverhalte zugrunde. In beiden Fällen beantragte eine nach englischem Recht gegründete „Private Limited Company" die Eintragung einer Zweigniederlassung ins Firmenbuch des (österr.) Erstgerichtes. Das Kapital beider Gesellschaften war im jeweiligen Gesellschaftsvertrag auf 100 £ festgeschrieben worden. Das Firmenbuchgericht verlangte als Voraussetzung für die Eintragung einer Zweigniederlassung zur Vorlage eine Bestätigung der für die Hauptniederlassung zuständigen Gewerbebehörde über den Bestand und die regelmäßige Geschäftstätigkeit sowie über die Art der Geschäfte der Gesellschaft. Beide Gesellschaften kamen dieser Aufforderung nicht nach, so dass das Firmenbuchgericht in beiden Fällen das Eintragungsbegehren abwies.[60]

---

58 Vgl. Österr. OGH, Beschluss v. 15.7.1999; abgedruckt in JZ 2000, S. 199 mit Anmerkung von MÄSCH, S. 201. Ein zweiter Beschluss, dem ein andere Sachverhalt zugrunde lag, wurde vom österr. OGH am selben Tag (15.7.1999) gefasst; abgedruckt in EuZW 2000, S. 156; vgl. auch HÖFLING, EuZW 2000, S. 145.

59 § 10 österr. IPRG lautet: "Das Personalstatut einer juristischen Person oder einer sonstigen Personen- oder Vermögensverbindung, die Träger von Rechten und Pflichten sein kann, ist das Recht des Staates, in dem der Rechtsträger den tatsächlichen Sitz seiner Hauptverwaltung hat."

60 Die Anträge auf Eintragung der Zweigniederlassung wurden jeweils mit Beschluss vom 29.01.1999 abgelehnt.

Die Abweisung des Antrags wurde damit begründet, dass nach § 10 österr. IPRG sich das Personalstatut einer juristischen Person nach dem Sitz ihrer Hauptverwaltung richte. Dies sei nach ständiger Rechtsprechung des österr. OGH jener Ort, an dem die grundlegende Entscheidung über die Unternehmensleitung effektiv in laufende Geschäftsführungsakte umgesetzt werde. Da eine Geschäftstätigkeit am Ort der angeblichen Hauptniederlassung nicht nachgewiesen werden konnte, müsse davon ausgegangen werden, dass eine Geschäftstätigkeit tatsächlich nur in Österreich entfaltet werden sollte. Danach würden die Gesellschaften aber dem österreichischen Personalstatut unterstehen, so dass österreichische Gründungsvorschriften anzuwenden wären.

Das Rekursgericht (Berufungsgericht) bestätigte in beiden Fällen die Abweisung des Eintragungsbegehrens.[61] Zu diesem Ergebnis kam das Rekursgericht trotz Bezugnahme auf die Niederlassungsfreiheit des EG-Vertrages. Aus der Rechtsprechung des EuGH ergebe sich zwar, dass ein Mitgliedstaat gegen Artt. 43, 48 EG verstoße, wenn er die Eintragung einer Zweigniederlassung einer Gesellschaft verweigere, die in einem anderen Mitgliedstaat, in dem sie ihren Sitz habe, rechtmäßig errichtet worden sei, dort aber keine Geschäftstätigkeit entfalte und dass dies auch dann gelte, wenn die Zweigniederlassung es der Gesellschaft ermöglichen soll, ihre gesamte Geschäftstätigkeit in dem Staat auszuüben, in dem die Zweigniederlassung errichtet werde, ohne dort eine Gesellschaft zu errichten, um damit das dortige Recht über die Errichtung von Gesellschaften zu umgehen. Aber da sich aus § 13 Abs. 3 österr. HGB ergebe, dass das Personalstatut des Rechtsträgers in das Firmenbuch einzutragen sei und gem. § 10 österr. IPRG Personalstatut das Recht jenes Staates sei, in dem das Gebilde den tatsächlichen Sitz seiner Hauptverwaltung habe, folge Österreich der Sitztheorie. Diese werde jedoch durch die Niederlassungs- und Dienstleistungsfreiheit des EG-Vertrages nicht verdrängt. Damit habe das Erstgericht den Nachweis des tatsächlichen Bestehens der Hauptniederlassung zu Recht verlangt und da der Nachweis der Antragsteller, dass sie in England tatsächlich eine Geschäftstätigkeit entfalten, nicht erfolgte, habe das Erstgericht das Eintragungsbegehren zu Recht abgewiesen.

Der österr. OGH kommt nunmehr zu dem Ergebnis, dass die in § 10 österr. IPRG vertretene Sitztheorie mit der durch Art. 48 Abs.1 i.V.m. Art. 43 EG eingeräumten sekundären Niederlassungsfreiheit in Widerspruch steht. Die Sitztheorie sei deshalb in Fällen der Gründung von Zweigniederlassungen ausländischer Kapitalgesellschaften nur eingeschränkt anzuwenden. Denn die Rechts- und Handlungsfähigkeit der in einem Mitgliedstaat rechtswirk-

---

[61] Jeweils mit Beschluss vom 24.03.1999.

sam errichteten ausländischen juristischen Person ist im Zusammenhang mit der Errichtung einer Zweigniederlassung in Österreich nach jenem Recht zu beurteilen, nach dem die juristische Person gegründet wurde, sofern sich ihr satzungsmäßiger Sitz oder die Hauptverwaltung oder die Hauptniederlassung in einem Mitgliedstaat befindet.[62]

Begründet wird diese Entscheidung damit, dass § 13 Abs. 3 österr. HGB, der bei der Anmeldung zum Firmenbuch die Angabe des Gesellschaftsstatuts verlange, auf § 10 österr. IPRG und damit auf die Sitztheorie verweise. Das Recht der Mitgliedstaaten sei aber bei der Frage der Wahl des Anknüpfungsmomentes des Gesellschaftsstatuts uneinheitlich. Diesen Unterschieden in den nationalen Rechtsordnungen trage Art. 48 EG dadurch Rechnung, dass er bei der Definition der Gesellschaften den satzungsmäßigen Sitz, die Hauptverwaltung und die Hauptniederlassung einer Gesellschaft als gleichwertige Anknüpfungspunkte anführe.[63] Demnach solle die Niederlassungsfreiheit allen nach den Rechtsvorschriften eines Mitgliedstaates gegründeten Gesellschaften zugute kommen, die ihren satzungsmäßigen Sitz, ihre Hauptverwaltung oder ihre Hauptniederlassung in der Gemeinschaft haben, somit auch Gesellschaften, die den Sitz ihrer Hauptverwaltung wohl in einem Mitgliedstaat, nicht aber notwendigerweise im Gründungsstaat haben.[64]

Anschließend geht der österr. OGH auf die „Centros“ - Entscheidung des EuGH ein. Der österr. OGH interpretiert diese Entscheidung dahingehend, dass sie den Gesellschaften, die nach dem Recht eines Mitgliedstaates rechtswirksam gegründet wurden, die Freiheit zusichere, Zweigniederlassungen auch dann zu gründen, wenn sie im Staat ihrer Gründung selbst nur ihren statutarischen Sitz haben, jedoch keine Geschäftstätigkeit ausüben. Damit wende der EuGH im Zusammenhang mit der sekundären Niederlassungsfreiheit die Gründungstheorie an.

Im Ergebnis kommt der österr. OGH daher zu dem Schluss, dass die in § 10 österr. IPRG vertretene Sitztheorie mit der durch Art. 48 Abs. 1 EG i.V.m. Art. 43 EG eingeräumten sekundären Niederlassungsfreiheit im Widerspruch stehe. Wegen der völligen Vergleichbarkeit des vorliegenden Falls mit der „Centros“ - Entscheidung sah sich der österr. OGH nicht veranlasst, eine Vorabentscheidung einzuholen.

---

62 Vgl. Beschluss des österr. OGH v. 15.7.1999, abgedruckt in JZ 2000, S. 199.

63 Vgl. EuGH, Urt. v. 27.9.1988, Rs. 81/87, Daily Mail, Slg. 1988, S. 5483 ff.

64 Vgl. ERHARD, in: Lenz, EG-Vertrag, Art. 58 Rdnr. 4; TROBERG, in: Groeben/Thiesing/Ehlermann, Kommentar zum EU-/EG-Vertrag, Art. 58 Rdnr. 1 u. 7.

Diese erste höchstrichterliche Reaktion aus einem Mitgliedstaat auf das „Centros“ - Urteil hat für das deutsche Recht insofern große Bedeutung, als das österreichische Recht auch der Sitztheorie folgt. Allerdings geht der österr. OGH bei seiner Entscheidung von einer falschen Voraussetzung aus. Er legt seiner Entscheidung zugrunde, dass das dänische Kollisionsrecht wie das österreichische der Sitztheorie folgt. Im vom EuGH zu entscheidenden Fall kam es bei der englischen „Centros“ Ltd. als registrierter Gesellschaft aus dänischer Sicht für die Beurteilung der Rechtsfähigkeit aber auf das Gründungsrecht an.[65]

Somit könnte man aus deutscher Sicht argumentieren, da der Entscheidung des EuGH die Gründungs- und nicht die Sitztheorie zugrunde lag, könne eine Entscheidung „gegen“ die Sitztheorie überhaupt nicht getroffen werden, zumal Art. 48 EG eine Anknüpfung an den Verwaltungssitz ausdrücklich gestattet.[66]

Dagegen ist einzuwenden, dass die Einordnung Dänemarks als Vertreter der Sitztheorie nicht ausschließlich entscheidungserheblich für den österr. OGH war. Vielmehr begründet der österr. OGH seine Entscheidung positiv damit, dass die Niederlassungsfreiheit allen nach den Rechtsvorschriften eines Mitgliedstaates gegründeten Gesellschaften zugute kommen soll, die ihren satzungsmäßigen Sitz, ihre Hauptverwaltung oder ihre Hauptniederlassung in der Gemeinschaft haben. Demnach gilt die Niederlassungsfreiheit auch und gerade für solche Gesellschaften, die den Sitz ihrer Hauptverwaltung wohl in einem Mitgliedstaat, nicht aber notwendigerweise im Gründungsstaat haben.[67] Allerdings gilt diese Sichtweise der Reichweite der Niederlassungsfreiheit nach dem österr. OGH nur für die sekundäre Niederlassungsfreiheit, da der österr. OGH davon ausgeht, dass sich die

---

[65] Vgl. MÄSCH, JZ 2000, S. 202; vgl. zur Anwendbarkeit von Sitz- oder Gründungstheorie im dänischen Recht: CARSTEN, in: Behrens, Die GmbH im internationalen und europäischen Recht, DK Rdnr. 49 ff.

So wurde hinsichtlich des „Centros“ - Urteils auch argumentiert, dass durch die Entscheidung allein die Mitgliedstaaten betroffen wären, die der Gründungstheorie folgen, da die Entscheidung allein die Beschränkung der Niederlassungsfreiheit durch einen Mitgliedstaat zum Gegenstand hatte, der grundsätzlich der Gründungstheorie folgt; vgl. EBKE, JZ 1999, S. 656; KINDLER, NJW 1999, S. 1993.

[66] Vgl. HÖFLING, EuZW 2000, S. 146.

[67] Vgl. Beschluss des österr. OGH v. 15.7.1999, abgedruckt in: EuZW 2000, S. 159; in diesem Zusammenhang bezieht sich der österr. OGH auf: ERHARD, in: Lenz, Kommentar zum EG-Vertrag, Art. 58 Rdnr. 4; TROBERG in: Groeben/Thiesing/Ehlermann, Kommentar zum EG-Vertrag, Art. 58 Rdnrn. 1, 7.

„Centros“ - Entscheidung des EuGH auf die sekundäre Niederlassungsfreiheit beschränkt.[68]

Durch diese Einschränkung gelingt es dem österr. OGH die Sitztheorie selbst für alle anderen Anwendungsfälle aufrecht zu erhalten. Die Entscheidung ist aber dennoch zu begrüßen, da der österr. OGH nicht versucht die Sitztheorie durch Hinweise auf ihren „Schutzmechanismus“ entgegen Gemeinschaftsrecht - zumal der der Entscheidung zugrunde liegende Sachverhalt mit der „Centros“ - Entscheidung nahezu identisch war - aufrecht zu erhalten.

4. Stellungnahme zur „Centros“ - Entscheidung des EuGH

Aufgrund der fehlenden Klarstellung der Reichweite des Urteils „Centros“ durch den EuGH sind verschiedene Interpretationsmöglichkeiten der Entscheidung denkbar. Zu beantworten gilt es zunächst die Frage nach dem Verhältnis der Urteile „Daily Mail“ und „Centros“ und den Auswirkungen dieses Urteils auf das deutsche Kollisions- und Sachrecht. Anschließend soll die Frage entschieden werden, ob der EuGH seine Aussagen im Fall „Centros“ lediglich für den Fall der sekundären Niederlassung oder auch für den Fall der primären Niederlassung getroffen hat.

4.1 Verhältnis der „Centros“ - Entscheidung zu dem Urteil „Daily Mail“

Im Fall „Daily Mail“ entschied der EuGH, dass die Artt. 43, 48 EG einer Gesellschaft, die nach dem Recht eines Mitgliedstaates gegründet ist und in diesem ihren satzungsmäßigen Sitz hat, nicht das Recht verleihen, den Sitz ihrer Geschäftsleitung in einen anderen Mitgliedstaat zu verlegen.[69] Im Fall „Centros“ hingegen urteilte der EuGH, dass ein Mitgliedstaat die Eintragung einer Zweigniederlassung einer Gesellschaft selbst dann nicht verweigern kann, wenn die Muttergesellschaft nur aus dem Grund im Ausland errichtet wurde, um das im Niederlassungsstaat der Zweigniederlassung geltende Recht über die Errichtung von Gesellschaften zu umgehen, da dieses höhere Anforderungen an die Einzahlung des Mindestgesellschaftskapitals stellt.[70]

---

68 Vgl. den Beschluss des österr. OGH v. 15.7.1999, abgedruckt in JZ 2000, S. 199. „Die in § 10 IPRG vertretene Sitztheorie steht mit der durch Art. 48 Abs. 1 i.V.m. Art. 43 EG eingeräumten sekundären Niederlassungsfreiheit im Widerspruch.....“.

69 Vgl. Leitsatz der Entscheidung „Daily Mail“; EuGH Urt. v. 27.9.1988, Rs. 81/87, Daily Mail, Slg. 1988, S. 5483 ff.

70 Vgl. den genauen Wortlaut des Leitsatzes der „Centros“ - Entscheidung, EuGH, Urt. v. 9.3.1999, Rs. C-212/97, Centros, Slg. 1999 I, S. 1459 ff.

Der erste Gedanke beim Vergleich dieser beiden Urteile ist, dass innerhalb einer Zeitspanne von immerhin elf Jahren, die zwischen den beiden Entscheidungen liegt, der EuGH in seiner Rechtsprechung hinsichtlich des Internationalen Gesellschaftsrechts eine grundsätzliche Kehrtwendung vorgenommen hat. Dies ist aber nur der erste Anschein. Zum einen liegen den beiden Urteilen verschieden strukturierte Ausgangsfälle zugrunde, die eine unterschiedliche Beurteilung rechtfertigen könnten. Zum anderen fehlt in der späteren „Centros" - Entscheidung eine eindeutige Aussage des EuGH dahingehend, dass an der Aussage des „Daily Mail" - Urteils nicht mehr festzuhalten sei und diesem daher keine Geltung mehr zukomme.

Geklärt ist zumindest, dass der Gerichtshof nach außen nicht deutlich gemacht hat, in welchem Verhältnis die beiden Entscheidungen zu sehen sind. Ungewöhnlich ist dieser Verzicht insoweit, als ein Hinweis auf eine geänderte Rechtsprechung zwischenzeitlich durch den EuGH in seinen Entscheidungen mehrfach geschehen ist.[71] Darüber hinaus schweigt der EuGH in seinen Entscheidungsgründen des „Centros" - Urteils über das Kollisionsrecht von EG-angehörigen Gesellschaften.

Eine Schlussfolgerung, die sich aus diesem Schweigen herleiten ließe, wäre die Ansicht, dass die kollisionsrechtlichen Fragen, die im Fall „Daily Mail" gestellt wurden, bei der Beurteilung des Falls „Centros" keine Rolle gespielt hätten.[72] Damit könnte das Urteil „Centros" hinsichtlich des Kollisionsrechts keine Änderung der Rechtsprechung des EuGH herbeiführen. Diese Ansicht lässt sich aber mit Hilfe der Entscheidungsgründe im Urteil „Centros" widerlegen.

Der EuGH stellt nämlich fest, dass „das Recht eine Gesellschaft nach dem Recht eines Mitgliedstaates zu errichten und in anderen Mitgliedstaaten Zweigniederlassungen zu gründen,... im Binnenmarkt unmittelbar aus der vom EG-Vertrag gewährleisteten Niederlassungsfreiheit" folgt.[73] Dies kann nur bedeuten, dass eine Entscheidung hinsichtlich des anwendbaren Rechts - also eine kollisionsrechtliche Entscheidung der Frage nach der Niederlassungsfreiheit für Gesellschaften - keine Rolle mehr spielt.[74] Vielmehr gesteht der EuGH den Gesellschaften ausdrücklich zu, dass das Recht eine Gesellschaft nach dem Recht eines bestimmten Mitgliedstaates zu gründen,

---

[71] Vgl. z.B. Keck, EuGH Slg. 1993, I-6097, 6131, Tz. 16 oder auch HAG II, EuGH Slg. 1990, I-3711, 3757, Tz. 10.

[72] So ROTH, ZGR 2000, S. 326; EBKE, JZ 1999, S. 656, 658.

[73] EuGH, Urt. v. 9.3.1999, Rs. C- 212/97, Centros, Slg. 1999 I, S. 1459 ff., Tz. 27 S. 2.

[74] Vgl. SANDROCK, BB 1999, S. 1340.

nur nach der Niederlassungsfreiheit des EG-Vertrages zu beurteilen ist und nicht nach der nationalen Rechtsordnung des betroffenen Mitgliedstaates.

Zudem führt der EuGH in seiner Begründung im Urteil „Centros" weiter aus, dass es unerheblich ist, „dass das Gesellschaftsrecht in der Gemeinschaft nicht vollharmonisiert worden ist; außerdem bleibt es dem Rat jederzeit überlassen, aufgrund der ihm in Art. 54 Abs. 3 lit. g EGV[75] übertragenen Befugnisse diese Harmonisierung zu vervollständigen".[76] Damit weist der EuGH auf die fehlende gemeinschaftsrechtliche Regelung im Bereich des Internationalen Gesellschaftsrechts hin. Nichtsdestotrotz bleibt es aber bei der Aussage, dass das Recht eine Gesellschaft nach dem Recht eines Mitgliedstaates zu errichten, unmittelbar aus der Niederlassungsfreiheit des EG-Vertrages folgt.

Insoweit war sich der EuGH bei seiner Entscheidungsfindung der Diskrepanz innerhalb der nationalen Gesellschaftsrechte durchaus bewusst. Es kann also nicht davon ausgegangen werden, dass durch den fehlenden Verweis auf die „Daily Mail" - Entscheidung keine Änderung in der Rechtsprechung des EuGH stattgefunden hat. Vielmehr ist davon auszugehen, dass die nationalen Kollisionsrechte die Niederlassungsfreiheit von Gesellschaften nicht einschränken sollen. Dies gilt unabhängig davon, ob der EuGH auf eine geänderte Rechtsprechung ausdrücklich hinweist oder nicht.[77]

4.2 Primäre oder sekundäre Niederlassungsfreiheit innerhalb der „Centros" - Entscheidung

Über die Frage, ob das Urteil „Centros" sich lediglich auf die sekundäre Niederlassungsfreiheit bezieht oder doch auch Auswirkungen auf die primäre Niederlassungsfreiheit hat, herrscht Unklarheit. Unter einer primären Niederlassung ist der Übersiedlungsvorgang verbunden mit der Neuaufnahme einer Tätigkeit zu verstehen.[78] Eine Niederlassung, die von dem

---

[75] Jetzt Art. 44 Abs. 2 lit. g EG.

[76] EuGH, Urt. v. 9.3.1999, Rs. C- 212/97, Centros, Slg. 1999 I, S. 1459 ff., Tz. 28.

[77] Anders als in seinem Urteil „Centros" geht der EuGH in seiner Entscheidung „Überseering" (EuGH, Urt. v. 5.11.2002, Rs. C-208/00) auf das „Daily Mail"-Urteil ein. Der EuGH stellt in „Überseering" im Zusammenhang mit dem Urteil „Daily Mail" vor allem klar, dass anders als im Ausgangsverfahren es in der Rechtssache, in der das Urteil Daily Mail and General Trust erging, es nicht darum ging, wie ein Mitgliedstaat eine in einem anderen Mitgliedstaat wirksam gegründete Gesellschaft zu behandeln hat, die im ersten Mitgliedstaat von ihrer Niederlassungsfreiheit Gebrauch macht (vgl. EuGH, Urt. v. 5.11.2002, Rs. C-208/00, Überseering, Tz. 66).

[78] Vgl. TROBERG in: Groeben/Thiesing/Ehlermann, Kommentar zum EU-/EG-Vertrag, Art. 52 Rdnr. 14.

Hauptunternehmen weiterhin abhängig ist, wird als sekundäre Niederlassung angesehen.[79]

Im Fall „Centros“ ist offensichtlich von einer sekundären Niederlassung in Form einer Zweigniederlassung auszugehen, da die Muttergesellschaft im Vereinigten Königreich - wenn auch nur als Postadresse - verblieben ist. Problematisch ist der vorliegende Sachverhalt deshalb, weil zwar begrifflich von einer Zweigniederlassung in Dänemark ausgegangen werden kann, tatsächlich aber eine Hauptniederlassung vorliegt.[80] Die Muttergesellschaft in Großbritannien betreibt keinerlei Geschäftstätigkeit, sondern dient als „Briefkastenfirma“. Die gesamten Aktivitäten des Unternehmens „Centros“ werden allein in Dänemark entfaltet.

Allerdings gehen auf diese Problematik weder der Gerichtshof noch der Generalanwalt ein. Beide behandeln „Centros“ unter dem Gesichtspunkt der sekundären Niederlassungsfreiheit. Der Generalanwalt setzt sich lediglich mit dem dänischen Vorschlag zur Auslegung des Begriffs „Niederlassung“ i.S.d. Art. 48 EG auseinander.[81] Auf die Frage, ob die Zweigniederlassung der „Centros“ Ltd. nicht als Hauptniederlassung zu behandeln ist, wird im Schlussantrag nicht eindeutig eingegangen.

Nach Ansicht von Generalanwalt *La Pergola* gewährt der EG-Vertrag den einzelnen das Recht, sich aus den von den Mitgliedstaaten angebotenen Gesellschaftsrechten und Gesellschaftsformen diejenigen herauszusuchen, die ihnen passend erscheinen. Es sei beim gegenwärtigen Stand der europäischen Integration nicht mehr haltbar, dass ein Unternehmen, das hauptsächlich auf dem dänischen Markt tätig werden wolle, seinen Hauptsitz in Dänemark nehmen müsse,[82] und, so kann man sinngemäß ergänzen, auf die Wahl unter den Rechtsformen des dänischen Rechts beschränkt sei.[83]

Wenn aber die freie Wahl der Rechtsformen innerhalb der Gemeinschaft erlaubt sein soll, muss sich die „Centros“ - Entscheidung auch auf die primäre Niederlassungsfreiheit auswirken. Eine freie Wahl der Rechtsordnung, die über die Muttergesellschaft auf die Zweigniederlassung Anwendung findet, stellt keinen anderen Fall dar, als die Wahl des anwendbaren Rechts auf eine primäre Niederlassung, unter der Voraussetzung, dass die gesamte Geschäftstätigkeit in der Zweigniederlassung abgewickelt wird.

---

[79] Vgl. TROBERG in: Groeben/Thiesing/Ehlermann, Kommentar zum EU-/EG-Vertrag, Art. 52 Rdnr. 14.

[80] Ebenso FREITAG, EuZW 1999, S. 268.

[81] Vgl. im einzelnen Tz. 15 ff. der Schlussanträge des Generalanwalts LA PERGOLA.

[82] Vgl. Schlussanträge des Generalanwalts LA PERGOLA, Tz. 20.

[83] Vgl. KIENINGER, ZGR 1999, S. 732.

Die „Centros" Ltd. wollte ausschließlich in Dänemark tätig werden und übte die gesamte Geschäftstätigkeit in der Zweigniederlassung aus. Dadurch nahm sie in Wirklichkeit die Freiheit in Anspruch, in Dänemark ihre Hauptniederlassung zu errichten.[84] Dies kann begriffsnotwendig allenfalls Inhalt der primären Niederlassungsfreiheit sein.

Sowohl der Generalanwalt als auch der EuGH enthalten sich jeglicher Definition des Begriffes Zweigniederlassung, sondern gehen lapidar von der Einschlägigkeit des Art. 48 EG aus. Allerdings gehen beide in völliger Abkehr von der bisherigen Rechtsprechung nunmehr davon aus, dass sich die primäre Niederlassungsfreiheit für Gesellschaften aus Art. 48 EG ableitet, so dass sie für den vorliegenden Fall gar keine Definition der Zweigniederlassung benötigen. Selbst wenn die „Centros" Ltd. ohne Wechsel der Rechtspersönlichkeit von einem Staat in den anderen umziehen wollte, wäre sie in diesem Bestreben durch Art. 48 EG geschützt.[85] Daher ist im Folgenden davon auszugehen, dass sich die „Centros" - Entscheidung auch auf die primäre Niederlassungsfreiheit erstreckt.

4.3 Auslegung der „Centros" - Rechtsprechung

Die Erörterung der Tragweite der „Centros" - Rechtsprechung umfasst wie gezeigt zwei Komplexe. Zum einen die Frage des Verhältnisses der „Daily Mail" – Rechtsprechung zu „Centros" und zum anderen die Frage, ob sich die Entscheidung „Centros" allein auf die sekundäre Niederlassungsfreiheit erstreckt oder aber auch für die primäre Niederlassungsfreiheit gilt.

Zusammenfassend lässt sich die Frage nach dem Verhältnis „Daily Mail" - „Centros" dahingehend beantworten, dass nunmehr das Recht eine Gesellschaft nach dem Recht eines Mitgliedstaates zu errichten und in anderen Mitgliedstaaten Zweigniederlassungen zu gründen, unmittelbar aus der vom EG-Vertrag gewährleisteten Niederlassungsfreiheit folgt. Eine Entscheidung hinsichtlich des auf die Gesellschaft anwendbaren Rechts bei Gründung einer Zweigniederlassung ist zukünftig nicht mehr zu treffen. Der EuGH gesteht den Gesellschaften ausdrücklich zu, dass das Recht eine Gesellschaft nach dem Recht eines bestimmten Mitgliedstaats zu gründen, nur nach der Niederlassungsfreiheit des EG-Vertrages zu beurteilen ist und nicht nach der nationalen Rechtsordnung des betroffenen Mitgliedstaats. Diese Interpretation des „Centros" – Urteils bestätigt der EuGH mit seiner Rechtsprechung im Fall „Überseering".[86]

---

[84] Ebenso FREITAG, EuZW 1999, S. 268.

[85] Vgl. FREITAG, EuZW 1999, S. 268 f.

[86] Vgl. die Leitsätze der Entscheidung „Überseering" S. 155.

Des weiteren sind von der „Centros“ - Entscheidung nicht nur die sekundäre sondern auch die primäre Niederlassungsfreiheit umfasst. Denn in Wirklichkeit war das Unternehmen „Centros“ keine Zweigniederlassung sondern der Hauptsitz des Unternehmens.

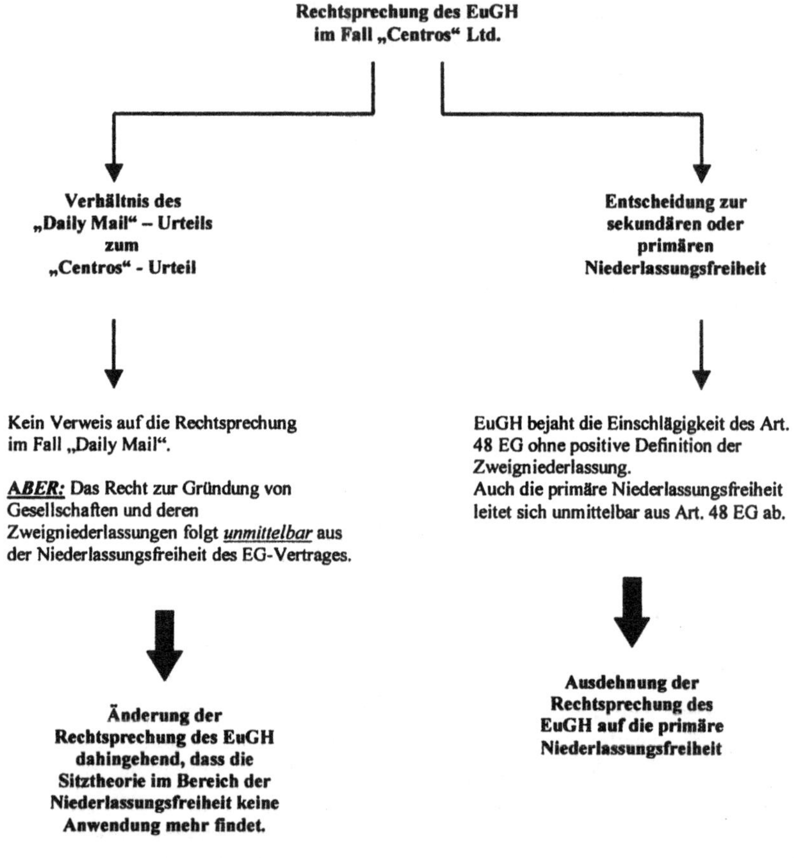

Abbildung 19: Übersicht zur „Centros“ - Rechtsprechung

Diese Auslegung der „Centros“ - Rechtsprechung, die im Überblick in Abbildung 19 dargestellt ist, wird der weiteren Untersuchung zugrunde gelegt.

5. Vereinbarkeit des deutschen Kollisionsrechts (Sitztheorie) mit der „Centros" - Rechtsprechung

Die Sitzverlegung von Unternehmen wird sowohl durch Gemeinschaftsrecht als auch durch das nationale Recht der von der Sitzverlegung betroffenen Mitgliedstaaten beeinflusst. Wie bereits ausgeführt, beinhaltet die Niederlassungsfreiheit des EG-Vertrages das Recht der freien Niederlassung von Staatsangehörigen eines Mitgliedstaates und nach Art. 48 EG von Gesellschaften in einen anderen Mitgliedstaat.

Nach der Darstellung der beiden für das Internationale Gesellschaftsrecht wichtigsten Entscheidungen und der eigenen Auslegung des „Centros" - Urteils ist zu fragen, ob die Sitztheorie noch mit dem vorrangigen Gemeinschaftsrecht, insbesondere der Niederlassungsfreiheit vereinbar ist. Von dieser *kollisionsrechtlichen* Frage strengstens zu trennen, ist die Untersuchung, ob die *sachrechtlichen* Folgen, die die Sitztheorie nach sich zieht, mit dem Gemeinschaftsrecht vereinbar sind.

Bei Sachverhalten mit einer Verbindung zum Recht eines ausländischen Staates bestimmen die Vorschriften des EGBGB (insbesondere die Artt. 3 bis 46) welche Rechtsordnung anzuwenden ist. Der Sitztheorie kommt innerhalb des deutschen Internationalen Gesellschaftsrechts diese kollisionsrechtliche Aufgabe zu. Sie dient der Ermittlung des auf die Gesellschaft anwendbaren Rechts (Gesellschaftsstatut). Die entscheidende Rechtsfolge der Sitztheorie besteht darin, dass eine Gesellschaft für den Fall des Auseinanderfallens von Gründungsrecht (Satzungssitz) und Sitzstaat (Verwaltungssitz) grundsätzlich nicht als juristische Person angesehen wird, weil sie die Gründungsvoraussetzungen des Sitzstaates, die zur Erlangung der Rechtsfähigkeit erforderlich sind, nicht erfüllt hat.[87] Nur insoweit ist eine Vereinbarkeit der Sitztheorie mit der gemeinschaftsrechtlichen Niederlassungsfreiheit zu überprüfen.

Die herrschende Meinung in Deutschland sieht in dem Wegzug eines Unternehmens einen zwingenden Grund zur Auflösung und Abwicklung der Gesellschaft[88] und mit dem Zuzug der Gesellschaft wird grundsätzlich eine Neugründung und damit der Neuerwerb der Rechtsfähigkeit im Inland verlangt.[89] Hinsichtlich dieser Rechtsfolgen ist das deutsche materielle Recht (Sachrecht) auf seine Gemeinschaftskonformität zu überprüfen.

---

[87] Vgl. BEHRENS, in: Behrens, Die GmbH im internationalen und europäischen Recht, IPR Rdnr. 10; BGHZ 53, 181, 184; BGHZ 97, 269, 272.

[88] Vgl. BayObLGZ 1992, S. 113.

[89] Vgl. OLG Zweibrücken, NJW 1990, S. 3092.

5.1 Verstoß der Sitztheorie gegen die Niederlassungsfreiheit für Gesellschaften

Die bisherige Untersuchung hat gezeigt, dass die in Deutschland geltende Sitztheorie eine identitätswahrende grenzüberschreitende Sitzverlegung *im Ergebnis* nicht zulässt. Die Sitztheorie dient der Bestimmung des Gesellschaftsstatuts. Damit ist sie eine kollisionsrechtliche Regelung. Sie ist sogar allseitige Kollisionsnorm.[90] Fraglich ist, ob die Sitztheorie als Kollisionsnorm auch nach „Centros" noch mit dem Gemeinschaftsrecht und dabei insbesondere mit Art. 48 EG vereinbar ist.

5.1.1 Die Gleichstellung der Gesellschaften im Gemeinschaftsrecht als Kollisionsnorm

Unstrittig ist, dass Art. 48 EG keine *ausdrückliche* kollisionsrechtliche Regelung enthält.[91] Ob es sich bei Art. 48 EG aber um eine versteckte Kollisionsnorm[92] handelt oder lediglich um eine reine Anwendungsnorm[93] ist umstritten.[94]

Für Art. 48 EG als Anwendungsnorm wird vorgebracht, dass die Norm lediglich den persönlichen Anwendungsbereich der Niederlassungsfreiheit um die Einbeziehung der Gesellschaften erweitere. Ein kollisionsrechtlicher Inhalt komme der Norm deshalb nicht zu, weil die verschiedenen internationalprivatrechtlichen Anknüpfungspunkte nicht in der Lage seien,

---

90 Der Deutsche Rat für Internationales Privatrecht bestätigte die Sitztheorie als allseitige Kollisionsnorm. Vgl. LAUTERBACH (Hrsg.), Vorschläge und Gutachten zur Reform des deutschen internationalen Personen- und Sachenrechts, 1972, S. 3, 20.

A.A. BEITZKE, in: FS Mann, S. 113.

91 Vgl. DROBNIG, in: von Bar (Hrsg.), S. 192.

92 Für eine versteckte Kollisionsnorm: VON BAR, IPR I, Rdnr. 170 a.E.; GROTHE, Die „ausländische Kapitalgesellschaft & Co.", S. 175; NIESSEN, NJW 1986, S. 1408; KOPPENSTEINER, Internationale Unternehmen im deutschen Gesellschaftsrecht, S. 116 f.; WIEDEMANN, FS Kegel, S. 201; BOETTICHER, Die Anerkennung von Handelsgesellschaften und juristischen Personen im EWG-Bereich, S. 142 ff.; DROBNIG in: von Bar (Hrsg.), S. 192 ff. m.w.N.

93 Für eine Anwendungsnorm: EBENROTH, JZ 1988, S. 24; EYLES, Das Niederlassungsrecht der Kapitalgesellschaften in der Europäischen Gemeinschaft, S. 353 f.; EBKE, ZGR 1987, S. 265; GROßFELD, Internationales und Europäisches Unternehmensrecht, S. 54; SACK, JuS 1990, S. 356; BEHRENS, ZGR 1994, S. 17 f.; ROTH, in: Dauses, Handbuch des EG-Wirtschaftsrechts, E I, Rdnr. 91; SCHÜMANN, EuZW 1994, S. 273; SCHNICHELS, Reichweite der Niederlassungsfreiheit, S. 175 f.

94 Vgl. die ausführliche Diskussion zu dieser Frage bei SCHNICHELS, Reichweite der Niederlassungsfreiheit, S. 169 ff.; KRUSE, Sitzverlegung von Kapitalgesellschaften innerhalb der EG, S. 195 ff.

eine eindeutige Zuordnung zu einer bestimmten Rechtsordnung vorzunehmen.[95] Eine genaue Bestimmung der anzuwendenden Rechtsordnung sei nur mit Hilfe nationaler Kollisionsnormen möglich.[96] Denn gesellschaftskollisionsrechtliche Aspekte seien allein in Art. 293 EG angesprochen.[97]

Demgegenüber behaupten die Vertreter der Ansicht, bei Art. 48 EG handle es sich um eine versteckte Kollisionsnorm, dass die in der Norm genannten Gleichstellungsvoraussetzungen den traditionellen Anknüpfungspunkten im Internationalen Gesellschaftsrecht entsprechen. Die mit „oder" verbundenen Anknüpfungskriterien Satzungssitz, Hauptverwaltung und Hauptniederlassung seien als Anknüpfungsalternativen auszulegen.[98] Des weiteren wird vorgebracht, dass die Niederlassungsfreiheit nicht nur den natürlichen Personen sondern ebenso den Gesellschaften offen stehen muss. Dies umfasse auch das Recht auf Beibehaltung des Gesellschaftsstatuts.[99] Daher könne die Sitztheorie, die an die Verlegung des Verwaltungssitzes einer Gesellschaft einen Wechsel des Gesellschaftsstatuts knüpft, nicht im Rahmen der Niederlassungsfreiheit angewandt werden. Art. 48 EG schließe die Anwendung der Sitztheorie aus.[100] Denn die Folge der Sitztheorie, dass eine Gesellschaft bei einer grenzüberschreitenden Verlegung des Verwaltungssitzes ihre gesellschaftsrechtliche Verknüpfung mit dem Gründungsstaat verliert, steht im Widerspruch zum Prinzip der Niederlassungsfreiheit.[101]

Zur Klärung, welche Funktion Art. 48 EG obliegt, ist die Rechtsprechung des EuGH heranzuziehen.

5.1.1.1 „Daily Mail"

In seiner Entscheidung "Daily Mail" stellte der EuGH fest, dass die Artt. 43 und 48 EG den Gesellschaften nationalen Rechts kein Recht gewähren, den Sitz ihrer Geschäftsleitung unter Bewahrung ihrer Eigenschaft als Gesellschaften des Mitgliedstaates ihrer Gründung in einen anderen Mitglied-

95 Vgl. ROTH, in: Dauses, Handbuch des EG-Wirtschaftsrechts, E I, Rdnr. 91; GROß, AG 1990, S. 532; BLECKMANN, WiVerw 1987, S. 120, 124; EYLES, Das Niederlassungsrecht der Kapitalgesellschaften in der Europäischen Gemeinschaft, S. 358.

96 Vgl. EBENROTH/EYLES, DB-Beilage 2/1988, S. 13 f.

97 Vgl. GROßFELD, IPRax 1986, S. 352 f.; GROßFELD/KÖNIG, IPRax 1991, S. 380, 381.

98 Vgl. hierzu GROTHE, Die „ausländische Kapitalgesellschaft & Co.", S. 180 f.

99 Vgl. GROTHE, Die „ausländische Kapitalgesellschaft & Co.", S. 146.

100 Vgl. DROBNIG, in: von Br (Hrsg.), S. 195 f.; GRASMANN, System des Internationalen Gesellschaftsrechts, Rdnr. 194.

101 Vgl. GROTHE, Die „ausländische Kapitalgesellschaft & Co.", S. 145 f.

staat zu verlegen.[102] Damit traf der EuGH eine Aussage mit weitreichenden Folgen für das Internationale Privatrecht. Einer Gesellschaft obliege es nach dem EuGH nicht, ihren Sitz unter Wahrung des Gründungsstatuts zu verlegen. Der Niederlassungsfreiheit im Rahmen des Art. 48 EG komme keine kollisionsrechtliche Bedeutung zu.[103] Daraus schloss die überwiegende Meinung im Schrifttum,[104] dass der EuGH in dem „Daily Mail“ - Urteil die Entscheidung über das Anknüpfungsmoment den betroffenen nationalen Kollisionsrechten überlassen hatte. Insoweit wurde der Sitztheorie Gemeinschaftskonformität bescheinigt.[105]

5.1.1.2 „Centros"

Analysiert man die Entscheidung des EuGH im Fall „Centros“, so lässt sich hinsichtlich der Frage der Anwendbarkeit der Sitztheorie eine Kehrtwende in der Rechtsprechung feststellen. Eine ausdrückliche Absage des EuGH an die bisherige Haltung, dass die Niederlassungsfreiheit des EG-Vertrages keinen kollisionsrechtlichen Inhalt hat, liegt nicht vor. Das Kollisionsrecht für Gesellschaften wird in der „Centros“ - Entscheidung mit keinem Wort erwähnt. Anders noch in der „Daily Mail“ - Entscheidung.

Das Schweigen des EuGH in den Entscheidungsgründen zum Kollisionsrecht ist aber deshalb verständlich, weil das Kollisionsrecht im Fall „Centros“ keine Rolle spielte. Dänemark folgt ebenso wie das Vereinigte Königreich der Gründungstheorie.[106] Die dänische Zentralverwaltung lehnte die Eintragung der „Centros“ Ltd. vielmehr mit der Begründung ab, die Gesellschaft beabsichtige in Wirklichkeit unter Umgehung der nationalen Vorschriften insbesondere über die Einzahlung eines Mindestgesellschaftskapitals, in Dänemark nicht eine Zweigniederlassung, sondern einen Hauptsitz zu errichten.

---

[102] Vgl. EuGH, Urt. v. 27.9.1988, Rs. 81/87, Daily Mail, Slg. 1988, S. 5483 ff, Tz. 25.

[103] Vgl. EuGH, Daily Mail, Slg. 1988, S. 5512, Tz. 21 u. 22; vgl. auch WERLAUFF, EC Company Law, S. 21 f.

[104] Vgl. GROßFELD, in: Staudinger, IntGesR, Rdnr. 121 f.; DERS., WM 1992, S. 2123; EBENROTH/EYLES, DB 1989, S. 373 u. 417; EYLES, Das Niederlassungsrecht der Kapitalgesellschaften in der Europäischen Gemeinschaft, S. 351 f.; KNOBBE-KEUK, ZHR 1990, S. 332; BEHRENS, in: Hachenburg, Kommentar zum GmbHG, Einl. Rdnr. 123; ROTH, RabelsZ 1991, S. 631; SACK, JuS 1990, S. 353.

[105] Vgl. zur Rechtsprechung des EuGH im Zusammenhang mit der Frage, ob Art. 48 EG eine versteckte Kollisionsnorm darstellt, SCHNICHELS, Reichweite der Niederlassungsfreiheit, S. 170 f.; KRUSE Sitzverlegung von Kapitalgesellschaften innerhalb der EG, S. 201 ff.

[106] Vgl. BEHRENS, in: Hachenburg, Kommentar zum GmbHG, Einl. Rdnr. 546 ff., 588.

Die Annahme, dass aus dem Schweigen des EuGH zur Frage der Anwendbarkeit nationalen Kollisionsrechts für Gesellschaften die Beibehaltung der Grundsätze des „Daily Mail“ - Urteils folgen, ist falsch. Dies geht aus den Entscheidungsgründen des EuGH im Fall „Centros“ hervor.[107]

Der EuGH führt zunächst aus, dass die nationalen Gerichte im Einzelfall berechtigt sind eine missbräuchliche oder betrügerische Berufung auf das Gemeinschaftsrecht nicht zu gestatten, wobei jedoch bei der Würdigung die Ziele der fraglichen Bestimmungen zu beachten sind.[108] Weiter argumentiert der EuGH:

- „Im Ausgangsfall sind die nationalen Vorschriften, denen sich die Betroffenen entziehen wollen, Vorschriften über die Errichtung von Gesellschaften, aber nicht Vorschriften über die Ausübung bestimmter beruflicher Tätigkeiten...“.[109]
- „Damit kann es für sich allein keine missbräuchliche Ausnutzung des Niederlassungsrechts darstellen, wenn ein Staatsangehöriger eines Mitgliedstaates, der eine Gesellschaft gründen möchte, diese in dem Mitgliedstaat errichtet, dessen gesellschaftsrechtlichen Vorschriften ihm die größte Freiheit lassen, und in anderen Mitgliedstaaten Zweigniederlassungen gründet. *Das Recht, eine Gesellschaft nach dem Recht eines Mitgliedstaates zu errichten und in anderen Mitgliedstaaten Zweigniederlassungen zu gründen, folgt nämlich im Binnenmarkt unmittelbar aus der vom EG-Vertrag gewährleisteten Niederlassungsfreiheit.*“[110]

Mit dieser Rechtsprechung gewährt der EuGH den gemeinschaftsangehörigen Gesellschaften ganz neue Perspektiven hinsichtlich der Frage nach dem Gesellschaftsstatut und der passenden Rechtsform.[111] Die Frage, ob nach der Entscheidung „Centros“ die nationalen Kollisionsrechte im Bereich der Niederlassungsfreiheit für Gesellschaften noch heranzuziehen sind, ist zu verneinen. Der EuGH stellt klar, dass das Recht Gesellschaften zu errichten und deren Zweigniederlassung in anderen Mitgliedstaaten zu gründen *„...unmittelbar aus der vom EG-Vertrag gewährleisteten Niederlassungs-*

---

107 Vgl. zur Konsequenz des Schweigens des EuGH im Fall „Centros“ SANDROCK, BB 1999, S. 1340 f.

108 Vgl. EuGH, Urt. v. 9.3.1999, Rs. C- 212/97, Centros, Slg. 1999 I, S. 1459 ff., Tz. 24, 25.

109 EuGH, Urt. v. 9.3.1999, Rs. C- 212/97, Centros, Slg. 1999 I, S. 1459 ff.,Tz. 26.

110 Vgl. EuGH, Urt. v. 9.3.1999, Rs. C- 212/97, Centros, Slg. 1999 I, S. 1459 ff.,Tz. 27. Hervorhebung durch Verfasserin.

111 Zur Frage der tatsächlichen Möglichkeiten hinsichtlich der Rechtswahl für Gesellschaften innerhalb der EG vgl. S. 195.

freiheit" folgt. Dies kann nur bedeuten, dass die nationalen Kollisionsrechte, die bisher einer Verwirklichung der Niederlassungsfreiheit für Gesellschaften entgegenstanden, nicht mehr beachtlich sein sollen.[112] Nunmehr gilt für die primäre und sekundäre Niederlassungsfreiheit von Gesellschaften grundsätzlich unmittelbar das Gemeinschaftsrecht bzw. die Niederlassungsfreiheit. Damit hat der EuGH eine Kehrtwende von seiner bisherigen „Daily Mail" - Rechtsprechung vollzogen. Die Unternehmen müssen daher zukünftig die Möglichkeit zur Nutzung des Binnenmarktes ohne Niederlassungsschranken haben.[113]

Im Ergebnis ist festzuhalten, dass im Bereich der Niederlassungsfreiheit für Gesellschaften das nationale Kollisionsrecht keine Anwendung mehr finden darf. Damit ergibt sich im Umkehrschluss, dass Art. 48 EG kollisionsrechtlicher Charakter zukommt.[114]

5.1.2 Schicksal der Sitztheorie

Nach Art. 220 EG obliegt dem Gerichtshof die Auslegung des gesamten Gemeinschaftsrechts, unabhängig von der Verfahrensart, in der er befasst worden ist.[115] Seine Urteile sind mit verbindlicher Wirkung der Maßstab für das, was gemeinschaftsrechtlich gilt. Von diesem Grundsatz ist sowohl hinsichtlich der „Daily Mail" - Entscheidung als auch hinsichtlich der „Centros" - Entscheidung auszugehen.

Aus dem Vorrang des Gemeinschaftsrechts vor dem nationalen Recht ergibt sich für die nationale Regelung,[116] dass die gemeinschaftswidrige nationale Norm „ohne weiteres unanwendbar" wird.[117] Das bedeutet für die Sitztheorie, dass soweit es um die Niederlassungsfreiheit von gemeinschaftsangehörigen Gesellschaften innerhalb der EG geht, nicht mehr auf sie zurückgegriffen werden kann. Denn die Rechtsprechung des EuGH kann seine Wirkung nur innerhalb der Gemeinschaft entfalten. Damit gilt in

---

112 Vgl. SANDROCK, BB 1999, S. 1340.

113 Vgl. MÜLLER – HUSCHKE, in: Schwarze (Hrsg.), EU-Kommentar, Art. 48 Rdnr. 17.

114 Unabhängig von der Frage, ob Art. 48 EG kollisionsrechtlicher Charakter zukommt oder nicht, wird die Entscheidung „Überseering" (vgl. EuGH, Urt. v. 5.11.2002, Rs. C-208/00) dahingehend interpretiert, dass die Sitztheorie nunmehr als unvereinbar mit der Niederlassungsfreiheit angesehen wird. Nach *Forsthoff* verpflichtet das Urteil dazu, die Sitztheorie (weitestgehend) aufzugeben und (zumindest in Teilausschnitten) nach der Gründungstheorie anzuknüpfen (vgl. FORSTHOFF, DB 2002, S. 2471, 2474).

115 Vgl. GEIGER, EUV/EGV, Art. 220 Rdnr. 10.

116 Vgl. zum Grundsatz des Vorrangs des Gemeinschaftsrechts Teil C 1.3.

117 EuGHE 1968, S. 363, EuGH, Urt. v. 9.3.1978, Rs. 106/77, Simmenthal, Slg. 1978, S. 629.

räumlicher Hinsicht die Beschränkung auf den Geltungsbereich des EG-Vertrages und in gegenständlicher Hinsicht auf den Anwendungsbereich der Niederlassungsfreiheit der Artt. 43 und 48 EG. Mit der Rechtsprechung im Fall „Centros“ hat der EuGH nunmehr auch den Gesellschaften die Möglichkeit zur Nutzung des Binnenmarktes ohne nationale Niederlassungsschranken eröffnet.[118]

Bei ausländischen, nicht gemeinschaftsangehörigen Unternehmen bleibt es für die Feststellung des Gesellschaftsstatuts bei der Anwendbarkeit der Sitztheorie.

5.2 Verstoß der Sitztheorie gegen das Diskriminierungsverbot und das Beschränkungsverbot

Ob die Sitztheorie gegen den Anspruch auf Inländergleichbehandlung (Diskriminierungsverbot) oder gegen das Beschränkungsverbot verstößt, kann dahingestellt bleiben. Ausgehend von der Feststellung, dass die Sitztheorie durch die unmittelbare Geltung der Niederlassungsfreiheit nach Artt. 43 und 48 EG als Kollisionsnorm verdrängt wird, kann ein Verstoß wegen fehlender Anwendbarkeit nicht mehr vorliegen.[119]

6. Vereinbarkeit des deutschen Sachrechts mit der Niederlassungsfreiheit nach der „Centros“ - Rechtsprechung

Verlegt ein Unternehmen seinen Sitz in einen anderen Staat, so ist nach der *kollisionsrechtlichen* Feststellung, welches Recht auf die Gesellschaft anzuwenden ist, in weiteren Schritten das *materielle* Recht zu prüfen. Es gilt festzustellen, ob das alte und das neue Gesellschaftsrecht das Unternehmen nach seinem Umzug fortbestehen lassen.[120]

Aus deutscher Sicht sind der Zuzug einer ausländischen Gesellschaft nach Deutschland und der Wegzug einer deutschen Gesellschaft ins Ausland zu unterscheiden. Zieht ein ausländisches Unternehmen nach Deutschland, muss es sich nach deutschem Recht neu gründen, um im Inland Rechtsfähigkeit zu erwerben (Neugründungspflicht).[121] Verlegt ein deutsches Unter-

---

118 Vgl. MÜLLER – HUSCHKE, in: Schwarze (Hrsg.), EU-Kommentar, Art. 48 EGV Rdnr. 17.

119 Vertreter der Ansicht, Art. 48 EG sei keine Kollisionsnorm müssen die Sitztheorie auf ihre Vereinbarkeit hinsichtlich dem Diskriminierungsverbot oder Beschränkungsverbot überprüfen, vgl. SCHNICHELS, Reichweite der Niederlassungsfreiheit, S. 176 ff.

120 Vgl. BGHZ 97, 269.

121 Selbst wenn der Wegzug der Identität der Gesellschaft nicht schadet, lehnt die h.M. den Fortbestand der Rechtsfähigkeit in Deutschland ab. Sie verlangt grundsätzlich Neugründung. Vgl. BGHZ 97, 269; GROßFELD, in: Staudinger, IntGesR, Rdnr. 642.

nehmen seinen Sitz ins Ausland, so wird darin ein zwingender Grund zur Auflösung und Abwicklung des Unternehmens gesehen (Auflösungspflicht).[122]

6.1 Vereinbarkeit der Neugründungspflicht mit der Niederlassungsfreiheit (Zuzug eines Unternehmens nach Deutschland)

Ein ausländisches Unternehmen, das nach Deutschland zieht, muss sich nach den deutschen gesellschaftsrechtlichen Vorschriften neu gründen, um Rechtsfähigkeit zu erlangen. Diese Neugründungspflicht gilt für die alleinige Verlegung des Verwaltungssitzes, für die alleinige Verlegung des Satzungssitzes und für die gemeinsame Verlegung des Verwaltungs- und Satzungssitzes einer Gesellschaft nach Deutschland.[123]

6.1.1 Verstoß der Neugründungspflicht gegen die Niederlassungsfreiheit

Unstrittig beinhaltet Art. 43 EG ein Diskriminierungsverbot.[124] Der Anspruch auf die Niederlassungsfreiheit verbietet jede Diskriminierung aus Gründen der Staatsangehörigkeit. Über Art. 48 EG wirkt dieses Diskriminierungsverbot auch auf Gesellschaften.[125] Zwar kennen die Gesellschaften keine Staatsangehörigkeit, wie sie den natürlichen Personen eigen ist, aber der Kreis der Begünstigten des EG-Vertrages bemisst sich bei Gesellschaften nach deren Gemeinschaftszugehörigkeit.[126]

Bei der folgenden Untersuchung ist davon auszugehen, dass der ausländischen gemeinschaftsangehörigen Gesellschaft, die ihren Sitz nach Deutschland verlegen will, der Wegzug aus ihrem bisherigen Sitzstaat ermöglicht wird. Denn sollte der Wegzugstaat die Auflösung der Gesellschaft zwingend verlangen, verliert sie ihre Rechtsfähigkeit und muss sich sowieso zur Erlangung neuer Rechtspersönlichkeit im Zuzugstaat Deutschland neu gründen. Unter diesen Gegebenheiten wäre eine Neugründungspflicht nach deutschem Recht selbstverständlich.

---

[122] Vgl. GROßFELD, in: Staudinger, IntGesR, Rdnr. 610 m.w.N.

[123] Vgl. KRUSE, Sitzverlegung von Kapitalgesellschaften innerhalb der EG, S. 129.

[124] Vgl. TROBERG, in: Groeben/Thiesing/Ehlermann, Kommentar zum EU-/EG-Vertrag, Art. 52 Rdnr. 36; vgl. zum Diskriminierungsverbot Teil C 5.1.

[125] Vgl. SCHNICHELS, Reichweite der Niederlassungsfreiheit, S. 87.

[126] Vgl. TROBERG, in: Groeben/Thiesing/Ehlermann, Kommentar zum EU-/EG-Vertrag, Art. 52 Rdnr. 1.

Der Inhalt der Niederlassungsfreiheit für Gesellschaften besteht zunächst in der Gewährung der Inländergleichbehandlung.[127] Gemäß Art. 43 EG besitzen natürliche Personen das Recht, sich in jedem Mitgliedstaat niederzulassen. Dies bedeutet für Gesellschaften, dass sie nach Art. 48 EG ebenfalls innerhalb der EG frei ihren Sitz nehmen und diesen wieder verlegen, sowie Zweigniederlassungen gründen können.[128] Daraus folgt, dass von einem Verstoß gegen das Diskriminierungsverbot dann auszugehen ist, wenn Gesellschaften, die sich in einem Mitgliedstaat niedergelassen und nach dem dort geltenden Recht Rechtsfähigkeit erlangt haben, ihren Sitz nicht ohne den Verlust ihrer Rechtsfähigkeit verlegen können. Da es gerade das Ziel der Niederlassungsfreiheit ist, eine ökonomisch bestimmte Standortwahl innerhalb des europäischen Binnenmarkts zu ermöglichen,[129] müssen die Artt. 43 und 48 EG so ausgelegt werden, dass eine Gesellschaft die Möglichkeit hat, unter Wahrung ihrer Identität umzuziehen.[130]

Verlegt eine ausländische Gesellschaft ihren Sitz nach Deutschland, so kann sie ihre nach ausländischem Recht erworbene Rechtsfähigkeit in Deutschland als Zuzugstaat nicht fortsetzen. Das deutsche Recht verlangt von der zuziehenden Gesellschaft eine Neugründung entsprechend den deutschen gesellschaftsrechtlichen Vorschriften. Hingegen kann eine nach deutschen Vorschriften gegründete Gesellschaft innerhalb Deutschlands umziehen, ohne ihre einmal erworbene Rechtsfähigkeit zu verlieren. Das deutsche Recht erkennt die Rechtsfähigkeit einer ausländischen Gesellschaft zwar an,[131] allerdings nur solange diese Gesellschaft ihren Sitz außerhalb des deutschen Rechtskreises wählt. Will die Gesellschaft aber ihren Sitz nach Deutschland verlegen, erkennt das deutsche Recht die Gesellschaft nicht länger an, da diese Gesellschaft den Rechtskreis verlässt, dem sie ihre Existenz verdankt. Hierdurch wird die ausländische Gesellschaft aufgrund ihrer „Staatsangehörigkeit"[132] benachteiligt. Eine Diskriminierung der ausländischen Gesellschaft liegt vor.[133]

---

127 Vgl. EuGH Rs. 270/83, Kommission/Frankreich, Slg. 1986, S. 273; Rs. C-330/91, Commerzbank, Slg. 1993, I-4017.

128 Vgl. MÜLLER – HUSCHKE, Schwarze (Hrsg.), EU-Kommentar. Art. 48 EG Rdnr. 13.

129 Vgl. TROBERG, in: Groeben/Thiesing/Ehlermann, Kommentar zum EU-/EG-Vertrag, Vorbem. zu Art. 52-58 Rdnr. 4; EVERLING, FS von der Groeben, S. 113.

130 Vgl. BEHRENS, ZGR 1994, S. 20 ff.; ROTH, ZeuP 1994, S. 20 ff.; KNOBBE-KEUK, ZHR 1990, S. 345; GROßFELD/KÖNIG, RIW 1992, S. 436 f.

131 Vgl. zur Frage der Anerkennung von ausländischen Gesellschaften in Deutschland Teil C 3.2.

132 Da Gesellschaften selbst keine Staatsangehörigkeit wie natürliche Personen haben können, gilt für Gesellschaften deren Ansässigkeit innerhalb der Gemeinschaft als Anknüpfungs-

Im Ergebnis stellt die Neugründungspflicht, die das deutsche Recht ausländischen Gesellschaften aufbürdet, eine versteckte Diskriminierung dar, da sie zwar nicht explizit auf die Staatsangehörigkeit abstellt, sie sich aber ausschließlich auf Gesellschaften auswirkt, die nach dem Recht eines fremden Mitgliedstaates gegründet worden sind.[134] Nach der Rechtsprechung des EuGH ist schon dann von einer versteckten Diskriminierung auszugehen, wenn die Regelung wirtschaftlich gesehen eine zusätzliche Belastung gerade für die in einem anderen Mitgliedstaat Ansässigen darstellt.[135] Nach Art. 48 EG muss dies auch für Gesellschaften gelten, so dass die Neugründungspflicht nicht zuletzt deshalb eine versteckte Diskriminierung darstellt, da die Neugründung für eine Gesellschaft auch wirtschaftlich erhebliche Belastungen mit sich bringt.

6.1.2 Rechtfertigungsmöglichkeiten

Die Neugründungspflicht des deutschen Rechts ist dann nicht europarechtswidrig, wenn sie gerechtfertigt ist. Die Diskriminierung der Niederlassungsfreiheit könnte durch Art. 46 EG gerechtfertigt sein.[136]

Art. 46 EG erlaubt den Mitgliedstaaten, im Bereich des Niederlassungsrechts auf EG-Ausländer diskriminierende Rechts- und Verwaltungsvorschriften anzuwenden, wenn die öffentliche Sicherheit, Ordnung oder Ge-

---

merkmal ihrer „Staatszugehörigkeit". Vgl. TROBERG, in: Groeben/Thiesing/Ehlermann, Kommentar zum EU-/EG-Vertrag, Art. 58 Rdnr. 1.

133 Vgl. BEHRENS, ZGR 1994, S. 18 f.; vgl. auch KNOBBE-KEUK, DB 1990, S. 2581.

A. A. *Schnichels*, der eine Diskriminierung aufgrund der „Staatsangehörigkeit" der ausländischen Gesellschaft nicht als gegeben ansieht, da keine vergleichbaren Sachverhalte vorliegen würden, weil Gesellschaften ihre Existenz bzw. Rechtsfähigkeit allein einer bestimmten Rechtsordnung verdanken. Vgl. SCHNICHELS, Reichweite der Niederlassungsfreiheit, S. 177 f. *Schnichels* übersieht aber, dass die Verleihung der Rechtsfähigkeit an eine Gesellschaft durchaus vergleichbar mit der Geburt einer natürlichen Person ist, wodurch diese ihre Rechtsfähigkeit erlangt. Auch die Rechtsfähigkeit natürlicher Personen wird durch die Rechtsordnung bestimmt (vgl. § 1 BGB).

134 Vgl. zur versteckten Diskriminierung SCHWARZ, Europäisches Gesellschaftsrecht, Rdnr. 134; vgl. allgemein zur versteckten Diskriminierung Teil C 5.1.2.

135 Vgl. EuGH, Urt. v. 3.2.1982, verb. Rs. 62 und 63/81, Seco/Evi, Slg. 1982, S. 223, 235 Rdnr. 8 = NJW 1982, S. 1935 f.

136 Von der Rechtfertigung der Diskriminierung der Niederlassungsfreiheit durch die in Art. 46 EG genannten Gründe ist der Ausnahmetatbestand des Art. 45 EG zu unterscheiden. Art. 46 EG kann nur zu einer Einschränkung der Niederlassungsfreiheit führen, wohingegen Art. 45 EG schon den Anwendungsbereich der Niederlassungsfreiheit bis zum gänzlichen Ausschluss begrenzen kann, soweit eine Tätigkeit mit der Ausübung öffentlicher Gewalt verbunden ist. Vgl. GEIGER, EUV/EGV, Art. 45 Rdnr. 1.

sundheit es erfordern.[137] Der Anwendungsbereich von Art. 46 EG ist nicht zwingend auf natürliche Personen beschränkt, vielmehr verweist Art. 48 EG auf Art. 46 EG, so dass eine Anwendung dieses Rechtfertigungsgrundes auf juristische Personen und damit Kapitalgesellschaften möglich ist.[138]

Die Neugründungspflicht könnte als Sonderregelung für ausländische Gesellschaften anzusehen sein, die aus Gründen der öffentlichen Ordnung oder Sicherheit gerechtfertigt ist.[139] Die Begriffe „öffentliche Sicherheit und öffentliche Ordnung" sind grundsätzlich als gemeinschaftsrechtliche Rahmenbegriffe zu verstehen.[140] Die Verwirklichung der Begriffe erfordert „eine tatsächlich und hinreichend schwere Gefährdung, die ein Grundinteresse der Gesellschaft" berührt.[141] Die Anwendung der Neugründungspflicht auf zuziehende ausländische Gesellschaften ist danach dann gerechtfertigt, wenn Grundinteressen des deutschen gesellschaftlichen Systems tatsächlich und hinreichend schwer gefährdet sind. In Betracht kommen die Gefährdung von Neugläubigern und Arbeitnehmern in Deutschland. Ein Schutz weiterer Betroffener, insbesondere der Anteilseigner der wegziehenden Gesellschaft kann nicht durch deutsches Recht erfolgen, sondern ausschließlich nach dem Recht des Wegzugstaates. Löst sich die Gesellschaft aus ihrem alten Rechtskreis, so ist es Aufgabe des Wegzugstaates, für den Schutz der dort Betroffenen zu sorgen.[142]

Bei der Untersuchung, ob die Neugründungspflicht den Schutz der Betroffenen angemessen wahrt, ist außerdem zu fragen, ob das deutsche Gesellschaftsrecht der Wahrung dieser Schutzinteressen in anderen Fällen mit entsprechendem Sachverhalt nicht eine wesentlich geringere Bedeutung zumisst.[143] Eine Ungleichbehandlung bzw. eine einseitige Beschränkung für

---

137 Vgl. BRÖHMER, in: Calliess/Ruffert (Hrsg.), EUV/EGV, Art. 46 Rdnr. 1.

138 Vgl. ROTH, in: Dauses, Handbuch des Europäischen Wirtschaftsrechts, E I. Rdnr. 75; SCHNICHELS, Reichweite der Niederlassungsfreiheit, S. 98, jeweils m.w.N.

A. A.: TROBERG, in: Groeben/Thiesing/Ehlermann, EU-/EGV, Art. 56 Rdnr. 3; BLECKMANN, Europarecht, Rdnr. 2061.

139 Eine Rechtfertigung aus Gründen der öffentlichen Gesundheit ist im vorliegendem Zusammenhang abwegig. Vgl. zum Begriff der öffentlichen Gesundheit Art. 4 in Verbindung mit Anhang A der RL 64/ 2221.

140 Vgl. BRÖHMER, in: Calliess/Ruffert (Hrsg.), EUV/EGV, Art. 46 Rdnr. 3; SCHLAG in: Schwarze (Hrsg.), EU-Kommentar, Art. 46 Rdnr. 7.

141 EuGH, Urt. v. 27.10.1977, Rs. 30/77, Bouchereau, Slg. 1977, S. 1999, Tz. 33, 35.

142 Vgl. GROTHE, Die „ausländische Kapitalgesellschaft & Co.", S. 114.

143 Der EuGH prüft diese konsequente Verfolgung des Schutzbedürfnisses allerdings im Rahmen des Allgemeininteresses, wonach dieses Beschränkungen nur rechtfertige, wenn es auch ansonsten konsequent verfolgt werde. Vgl. EuGH, Urt. v. 12.3.1987, Rs. 178/84,

ausländische Gesellschaften darf durch die Bundesrepublik nicht erfolgen. Vor diesem Hintergrund kommen der deutsch-amerikanischen Freundschafts-, Handels- und Schifffahrtsvertrag vom 29.10.1954[144] und der deutsch-spanische Niederlassungsvertrag vom 23.4.1970[145] in Betracht, die beide einen Zuzug amerikanischer bzw. spanischer Gesellschaften ohne Neugründung regeln. Unabhängig von dem strittigen tatsächlichen Regelungsgehalt der Verträge[146] ist bemerkenswert, dass die Bundesrepublik in bestimmten Fällen nicht unbedingt auf die Durchsetzung der Gläubigerinteressen besteht. Diese Tendenz ist bei der Bewertung der Schutzinteressen zu beachten.

6.1.2.1 Gläubigerschutz

Das Eingreifen der Neugründungspflicht beim Zuzug einer ausländischen Gesellschaft wird vor allem aus Gläubigerschutzgründen verlangt.[147] Der inländische Gläubiger soll vor den Risiken kapitalschwacher Auslandgesellschaften geschützt werden.[148] Dieses Argument erscheint zunächst nachvollziehbar. Eine nach ausländischem Recht gegründete Kapitalgesellschaft kann wesentlich weniger Mindestkapital bei ihrer Gründung aufgebracht haben und auch die Kapitalerhaltungsvorschriften des Gründungsstaates können geringere Anforderungen als das deutsche Recht stellen.[149]

Das Argument der Neugründungspflicht als Gläubigerschutzvorschrift kommt zur Anwendung, wenn die ausländische Gesellschaft tatsächlich ihren Verwaltungssitz nach Deutschland verlegt:

War die Gesellschaft nach ihrem Gründungsstatut vor ihrem Sitzwechsel noch rechtsfähig, verliert sie, sobald sie nach Deutschland umzieht, ihre Rechtsidentität. Gründet sich die Gesellschaft *nicht* nach den deutschen

---

Kommission/Deutschland, Slg. 1987, S. 1275, Tz. 49; EuGH, Urt. v. 7.3.1989, Rs. 215/87, Schumacher, Slg. 1989, S. 640, Tz. 21.

[144] Vgl. BGBl. II 1956, S. 487 ff.; in kraft seit dem 14.7.1956.

[145] Vgl. BGBl. II 1972, S. 1041 ff.; in kraft seit dem 26.11.1972.

[146] Vgl. zum Inhalt und der Reichweite der Verträge KRUSE, Sitzverlegung von Kapitalgesellschaften innerhalb der EG, S. 232 ff.

[147] Vgl. BGHZ 97, 269 ff.; OLG München, NJW 1986, S. 2197 f.; OLG Zweibrücken, NJW 1990, S. 3092.

[148] Vgl. die amtliche Begründung (BT-Drucks. IV/3290 S. 4) für § 12 GewO, wonach nach ausländischem Rech errichtete Kapitalgesellschaften für den Betrieb eines Gewerbes im Inland einer besonderen Genehmigung bedürfen.

[149] Vgl. zur Frage der Anforderungen hinsichtlich Mindestkapital, Kapitalaufbringung und -erhaltung sowie Kapitalersatz ZIMMER, Internationales Gesellschaftsrecht, S. 275 ff.

Vorschriften neu, so ist fraglich, welche Vorschriften auf das Unternehmen überhaupt Anwendung finden, insbesondere, wer für die Unternehmensverbindlichkeiten haftet. Wendet man die deutschen gesellschaftsrechtlichen Vorschriften auf das umziehende Gebilde an, so kann die Gesellschaft nach der Sitzverlegung nach Deutschland mangels Eintragung ins Handelsregister lediglich eine Personengesellschaft darstellen. Je nach dem Zweck, der von der Gesellschaft betrieben wird, handelt es sich um eine GbR (§ 705 BGB) oder eine oHG (§ 105 Abs. 1 HGB). Ist der Zweck der Gesellschaft nicht auf den Betrieb eines Handelsgewerbes gerichtet, handelt es sich um eine GbR, so dass die Gesellschaft auch ohne Eintragung in das deutsche Handelsregister Rechtsfähigkeit besitzt. Denn nach der neuen Rechtsprechung des BGH[150] besitzt die (Außen-) GbR Rechtsfähigkeit, soweit sie durch Teilnahme am Rechtsverkehr eigene Rechte und Pflichten begründet. Der BGH bestätigt in seinem Urteil nunmehr, dass die Haftung in demselben Sinne eine gesetzliche oder akzessorische ist wie diejenige bei der oHG (§§ 128 ff. HGB).[151] Die Gesellschafter haften daher unbeschränkt und persönlich, wenn sie sich nicht neu gründen. Insoweit sind die Forderungen inländischer Neugläubiger abgesichert.[152]

Will die zuziehende Gesellschaft aber in den Genuss der Haftungsbeschränkung einer Kapitalgesellschaft kommen, muss sie sich neu gründen. Doch selbst wenn sie sich nach den deutschen Vorschriften neu gründet, ist die Haftung zunächst nicht ausschließlich durch das Gesellschaftskapital abgedeckt. Gründet sich die Gesellschaft beispielsweise zur Errichtung einer GmbH neu, muss die Gesellschaft bis zur Erlangung der Rechtsfähigkeit durch Eintragung in das Handelsregister (§ 11 Abs. 1 GmbHG) das sog. Vorgründungsstadium vor Errichtung der GmbH und das eigentliche Gründungsstadium (Vorgesellschaft) zwischen der Errichtung und der Eintragung durchleben.[153] Die Haftung der Beteiligten im Vorgründungsstadium ergibt sich aus den allgemeinen Grundsätzen des Rechts der Personengesellschaften,[154] also nach den Haftungsgrundsätzen der GbR bzw. oHG.

---

150 Vgl. BGH, Urt. v. 29.1.2001; abgedruckt in NJW 2001, S. 1056 ff.

151 Vgl. SCHMIDT, NJW 2001, S. 994. Vgl. den Leitsatz Nr. 3 im Urteil des BGH v. 29.1.2001, der lautet: „Soweit der Gesellschafter für die Verbindlichkeiten der GbR persönlich haftet, entspricht das Verhältnis zwischen der Verbindlichkeit der Gesellschaft und der Haftung des Gesellschafters derjenigen bei der oHG (Akzessorietät) (Fortführung von BGHZ 142, 315 = NJW 1999, 3483 = LM H. 3/2000 § 705 BGB Nr. 74).

152 Voraussetzung einer Befriedigungsmöglichkeit für die Gläubiger ist natürlich, dass die persönlich haftenden Gesellschafter überhaupt über eigenes Vermögen verfügen.

153 Vgl. zum Entstehen einer GmbH SCHMIDT, Gesellschaftsrecht, § 34.

154 Vgl. SCHMIDT, Gesellschaftsrecht, § 34 III 2c.

Das Haftungsrisiko im zweiten Gründungsstadium der GmbH ist angesichts des Wandels im Recht der Vorgesellschaft sehr groß.[155] Für die namens der Vorgesellschaft rechtsgeschäftlich begründeten Verbindlichkeiten haftet grundsätzlich deren Gesamthandvermögen. Daneben greift die sog. Handelndenhaftung (§ 11 Abs. 2 GmbHG).[156] Dies zeigt, dass auch die Neugründungspflicht die Gefährdung von Gläubigern nicht gänzlich ausschließen kann. Eine grundsätzliche Gefährdung von Gläubigerinteressen ist nach wie vor möglich.

6.1.2.2 Arbeitnehmerschutz

Sowohl im Wegzugstaat als auch im Inland sind die Arbeitnehmer der Gesellschaft von der Sitzverlegung betroffen. Arbeitsrechtliche Probleme, die sich aus dem Wegzug der Gesellschaft ergeben, können nur allein nach dem Recht des Wegzugstaates gelöst werden.[157]

Auf Arbeitsverhältnisse, die nach dem Umzug ins Inland abgeschlossen werden, findet deutsches Recht Anwendung, es sei denn, es wurde eine Rechtswahl i.S.d. Art. 30 EGBGB vereinbart. Auf die „mitziehenden" Arbeitnehmer und ihre Arbeitsverträge bleibt das Recht des Wegzugstaates weiter anwendbar, solange zwischen den Parteien nichts anderes vereinbart wird. Insoweit entstehen durch die grenzüberschreitende Sitzverlegung einer Gesellschaft keine Schwierigkeiten.

Problematisch ist die Beantwortung der Frage, ob das deutsche Mitbestimmungsrecht durch die Sitzverlegung ins Inland umgangen werden kann. Von einer Umgehung kann aber nur dann ausgegangen werden, wenn die umziehende Gesellschaft, wäre sie nach deutschem Recht gegründet, den Mitbestimmungsregeln überhaupt unterstehen würde. Die unternehmerische Mitbestimmung des deutschen Rechts ergibt sich aus dem Nebeneinander verschiedener Mitbestimmungsgesetze.[158] Betroffen von der Mitbestimmung sind Unternehmen in Form einer AG ab einer Mindestgröße von nicht weniger als 500 Arbeitnehmern und Unternehmen in Form einer GmbH mit mehr als 500 Arbeitnehmern.[159] Alle übrigen Unternehmen, die

---

155 Vgl. BGHZ 134, 333; BGH, NZG 1998, S. 382.

156 Vgl. KÜBLER, Gesellschaftsrecht, § 24 III 1a, 1b.

157 Vgl. GROTHE, Die „ausländische Kapitalgesellschaft & Co.", S. 114.

158 Für einen Überblick des Anwendungsbereich des Mitbestimmungsrechts vgl. KÜBLER, Gesellschaftsrecht, § 32 II.

159 Für Unternehmen, die der Montanmitbestimmung unterfallen, gilt eine Mindestbeschäftigungszahl von 1000 Arbeitnehmern (vgl. § 1 MontanmitbestG); für Unternehmen, die dem MitbestG unterfallen, gilt eine Mindestbeschäftigungszahl von 2000 Arbeitnehmern (vgl.

diese Arbeitnehmerzahl nicht aufbringen, bleiben von der Mitbestimmung ausgeschlossen. Zumindest hinsichtlich dieser Unternehmen stellt die Sitzverlegung ins Inland keine Umgehung der Mitbestimmungsregeln dar.

6.1.2.3 Minderheitsgesellschafterschutz

Die Neugründungspflicht könnte dem Schutz von Minderheitsgesellschaftern dienen. Die Regelungen des Aktien- und GmbH-Rechts beanspruchen zwar durchaus praktisches Interesse,[160] aber über die praktische Häufigkeit der Ausübung solcher Rechte darf man sich keine falschen Vorstellungen machen.[161] Die Bedeutung liegt eher in der präventiven Wirkung auf die primär zum Handeln berufenen Gesellschaftsorgane.[162] Damit kommt den Schutzvorschriften für die Minderheitsgesellschafter keine so große Bedeutung zu, als dass sie eine Neugründung eines bereits existierenden und funktionierenden Unternehmens rechtfertigen würden.

6.1.3 Verhältnismäßigkeit

Selbst wenn man davon ausgeht, dass die Neugründungspflicht gem. Art. 46 EG durch Gläubiger- und Arbeitnehmerschutzinteressen gerechtfertigt ist, ist ihre Anwendung jedenfalls nicht verhältnismäßig. Die Neugründungspflicht wäre nur vertretbar, wenn keine anderen akzeptablen Schutzmöglichkeiten bestehen würden.[163]

6.1.3.1 Gläubigerschutz

Der aus deutscher Sicht gewünschte Gläubigerschutz lässt sich nicht allein durch Neugründung nach deutschen Vorschriften erreichen. Die ausländische Gesellschaft kann ihre Struktur den deutschen gesellschaftsrechtlichen Vorschriften anpassen, ohne sich neu zu gründen. Allein schon ein firmenrechtlicher Hinweis, dass es sich um eine Gesellschaft ausländischen Rechts handelt, könnte den Gläubiger auf vom deutschen Recht zu unterscheidende Haftungsverhältnisse hinweisen. Denn der Gesetzgeber verlangt ohnehin vom Gläubiger, dass dieser durch die Firmierung GmbH oder AG zur Kenntnis nimmt, dass die Haftung der Kapitalgesellschaften auf das Gesellschaftsvermögen beschränkt ist.

---

§ 1 MitbestG). Die Mindestbeschäftigungszahl von 500 Arbeitnehmern ergibt sich unter den Voraussetzungen des BetrVG 1952 (vgl. § 76 I und VI; § 77 I und III BetrVG 1952).

160 Vgl. WIEDEMANN, GesR 1, § 8 I 4a.

161 Vgl. SCHMIDT, Gesellschaftsrecht, § 16 III 2 c.

162 Vgl. SCHMIDT, Gesellschaftsrecht, § 16 III 2 c.

163 Vgl. ROTH, RabelsZ 1991, S. 650.

Zu denken wäre auch an eine formwechselnde Umwandlung in Analogie zu den §§ 190 - 304 UmwG, wonach die Gesellschaft ihr Rechtskleid wandelt, ihre Identität aber bei einer grenzüberschreitenden Sitzverlegung wahrt.[164] Auch dieser Lösungsweg wäre ein milderes Mittel gegenüber der Neugründung einer Gesellschaft.

6.1.3.2 Arbeitnehmerschutz

Geht man davon aus, dass die Neugründungspflicht gem. Art. 46 EG zumindest für Unternehmen mit einer größeren Arbeitnehmerzahl als 500 durch das Mitbestimmungsrecht gerechtfertigt ist, so ist auch in diesem Punkt ihre Anwendung jedenfalls nicht verhältnismäßig.

Die Anwendbarkeit des deutschen Mitbestimmungsrechts könnte sich durchaus auf ausländische Unternehmen erstrecken, die ihren Sitz ins Inland verlegen. Die Vorschriften des Mitbestimmungsrechts müssten sich dann nicht nur auf Kapitalgesellschaften des deutschen Rechts beziehen, sondern könnten auf Kapitalgesellschaften ausländischen Rechts, die ihren Sitz ins Inland verlegen, übertragen werden. Die Erweiterung des Mitbestimmungsrechts wäre gegenüber der Neugründungspflicht das mildere Mittel.

Darüber hinaus wäre zum Schutz des Mitbestimmungsrechts an eine entsprechende Geltung der „Richtlinie des Rates zur Ergänzung des Statuts der Europäischen Gesellschaft hinsichtlich der Beteiligung der Arbeitnehmer" zu denken.[165] Die Richtlinie verzichtet darauf, auf die jeweilige nationale Gesetzgebung abzustellen, sondern orientiert sich an der an der Gründung der Europäischen Aktiengesellschaft (SE) beteiligten Unternehmen und die Rechtsposition, die deren Arbeitnehmer bisher inne hatten.[166] Eine Festlegung der Mitbestimmung in der SE erfolgt primär im Wege freier Verhandlungen zwischen der Unternehmensführung und einem besonderen Verhandlungsgremium der Arbeitnehmerseite.[167] Für den Fall, dass die Verhandlungen scheitern, greift eine Auffangregelung, die hinsichtlich der

---

[164] Vgl. GROßFELD, in: Staudinger, IntGesR, Rdnr. 645; GROßFELD/JASPER, RabelsZ 1989, S. 58; KRUSE, Sitzverlegung von Kapitalgesellschaften innerhalb der EG, S. 130 ff.

[165] Vgl. Richtlinie 2001/86/EG des Rates vom 8.10.2001 zur Ergänzung des Statuts der Europäischen Gesellschaft hinsichtlich der Beteiligung der Arbeitnehmer, ABl.EG Nr. L 294 vom 10.11.2001, 22 ff.

[166] Vgl. JAHN/HERFS-RÖTTGEN, DB 2001, S. 634.

[167] Vgl. zum Mindestinhalt der schriftlichen Vereinbarung zwischen der Unternehmensführung der beteiligten Gesellschaften und dem besonderen Verhandlungsgremium Art. 4 Abs. 2 der Richtlinie; ABl.EG Nr. L 294 vom 10.11.2001, S. 26.

Beteiligung der Arbeitnehmer bestimmte Standardanforderungen sichert.[168] Diese Grundsätze der Richtlinie über die Beteiligung der Arbeitnehmer in der SE könnten auf den Fall des Zuzugs einer ausländischen Gesellschaft nach Deutschland übertragen werden. Die Unternehmensführung der zuziehenden Gesellschaft und die Arbeitnehmer könnten hinsichtlich der unternehmerischen Mitbestimmung eine Vereinbarung treffen. Sollte es nicht zum Abschluss einer Vereinbarung kommen, könnte eine Auffangregelung zwingend eingreifen. Insoweit wären die Mitbestimmungsrechte der Arbeitnehmer geschützt.

6.1.4 Ergebnis

Im Ergebnis ist festzuhalten, dass die Neugründungspflicht des deutschen Sachrechts gegen die Niederlassungsfreiheit des EG-Vertrages verstößt, da ihre Anwendung unverhältnismäßig ist.

6.2 Vereinbarkeit der Auflösungspflicht mit der Niederlassungsfreiheit (Wegzug eines Unternehmens aus Deutschland)

Ein deutsches Unternehmen, das seinen Sitz von Deutschland ins Ausland verlegt, muss sich nach deutschem materiellem Recht zwingend auflösen. Ein Wegzug aus Deutschland ist daher für eine Gesellschaft unter Wahrung ihrer Rechtspersönlichkeit nicht möglich, unabhängig davon, welcher Kollisionsnorm der Zuzugstaat folgt.[169]

Die Auflösungspflicht gilt für die alleinige Verlegung des Verwaltungssitzes, für die alleinige Verlegung des Satzungssitzes und für die gemeinsame Verlegung des Verwaltungs- und Satzungssitzes einer Gesellschaft ins Ausland.

6.2.1 Verstoß der Auflösungspflicht gegen die Niederlassungsfreiheit

Der Inhalt der Niederlassungsfreiheit für Gesellschaften besteht zunächst in der Gewährung der Inländergleichbehandlung.[170] Gesellschaften steht nach Artt. 43, 48 EG genauso wie den natürlichen Personen zu, ihren Sitz innerhalb der EG frei zu wählen und diesen wieder zu verlegen.[171] Für gemein-

---

[168] Vgl. zur Auffangregelung Art. 7 der Richtlinie; ABl.EG Nr. L 294 vom 10.11.2001, S. 27.

[169] Vgl. GROßFELD, in: Staudinger, IntGesR, Rdnr. 577; KALIGIN, DB 1985, S. 1455; EBKE, ZGR 1987, S. 255.

[170] Vgl. EuGH Rs. 270/83, Kommission/Frankreich, Slg. 1986, 273; Rs. C-330/91, Commerzbank, Slg. 1993, I-4017.

[171] Vgl. MÜLLER – HUSCHKE, in: Schwarze (Hrsg.), EU-Kommentar, Art. 48 EG Rdnr. 13.

schaftsangehörige Gesellschaften bedeutet dies, dass von einem Verstoß gegen das Diskriminierungsverbot dann auszugehen ist, wenn Gesellschaften, die sich in einem Mitgliedstaat niedergelassen und nach dem dort geltenden Recht Rechtsfähigkeit erlangt haben, ihren Sitz nicht ohne den Verlust ihrer Rechtsfähigkeit verlegen können.

Fraglich ist, ob die Auflösungspflicht gegen das Diskriminierungsverbot überhaupt verstößt. Art. 43 EG bezweckt grundsätzlich, die Mobilität der Unternehmer und der Gesellschaften im Binnenmarkt dadurch zu fördern, dass den Betroffenen der Wechsel in das Wirtschaftssystem eines anderen Mitgliedstaates ermöglicht wird. Eine Diskriminierung ist dann gegeben, wenn eine unterschiedliche Behandlung aus Gründen der Staatsangehörigkeit vorliegt. Wer in einem anderen Mitgliedstaat eine Niederlassung errichten will, darf nicht schlechter behandelt werden als ein Inländer in vergleichbarer Situation.[172] Art. 43 EG verlangt also, dass alle Angehörigen der Gemeinschaft, die sich in einem bestimmten Mitgliedstaat niederlassen möchten, so behandelt werden, wie die Angehörigen dieses Mitgliedstaates.[173]

Die Auflösungspflicht trifft aber ausschließlich Gesellschaften, die nach den deutschen Vorschriften errichtet wurden. Für die Frage der Staatsangehörigkeit einer Gesellschaft gilt, dass die rechtliche Zuordnung zur Rechtsordnung eines Mitgliedstaates dem Staatsangehörigkeitserfordernis bei natürlichen Personen entspricht.[174] Insoweit handelt es sich bei den Gesellschaften, die von der Auflösungspflicht betroffen sind, um deutsche „Staatsangehörige", da sich auch ausländische Gesellschaften, die sich dauerhaft in Deutschland niederlassen wollen, nach den deutschen gesellschaftsrechtlichen Vorschriften neu gründen müssen, um im Inland Rechtsfähigkeit zu erlangen.[175] Von einer Diskriminierung aufgrund der „Staatsangehörigkeit" der Gesellschaften kann daher nicht ausgegangen werden.

Auch eine Inländerdiskriminierung liegt nicht vor.[176] Das Gleichbehandlungsgebot verbietet die Schlechterstellung von Inländern gegenüber EG-

---

172 Vgl. SCHLAG, in: Schwarze (Hrsg.), EU-Kommentar, Art. 43 Rdnr. 33.

173 Vgl. SCHWARZ, Europäisches Gesellschaftsrecht, Rdnr. 132.

174 Vgl. EuGH Rs. 270/83, Kommission/Frankreich, Slg. 1986, S. 273, Tz. 18.

175 Auch Tochtergesellschaften ausländischer Unternehmen sind davon betroffen, da sie rechtlich selbständig sind und nach den Vorschriften des deutschen Rechts gegründet wurden. Davon nicht betroffen sind die Zweigniederlassungen, da diese selbst nicht rechtsfähig sind, sondern von der Rechtsfähigkeit der Muttergesellschaft abhängen.

176 Vgl. zur Frage der Inländerdiskriminierung und Inländerbeschränkung SCHWARZ, Europäisches Gesellschaftsrecht, Rdnr. 141 f.

Ausländern.[177] Diese sog. „umgekehrte Diskriminierung" ist aber nur insoweit untersagt, wie der Inländer in ähnlicher Weise wie ein EG-Ausländer von den Grundfreiheiten Gebrauch macht.[178] Vorliegend werden die deutschen Gesellschaften nicht schlechter gestellt als ausländische Gesellschaften, da diese zu einer Gesellschaft deutschen Rechts werden, sobald sie ihren Sitz nach Deutschland verlegen (Neugründungspflicht).

Die Auflösungspflicht stellt somit weder eine offene noch eine versteckte Diskriminierung i.S.d. Art. 43 EG dar. Da ein Gemeinschaftsbezug durch die Betroffenheit von Gesellschaften, die in andere Mitgliedstaaten umziehen wollen, gegeben ist, könnte aber ein Verstoß gegen das Beschränkungsverbot vorliegen.

Unter Beschränkungen i.S.d. Art. 43 EG sind neben den diskriminierenden auch diskriminierungsfreie Regelungen zu verstehen, die geeignet sind, die Ausübung der Niederlassungsfreiheit zu behindern oder weniger attraktiv zu machen.[179] Nachdem der EuGH zunächst deutlich gemacht hatte, dass das Niederlassungsrecht lediglich ein Diskriminierungsverbot beinhaltet,[180] wird zwischenzeitlich die weite Auslegung des Niederlassungsrechts als ein allgemeines Beschränkungsverbot auch vom EuGH vertreten.[181]

Diese weite Auslegung des Niederlassungsrechts als ein allgemeines Beschränkungsverbot hat der EuGH zuletzt durch das „Centros" - Urteil bestätigt. Dort führt der EuGH aus, dass „nationale Maßnahmen, die die Ausübung der durch den EG-Vertrag garantierten Grundfreiheiten behindern oder weniger attraktiv machen können, zulässig (sind), wenn vier Voraussetzungen erfüllt sind:[182]

- sie müssen in nichtdiskriminierender Weise angewandt werden (a),
- sie müssen zwingenden Gründen des Allgemeininteresses entsprechen (b),

---

[177] Vgl. EuGHE 1974, 372, Rs. 167/73, Kommission/Französische Republik; EuGHE 1979, 409, Rs. 115/78, Knoors.

[178] Vgl. OPPERMANN, Europarecht, Rdnr. 1522.

[179] Vgl. SCHWARZ, Europäisches Gesellschaftsrecht, Rdnr. 136.

[180] Vgl. EuGH, Urt. v. 21.6.1974, Rs. 2 /74, Reyners/Belgien, Slg. 1974, S. 631, 651, Tz. 16 u. 20; EuGH, Urt. v. 28.4.1977, Rs. 71/76, Thieffry/Conseil del'Ordre des avocats bei der Cour d'appel Paris, Slg. 1977, S. 765, 777, Tz. 13 f. Vgl. zur Frage, ob die Niederlassungsfreiheit ein Beschränkungsverbot beinhaltet Teil C 5.2.

[181] Bestätigt wird die weite Auslegung des Niederlassungsrechts durch die Rspr. des EuGH, Urt. v. 16.7.1998, Rs. C-264/96, ICI/Kenneth Hall Colmer, Slg. 1998, 4695 ff.

[182] Der EuGH prüft diese Voraussetzungen als negative Tatbestandsmerkmale.

- sie müssen zur Erreichung des verfolgten Zieles geeignet sein, und
- sie dürfen nicht über das hinausgehen, was zur Erreichung dieses Zieles erforderlich ist (c).“[183]

Zu prüfen ist entsprechend dieser Vorgabe zunächst, ob die Auflösungspflicht des deutschen Rechts eine nationale Maßnahme ist, die die Ausübung der durch den EG-Vertrag garantierten Grundfreiheiten behindert oder weniger attraktiv macht. Wie bereits dargelegt, macht es die Auflösungspflicht einer Gesellschaft unmöglich unter Wahrung der Rechtsfähigkeit, ihren Sitz zu verlegen. Damit werden die Gesellschaften an der Ausübung der Niederlassungsfreiheit gänzlich gehindert. Die Auflösungspflicht wäre aber nach Gemeinschaftsrecht dann zulässig, wenn die oben genannten vier Voraussetzung zutreffen würden.

(a) Erfordernis der Anwendung in nichtdiskriminierender Weise

Zu berücksichtigen ist, dass ein Rückgriff auf das Beschränkungsverbot letztlich nur dann erforderlich ist, wenn es um nichtdiskriminierende nationale Regelungen geht. Andernfalls sind die Diskriminierungen am Grundsatz der Inländergleichbehandlung zu messen.[184] Wie bereits dargelegt, handelt es sich bei der Auflösungspflicht des deutschen Rechts um keinen Verstoß gegen den Grundsatz der Inländergleichbehandlung.

(b) Anwendung aus zwingenden Gründen des Allgemeininteresses, die zur Erreichung des verfolgten Zieles geeignet sind

Ähnlich wie bei der Freiheit des Warenverkehrs hat der EuGH auch im Rahmen der Niederlassungsfreiheit ungeschriebene „zwingende Gründe des Allgemeininteresses“ zur Einschränkung der Grundfreiheit anerkannt.[185] Die Sanktion der Auflösung für wegziehende Gesellschaften könnte die Folge zwingender Gründe des Allgemeininteresses darstellen. Eine Gesellschaft bündelt durch ihre Tätigkeit viele verschiedene Interessen. Sie wird Vertrauensgrundlage für Anteilseigner, Gläubiger, Arbeitnehmer und für die allgemeine Öffentlichkeit.[186] Verlässt die Gesellschaft den Rechtskreis, dem sie ihre Existenz verdankt, so entfällt das einmal erworbene Vertrauen, da davon auszugehen sei, dass sie durch ihren Wegzug anderen Einflüssen unterliegt. Damit begründet der BGH, dass „die von einer bestimmten Staatshoheit erteilte Rechtsfähigkeit auch nicht beliebig in ein anderes

---

[183] EuGH, Urt. v. 9.3.1999, Rs. C-212/97, Centros, Slg. 1999 I, S. 1459 ff., Tz. 34 unter Hinweis auf die Urteile „Kraus“ und Gebhard“.

[184] Vgl. SCHLAG, in: Schwarze (Hrsg.), EU-Kommentar, Art. 43 Rdnr. 49.

[185] Vgl. OPPERMANN, Europarecht, Rdnr. 1627.

[186] Vgl. GROßFELD, in: Staudinger, IntGesR, Rdnr. 618.

Land hinübergetragen werden (kann)".[187] Als zwingende Gründe des Allgemeininteresses werden der Gläubiger-, der Arbeitnehmer- und der Minderheitsgesellschafterschutz vorgebracht:

- **Gläubigerschutz:** Die Auflösungspflicht soll dem Schutz der Gläubiger der wegziehenden Gesellschaft dienen.[188] Im Zeitpunkt des Vertragsabschlusses geht der Gläubiger davon aus, dass auf das Unternehmen auch zukünftig deutsches Haftungsrecht Anwendung findet. Der Gläubiger darf darauf vertrauen, dass das deutsche Recht die Organisation des Unternehmens gewährleistet.[189] Die Auflösungspflicht soll die Ansprüche der Gläubiger gegenüber dem wegziehenden Unternehmen sichern. Denn bei Wegzug des Schuldners wird für den Gläubiger die Rechtsverfolgung ungewiss und schwierig.[190] Anstelle eines inländischen erhält der Gläubiger einen ausländischen Schuldner. Und selbst wenn die Rechtsverfolgung problemlos gewährleistet ist, ist die Durchsetzung des Anspruchs noch nicht gesichert.

  Die Auflösungspflicht ermöglicht dem Gläubiger daher, seine ausstehenden Forderungen nach dem Recht einzutreiben, auf dessen Geltung er vertrauen durfte. Das verfolgte Ziel des Gläubigerschutzes wird so wirksam durchgesetzt. Der Schutz der Gläubiger stellt daher ein sachliches Allgemeininteresse dar, das geeignet ist, die Beschränkung der Niederlassungsfreiheit zu rechtfertigen.

- **Arbeitnehmerschutz:** Die Auflösungspflicht dient auch dem Schutz der von dem Wegzug der Gesellschaft betroffenen Arbeitnehmer. Zu unterscheiden ist zwischen dem individuellen Arbeitsvertrag und der unternehmerischen Mitbestimmung.

  Der Arbeitsvertrag verliert durch den Wegzug der Gesellschaft nicht seine Wirksamkeit, sondern auf ihn findet weiterhin deutsches Recht Anwendung.[191] Nur durch übereinstimmende Abänderung des Vertrages oder Kündigung nach den geltenden deutschen Vorschriften kann sich das wegziehende Unternehmen von seinen Arbeitnehmern lösen.

---

[187] BGHZ, 134, 144.

[188] Vgl. EBKE, ZGR 1987, S. 259.

[189] Vgl. GROßFELD, in: Staudinger, IntGesR, Rdnr. 618.

[190] Vgl. GROßFELD, in: Staudinger, IntGesR, Rdnr. 622; THÖMMES, DB 1993, S. 1024.

[191] Vgl. HANAU/ADOMEIT, Arbeitsrecht, S. 252.

Die unternehmerische Mitbestimmung setzt sich Herstellung eines Gleichgewichts von Kapital und Arbeit innerhalb des Verbunds Unternehmen zum Ziel.[192] Sie ist an den Verwaltungssitz im Inland und an eine Rechtsform des deutschen Rechts gebunden.[193] Verbleibt bei dem Wegzug eines Unternehmens eine abhängige Betriebstätte im Inland, so muss die unternehmerische Mitbestimmung kritisch betrachtet werden. Denn sie geht bei einer grenzüberschreitenden Sitzverlegung verloren und hat damit auch für die im Inland verbliebene abhängige Betriebsstätte keine Geltung mehr. Aus deutscher Sicht bestehen deshalb Bedenken, dass durch die Sitzverlegung eine „Flucht aus der Mitbestimmung" ermöglicht wird.[194]

Da die unternehmerische Mitbestimmung nur bei Bestehen bestimmter Voraussetzungen auf die Unternehmen Anwendung findet,[195] gilt das Argument des Mitbestimmungsschutzes natürlich nur für diese Fälle. Gerade für diese Fälle ist es aber unbestritten, dass der Schutz der Arbeitnehmer durch Erhaltung der Mitbestimmung im Allgemeininteresse liegt.[196] Die Auflösungspflicht ist zum Schutz der arbeitnehmerrechtlichen Mitbestimmung im Unternehmen auch geeignet, da es der Gesellschaft damit nicht mehr möglich ist, durch ihren Wegzug die Vorschriften zur Mitbestimmung zu umgehen.

- **Schutz der Minderheitsgesellschafter:** Die dritte Gruppe, die die Auflösungspflicht schützen soll, sind die Minderheitsgesellschafter des wegziehenden Unternehmens. Durch einen Statutenwechsel bei der grenzüberschreitenden Sitzverlegung kann sich auch deren Stellung verschlechtern.[197] Das deutsche Gesellschaftsrecht gewährt den Minderheitsgesellschaftern gewisse Schutzrechte, um ihre Interessen möglichst effektiv vertreten zu können.[198] Auch der Schutz der Minderheitsgesellschafter stellt ein Allgemeininteresse dar, das geeignet ist, die Beschränkung der Niederlassungsfreiheit zu rechtfertigen.

---

[192] Eine informative, auch heute noch repräsentative Zusammenstellung des Für und Wider der Zielsetzungen der unternehmerischen Mitbestimmung enthält der Bericht der Mitbestimmungskommission vom Januar 1970 (vgl. BT-Drucks. VI/334, S. 18 - 21).

[193] Vgl. GROßFELD, in: Staudinger, IntGesR, Rdnr. 623.

[194] Vgl. HOPT, ZGR 1992, S. 278.

[195] Vgl. zu den einzelnen mitbestimmungsrechtlichen Voraussetzung KÜBLER, Gesellschaftsrecht, § 32.

[196] Vgl. KRUSE, Sitzverlegung von Kapitalgesellschaften innerhalb der EG, S. 160.

[197] Vgl. THÖMMES, DB 1993, S. 1025.

[198] Vgl. zu den speziellen Schutzrechten der Minderheitsgesellschafter KÜBLER, Gesellschaftsrecht, § 14 III, § 29 V.

(c) Erforderlichkeit und Verhältnismäßigkeit

Dient eine nationale Bestimmung einem zwingenden Grund des Allgemeininteresses, prüft der EuGH abschließend, ob die Beschränkung verhältnismäßig ist.[199] Die nationale Bestimmung darf außerdem nicht über das hinausgehen, was zur Erreichung des Ziels erforderlich ist. An der Erforderlichkeit fehlt es jedoch, wenn es ein milderes, die Niederlassungsfreiheit weniger beschränkendes, aber gleich geeignetes Mittel gibt, um den verfolgten Zweck zu erreichen.[200]

Bei der Anwendung des Verhältnismäßigkeitsprinzips geht es um die Herstellung einer Zweck-Mittel-Relation.[201] Art. 5 Abs. 3 EG umschreibt den Grundsatz der Verhältnismäßigkeit damit, dass die Maßnahmen der Gemeinschaft nicht über das für die Erreichung der Ziele des Vertrages erforderliche Maß hinausgehen sollen. Dieser Maßstab ist auch auf die Maßnahmen der Mitgliedstaaten im Verhältnis zum Gemeinschaftsrecht übertragbar. Es ist daher zu prüfen, ob die Auflösungspflicht in einem „angemessenen Verhältnis zum verfolgten Zweck steht“.[202]

- **Gläubigerschutz:** Die Auflösungspflicht würde dann gegen den Grundsatz der Verhältnismäßigkeit verstoßen, wenn weniger einschneidende Verpflichtungen für die wegziehende Gesellschaft zu einem gleichwertigen Gläubigerschutz führen würden.

  Beschließt eine Kapitalgesellschaft ihren Umzug ins Ausland, so muss sie sich zwingend auflösen. Nach deutschem Recht vollzieht sich das Ende des Unternehmens nicht in einem bestimmten Augenblick, sondern als langsamer Prozess.[203] So gilt sowohl für die Aktiengesellschaft als auch für die GmbH das sog. Sperrjahr.[204] Erst nach Ablauf dieses Sperrjahres kann das verbleibende Gesellschaftsvermögen an die Gesellschafter (§ 72 GmbHG) bzw. Aktionäre (§ 271 Abs. 1 AktG) verteilt werden. Dieses Verfahren dient zwar einem effektiven Gläubigerschutz, stellt aber für die wegziehende Gesell-

---

199 Vgl. EuGH Rs. C- 55/94, Gebhard, Slg. 1995, I-4165, Tz. 37; EuGH Rs. C-212/97, Centros, Slg. 1999, I-1459, Tz. 34.

200 Vgl. SCHLAG, in: Schwarze (Hrsg.), EU-Kommentar, Art. 43 Rdnr. 56.

201 Vgl. KILIAN, Europäisches Wirtschaftsrecht, Rdnr. 307.

202 EuGH, Urt. v. 2.2.1994, Rs. C-315/92 Verband sozialer Wettbewerb e.V./Clinique Laboratories SNC u. Estée Lauder Cosmetics GmbH, abgedruckt in NJW 1994, S. 1207.

203 Vgl. KÜBLER, Gesellschaftsrecht, § 15 VI 1.

204 Vgl. für die AG § 272 AktG, für die GmbH § 73 GmbHG, wonach das Gesellschaftsvermögen nur verteilt werden darf, „wenn ein Jahr seit dem Tag verstrichen ist, an dem der Aufruf der Gläubiger zum drittenmal bekannt gemacht worden ist.“

schaft ein enormes Hindernis dar, da auf Dauer von mindestens einem Jahr das Gesellschaftsvermögen zum Schutz der Gläubiger festliegt.

Durch den Wegzug des Unternehmens verlieren dessen Gläubiger einen inländischen Schuldner und gewinnen einen ausländischen, dessen Struktur sie aber im Allgemeinen nicht kennen.[205] Einen ausreichenden Schutz der im Inland verbliebenen Gläubiger auf europäischer Ebene gewährt aber das EuGVÜ.[206] Danach regelt sich die gerichtliche Zuständigkeit und die Anerkennung und Vollstreckung gerichtlicher Entscheidungen, wenn unterschiedliche Vertragsstaaten betroffen sind. Nur für den Fall, dass die Gesellschaft vor Klageerhebung bzw. vor der Vollstreckung ins Ausland umzieht, greift das EuGVÜ. Art. 17 des Übereinkommens bestimmt darüber hinaus, dass die Parteien die ausschließliche Zuständigkeit des Gerichts eines Vertragsstaates vereinbaren können. Die wegziehende Gesellschaft kann mit ihren Gläubigern eine Gerichtsstandsklausel unter den Voraussetzungen des Art. 17 EuGVÜ dahingehend vereinbaren, dass über eine künftige aus einem bestimmten Rechtsverhältnis entspringende Rechtsstreitigkeit ein deutsches Gericht ausschließlich zuständig sein soll.[207] Der potenzielle materielle Anspruch beurteilt sich dabei aber nach wie vor nach deutschem Recht, auch, wenn kein deutsches Gericht nach dem EuGVÜ zuständig sein sollte.[208]

Ein tatsächlicher Schutz der bestehenden Forderungen gegenüber dem Unternehmen kann am einfachsten durch die vorherige Befriedigung der Gläubiger oder durch eine Sicherheitsleistung erfolgen.[209] Zu denken ist an eine Analogie zu § 58 Abs. 1 Nr. 1 bis 4 GmbHG,[210] wonach bei entsprechender Anwendung des § 58 GmbHG die Auflö-

---

205 Vgl. GROßFELD, in: Staudinger, IntGesR, Rdnr. 666.

206 Vgl. Das Europäische Übereinkommen über die gerichtliche Zuständigkeit und die Vollstreckung gerichtlicher Entscheidungen in Zivil- und Handelssachen vom 27.09.1968; BGBl. II 1972, S. 774.

207 Vgl. zur Zulässigkeit von Gerichtsstandsklauseln in der Satzung einer AG EuGH, Urt. v. 10.3.1992, Rs. C-214/89, ergangen auf Vorlage des OLG Koblenz. Abgedruckt in AG 1992, S. 264 f. Zu den eng auszulegenden Voraussetzungen des Art. 17 EuGVÜ vgl. OLG Koblenz, Urt. v. 31.7.1992, abgedruckt in AG 1993, S. 42 f.

208 Im Unterschied zu den auf eine konkrete Leistung zielenden Schuldverhältnissen wäre bei einer möglichen identitätswahrenden Sitzverlegung der Gesellschaft hinsichtlich bestehender Dauerschuldverhältnisse erneut festzustellen, welches Recht auf den Vertrag nach dem Wegzug der Gesellschaft anzuwenden wäre.

209 Vgl. BEHRENS, in: Hachenburg, Kommentar zum GmbHG, Einl. Rdnr. 170.

210 Vgl. WINTER, in: Scholz, Kommentar zum GmbHG, Einl. Rdnr. 163.

sung der Gesellschaft von den Geschäftsführern zu drei verschiedenen Malen durch die in § 30 Abs. 2 GmbHG bezeichneten Blätter bekannt zu machen ist. Dabei sind in diesen Bekanntmachungen die Gläubiger aufzufordern, sich bei der Gesellschaft zu melden (vgl. § 58 Abs. 1 Nr. 1 GmbHG). Die Gläubiger, die sich bei der Gesellschaft melden und dem grenzüberschreitenden Umzug der Gesellschaft nicht zustimmen, sind hinsichtlich ihrer Ansprüche zu befriedigen oder sicherzustellen (§ 58 Abs. 1 Nr. 2 GmbHG). Der identitätswahrende Umzug der Gesellschaft könnte dann nach Ablauf der Frist des § 58 Abs. 1 Nr. 3 GmbHG erfolgen.

Ein milderes Mittel als die Gesellschaftsauflösung sieht auch der Vorschlag der Kommission für eine 14. Richtlinie zur Verlegung des Gesellschaftssitzes innerhalb der EU vor.[211] Danach sollen die Gläubiger der Gesellschaft, sofern deren Anspruch vor Veröffentlichung des Verlegungsplanes, der von der wegziehenden Gesellschaft zu erstellen ist,[212] entstanden ist, das Recht haben, eine angemessene Sicherheitsleistung vor der tatsächlichen Verlegung verlangen zu können. Der Anspruch auf Sicherheitsleistung richtet sich nach deutschem Recht, da diese Rechtsordnung vor der Verlegung auf die Gesellschaft Anwendung fand.[213]

Darüber hinaus ist auch an eine entsprechende Anwendung der Vorschriften des Umwandlungsgesetzes zu denken. Im Falle der Verschmelzung können die Gläubiger binnen sechs Monaten ihren Anspruch schriftlich anmelden. Ihnen ist Sicherheit zu leisten, soweit sie nicht Befriedigung verlangen können (vgl. § 22 UmwG). Das Problem des Gläubigerschutzes im Fall der Verschmelzung ist vergleichbar mit dem Fall der Sitzverlegung. Dies spricht für eine Übertragung der Gründsätze des Gläubigerschutzes durch Sicherheitsleistung.

Zu denken wäre daneben an eine Vereinbarung zwischen wegziehender Gesellschaft und zurückbleibendem Gläubiger mit dem Inhalt sämtliche Verbindlichkeiten innerhalb einer bestimmten Zeitspanne

---

211 Der Richtlinienvorentwurf zur Verlegung des Gesellschaftssitzes innerhalb der EU ist abgedruckt in: ZIP 1997, S. 1721 ff.

212 Nach Art. 5 des Richtlinienvorentwurfs zur Verlegung des Gesellschaftssitzes innerhalb der EU erstellt das Leitungs- oder Verwaltungsorgan einen Bericht, in dem die rechtlichen und wirtschaftlichen Aspekte der Verlegung erläutert und begründet und die Auswirkungen der Verlegung für die Gesellschafter sowie für die Arbeitnehmer dargelegt werden.

213 Vgl. Art. 8 des Richtlinienvorentwurfs zur Verlegung des Gesellschaftssitzes innerhalb der EU.

zu begleichen. Entsprechend dem Rechtsgedanken des Insolvenzplans[214] könnte so die vollständige Begleichung der bestehenden Verbindlichkeiten zwischen den betroffenen Parteien privatautonom geregelt werden.

Die aufgezeigten Möglichkeiten des Gläubigerschutzes verdeutlichen, dass ein Auflösungszwang der Gesellschaft nicht erforderlich und unverhältnismäßig ist. Einer Auflösungspflicht zum Schutz der im Inland verbleibenden Gläubiger bedarf es nicht.[215]

- **Arbeitnehmerschutz:** Die Auflösungspflicht würde auch dann gegen den Grundsatz der Verhältnismäßigkeit verstoßen, wenn weniger einschneidende Verpflichtungen für die wegziehende Gesellschaft zu einem gleichwertigen Schutz der Mitbestimmungsrechte führen würden.

  Bislang galt, dass die Mitbestimmung auf gemeinschaftlicher Ebene durch Richtlinien und Statute europäischer Gesellschaften nicht zu überwinden war.[216] Nunmehr haben sich die Mitgliedstaaten auf eine Verordnung über das Statut der Europäischen Gesellschaft (SE) und eine Richtlinie über die Beteiligung der Arbeitnehmer in der Europäischen Gesellschaft geeinigt.[217] Das Problem des Schutzes der Mitbestimmungsrechte bei der Europäischen Aktiengesellschaft ist mit dem bei der grenzüberschreitenden Sitzverlegung von Kapitalgesellschaften vergleichbar. Die Lösungsansätze der Richtlinie über die Beteiligung der Arbeitnehmer sind daher übertragbar. Die Richtlinie löst das Problem der Mitbestimmung dahingehend, dass eine Festlegung der Mitbestimmung in der SE primär im Wege freier Verhandlungen zwischen der Unternehmensführung und einem besonderen Verhandlungsgremium der Arbeitnehmerseite vorgesehen ist. Für den Fall, dass die Verhandlungen scheitern sollten, greift eine Auffangregelung, die hinsichtlich der Beteiligung der Arbeitnehmer be-

---

214 Vgl. §§ 254, 308, 309 InsO.

215 So auch THÖMMES, DB 1993, S. 1024; KRUSE, Sitzverlegung von Kapitalgesellschaften innerhalb der EG, S. 179.

216 Vgl. GROßFELD, in: Staudinger, IntGesR, Rdnr. 668.

217 Nach rund 40 Jahren wurden Verordnung und Richtlinie am 8.10.2001 im Ministerrat verabschiedet. Mit der Rechtsform der SE soll es Aktiengesellschaften, die ihren Sitz und ihre Hauptverwaltung in der Gemeinschaft haben, ermöglicht werden, eine Gesellschaft durch Umwandlung ohne vorige Auflösung zu gründen, wenn sie eine Tochtergesellschaft oder eine Niederlassung in einem anderen Mitgliedstaat als dem ihres Sitzes haben. Vgl. JAHN/HERFS-RÖTTGEN, DB 2001, S. 631. Vgl. zur Europäischen Aktiengesellschaft auch Teil B 2.2.2.3.

stimmte Standardanforderungen sichert.[218] Auch zwischen der Unternehmensführung der wegziehenden Gesellschaft und den Arbeitnehmern könnten Verhandlungen hinsichtlich der nach dem Umzug geltenden Mitbestimmungsregelungen stattfinden. Diese Verhandlungsmöglichkeit mit einer Auffangmöglichkeit bei dem Scheitern der Verhandlungen ist eine weniger einschneidende Maßnahme als die Auflösung der Gesellschaft.

Darüber hinaus bleibt immer zu bedenken, dass der Schutz der Mitbestimmungsrechte bzw. die mögliche „Flucht aus der Mitbestimmung" nur dann relevant wird, wenn auf die Gesellschaften die einschlägigen deutschen Mitbestimmungsregeln überhaupt Anwendung finden.

Es lässt sich festhalten, dass der Auflösungszwang zum Schutz der Arbeitnehmer unverhältnismäßig ist.

- **Schutz der Minderheitsgesellschafter:** Die Auflösungspflicht würde auch dann gegen den Grundsatz der Verhältnismäßigkeit verstoßen, wenn weniger einschneidende Verpflichtungen für die wegziehende Gesellschaft zu einem gleichwertigen Schutz der Minderheitsgesellschafter führen würden.

  Eine die Sitzverlegung weniger einschränkende Möglichkeit hinsichtlich des Schutzes der Gesellschafter besteht darin, dass für den Beschluss, der den Wegzug bzw. den Statutenwechsel auslöst, Einstimmigkeit verlangt wird.[219] Somit müssen auch die Minderheitsgesellschafter dem Wegzug zustimmen und verzichten damit „freiwillig" auf ihre Rechte, die ihnen bislang nach deutschem Recht zustehen. Insoweit kann dann auch keine Auflösungspflicht zum Schutz der Minderheitsgesellschafter gefordert werden. Kritisch ist diese Möglichkeit aber dann zu betrachten, wenn es sich um eine große Publikumsgesellschaft handelt. Denn dann wäre eine Einstimmigkeit praktisch nie zu erzielen. Dies würde faktisch zu einer Unmöglichkeit von Sitzverlegungen führen.[220]

  Den Interessen der Minderheitsgesellschafter kann aber auch dadurch Rechnung getragen werden, dass dem Minderheitsgesellschafter bei einer Sitzverlegung ein Austrittsrecht zugebilligt wird.[221] Mit

---

218 Vgl. JAHN/HERFS-RÖTTGEN, DB 2001, S. 634.

219 Vgl. BEHRENS, in: Hachenburg, Kommentar zum GmbHG, Einl. Rdnr. 170; DERS., EuZW 1992, S. 550; GROßFELD, in: Staudinger, IntGesR, Rdnr. 619.

220 Vgl. EBENROTH, in: MüKo, Nach Art. 10 EGBGB, Rdnr. 226.

221 Vgl. LUTTER/HOMMELHOFF, Kommentar zum GmbHG, § 4a Rdnr. 13.

dem Austrittsrecht wäre eine angemessene Abfindung verbunden. Ein derartiges Austrittsrecht lässt sich für die Kapitalgesellschaften aus den allgemeinen Grundsätzen des Gesellschaftsrechts herleiten.[222]

Auch hinsichtlich des Schutzes der Minderheitsgesellschafter ist ein weniger einschneidendes Mittel möglich. Damit ist die Auflösungspflicht zum Schutze der Minderheitsgesellschafter unverhältnismäßig.

Als Ergebnis gilt es festzuhalten, dass die zwingenden Gründe des Allgemeininteresses (Gläubiger-, Arbeitnehmer-, Minderheitsgesellschafterschutz) die Niederlassungsfreiheit unverhältnismäßig beeinträchtigen. Damit ist ein Verstoß der Auflösungspflicht gegen das Beschränkungsverbot gegeben.

6.2.2 Rechtfertigungsmöglichkeiten

Die Auflösungspflicht des deutschen Rechts ist dann nicht europarechtswidrig, wenn sie gerechtfertigt ist. Die Beschränkung der Niederlassungsfreiheit könnte durch Art. 46 EG gerechtfertigt sein.

Die Auflösungspflicht könnte als Sonderregelung für ausländische Gesellschaften anzusehen sein, die aus Gründen der öffentlichen Ordnung oder Sicherheit i.S.d. Art. 46 EG gerechtfertigt ist.[223] Neben den „zwingenden Erfordernissen des Allgemeininteresses" (Gläubigerschutz, Schutz der Minderheitsgesellschafter und Arbeitnehmerschutz) sind keine weiteren Gründe der öffentlichen Ordnung oder Sicherheit ersichtlich. Da die „zwingenden Erfordernissen des Allgemeininteresses" zumindest unverhältnismäßig sind,[224] ist der Verstoß gegen die Niederlassungsfreiheit nicht gerechtfertigt.

6.3 Ergebnis

Im Ergebnis steht fest, dass nicht nur die Neugründungspflicht gegen die Niederlassungsfreiheit verstößt, sondern auch die Auflösungspflicht.

---

[222] Vgl. OLG München, WM 1990, S. 556, 558; OLG Hamm, GmbHR 1993, S. 656, 657; LUTTER/HOMMELHOFF, Kommentar zum GmbHG, § 34, Rdnr. 15.

[223] Eine Rechtfertigung aus Gründen der öffentlichen Gesundheit ist im vorliegendem Zusammenhang abwegig. Vgl. zum Begriff der öffentlichen Gesundheit Art. 4 in Verbindung mit Anhang A der RL 64/ 2221.

[224] Hier gelten auch die Ausführungen, die bereits zur Feststellung des Verstoßes der Auflösungspflicht gegen die Niederlassungsfreiheit getroffen wurden.

7. Rechtswahlmöglichkeiten für Unternehmen nach dem „Centros" - Urteil des EuGH

Die Untersuchung hat gezeigt, dass eine identitätswahrende Sitzverlegung von Kapitalgesellschaften nach der „Centros" - Entscheidung nicht mehr länger durch deutsches Recht vereitelt werden kann. Deutsches Kollisionsrecht (Sitztheorie) findet im Bereich der Niederlassungsfreiheit des EG-Vertrages keine Anwendung mehr und das deutsche Sachrecht verstößt gegen höherrangiges Gemeinschaftsrecht, so dass auch die materiellrechtlichen Vorschriften bei der Sitzverlegung von Kapitalgesellschaften nicht herangezogen werden können.

Für den Zuzug von ausländischen Kapitalgesellschaften bedeutet dies, dass es ihnen nunmehr offen steht, ihren Sitz identitätswahrend nach Deutschland zu verlegen. Nach deutschem Recht gegründete Kapitalgesellschaften können ebenfalls unter dem Schutz des Gemeinschaftsrechts identitätswahrend in die Mitgliedstaaten umziehen.

Die Mitgliedstaaten sind aber diesen Umzugsmöglichkeiten bzw. Rechtswahlmöglichkeiten für Kapitalgesellschaften nicht schutzlos ausgeliefert. Der EuGH gesteht den Mitgliedstaaten zu, dass diese „alle geeigneten Maßnahmen treffen können, um Betrügereien zu verhindern oder zu verfolgen. Das gilt sowohl - ... - gegenüber der Gesellschaft selbst als auch gegenüber den Gesellschaftern, wenn diese sich mittels der Errichtung der Gesellschaft ihren Verpflichtungen gegenüber inländischen privaten oder öffentlichen Gläubigern entziehen möchten."[225]

Zwar verstoßen die Neugründungs- und die Auflösungspflicht nach der hier zugrunde gelegten Auslegung des „Centros" - Urteils gegen Gemeinschaftsrecht, dem deutschen Gesetzgeber bzw. der deutschen Gesellschaftsrechtspraxis bleibt es aber unbenommen, Maßnahmen zu ergreifen, die einen ausreichenden Schutz für die vom Zu- oder Wegzug einer Kapitalgesellschaft Betroffenen bietet.[226] Voraussetzung ist lediglich, dass diese Schutzmaßnahmen den Kapitalgesellschaften grundsätzlich ermöglichen, nach Deutschland identitätswahrend zuzuziehen bzw. von Deutschland wegzuziehen.

---

225 EuGH, Urt. v. 9.3.1999, Rs. C- 212/97, Centros, Slg. 1999 I, S. 1459 ff., Tz. 29.

226 Vgl. zu möglichen Schutzmaßnahmen, die Deutschland als Mitgliedstaat zur Verhinderung von missbräuchlichem oder betrügerischem Verhalten bei Unternehmensansiedlungen vornehmen kann, S. 200 ff.

7.1 Grundfälle

Hinsichtlich der Ausgangsfälle 1 bis 3 gilt es zu erörtern, welche Auswirkungen sich ergeben, wenn das obige Ergebnis zugrunde gelegt wird. D. h. es ist im Folgenden davon auszugehen, dass die Sitztheorie durch die unmittelbare Geltung der Niederlassungsfreiheit nach Artt. 43 und 48 EG als Kollisionsnorm verdrängt wird und sowohl die dem deutschen materiellen Recht entspringende Neugründungspflicht als auch die Auflösungspflicht gegen die Niederlassungsfreiheit verstoßen.

7.1.1 Ausgangsfall 1

Eine wirksam nach niederländischem Recht gegründete „Besloten Vennootschap" (BV) verlegt ihren Verwaltungssitz nach Deutschland.

Aus deutscher Sicht ist vor der Verwaltungssitzverlegung niederländisches Recht anwendbar. Mit der Verlegung des Verwaltungssitzes von den Niederlanden nach Deutschland - vorausgesetzt das niederländische Recht lässt den Wegzug zu - findet unter Geltung der Sitztheorie deutsches Sachrecht auf die Gesellschaft (BV) Anwendung. Das deutsche Sachrecht verlangt von der Gesellschaft die Erfüllung der nach deutschem Recht geltenden gesellschaftsrechtlichen Vorschriften (Neugründungspflicht). Für die zuziehende niederländische BV bedeutet dies, dass sie ihre Rechtsfähigkeit neu erwerben muss. Soweit die Rechtslage nach bislang geltendem Recht.

Geht man davon aus, dass Art. 48 EG als Kollisionsnorm die Sitztheorie verdrängt, muss die Frage nach dem Gesellschaftsstatut dahingehend beantwortet werden, dass sich das Gesellschaftsstatut ausschließlich nach dem Ort richtet, an dem die Gesellschaft gegründet wurde. Das bedeutet im konkreten Fall findet weiterhin niederländisches Recht auf die Gesellschaft (BV) Anwendung. Da auch die Neugründungspflicht des deutschen materiellen Rechts gegen das höherrangige Gemeinschaftsrecht verstößt, kann sie nicht zur Anwendung gelangen. Die niederländische BV kann daher nach den bisherigen Untersuchungsergebnissen ihren Sitz ohne Verlust der Rechtsfähigkeit von den Niederlanden nach Deutschland verlegen.[227]

7.1.2 Ausgangsfall 2

Eine nach deutschem Recht wirksam gegründete GmbH verlegt sowohl ihren Satzungssitz als auch den effektiven Verwaltungssitz nach Spanien.

---

227 Natürlich nur unter der Voraussetzung, dass das niederländische Recht den identitätswahrenden Umzug gestattet.

Unter Geltung der Sitztheorie findet aus deutscher Sicht nach der Verlegung des Satzungs- und Verwaltungssitzes spanisches Recht auf die Gesellschaft (GmbH) Anwendung. Die Auflösungspflicht lässt aber den Wegzug der Gesellschaft nach Spanien nicht zu. Soweit die Rechtslage nach bislang geltendem Recht.

Wendet man die obigen Untersuchungsergebnisse auf diesen Fall an, so kann nunmehr die deutsche GmbH ihren Sitz unter Wahrung ihrer Rechtsfähigkeit verlegen, da die Auflösungspflicht des deutschen materiellen Rechts wegen Verstoßes gegen das Gemeinschaftsrecht nicht anwendbar ist. Das spanische Recht billigt den Zuzug ausländischer Gesellschaften,[228] die lediglich eine Anpassung der Satzung und die Publizitätserfordernisse des spanischen Rechts beachten müssen.

Ob diese vom spanischen Recht vorgegebenen Bedingungen Maßnahmen entsprechen, die eine *„missbräuchliche oder betrügerische Berufung auf Gemeinschaftsrecht“*[229] zu verhindern wissen, bleibt einer Prüfung der Vereinbarkeit des spanischen materiellen Rechts mit dem Gemeinschaftsrecht vorbehalten.

7.1.3 Ausgangsfall 3

In Großbritannien wird eine private company limited by shares wirksam gegründet. Nach Gründung und Eintragung der Gesellschaft in das Gesellschaftsregister wird lediglich eine Postadresse in Großbritannien unterhalten. Die gesamte Geschäftstätigkeit wird nach Deutschland verlegt. Dort wird eine Zweigniederlassung der britischen Muttergesellschaft gegründet.

Die rechtlichen Verhältnisse der Zweigniederlassung werden nach dem Recht der ausländischen Muttergesellschaft beurteilt.[230] D.h., die ausländische Muttergesellschaft wird nach deutschem Recht dann anerkannt, wenn sich der effektive Verwaltungssitz in Großbritannien befindet. Im Ausgangsfall ist davon auszugehen, dass die Geschäfte ausschließlich in Deutschland am Sitz der Zweigniederlassung betrieben werden, so dass der effektive Verwaltungssitz nicht im Gründungsstaat sondern in Deutschland liegt. Damit ist die Muttergesellschaft aus deutscher Sicht nicht anzuerkennen, unabhängig davon, dass der Satzungssitz weiterhin in Großbritannien liegt. Die Zweigniederlassung existiert aus deutscher Sicht nicht. Soweit die Rechtslage nach bislang geltendem Recht.

---

228 Vgl. KEIL, in: Behrens, Die GmbH im internationalen und europäischen Recht, E Rdnr. 54.

229 EuGH, Urt. v. 9.3.1999, Rs. C- 212/97 Centros, Slg. 1999 I, S. 1459 ff., Tz. 24.

230 Vgl. MüKo z. HGB, § 13d Rdnr. 11; dies führt zu einer eher geringen Akzeptanz bei den Geschäftspartnern vor Ort.

Wendet man die Grundsätze der „Centros - Entscheidung" des EuGH auf den vorliegenden Fall an, so muss Folgendes gelten. Der EuGH weist darauf hin, dass Gesellschaften unmittelbar das Recht haben, ihre Tätigkeit in einem anderen Mitgliedstaat durch eine Zweigniederlassung auszuüben, wobei der satzungsmäßige Sitz, die Hauptverwaltung oder die Hauptniederlassung, ebenso wie bei natürlichen Personen dazu dient, ihre Zugehörigkeit zur Rechtsordnung eines Mitgliedstaates zu bestimmen.[231] „Verweigert ein Mitgliedstaat die Eintragung einer Zweigniederlassung einer Gesellschaft, die ihren Sitz in einem anderen Mitgliedstaat hat, so werden die nach dem Recht des anderen Mitgliedstaates gegründeten Gesellschaften an der Wahrnehmung ihres Niederlassungsrechts aus Artt. 43 und 48 EG gehindert."[232] „Ein solches Vorgehen beschränkt die Ausübung der in diesen Bestimmungen gewährleisteten Freiheiten."[233]

Für den Ausgangsfall bedeutet dies, dass das deutsche Recht einer nach dem Recht eines anderen Mitgliedstaates wirksam gegründeten Gesellschaft die Möglichkeit zur Gründung von Zweigniederlassungen eröffnen muss. Das deutsche Recht trägt eine Zweigniederlassung einer ausländischen Muttergesellschaft dann in das Handelsregister ein, wenn die Muttergesellschaft aus deutscher Sicht Rechtsfähigkeit genießt. Da die Sitztheorie nach den obigen Lösungsvorschlägen im Bereich der Niederlassungsfreiheit keine Anwendung findet, ist die Rechtsfähigkeit der Muttergesellschaft nach der Gründungstheorie zu beurteilen. Da sich ihr Satzungssitz weiterhin in Großbritannien befindet, ist die Muttergesellschaft als rechtsfähig anzusehen. Dadurch erlangt die in Deutschland gegründete Zweigniederlassung die Eintragungsfähigkeit in das Handelsregister und kann als rechtlich existent angesehen werden.

Zu diesem Fall führt der EuGH aus, dass es *„für sich allein keine missbräuchliche Ausnutzung des Niederlassungsrechts darstellen kann, wenn ein Staatsangehöriger eines Mitgliedstaates, der eine Gesellschaft gründen möchte, diese in dem Mitgliedstaat errichtet, dessen gesellschaftsrechtliche Vorschriften ihm die größte Freiheit lassen, und in anderen Mitgliedstaaten Zweigniederlassungen gründet."*[234]

---

[231] Vgl. EuGH, Urt. v. 9.3.1999, Rs. C- 212/97, Centros, Slg. 1999 I, S. 1459 ff., Tz. 20.

[232] EuGH, Urt. v. 9.3.1999, Rs. C- 212/97, Centros, Slg. 1999 I, S. 1459 ff., Tz. 21.

[233] EuGH, Urt. v. 9.3.1999, Rs. C- 212/97, Centros, Slg. 1999 I, S. 1459 ff., Tz. 22.

[234] EuGH, Urt. v. 9.3.1999, Rs. C- 212/97, Centros, Slg. 1999 I, S. 1459 ff., Tz. 27.

7.2 Auswirkungen auf den Standortentscheidungsprozess

Mit seiner Rechtsprechung im Fall „Centros“ definiert der EuGH die Niederlassungsfreiheit für Unternehmen hinsichtlich einer möglichen Rechtswahl neu. Der EuGH schützt nunmehr nicht nur die tatsächliche Standortwahl aus wirtschaftlichen Gründen, sondern interpretiert die Niederlassungsfreiheit als Freiheit der unternehmerisch Tätigen, sich unabhängig vom Ort der tatsächlichen Tätigkeit dort „rechtlich niederzulassen“, wo sie es aus rechtlichen Gründen für vorteilhaft erachten.[235] Schon in seinen Schlussanträgen hat der Generalanwalt darauf hingewiesen, dass die primäre Niederlassungsfreiheit allen Gesellschaften das Recht gewährt, sich überall in der Gemeinschaft anzusiedeln.[236] Daraus wird geschlossen, dass der Sitz einer Gesellschaft innerhalb der EG bereits beliebig verlegt werden kann.

Gemeinschaftsangehörigen Unternehmen obliegt es nunmehr innerhalb der EG im Rahmen ihrer Errichtung die Rechtsordnung des Mitgliedstaats zu wählen, die ihr die vorteilhaftesten gesellschaftsrechtlichen Vorschriften bietet. Für den Unternehmer gilt es, das für ihn attraktivste Gesellschaftsrecht und die für ihn günstigste Rechtsform innerhalb der EG zu eruieren. Alleinige Grenze dieses Vorgehens ist laut der Rechtsprechung des EuGH der Fall einer missbräuchlichen oder betrügerischen Berufung auf das Gemeinschaftsrecht.[237]

Damit ist absehbar, dass die „Centros“ - Entscheidung des EuGH Unternehmen dazu veranlassen wird, neue Gesellschaften dort zu gründen, wo die Gründungs- und Eintragungsformalitäten verhältnismäßig einfach sind und ein liberales und flexibles Gesellschaftsrecht besteht.[238] Eine anschließende Verlegung des Unternehmens an einen anderen Standort innerhalb der EG unter Beibehaltung der gewählten Rechtsform garantiert nunmehr die Niederlassungsfreiheit. Eine Verlegung des Unternehmens ist sogar dann entbehrlich, wenn der Satzungssitz in dem Mitgliedstaat gewählt wird, dessen Gesellschaftsrecht auf das Unternehmen Anwendung finden soll und der Verwaltungssitz sogleich an dem gewünschten Standort angesiedelt wird. Somit wird die Wahl der Rechtsform innerhalb der EG zu ei-

---

[235] Vgl. KIENINGER, ZGR 1999, S. 732.

[236] Vgl. Schlussanträge des Generalanwalts LA PERGOLA, Nr. 20. Dieser Kernsatz lautet in französischer Fassung: „La société nouvellement constitué à le droit de s'établir – à titre principal et, éventuellement, également secondaire – *là ou elle le préfère* dans le cadre communautaire.“ (Hervorhebung im Original!).

[237] Vgl. EuGH, Urt. v. 9.3.1999, Rs. C- 212/97, Centros, Slg. 1999 I, S. 1459 ff., Tz. 24, 25.

[238] Vgl. MÜLLER – HUSCHKE, in: Schwarz (Hrsg.) , EU-Kommentar, Art. 48, Rdnr. 23.

ner unabhängigen Variablen im betriebswirtschaftlichen Standortentscheidungsprozess. Sie tangiert nicht mehr die Bestimmung des optimalen Standortes für die unternehmerische Geschäftstätigkeit.

8. Mögliche Schutzmaßnahmen der Mitgliedstaaten zur Verhinderung von missbräuchlichem oder betrügerischem Verhalten bei Unternehmensansiedlungen

Nach der „Centros" - Entscheidung des EuGH obliegt es nunmehr den Unternehmen die Rechtsordnung zu bestimmen, die auf ihre gesellschaftsrechtlichen Verhältnisse Anwendung finden soll. Die Möglichkeiten zur identitätswahrenden grenzüberschreitenden Sitzverlegung von Unternehmen müssen aber den Anforderungen, die der EuGH in seiner „Centros" - Entscheidung vorgibt, entsprechen. In seinen Ausführungen gesteht der EuGH den Mitgliedstaaten zu, dass diese „alle geeigneten Maßnahmen treffen können, um Betrügereien zu verhindern oder zu verfolgen. Das gilt sowohl - ... - gegenüber der Gesellschaft selbst als auch gegenüber den Gesellschaftern, wenn diese sich mittels der Errichtung der Gesellschaft ihren Verpflichtungen gegenüber inländischen privaten oder öffentlichen Gläubigern entziehen möchten."[239] Innerhalb dieses Rahmens bestehen für die nationalen Rechtsordnungen Gestaltungsmöglichkeiten zum Schutz der Interessen der Gläubiger, Arbeitnehmer und Minderheitsgesellschafter, ohne dass gegen die Niederlassungsfreiheit des EG-Vertrages verstoßen wird. Den Mitgliedstaaten bleibt es damit unbenommen, Maßnahmen zu ergreifen, die einen ausreichenden Schutz für die vom Zu- oder Wegzug einer Kapitalgesellschaft Betroffenen bieten. Voraussetzung ist lediglich, dass diese Schutzmaßnahmen den Kapitalgesellschaften grundsätzlich ermöglichen, nach Deutschland zuzuziehen bzw. von Deutschland wegzuziehen. Wie diese Gestaltungsmöglichkeiten im deutschen Recht aussehen können, soll im Folgenden untersucht werden.

8.1 Gestaltungsmöglichkeiten für Gesellschaften nach der Rechtsprechung des EuGH

Aufgrund der Rechtsprechung des EuGH ist davon auszugehen, dass das Recht eine Gesellschaft nach dem Recht eines Mitgliedstaates zu errichten und in anderen Mitgliedstaaten Zweigniederlassungen zu gründen, unmittelbar aus der Niederlassungsfreiheit der Artt. 43 und 48 EG folgt.[240] Für nationale Kollisionsrechte, die der Verwirklichung dieser vom EuGH for-

---

239 EuGH, Urt. v. 9.3.1999, Rs. C- 212/97, Centros, Slg. 1999 I, S. 1459 ff., Tz. 29.

240 Vgl. EuGH, Urt. v. 9.3.1999, Rs. C- 212/97, Centros, Slg. 1999 I, S. 1459 ff., Tz. 19,20.

mulierten Niederlassungsfreiheit für Unternehmen entgegenstehen, gilt, dass sie im Rahmen der Niederlassungsfreiheit unanwendbar sind.[241] Dies trifft im deutschen Recht auf die Sitztheorie zu.[242] Im Bereich der Niederlassungsfreiheit für Gesellschaften findet damit innerhalb der EG das nationale Kollisionsrecht keine Anwendung mehr.

8.1.1 Gestaltungsvorgaben des EuGH

Da aus deutscher Sicht die Sitztheorie bei Sachverhalten mit Bezug zum Gemeinschaftsrecht keine Anwendung mehr finden kann, ist fraglich welche Regelung an deren Stelle tritt.

8.1.1.1 Gründungstheorie

Nach der Gründungstheorie ist Gesellschaftsstatut der Ort an dem die Gesellschaft gegründet wurde. Im Unterschied zur Sitztheorie büßt eine Gesellschaft bei Geltung der Gründungstheorie ihre Identität nicht ein, wenn sie den Sitz ihrer Hauptverwaltung ins Ausland verlegt. Insoweit ist sie mit den in der „Centros" - Rechtsprechung entwickelten Vorstellungen des EuGH vereinbar.

Die Gründungstheorie verlangt aber, dass sich zumindest der statutarische Sitz im Gründungsstaat befindet.[243] Ansonsten führt die Verlegung des Satzungssitzes zum Statutenwechsel.[244] Denn „im Gegensatz zu natürlichen Personen werden Gesellschaften aufgrund einer Rechtsordnung, beim gegenwärtigen Stand des Gemeinschaftsrechts aufgrund einer nationalen Rechtsordnung gegründet. Jenseits der jeweiligen nationalen Rechtsordnung, die ihre Gründung und ihre Existenz regelt, haben sie keine Realität."[245] Für eine Kapitalgesellschaft, die ihren Sitz identitätswahrend in einen anderen Mitgliedstaat verlegen will, bedeutet dies, dass sie ihren Satzungssitz im Gründungsstaat belassen muss. Denn verlässt die Gesellschaft den Rechtskreis, dem sie ihre Existenz verdankt, entfällt das einmal erworbene Vertrauen, da davon auszugehen ist, dass sie durch ihren Wegzug anderen Einflüssen unterliegt.[246]

---

241 Vgl. SANDROCK, BB 1999, S. 1340.

242 Vgl. zur Frage der Anwendbarkeit der Sitztheorie im Gemeinschaftsrecht S. 166 ff.

243 Vgl. BEHRENS, EuZW 1992, S. 550.

244 Vgl. KRUSE, Sitzverlegung von Kapitalgesellschaften innerhalb der EG, S. 8.

245 EuGH, Urt. v. 27.9.1988, Rs. 81/87, Daily Mail, Slg. 1988, S. 5483 ff, Tz. 19.

246 Vgl. BGHZ 134, 144.

Um bei einer identitätswahrenden Sitzverlegung eindeutig bestimmen zu können, welches Recht auf die Gesellschaftsverhältnisse Anwendung findet, muss der Satzungssitz im Gründungsstaat verbleiben. Denn nur so lässt sich für alle Betroffenen unmissverständlich klären, welcher Rechtsordnung die Kapitalgesellschaft unterliegt. Im Rahmen einer identitätswahrenden grenzüberschreitenden Sitzverlegung ist daher zu beachten, dass die Kapitalgesellschaft nur dann unter Wahrung ihrer Rechtsfähigkeit umziehen kann, wenn der Satzungssitz im Gründungsstaat verbleibt.

8.1.1.2 Vorbehalt des missbräuchlichen oder betrügerischen Verhaltens

Der EuGH stellt im Urteil „Centros" fest, dass ein Mitgliedstaat zwar berechtigt ist, Maßnahmen zu treffen, die verhindern sollen, dass sich einige seiner Staatsangehörigen unter Missbrauch der durch den EG-Vertrag geschaffenen Möglichkeiten der Anwendung des nationalen Rechts entziehen. Die Berufung auf das einschlägige Gemeinschaftsrecht ist aber nur dann zu verwehren, wenn im Einzelfall ein missbräuchliches oder betrügerisches Verhalten der Betroffenen festgestellt werden kann.[247] Mit dieser Aussage ist klar, dass die Gründungstheorie allein nicht den Vorgaben des EuGH entsprechen kann, da die Gründer das Gesellschaftsstatut durch Bestimmung des Gründungsorts frei wählen können. Damit wäre dem Missbrauch durch die Wahl einer regelungsarmen Rechtsordnung nicht Einhalt zu bieten.

Welche Anforderungen an den Vorbehalt eines missbräuchlichen oder betrügerischen Verhaltens zu stellen sind, ergibt sich aus den Entscheidungsgründen des Urteils „Centros". Der EuGH stellt klar, dass es Ziel der Vertragsvorschriften über die Niederlassungsfreiheit ist, den Gesellschaften selbst und ihren sekundären Niederlassungen zu erlauben, in anderen Mitgliedstaaten tätig zu werden. Daher kann es gerade „keine missbräuchliche Ausnutzung des Niederlassungsrechts darstellen, wenn ein Staatsangehöriger eines Mitgliedstaates, der eine Gesellschaft gründen möchte, diese in dem Mitgliedstaat errichtet, dessen gesellschaftsrechtliche Vorschriften ihm die größte Freiheit lassen, und in anderen Mitgliedstaaten Zweigniederlassungen gründet."[248] Die Wahl des regelungsärmsten Gesellschaftsstatuts ist damit durch den EuGH gerechtfertigt.

Als Einschränkung der Wahlmöglichkeit des Gesellschaftsstatuts gibt der EuGH vor, dass der betroffene Mitgliedstaat die Niederlassung selbst nicht verweigern kann, er aber alle geeigneten Maßnahmen treffen kann, um Be-

---

[247] Vgl. EuGH, Urt. v. 9.3.1999, Rs. C- 212/97, Centros, Slg. 1999 I, S. 1459 ff., Tz. 24, 25.

[248] EuGH, Urt. v. 9.3.1999, Rs. C- 212/97, Centros, Slg. 1999 I, S. 1459 ff., Tz. 26, 27.

trügereien zu verhindern oder zu verfolgen. Das gilt sowohl gegenüber der Gesellschaft selbst als auch gegenüber ihren Gesellschaftern, wenn diese sich mittels der Errichtung der Gesellschaft ihren Verpflichtungen gegenüber inländischen privaten oder öffentlichen Gläubigern entziehen möchten.[249]

Im Folgenden sollen Lösungswege gefunden werden, die der Vorgabe der „geeigneten Maßnahmen" entsprechen und die einen ausreichenden Schutz für die Gläubiger, Minderheitsgesellschafter und Arbeitnehmer bieten.

8.2. Vorgaben des Europäischen Rechts zur möglichen Ausgestaltung des Vorbehalts des missbräuchlichen oder betrügerischen Verhaltens

Ansatzpunkte hinsichtlich einer grenzüberschreitenden Sitzverlegung eines Unternehmens lassen sich aus der Verordnung des Rates über das Statut der Europäischen Aktiengesellschaft (SE) und der Richtlinie über die Beteiligung der Arbeitnehmer herleiten. Zu unterscheiden ist zwischen den Maßnahmen, die als Zuzugstaat getroffen werden und denen, die als Wegzugstaat in Betracht kommen können.

Deutschland als *Wegzugstaat* verlangt bislang von einer Gesellschaft, die ihren Sitz ins Ausland verlegt, die Auflösung. Begründet wird diese Sanktion mit dem Schutz von Gesellschaftsgläubigern, Arbeitnehmern und Minderheitsgesellschaftern.[250]

Bei der grenzüberschreitenden Verlegung einer SE ist die Erstellung und Offenlegung eines Verlegungsplanes erforderlich.[251] Dieses Erfordernis lässt sich auch auf die grenzüberschreitende Sitzverlegung einer Kapitalgesellschaft übertragen. Die Kapitalgesellschaft hat einen Verlegungsplan zu

---

249 Vgl. EuGH, Urt. v. 9.3.1999, Rs. C- 212/97, Centros, Slg. 1999 I, S. 1459 ff., Tz. 38.

250 Vgl. zur Auflösungspflicht von wegziehenden Gesellschaften Teil D 2.2.

251 Vgl. Art. 8 der SE-VO. Bei der Sitzverlegung ist ein sog. Verlegungsplan zu erstellen und offen zu legen, der neben der bisherigen Firma und dem bisherigen Sitz als Mindestinhalt den vorgesehenen neuen Sitz, die vorgesehene Satzung und gegebenenfalls die neue Firma enthalten muss. Darüber hinaus sind etwaige Folgen der Verlegung für die Beteiligung der Arbeitnehmer, der vorgesehene Zeitplan für die Verlegung und etwaige zum Schutz der Aktionäre und/oder Gläubiger vorgesehene Rechte anzugeben. Zwei Monate nach der Offenlegung des Verlegungsplans kann der Verlegungsbeschluss gefasst werden. Die Sitzverlegung wird mit Eintragung im Register des neuen Sitzstaates wirksam. Eine SE, die ihren Sitz in einen anderen Mitgliedstaat verlegt hat, gilt in Bezug auf alle Forderungen, die vor dem Zeitpunkt der Eintragung in das Register des neuen Sitzstaates entstanden sind, als SE mit Sitz in dem Mitgliedstaat, in dem sie vor der Verlegung eingetragen war, auch wenn sie erst nach der Verlegung verklagt wird. Eine Sitzverlegung ist allerdings ausgeschlossen, wenn gegen sie ein Verfahren wegen Auflösung, Liquidation oder ein Insolvenzverfahren eröffnet worden ist.

erstellen, in welchem der neue Sitz, Folgen der Verlegung für die Beteiligung der Arbeitnehmer und etwaige zum Schutz der Minderheitsgesellschafter und/oder Gläubiger vorgesehene Rechte anzugeben sind. Ein Einsichtsrecht wäre allen Betroffenen zu gewähren. Dieser Verlegungsplan ist im Unterschied zur einjährigen Sperrfrist bei der Auflösung einer Kapitalgesellschaft[252] lediglich zwei Monate offen zu legen. Danach könnte die Gesellschaft ihren Sitz verlegen.

Gläubiger der wegziehenden Gesellschaft sind darüber hinaus dadurch geschützt, dass der Zuzugstaat eine Eintragung der Gesellschaft erst vornimmt, wenn eine behördliche, gerichtliche oder notarielle Bescheinigung mit dem Nachweis vorgelegt wird, dass die Interessen der Gläubiger in Bezug auf alle vor der Offenlegung des Verlegungsplans entstandenen Verbindlichkeiten angemessen geschützt sind. Ohne Schutz der Gläubigerinteressen erfolgt keine Eintragung in das Register des Zuzugstaates, so dass dem Gläubiger weiterhin die Klage nach nationalem Recht offen steht. Rechtsverfolgung und Durchsetzung des Anspruchs sind somit gesichert.

Ein Schutz der unternehmerischen Mitbestimmung der Arbeitnehmer bei einer grenzüberschreitenden Sitzverlegung lässt sich durch entsprechende Anwendung der SE-Richtlinie erreichen.[253] Zu bedenken ist aber, dass diese Bestimmungen nur auf Gesellschaften Anwendung finden können, die vor ihrem Wegzug aus Deutschland den Mitbestimmungsregelungen unterstanden. Zum Schutz möglicher im Inland verbleibender Betriebsstätten bzw. deren Arbeitnehmer können die Auffangregelungen der SE-Richtlinie, die jeder Mitgliedstaat einzuführen hat, Anwendung finden. Somit ist das Recht auf unternehmerische Mitbestimmung ausreichend gesichert.

Als *Zuzugstaat* verlangt Deutschland von einer Gesellschaft, die ihren Sitz ins Inland verlegt, bislang die Neugründung. Begründet wird diese Maßnahme mit der Gefährdung von Neugläubigern und Arbeitnehmern.[254]

---

[252] Vgl. zu den Sperrfristen bei der AG und GmbH § 272 AktG bzw. § 73 GmbHG.

[253] Art. 7 Abs. 1 SE-Richtlinie, ABl.EG Nr. L 294 vom 10.11.2001, S. 27, verlangt von den Mitgliedstaaten, kraft Gesetzes eine Auffangregelung zur Beteiligung der Arbeitnehmer einzuführen. Diese findet Anwendung, wenn sich die Parteien auf die Auffangregelung einigen oder eine Einigung im Wege freier Verhandlung nicht erzielt werden kann. Für die SE ist die Auffangregelung des Mitgliedstaates maßgeblich, in dem sie ihren Sitz haben wird. Inhaltlich muss die Auffangregelung den Vorgaben des Richtlinien-Anhangs entsprechen. Darin sind u.a. Regelungen hinsichtlich einzusetzender Organe, deren Wahl/Bestellung und hinsichtlich der Frage, wie viele Sitze die beschäftigten Arbeitnehmer der einzelnen Betriebe beanspruchen können.

[254] Vgl. zur Neugründungspflicht von zuziehenden Gesellschaften Teil D 2.1.

Auf den Zuzug lässt sich der Gedanke der Offenlegung der Gesellschaftsverhältnisse einer ausländischen Gesellschaft nach Deutschland übertragen. Gefürchtet wird auf deutscher Seite das Risiko kapitalschwacher Auslandgesellschaften. Durch Offenlegung und Eintragung der einschlägigen Tatsachen in das Handelsregister wäre es jedem Gläubiger möglich, sich durch Einsichtnahme in das Handelregister über das Gesellschaftskapital der zuziehenden Gesellschaft zu informieren.

Eine Umgehung des deutschen Mitbestimmungsrechts – insoweit als die zuziehende Gesellschaft dem deutschen Mitbestimmungsrecht überhaupt unterstehen würde – ist bei entsprechender Anwendung der Auffangregelung der SE-Richtlinie nicht möglich.

8.3 Schutzmaßnahmen zugunsten der Interessen derjenigen, die von einem Standortwechsel eines Unternehmens unmittelbar betroffen sind

Die Vorgaben, die das Europäische Recht anhand der Europäischen Aktiengesellschaft darlegt, gilt es auf nationaler Ebene anzupassen.

8.3.1 Nationales Kollisionsrecht

Für eine gemeinschaftsangehörige Gesellschaft, die sich in einem anderen Mitgliedstaat als ihrem bisherigen Heimatstaat niederlässt, gilt nach der „Centros“ - Entscheidung, dass sie ihre Rechtsfähigkeit nicht verlieren darf.[255] Einer gemeinschaftsangehörigen rechtsfähigen Gesellschaft muss es daher möglich sein, ihren Sitz unter Wahrung ihrer Identität grenzüberschreitend zu verlegen.

Die bislang nach der herrschenden Meinung geltende Sitztheorie bleibt nach der „Centros“ - Entscheidung für grenzüberschreitende Sitzverlegungen innerhalb der Europäischen Gemeinschaft unanwendbar. Für den Fall der grenzüberschreitenden Sitzverlegung in Drittländer bzw. von Drittländer nach Deutschland bleibt sie aber weiterhin anwendbar, da sie insoweit nicht gegen höherrangiges Recht verstößt.[256]

Die Frage nach dem auf eine Gesellschaft anwendbaren Recht ist zukünftig mit der Gründungstheorie zu beantworten. Auf eine nach Deutschland zuziehende ausländische Gesellschaft findet die Rechtsordnung Anwendung, nach welcher die Gesellschaft wirksam errichtet worden ist. Um ohne Schwierigkeiten feststellen zu können, welches Recht für die Gesellschaft

---

[255] Vgl. SANDROCK, BB 1999, S. 1340.

[256] A. A. SANDROCK, der die Sitztheorie nicht nur in Bezug auf alle EG-angehörigen Gesellschaften als überholt ansieht, sondern generell hinsichtlich aller Gesellschaften; vgl. BB, S. 1342.

einschlägig ist, soll verlangt werden, dass die Gesellschaft bei einem grenzüberschreitenden Sitzwechsel den Satzungssitz im Gründungsstaat belässt. Damit ist auch für Zweigniederlassungen, die die Gesellschaft nach ihrer Sitzverlegung gründet, klar, welches Recht Anwendung findet.[257] Verlegt die Gesellschaft auch den Satzungssitz, tritt ein Statutenwechsel ein.

Eine Verlegung des Satzungs- und Verwaltungssitzes nach Deutschland hat dann zur Folge, dass auf diese Gesellschaft das deutsche Gesellschaftsrecht konsequent Anwendung findet. Entgegen der bislang herrschenden Meinung muss sich die zuziehende Gesellschaft zwar nicht neu gründen, da die Neugründungspflicht gegen Gemeinschaftsrecht verstößt,[258] ihre Rechtsform ergibt sich aber aus dem deutschen Recht. Entsprechend ihren Voraussetzungen gilt sie dann als Personengesellschaft deutschen Rechts.[259]

Zusammenfassend lässt sich für die kollisionsrechtliche Ebene festhalten:

> *Das Gesellschaftsstatut eines grenzüberschreitend umziehenden Unternehmens ist anhand der Gründungstheorie zu ermitteln. Zur identitätswahrenden Sitzverlegung muss der Satzungssitz im Gründungsstaat verbleiben.*

8.3.2 Nationales Sachrecht

Das nationale Sachrecht muss die identitätswahrende grenzüberschreitende Sitzverlegung einer gemeinschaftsangehörigen Gesellschaft akzeptieren. Insoweit dürfen die nach deutschem Recht geltende Neugründungs- und Auflösungspflicht keine Anwendung mehr finden.[260] Allerdings bleibt es nach der Rechtsprechung des EuGH dem mitgliedstaatlichen Recht überlassen, Vorschriften zu normieren, die ein missbräuchliches oder betrügerische Verhalten einer zu- bzw. wegziehenden Gesellschaft sanktionieren.

Die vom europäischen Recht, insbesondere von der SE-Verordnung und der SE-Richtlinie[261] vorgegebenen Sanktionen zum Schutz vor missbräuch-

---

[257] Gerichtsstand wird bei einer grenzüberschreitenden Sitzverlegung einer ausländischen Kapitalgesellschaft Deutschland, da gem. § 17 Abs. 1 ZPO der allgemeine Gerichtsstand juristischer Personen nach ihrem Verwaltungssitz bestimmt wird.

[258] Siehe dazu S. 173 ff.

[259] Vgl. hierzu zusammenfassend BECHTEL, Umzug von Kapitalgesellschaften unter der Sitztheorie, S. 201.

[260] Vgl. zur Vereinbarkeit der Neugründungs- und Auflösungspflicht mit dem Gemeinschaftsrecht oben S. 172 ff.

[261] Vgl. Verordnung (EG) Nr. 2157/2001 des Rates vom 8.10.2001 über das Statut der Europäischen Gesellschaft (SE), ABl.EG Nr. L 294 vom 10.11.2001, 1 ff.; Richtlinie 2001/86/EG des Rates vom 8.10.2001 zur Ergänzung des Statuts der Europäischen Gesell-

lichem oder betrügerischem Verhalten, müssen ihre Ausgestaltung im deutschen Sachrecht erfahren. Dabei ist zwischen dem identitätswahrenden Wegzug einer Gesellschaft aus Deutschland (a) und dem identitätswahrenden Zuzug einer Gesellschaft ins Inland (b) zu unterscheiden.

Eine grenzüberschreitende Sitzverlegung ist aber immer dann ausgeschlossen, wenn gegen die umzugswillige Gesellschaft ein Verfahren wegen Auflösung, Liquidation oder ein Insolvenzverfahren eröffnet worden ist.[262]

(a) Maßnahmen in Deutschland als Wegzugstaat

Der EuGH gesteht den Mitgliedstaaten zu, „Maßnahmen zu treffen, die verhindern sollen, dass sich einige seiner Staatsangehörigen unter Missbrauch der durch den EG-Vertrag geschaffenen Möglichkeiten der Anwendung des nationalen Rechts entziehen; die missbräuchliche oder betrügerische Berufung auf Gemeinschaftsrecht ist nicht gestattet."[263] Die Maßnahmen, die bei einem Wegzug einer Gesellschaft aus Deutschland zu treffen sind, müssen den ausreichenden Schutz der Gläubiger, der Minderheitsgesellschafter und der Arbeitnehmer gewähren ohne die Niederlassungsfreiheit unter Verstoß gegen das Beschränkungsverbot einzuschränken.

- **Maßnahmen zum Schutz der Betroffenen insgesamt:** Die Kapitalgesellschaft, die Deutschland unter Wahrung ihrer Identität verlassen will, hat einen Verlegungsplan zu erstellen, in welchem der neue Sitz, Folgen der Verlegung für die Beteiligung der Arbeitnehmer und etwaige zum Schutz der Minderheitsgesellschafter und/oder Gläubiger vorgesehene Rechte anzugeben sind. Ein Einsichtsrecht ist allen Betroffenen zu gewähren. Dieser Verlegungsplan ist zwei Monate offen zu legen. Danach kann die Gesellschaft ihren Sitz verlegen.

  Auf die Erstellung des Verlegungsplans ist die Vorschrift des § 192 UmwG entsprechend anzuwenden.[264] Eine Anwendung des Umwand-

---

schaft hinsichtlich der Beteiligung der Arbeitnehmer, ABl.EG Nr. L 294 vom 10.11.2001, 22 ff.

262 Entsprechendes gilt bei der Sitzverlegung einer Europäischen Aktiengesellschaft. Vgl. hierzu JAHN/HERFS-RÖTTGEN, DB 2001, S. 632.

263 EuGH, Urt. v. 9.3.1999, Rs. C- 212/97, Centros, Slg. 1999 I, S. 1459 ff., Tz. 24.

264 Die Vorschriften des Formwechsels gem. §§ 190 ff. UmwG sind hier deshalb entsprechend anzuwenden, weil eine grenzüberschreitende identitätswahrende Sitzverlegung zwar keine Änderung der Rechtsform mit sich bringt, die Ausgangslage aber dieselbe ist. Bei der formwechselnden Umwandlung bleibt die Identität der Gesellschaft erhalten, es verändert sich lediglich die äußere Form (vgl. KÜBLER, Gesellschaftsrecht, § 27 I 3a, S. 331). Bei der grenzüberschreitenden Sitzverlegung bleibt ebenfalls die Identität der Gesellschaft bestehen. Die Gesellschaft verändert lediglich ihren Wirkungskreis.

lungsgesetzes auf den Fall der grenzüberschreitenden Sitzverlegung kommt deshalb nicht in Betracht, weil § 1 Abs.1 UmwG eine grenzüberschreitende Umwandlung zwar nicht verbietet, sie aber auch nicht ausdrücklich regelt oder sie sonst wie klärt, sondern die grenzüberschreitende Umwandlung wird bewusst aus dem Anwendungsbereich des Gesetzes ausgeklammert.[265] Das Umwandlungsgesetz sieht Umwandlungen über die Grenzen hinweg nicht vor, da § 1 UmwG Beteiligte mit Verwaltungssitz in Deutschland verlangt.[266]

Dem Verlegungsplan ist entsprechend § 192 Abs. 2 UmwG eine Vermögensaufstellung beizufügen, in der die Gegenstände und Verbindlichkeiten der wegziehenden Gesellschaft mit dem wirklichen Wert anzusetzen sind, der ihnen am Tage der Erstellung des Plans beizulegen ist.

- **Maßnahmen zum Schutz der Gläubiger:** Die Gläubiger einer Gesellschaft werden durch den Wegzug der Gesellschaft dadurch beeinträchtigt, dass aus dem inländischen Schuldner ein ausländischer wird. Insbesondere die Vollstreckung von Forderungen im Ausland ist in der Praxis oft schwieriger als im Inland.[267]

  Den Gläubigern ist die Einsichtnahme in den Verlegungsplan zu ermöglichen. Das bedeutet, dass die Offenlegung des Verlegungsplans von der wegziehenden Gesellschaft dem Gläubiger unter Nennung der Möglichkeiten zur Einsichtnahme ausdrücklich mitzuteilen ist. Eine allgemeine Bekanntmachung z.B. in den einschlägigen Tageszeitungen ist zur Wahrung der Gläubigerinteressen nicht ausreichend. Die Frist von zwei Monaten, die für die Offenlegung gilt, beginnt mit der Bekanntmachung der Einsichtsmöglichkeit beim (letzten) Gläubiger.

  Der Gläubiger seinerseits kann von seinem Einsichtsrecht Gebrauch machen, muss dies aber natürlich nicht. Er kann entsprechend §§ 22, 204 UmwG eine Sicherheitsleistung verlangen. Vorab muss der Gläubiger innerhalb der zwei Monatsfrist seinen Anspruch nach Grund und Höhe schriftlich anmelden. Damit obliegt es dem Gläubiger selbst, ob er für seine bestehenden Forderungen von der wegziehenden Gesellschaft eine Sicherheitsleistung verlangt, oder ob er

---

265 Vgl. LUTTER, in: Kommentar zum UmwG, § 1 Rdnr. 6; KRONKE, ZGR 1994, S. 26, 35 f.; DEHMER, UmwG, § 1 Rdnr. 3.

266 Vgl. GROßFELD, in: Staudinger, IntGesR, Rdnr. 699.

267 Vgl. BECHTEL, Umzug von Kapitalgesellschaften unter der Sitztheorie, S. 147.

darauf vertraut, dass die Gesellschaft auch nach dem Wegzug die ausstehenden Schulden begleicht.

- **Maßnahmen zum Schutz der Minderheitsgesellschafter:** Die Stellung der Minderheitsgesellschafter kann sich grundsätzlich dadurch verschlechtern, dass die durch das deutsche Gesellschaftsrecht garantierten Schutzrechte bei einer Sitzverlegung der Gesellschaft ins Ausland keine Anwendung mehr finden können. Allerdings ist zu beachten, dass auf die grenzüberschreitende Sitzverlegung von Kapitalgesellschaften innerhalb der Europäischen Gemeinschaft die Gründungstheorie mit der Maßgabe anzuwenden ist, dass der Satzungssitz im Wegzugsstaat verbleibt. Damit bleibt zumindest auf die „innere" Ordnung der Gesellschaft deutsches Recht anwendbar.[268]

  Anteilseignern, die den Umzug der Gesellschaft nicht mit vollziehen wollen, ist entsprechend § 207 UmwG ein Angebot der Barabfindung zu unterbreiten, wenn diese innerhalb der Frist von zwei Monaten Widerspruch gegen den Verlegungsplan zur Niederschrift erklären. Damit obliegt es dem Minderheitsgesellschafter selbst, gegen eine Barabfindung aus der Gesellschaft auszuscheiden. Dieser Möglichkeit liegt der Gedanke zugrunde, dass Minderheitsgesellschafter gerade dann ausreichend gegen Umstrukturierungsmaßnahmen geschützt sind, wenn sie im Rahmen dieses Verfahrens die Möglichkeit haben, gegen eine Abfindung aus der Gesellschaft auszuscheiden.[269]

- **Maßnahmen zum Schutz der Arbeitnehmer:** Maßnahmen hinsichtlich der unternehmerischen Mitbestimmung sind nur dann zu ergreifen, wenn die Gesellschaft vor ihrem Wegzug dem einschlägigen Mitbestimmungsrecht untersteht.[270] Ist dies nicht der Fall, so sind Maßnahmen zum Schutz der Arbeitnehmer nicht zu ergreifen.[271]

  Auf eine wegziehend Gesellschaft, die den Mitbestimmungsregelungen unterfällt, ist die SE-Richtlinie entsprechend anzuwenden.[272] Die

---

268 Zur Frage, welche Gesellschaftsverhältnisse bei einer grenzüberschreitenden Sitzverlegung weiterhin dem Gründungsstatut unterstehen vgl. Teil B 2.3.2.

269 Vgl. LUTTER, in: Kommentar zum UmwG, § 1 Rdnr. 15.

270 Die deutsche Mitbestimmung ist regelmäßig überhaupt nur bei Unternehmen mit mindestens 500 Arbeitnehmern betroffen.

271 In Bezug auf das Individualarbeitsrecht sind die Arbeitnehmer der wegziehenden Gesellschaft durch Art. 30 EGBGB ausreichend geschützt.

272 Vgl. Richtlinie 2001/86/EG des Rates vom 8.10.2001 zur Ergänzung des Statuts der Europäischen Aktiengesellschaft hinsichtlich der Beteiligung der Arbeitnehmer, ABl.EG Nr. L 294 vom 10.11.2001, 22 ff.

Mitbestimmung ist danach primär im Wege freier Verhandlungen zwischen der Unternehmensführung und einem besonderen Verhandlungsgremium der Arbeitnehmerseite festzulegen. Für den Fall, dass eine Einigung nicht erzielt werden kann, greift eine Auffangregelung, die hinsichtlich der Beteiligung der Arbeitnehmer bestimmte Standartanforderungen sichert.[273] Es sind insbesondere Regelungen hinsichtlich einzusetzender Organe, deren Wahl/Bestellung und hinsichtlich der Frage, wie viele Sitze die beschäftigten Arbeitnehmer der einzelnen Betriebe beanspruchen können, zu treffen.[274]

- **Nachweis des abgeschlossenen Verfahrens:** Die tatsächliche Sitzverlegung der Gesellschaft ins Ausland ist erst dann möglich, wenn eine behördliche, gerichtliche oder notarielle Bescheinigung mit dem Nachweis vorgelegt wird, dass die Interessen der Betroffenen entsprechend dem obigen Verfahren angemessen geschützt sind.[275] Das Vorliegen der Bescheinigung ist im Handelsregister zu vermerken. Mit Eintragung der Bescheinigung sind Rügen des obigen Verfahrens aus Gründen der Rechtssicherheit und Rechtsklarheit ausgeschlossen.[276]

---

273 Vgl. JAHN/HERFS-RÖTTGEN, DB 2001, S. 634.

274 Vgl. zu den Vorgaben der Auffangregelung im einzelnen den Anhang zur Richtlinie 2001/86/EG des Rates vom 8.10.2001 zur Ergänzung des Statuts der Europäischen Aktiengesellschaft hinsichtlich der Beteiligung der Arbeitnehmer, ABl.EG Nr. L 294 vom 10.11.2001, S. 30 ff. Siehe auch JAHN/HERFS-RÖTTGEN, DB 2001, S. 635.

275 Vgl. Art. 9 des Richtlinienvorentwurfs zur Verlegung des Gesellschaftssitzes innerhalb der EU, wonach im Wegzugstaat von dem zuständigen Gericht, Notar oder einer anderen zuständigen Behörde eine Bescheinigung zu erteilen ist, aus der unwiderlegbar hervorgeht, dass die der Verlegung vorausgehenden Handlungen und Formalitäten abgeschlossen sind.

276 Vgl. das Erfordernis der Vorlage einer behördlichen, gerichtlichen oder notariellen Bescheinigung für die Eintragung der Sitzverlegung im Zielstaat bei der Sitzverlegung einer Europäischen Aktiengesellschaft.

Hinsichtlich der in Deutschland als Wegzugstaat zu treffenden Maßnahmen ergibt sich folgende Übersicht (Abbildung 20):

Schutzmaßnahme	***Verlegungsplan***	***Bescheinigung***
Gläubiger	Möglichkeit der Sicherheitsleistung (analog §§ 22, 204 UmwG)	Sicherung des Verfahrens
Minderheitsgesellschafter	Möglichkeit zur Barabfindung (analog § 207 UmwG)	Sicherung des Verfahrens
Arbeitnehmer	entsprechende Anwendung der SE-Richtlinie	Sicherung des Verfahrens

Abbildung 20: Maßnahmen in Deutschland als Wegzugstaat

(b) Maßnahmen in Deutschland als Zuzugstaat

Die Maßnahmen, die bei einem Zuzug einer ausländischen Gesellschaft nach Deutschland zu treffen sind, müssen den ausreichenden Schutz der Gläubiger und der Arbeitnehmer gewähren.

- **Maßnahmen zum Schutz der Gläubiger:** Auf deutscher Seite wird das Risiko einer zuziehenden kapitalschwachen Auslandsgesellschaft befürchtet. Ein hinreichender Schutz der Gläubigerinteressen wird dadurch erreicht, dass die Gesellschaftsverhältnisse bei Zuzug nach Deutschland offen zu legen sind. Durch Offenlegung und Eintragung der einschlägigen Tatsachen in das Handelsregister ist es jedem Gläubiger möglich, sich durch Einsichtnahme über das Gesellschaftskapital der zuziehenden Gesellschaft zu informieren.

  Zur Sicherung der inländischen Interessen sind die Vorschriften der §§ 13d bis 13g HGB auf die zuziehende ausländische Gesellschaft anzuwenden. Das bedeutet, dass sich die ausländische Gesellschaft im Handelsregister anzumelden hat. In der Anmeldung sind entsprechend § 13e Abs. 2 S. 4 HGB anzugeben:

  - das Register, bei dem die Gesellschaft geführt wird;
  - die Rechtsform der Gesellschaft;

- die Personen, die befugt sind, als ständige Vertreter für die Tätigkeit die Gesellschaft gerichtlich und außergerichtlich zu vertreten, unter Angabe ihrer Befugnisse.
- Bedarf der Gegenstand des zuziehenden Unternehmens im Inland der staatlichen Genehmigung, so ist diese bei der Anmeldung nachzuweisen (§ 13e Abs. 2 S. 2 HGB).

Zum Schutz der Gläubiger sind allein die im Handelsregister eingetragenen Tatsachen maßgeblich. Dem Gläubiger bleibt es dann selbst überlassen zu entscheiden, ob er mit einer ausländischen Gesellschaftsform Verbindungen eingehen will oder nicht.

- **Maßnahmen zum Schutz der Arbeitnehmer:** Maßnahmen hinsichtlich der unternehmerischen Mitbestimmung sind nur dann zu ergreifen, wenn die zuziehende Gesellschaft bei ihrem Zuzug die Voraussetzung für die Anwendung der deutschen Mitbestimmungsregeln hinsichtlich der erforderlichen Arbeitnehmerzahl erfüllen würde oder wenn sie im Laufe ihres „Aufenthalts" in Deutschland dem einschlägigen Mitbestimmungsrecht zu irgendeinem Zeitpunkt unterfallen würde.[277] Ist dies nicht der Fall, so sind Maßnahmen zum Schutz der Arbeitnehmer nicht zu ergreifen.

  Auf eine zuziehende Gesellschaft, die bei Zuzug bzw. später den Mitbestimmungsregelungen entsprechend unterfallen würde, sind die Rechtsgedanken der SE-Richtlinie anzuwenden.[278] Damit ist das Recht der Arbeitnehmer auf unternehmerische Mitbestimmung auch bei Zuzug einer ausländischen Gesellschaft gewahrt.

- **Bescheinigung:** Bei dem Zuzug einer ausländischen Gesellschaft nach Deutschland ist auch daran zu denken, eine Eintragung in das Handelsregister erst vorzunehmen, wenn eine Bescheinigung vorgelegt wird, aus der unwiderlegbar hervorgeht, dass die der Verlegung vorausgehenden Handlungen und Formalitäten im Wegzugstaat ab-

---

[277] Der Richtlinienvorschlag zur Arbeitnehmermitbestimmung in der SE verzichtet darauf, auf die jeweilige nationale Gesetzgebung abzustellen, sondern richtet sein Augenmerk auf die Situation der an der Gründung der SE beteiligten Unternehmen und die Rechtsposition, die deren Arbeitnehmer bisher inne hatten (vgl. JAHN/HERFS-RÖTTGEN, DB 2001, S. 634). Bei einer nach Deutschland zuziehenden Gesellschaft ist zur Wahrung der Mitbestimmungsrechte darauf abzustellen, ob das Unternehmen bei entsprechender Anwendung der Bestimmungen dem Mitbestimmungsrecht unterstehen würde.

[278] Vgl. Richtlinie 2001/86/EG des Rates vom 8.10.2001 zur Ergänzung des Statuts der Europäischen Aktiengesellschaft hinsichtlich der Beteiligung der Arbeitnehmer, ABl.EG Nr. L 294 vom 10.11.2001, 22 ff.

geschlossen sind.[279] Dadurch soll ausgeschlossen werden, dass die Gesellschaft durch ihren Wegzug aus dem Gründungsstaat einer möglichen Überschuldung entfliehen will.

- **Gesellschaftsstatut:** Die Frage, welches Recht auf die zuziehende Gesellschaft anzuwenden ist, ist mit der Gründungstheorie zu beantworten.[280] Auf eine nach Deutschland zuziehende ausländische Gesellschaft findet damit die Rechtsordnung Anwendung, nach welcher die Gesellschaft wirksam errichtet worden ist. Einer Überlagerung im Sinne der von *Sandrock* begründeten Überlagerungstheorie[281] bedarf es nicht.

  Auf die Gesellschaftsverhältnisse bleibt das Recht des Gründungsstaates anwendbar. Dazu tritt aber die zwingende Anwendung der obigen Schutzmaßnahmen für die Gläubiger und Arbeitnehmer. Die Gesellschaftsinteressenten müssen sich damit nicht wie bei Geltung der Überlagerungstheorie auf die Anwendbarkeit der Vorschriften des Sitzstaates berufen.[282] Die Schutzvorschriften haben zwingenden Charakter.

	Schutzmaßnahmen	***Bescheinigung***
Gläubiger	entsprechende Anwendung der §§ 13d bis 13g HGB	Absicherung durch ein abgeschlossenes Verfahren im Wegzugstaat
Arbeitnehmer	entsprechende Anwendung der SE-Richtlinie	Absicherung durch ein abgeschlossenes Verfahren im Wegzugstaat

Abbildung 21: Maßnahmen in Deutschland als Zuzugstaat

279 Vgl. Art. 9 und Art. 10 des Richtlinienvorentwurfs zur Verlegung des Gesellschaftssitzes innerhalb der EU.

280 Vgl. zur Begründung S. 171.

281 Vgl. zur Überlagerungstheorie SANDROCK, BerDGesVR 1978, S. 169 ff.; DERS., RabelsZ 1978, S. 227 ff.; DERS., FS Beitzke, 1979, S. 669 ff.

282 Vgl. zu diesem Erfordernis bei der Überlagerungstheorie SANDROCK, RabelsZ 1978, S. 254.

Abbildung 21 zeigt die in Deutschland als Zuzugstaat zu treffenden Maßnahmen als zusammenfassende Übersicht.

8.3.3 Gründung einer Zweigniederlassung unter Geltung obiger Grundsätze

Die bislang nach der herrschenden Meinung geltende Sitztheorie bleibt nach der „Centros“ - Entscheidung für grenzüberschreitende Sitzverlegungen innerhalb der Europäischen Gemeinschaft unanwendbar. Auch hinsichtlich der Entscheidung, ob eine Zweigniederlassung in Deutschland wirksam gegründet wurde, ist die Gründungstheorie anzuwenden.

Eine Zweigniederlassung ist in Deutschland dann wirksam errichtet, wenn ihre ausländische Muttergesellschaft im Inland anerkannt ist.[283] Dies beurteilt sich nunmehr nach der Gründungstheorie. Die ausländische Muttergesellschaft wird nach deutschem Recht dann anerkannt, wenn sie rechtsfähig ist. Dafür ist nach der Gründungstheorie das Recht des Gründungsstaates maßgebend. Das Erfordernis, dass am Sitz der ausländischen Muttergesellschaft gleichzeitig der effektive Verwaltungssitz der Gesellschaft belegen ist, gilt bei Anwendung der Gründungstheorie nicht.

Dass nunmehr die Gründung von Zweigniederlassungen und der grenzüberschreitende Zuzug von Gesellschaften rechtlich gleich zu behandeln sind, muss hingenommen werden. Denn, ob eine Gesellschaft durch die Gründung einer Zweigniederlassung die passende Rechtsform für ihr Unternehmen wählen kann, oder ob sie es durch Gründung im Ausland und folgendem Zuzug ins Inland erreicht, kann bei der rechtlichen Behandlung keinen Unterschied machen. Daher ist es gerechtfertigt, auf beide Fälle (Gründung einer Zweigniederlassung, identitätswahrende Sitzverlegung) dieselben Regelungen anzuwenden.

8.3.4 Das Lösungsmodell für einen gerechten Interessenausgleich

Das vorgestellte Lösungsmodell verweist auf die *eingeschränkte Gründungstheorie*, die anerkennt, dass es auch außerhalb des Gründungsstaates schützenswerte Interessen geben kann, die die Anwendung von entsprechenden Schutznormen rechtfertigen.[284] Im Unterschied zur eingeschränkten Gründungstheorie lassen sich nunmehr die zwingenden Schutzvorschriften eindeutig bestimmen.

---

283 Vgl. GROẞFELD, in: Staudinger, IntGesR, Rdnr. 1009.

284 Vgl. BEHRENS, in: Hachenburg, Kommentar zum GmbHG, Einl. Rdnr. 127.

Das Gesellschaftsstatut umfasst weiterhin alle gesellschaftlichen Verhältnisse.[285] Es wird aber durch die Schutzbestimmungen zwingend modifiziert. Zwingend anzuwenden sind alle dargestellten Maßnahmen, die dem Schutz der Gläubiger, Arbeitnehmer und Minderheitsgesellschafter dienen. Diese Maßnahmen unterliegen nicht dem Gesellschaftsstatut, sondern sind Gegenstand einer Sonderanknüpfung. Die Sonderanknüpfung des Sitzrechts ist aber auf die Fälle beschränkt, in denen das Gründungsrecht diesen Interessen nicht ausreichend Schutz bietet. Die Anknüpfung an den Verwaltungssitz kommt also nur zur Durchsetzung dieser zwingenden Schutznormen in Betracht.

Unter Beachtung dieser Maßgaben lässt sich das Lösungsmodell als *zwingende Schutztheorie* einordnen.

8.4 Grundfälle

Für die Ausgangsfälle 1 bis 3 ist festzustellen, welches Schicksal sie nach dem erarbeiteten Lösungsmodell erwartet.

8.4.1 Ausgangsfall 1

Eine wirksam nach niederländischem Recht gegründete „Besloten Vennootschap" (BV) verlegt ihren Verwaltungssitz nach Deutschland.

Im ersten Schritt ist festzustellen, welchem Gesellschaftsstatut das Unternehmen unterliegt. Im Fall der grenzüberschreitenden Sitzverlegung einer Kapitalgesellschaft ist nunmehr die Gründungstheorie anzuwenden. Danach findet auch nach dem Zuzug nach Deutschland weiterhin niederländisches Recht auf die Gesellschaft Anwendung. Die Sitzverlegung ist grundsätzlich möglich, da der Satzungssitz der Gesellschaft in den Niederlanden verbleibt.

Das deutsche Sachrecht fordert zur Vermeidung der missbräuchlichen oder betrügerischen Berufung auf das Gemeinschaftsrecht, die entsprechende Anmeldung zum Handelsregister mit den gem. § 13g Abs. 3 i.V.m. § 13e Abs. 2 S. 4 HGB vorgeschriebenen Angaben. Unterliegt die Gesellschaft bereits nach ihrem Gesellschaftsstatut einer Form der Mitbestimmung oder wären die deutschen Mitbestimmungsregeln bei der zuziehenden Gesellschaft einschlägig, muss eine Arbeitnehmermitbestimmung im Sinne der SE-Richtlinie getroffen werden.

Werden diese Voraussetzung durch die zuziehende Gesellschaft beachtet, kann sie unter Wahrung ihrer Rechtsfähigkeit nach Deutschland umziehen.

---

[285] Siehe zur Reichweite des Gesellschaftsstatuts D. JASPER, in: Münchener Handbuch des Gesellschaftsrechts, § 78 Rdnr. 32 ff.

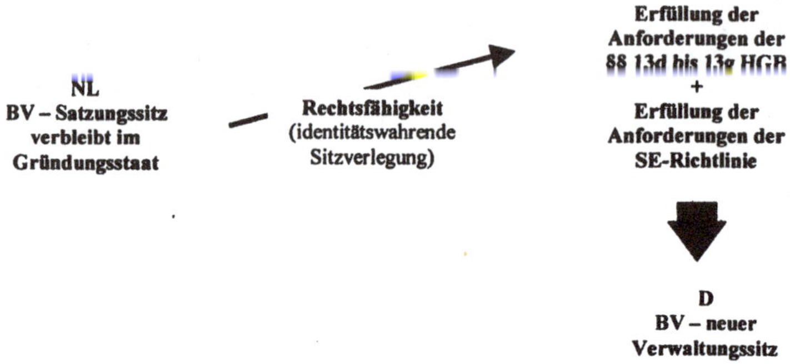

Abbildung 22: Verwaltungssitzverlegung der niederländischen BV nach dem Lösungsmodell

8.4.2 Ausgangsfall 2

Eine nach deutschem Recht wirksam gegründete GmbH verlegt sowohl ihren Satzungssitz als auch den effektiven Verwaltungssitz nach Spanien.

Problematisch ist hier, dass die Gesellschaft sowohl den Satzungs- als auch den Verwaltungssitz von Deutschland nach Spanien verlegen will. Nach dem Lösungsmodell ist dies nicht möglich. Der Satzungssitz hat im Wegzugstaat zu verbleiben, denn dieser Rechtsordnung verdankt die Gesellschaft ihrer Existenz. Somit ist in diesem Fall eine identitätswahrende grenzüberschreitende Sitzverlegung der GmbH nach Spanien nicht möglich.

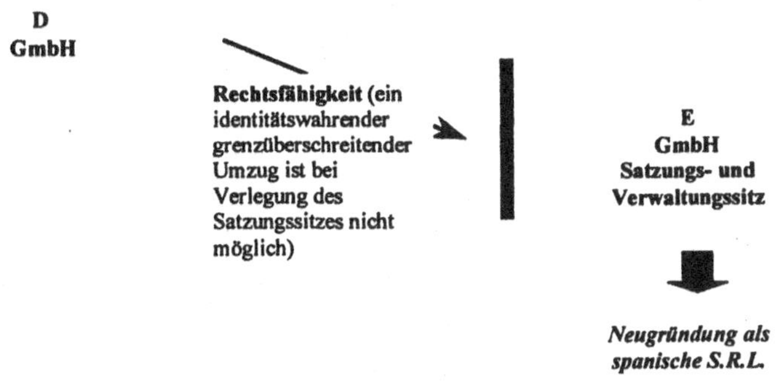

Abbildung 23: Verlegung des Gesellschaftssitzes nach Spanien nach dem Lösungsmodell

8.4.3 Ausgangsfall 3

In Großbritannien wird eine private company limited by shares wirksam gegründet. Nach Gründung und Eintragung der Gesellschaft in das Gesellschaftsregister wird lediglich eine Postadresse in Großbritannien unterhalten. Die gesamte Geschäftstätigkeit wird nach Deutschland verlegt. Dort wird eine Zweigniederlassung der britischen Muttergesellschaft gegründet.

Die Zweigniederlassung leitet ihre Existenz von der ausländischen Muttergesellschaft ab. Ist diese in Deutschland anerkannt, kann die Zweigniederlassung ins Handelsregister eingetragen werden. Verleiht das Gesellschaftsstatut der Muttergesellschaft Rechtsfähigkeit, so nimmt das deutsche Recht dies hin. Bei Anwendung der Gründungstheorie ist die Muttergesellschaft aus deutscher Sicht rechtsfähig.

Aufgrund der Rechtsfähigkeit der ausländischen Muttergesellschaft kann die Eintragung der Zweigniederlassung in das deutsche Handelregister erfolgen. Das Unternehmen ist wirksam in Großbritannien gegründet worden, kann seine gesamte Geschäftstätigkeit aber durch die in Deutschland gegründete Zweigniederlassung ausüben.

Abbildung 24: Schicksal der „englischen“ Zweigniederlassung nach dem Lösungsmodell

F. Der Einfluss der Niederlassungsfreiheit auf den Standortentscheidungsprozess von Unternehmen

Ein Wirtschaftsstandort lässt sich durch Standortfaktorenkataloge umfassend beschreiben. Bestandteil dieses Katalogs sind u.a. die primär wirtschaftsrelevanten Komponenten. Zu diesen zählen die wirtschaftsrechtlichen Bestimmungen und damit die Gesellschaftsrechtsordnung eines Standortes. Diesen Angebotskomponenten steht das Standortanforderungsprofil eines Unternehmens gegenüber, worin sich der Anspruch an die einzelnen, vom Unternehmen als relevant erachteten Standortfaktoren konkretisiert. Die konkrete Standortauswahl erfolgt dann im Idealfall zugunsten des optimalen Standortes. Ob und wie die der Arbeit zugrunde liegende Interpretation des „Centros“ - Urteils die Standortwahl eines Unternehmens beeinflusst soll nachfolgend dargestellt werden.

I. Das Gesellschaftsrecht als Entscheidungskriterium innerhalb des betriebswirtschaftlichen Standortentscheidungsprozesses

Allgemein beziehen sich betriebswirtschaftliche Standortentscheidungen auf die Wahl eines geeigneten Standortes für die Wertaktivitäten des Unternehmens.[1] Der Standort wird durch natürliche und soziokulturelle Komponenten, durch Komponenten der allgemeinen Infrastruktur aber auch durch primär wirtschaftsrelevante Komponenten mitbestimmt. Zu diesen zählen auch die verschiedenen Rechtsordnungen der unterschiedlichen Standorte. Für ein Unternehmen sind dabei die einschlägigen gesellschaftsrechtlichen Vorschriften von besonderer Bedeutung, da diese die gesellschaftsrechtliche Struktur des Unternehmens vorgeben. Denn das Recht des Standortes regelt die rechtliche Ordnung des Unternehmens, somit die Beziehungen der Gesellschafter untereinander und zu der Gesellschaft selbst.

Das Gesellschaftsrecht als Entscheidungskriterium hat bislang den Standortentscheidungsprozess wenig tangiert. Dominierend sind nach wie vor die „klassischen“ Standortfaktoren wie beispielsweise Marktnähe, Verkehrsanbindung und Verfügbarkeit von Flächen / Gebäuden.[2] Dennoch fällt bei näherer Betrachtung auf, dass das Gesellschaftsrecht durchaus Potenzial bietet, die Flexibilität von Unternehmen immens einzuschränken. Einmal getroffene Standortentscheidungen werden durch das Gesellschaftsrecht nicht mehr ohne größere Schwierigkeiten revidierbar. Die Unternehmenssituation kann sich ändern und eine Standortänderung erfordern. Innerhalb des

---

1 Vgl. BALDERJAHN, Standortmarketing, S. 1.

2 Vgl. zur Relevanz von Standortfaktoren für die betriebswirtschaftliche Standortentscheidung Teil A 4.

Standortes Deutschland sind Verlegungen des Unternehmensstandortes wenig problematisch. Sollte aber das Bedürfnis bestehen den Standort grenzüberschreitend zu verlagern, so erfordert dies in Deutschland zunächst die Liquidation des Unternehmens, da das deutsche Gesellschaftsrecht diesen Schritt des Standortwechsels mit der Auflösung der Gesellschaft sanktioniert. Daneben muss natürlich am zukünftigen Standort das Unternehmen neu gegründet werden. Dieses Verfahren ist nicht nur sehr zeitaufwendig (z.B.: Sperrjahr gem. § 272 AktG; § 73 GmbHG) sondern auch entsprechend kostenintensiv (z.B.: Liquidationsbesteuerung nach §§ 11, 12 KStG).

Nach der Entscheidung des EuGH im Fall „Centros" dürfte das Gesellschaftsrecht als Entscheidungskriterium innerhalb des Standortentscheidungsprozesses noch mehr an Bedeutung verloren haben bzw. bei der Frage des optimalen Standortes keine Rolle mehr spielen. Die Untersuchungen haben gezeigt, dass es nunmehr den Unternehmen möglich sein muss, die Rechtsform für ihre Gesellschaft zu wählen, die ihnen selbst am attraktivsten erscheint. Der EG-Vertrag gewährt den Unternehmen das Recht, sich aus den von den Mitgliedstaaten angebotenen Gesellschaftsrechten und Gesellschaftsformen diejenigen herauszusuchen, die ihnen passend erscheinen. Insoweit tangiert die Wahl der Rechtsform bzw. des Gesellschaftsrechts eines Mitgliedstaates die Bestimmung des optimalen Standortes für die unternehmerische Geschäftstätigkeit nicht mehr. Die Frage nach der Bedeutung des Gesellschaftsrechts als Entscheidungskriterium innerhalb des betriebswirtschaftlichen Standortentscheidungsprozesses kann dahingehend beantwortet werden, dass das Gesellschaftsrecht innerhalb der Europäischen Gemeinschaft eine unabhängige Variable für die Standortentscheidung ist. Welche Möglichkeiten sich daraus für Unternehmen ergeben, soll im Folgenden dargestellt werden.

2. Bedeutung für die einzelnen Kategorien betriebswirtschaftlicher Standortentscheidungen

Bislang musste hinsichtlich des Standortes Deutschland das Gesellschaftsrecht innerhalb des unternehmerischen Standortentscheidungsprozesses insoweit Beachtung finden, als es für die Rechtsform des Unternehmens entscheidend war. Nunmehr ist zu fragen welche Auswirkungen und Möglichkeiten die Ergebnisse der Untersuchung für die Standortentscheidung beinhalten.

Relevanz besitzen im vorliegenden Zusammenhang die Kategorien der Veränderungen innerhalb des Bestandes eines Unternehmens, die Erweiterung des Unternehmens und die Neugründungen.[3]

- *Veränderungen innerhalb des Bestandes eines Unternehmens:*

  Die Verlagerung des gesamten Unternehmens kann insoweit einfacher gehandhabt werden, als die Rechtsform des Unternehmens auch bei einer grenzüberschreitenden Verlagerung des Unternehmensstandortes beibehalten werden kann. Das Unternehmen bleibt in seiner rechtlichen Existenz als solches bestehen.

  Die Verlagerung von Unternehmensteilen ist dadurch vereinfacht, dass für den neuen Unternehmensteil, wenn dieser rechtlich selbständig als Tochtergesellschaft fungieren soll, eine eigene Rechtsform aus den von den Mitgliedstaaten angebotenen Gesellschaftsformen gewählt werden kann.

- *Erweiterung des Unternehmens, Neugründungen*

  Für die Gründung bzw. Neuerrichtung von Unternehmen kann nunmehr unabhängig vom Mutterunternehmen und gewählten Standort eine beliebige Rechtsform, die von einer Gesellschaftsrechtsordnung eines Mitgliedstaates zur Verfügung gestellt wird, gewählt werden.

Auch die Motive, die der betriebswirtschaftlichen Standortentscheidung in der Regel vorausgehen, werden durch die Möglichkeit der grenzüberschreitenden Verlegung des Unternehmenssitzes unter Beibehaltung der Rechtsfähigkeit beeinflusst. Dem Marktmotiv kann beispielsweise dadurch Rechnung getragen werden, dass neue Märkte mit alten gesellschaftsrechtlichen Strukturen erschlossen werden können. Denn das Rechtskleid des Unternehmens wird an den neuen Standort mitgenommen, so dass es keine Verunsicherungen hinsichtlich neuer gesellschaftsrechtlicher Vorschriften zu erwarten gibt. Aber auch die Reaktionen auf das Kostendruckmotiv sind nunmehr flexibler gestaltbar, da die Verlagerung des Unternehmens an kostengünstigere Standorte nicht mehr durch die Auflösung der Gesellschaft verhindert wird.

3. Beispiel einer möglichen Rechtsformwahl für Unternehmen unabhängig vom tatsächlichen Standort

Abschließend soll am Beispiel eines kleinen mittelständischen Betriebes die Möglichkeiten der Neugründung einer Kapitalgesellschaft dargestellt

---

[3] Vgl. im einzelnen zu den Kategorien betriebswirtschaftlicher Standortentscheidungen Teil A 3.

werden. Gerade kleine und mittelständische Unternehmen sind häufig durch eine vergleichsweise geringe Eigenkapitalausstattung geprägt und können die verhältnismäßig hohen Anforderungen des deutschen Kapitalgesellschaftsrechts nicht erfüllen. Für sie vorteilhafte Regelungen waren ihnen bislang hinsichtlich des Standortes Deutschland verschlossen.

Nunmehr kann die passende betriebliche Rechtsform unter den Gesellschaftsrechtsordnungen der Mitgliedstaaten der EG ausgewählt werden. Ausgehend von einer geringen Eigenkapitalleistung wird regelmäßig eine Rechtsform bevorzugt, die einerseits die Kosten bei Neugründung, also insbesondere das Stammkapital, niedrig hält, gleichzeitig aber den Schutz des Privatvermögens durch eine Haftungsbeschränkung auf das Gesellschaftsvermögen gewährt. Mit diesen Voraussetzungen bietet sich die Gründung einer Private Company limited by shares (Ltd.) nach britischem Recht an. Zur wirksamen Gründung der Ltd. bedarf es lediglich einer Gründungsurkunde und einer Gesellschaftssatzung. Mit Eintragung in das Gesellschaftsregister (companies registry) erlangt die Gesellschaft Rechtsfähigkeit.[4]

Sobald die Gesellschaft nach britischem Recht wirksam entstanden ist, kann sie unter Beibehaltung des Satzungssitzes in Großbritannien nach Deutschland umziehen. Da auf kleine und mittelständische Betriebe die Mitbestimmungsregelungen aufgrund der Unternehmensgröße keine Anwendung finden, muss das britische Unternehmen lediglich die Anforderungen der §§ 13 d bis 13 g HGB erfüllen, um am Standort Deutschland als rechtsfähig zu gelten. So gelangen die Unternehmer durch Umgehung nationaler gesellschaftsrechtlicher Gründungsvoraussetzungen zu einer für sie vorteilhaften Unternehmensstruktur.

4. Ergebnis

Im Ergebnis lässt sich für den Standortentscheidungsprozess feststellen, dass auf Seiten der Unternehmen das Gesellschafts- bzw. Unternehmensrecht als Standortfaktor bisher praktisch wenig Beachtung fand, obwohl dem Unternehmensrecht aus theoretischer Sicht durchaus eine große Bedeutung hinsichtlich der „Flexibilität von Unternehmen“[5] zukommt. Nunmehr kann aber unter Zugrundelegung der in der Arbeit gewonnenen Ergebnisse davon ausgegangen werden, dass das Unternehmensrecht als

---

[4] Vgl. BEHRENS, in: Die Gesellschaft mit beschränkter Haftung im internationalen und europäischen Recht, GB/NI/EI 16 ff.

[5] Bislang wird durch das Unternehmensrecht eine einmal getroffene Standortentscheidung schwerlich wieder revidierbar.

Standortfaktor innerhalb des Standortentscheidungsprozesses auch aus theoretischer Sicht an Bedeutung verloren hat. Denn die Untersuchung hat gezeigt, dass nach der „Centros“ - Entscheidung des EuGH das Unternehmensrecht zu einer unabhängigen Variablen im Standortentscheidungsprozess geworden ist, da eine Bindung an die mitgliedstaatliche Rechtsordnung, die an dem Unternehmensstandort gilt, hinsichtlich des Gesellschaftsrechts nicht mehr besteht. Gleichzeitig bedeutet diese Unabhängigkeit von der Variablen „Gesellschaftsrecht“ für die Unternehmen, dass ihre Wahl der passenden Rechtsform komplexer wird, da aus sämtlichen Rechtsformen innerhalb des Geltungsbereiches des EG-Vertrages die für die eigenen Bedürfnisse attraktivste Rechtsform zu ermitteln ist.

G. Schlussbetrachtung

1. Zusammenfassung

Als Folge der Europäisierung in Form des Abbaus von Handelsbeschränkungen und der uneingeschränkten Mobilität der Produktionsfaktoren Arbeit und Kapital zwischen den Mitgliedstaaten der EG wird zukünftig der Wettbewerb zwischen Regionen als Anbieter von Wirtschaftsstandorten noch mehr verschärft werden. Innerhalb dieses Wettbewerbs sollte die unternehmerische Standortentscheidung aber nach wirtschaftlichen Gesichtspunkten und nicht nach der Strenge gesellschaftsrechtlicher Vorschriften getroffen werden.

Dennoch ist derzeit bei einer eher stagnierenden gemeinschaftsweiten Harmonisierung der Gesellschaftsrechte der Mitgliedstaaten vor dem Hintergrund einer zunehmenden internationalen bzw. globalen Standortkonkurrenz eine Entwicklung dahingehend zu erwarten, dass innerhalb des europäischen Wirtschaftsraums, Staaten, deren Rechtsordnungen im europaweiten Vergleich als besonders regelungsarm anzusehen sind, einen zusätzlichen Wettbewerbsvorteil bei der Unternehmensansiedlung realisieren werden können. Neben den klassischen Standortfaktoren erfahren daher Standortvorteile, die sich aus der Rechtsordnung eines Landes ergeben, im Standortentscheidungsprozess zunehmendes Gewicht. Aus Sicht des Unternehmers ist bei der Standortwahl die Rechtsordnung attraktiv, die dem Unternehmen den größten gesellschaftsrechtlichen Bewegungsspielraum zubilligt.

Um in einem „rechtlichen" Wettbewerb der europäischen Wirtschaftsstandorte bestehen zu können, müssen die Mitgliedstaaten die inländischen rechtlichen Rahmenbedingungen den Anforderungen der Unternehmen anpassen, um nicht den eigenen nationalen Wirtschaftsraum gegenüber konkurrierenden „regelungsärmeren" europäischen Rechtsordnungen zu benachteiligen. Bei dem Kampf um die Ansiedlung von Unternehmen müssen die Mitgliedstaaten aber gleichzeitig versuchen, die Interessen ihrer Staatsangehörigen zu schützen.

Die unternehmerische Bewegungsfreiheit wird innerhalb der Europäischen Gemeinschaft durch das Niederlassungsrecht des EG-Vertrages garantiert. Die Artt. 43 und 48 EG ermöglichen die Eingliederung einer Gesellschaft in eine ausländische Volkswirtschaft. Den rechtlichen Rahmen der Niederlassungsfreiheit bilden das Diskriminierungs- und das Beschränkungsverbot. Danach dürfen gemeinschaftsangehörige Gesellschaften nicht aus Gründen der Zugehörigkeit zu einer bestimmten Rechtsordnung (entsprechend der Staatsangehörigkeit der natürlichen Personen) diskriminiert werden. Nationale Regelungen, die geeignet sind, die Niederlassung von Gesellschaften zu behindern oder weniger attraktiv zu machen, müssen unangewendet bleiben.

Nationale gesellschaftsrechtliche Regelungen können die unternehmerische Niederlassungsfreiheit nur in den Grenzen des Art. 46 EG einschränken. Die Einschränkung der Niederlassungsfreiheit kann daher nur aus Gründen der öffentlichen Ordnung, Sicherheit oder Gesundheit erfolgen.

Ein Unternehmen in der Rechtsform einer Kapitalgesellschaft verdankt seine rechtliche Existenz immer einer bestimmten nationalen Rechtsordnung. Die Frage, welches Recht auf eine Gesellschaft Anwendung findet, ist in Deutschland (bislang) mit der Sitztheorie zu beantworten. Danach ist Gesellschaftsstatut das Recht des Staates, in dem die Gesellschaft ihren tatsächlichen Verwaltungssitz hat. Allerdings ist in Deutschland die Mobilität von Unternehmen durch das nationale Gesellschaftsrecht beschränkt. Eine ausländische Gesellschaft, die ihren Sitz nach Deutschland verlegt, kann die nach deutschem Recht geltenden gesellschaftsrechtlichen Anforderungen nur dadurch erfüllen, dass sie sich in Deutschland neu gründet (Neugründungspflicht). Den umgekehrten Fall des Wegzugs einer Gesellschaft deutschen Rechts ins Ausland, sanktioniert das deutsche Gesellschaftsrecht mit der Pflicht zur Auflösung und Abwicklung der Gesellschaft (Auflösungspflicht).

Da das Gemeinschaftsrecht Vorrang vor den mitgliedstaatlichen Rechtsordnungen genießt, wirken sich Entscheidungen des EuGH auf das nationale Recht der Mitgliedstaaten aus.

Im Fall „Centros“ urteilte der EuGH, dass ein Mitgliedstaat die Eintragung einer Zweigniederlassung einer Gesellschaft selbst dann nicht verweigern kann, wenn die Muttergesellschaft nur aus dem Grund im Ausland errichtet wurde, um das im Niederlassungsstaat der Zweigniederlassung geltende Recht über die Errichtung von Gesellschaften zu umgehen. Denn das Recht, eine Gesellschaft nach dem Recht eines Mitgliedstaats zu errichten und in anderen Mitgliedstaaten Zweigniederlassungen zu gründen, folgt *unmittelbar* aus der vom EG-Vertrag gewährleisteten Niederlassungsfreiheit. Daher ist es beim gegenwärtigen Stand der europäischen Integration nicht mehr haltbar, dass ein Unternehmen, das hauptsächlich auf dem dänischen Markt tätig werden will, seinen Hauptsitz in Dänemark nehmen müsse (Generalanwalt *La Pergola*). Vielmehr steht der Gesellschaft die Wahl der passenden Rechtsform im Rahmen der mitgliedstaatlichen Rechtsordnungen offen.

Für das deutsche Kollisionsrecht folgt aus dieser Entscheidung die Unanwendbarkeit der Sitztheorie im Bereich der Niederlassungsfreiheit, da Art. 48 EG kollisionsrechtlicher Charakter zukommt und somit die Sitztheorie verdrängt wird. Da das deutsche Sachrecht den Unternehmen keinen identitätswahrenden Zu- oder Wegzug ermöglicht, sind sie gezwungen sich in Deutschland neu zu gründen bzw. vor ihrem Wegzug aufzulösen. Weder die Neugründungspflicht noch die Auflösungspflicht sind aber mit der Niederlassungsfreiheit vereinbar, so dass nach der „Centros" - Entscheidung weder das deutsche Kollisionsrecht noch das deutsche Sachrecht eine identitätswahrende Sitzverlegung einer Kapitalgesellschaft vereiteln können.

Bislang sind für ein Unternehmen die einschlägigen gesellschaftsrechtlichen Vorschriften der Rechtsordnung des Standortes von besonderer Bedeutung, da diese die gesellschaftsrechtliche Struktur des Unternehmens vorgeben. Denn das Recht des Standortes regelt die rechtliche Ordnung des Unternehmens, also die Beziehungen der Gesellschafter untereinander und zu der Gesellschaft selbst. Nunmehr, unter Berücksichtigung der Rechtsprechung des EuGH, kann sich ein Unternehmen an jedem Standort innerhalb der EG das Gesellschaftsrecht bzw. die Rechtsform auswählen, die ihm als optimal erscheint. Insoweit tangiert das Gesellschaftsrecht die Bestimmung des optimalen Standortes für die unternehmerische Geschäftstätigkeit nicht mehr. Die Frage nach der Bedeutung des Gesellschaftsrechts als Entscheidungskriterium innerhalb des betriebswirtschaftlichen Standortentscheidungsprozesses kann damit dahingehend beantwortet werden, dass das Gesellschaftsrecht innerhalb der Europäischen Gemeinschaft eine unabhängige Variable für die Standortentscheidung ist.

2. Thesen

⇒ Innerhalb des betriebswirtschaftlichen Standortentscheidungsprozesses dominieren die klassischen Standortfaktoren. Das Entscheidungskriterium „Gesellschaftsrecht" spielt bislang eine eher untergeordnete Rolle. Dennoch ist das nationale Gesellschaftsrecht in der Lage, innerhalb des europäischen Wirtschaftsraums einen Wettbewerb um das „regelungsärmste" Recht zu initiieren. Denn gesellschaftsrechtliche Rahmenbedingungen sind für Unternehmen an ihrem Standort Wettbewerbsfaktoren. Durch unterschiedliche einzelstaatliche Rahmenbedingungen können Wettbewerbsverzerrungen hervorgerufen werden.

⇒ Ziel eines europäischen Binnenmarktes ist es, dass sich Unternehmen in ihm möglichst so wie in einem nationalen Markt bewegen und strukturieren können. Unterschiede, die sich aus den Rechtsordnungen der Mitgliedstaaten ergeben, sollen gerade nicht die freie, d.h. ökonomisch bestimmte Standortwahl eines Unternehmens tangieren. Denn als Grundprinzip gilt, dass das Gesellschaftsrecht wettbewerbsneutral sein soll.

⇒ Innerhalb der EG wird der unternehmerische Bewegungsspielraum durch die Niederlassungsfreiheit verwirklicht. Die (wirtschaftliche) Funktion der Niederlassungsfreiheit gewährt allen Unternehmen das Recht, sich dort niederzulassen, wo sie sich die günstigsten Produktionsbedingungen erhoffen.

⇒ Für den Standortentscheidungsprozess bedeutet diese Vorgabe des europäischen Rechts, dass ein Unternehmen seinen Standort frei von gesellschaftsrechtlichen Erwägungen nach rein wirtschaftlichen Überlegungen treffen kann. Einschränkungen dieser Unabhängigkeit von gesellschaftsrechtlichen Bindungen können sich nur aus den nationalen Rechtsordnungen der Mitgliedstaaten ergeben, soweit die Ausübung öffentlicher Gewalt (Art. 45 EG) in Frage steht oder die öffentliche Ordnung, Sicherheit oder Gesundheit (Art. 46 EG) gefährdet sind.

⇒ Der Bewegungsspielraum für Unternehmen mit dem Wirtschaftsstandort Deutschland ist stark eingeengt. Der Zuzug aus dem Ausland oder der Wegzug aus Deutschland wird nach deutschem Gesellschaftsrecht mit der Neugründung bzw. Auflösung des Unternehmens sanktioniert. Die Rechtswahlfreiheit von Gesellschaften beschränkt sich bei einem Standort (Gesellschaftssitz) in Deutschland daher bislang auf die Möglichkeit der Gründung einer Gesellschaft deutschen Rechts. Lediglich die Errichtung der Zweigniederlassung einer rechtsfähigen ausländischen Muttergesellschaft wird vom deutschen Recht akzeptiert.

⇒ Damit ist das deutsche Gesellschaftsrecht im Standortentscheidungsprozess eine Variable, die die Wahl des optimalen Standorts durchaus zu beeinflussen vermag. Die Wahlfreiheit, die durch das Gemeinschaftsrecht den Mitgliedstaaten in Form der Niederlassungsfreiheit garantiert wird, wird durch das deutsche Recht erheblich eingeschränkt.

⇒ Mit seiner Entscheidung im Fall „Centros“ stellt der EuGH klar, dass die Nichteintragung einer Zweigniederlassung einer britischen Gesellschaft in das dänische Handelsregister als Verstoß gegen die gemeinschaftsrechtlich gewährte Niederlassungsfreiheit i.S.d. Art. 43 und Art. 48 EG zu werten ist.

- ⇒ Das „Centros“ - Urteil lässt sich dahingehend interpretieren, dass es beim gegenwärtigen Stand der europäischen Integration nicht mehr haltbar ist, dass ein Unternehmen, das hauptsächlich auf einem nationalen Markt tätig werden will, seinen Hauptsitz in diesem Mitgliedstaat errichten muss. Das bedeutet, dass ein Unternehmen nicht auf die Wahl der Rechtsformen des Staates beschränkt ist, in welchem es seinen Standort hat.
- ⇒ Damit kann nach der „Centros“ - Entscheidung des EuGH auch das deutsche Gesellschaftsrecht eine identitätswahrende Sitzverlegung einer Kapitalgesellschaft nicht länger vereiteln. Vielmehr können Unternehmen, die sich für den Standort Deutschland entscheiden, die für sie günstigste Rechtsform innerhalb der EG frei wählen, ohne den Standort ihrer wirtschaftlichen Tätigkeit verlagern zu müssen.
- ⇒ Konsequenzen für die Standortentscheidung von Unternehmen ergeben sich aus der der Arbeit zugrunde gelegten Interpretation der Niederlassungsfreiheit insoweit, als dass das Gesellschaftsrecht die Bestimmung des optimalen Standortes für die unternehmerische Geschäftstätigkeit nicht länger tangiert. Das Entscheidungskriterium „Gesellschaftsrecht“ wird damit innerhalb der EG zu einer unabhängigen Variablen im betriebswirtschaftlichen Standortentscheidungsprozess.

Literaturverzeichnis

BALDERJAHN, I., Standortmarketing, Stuttgart 2000.

BALDERJAHN, I./ALEFF, H.-J., Die Wirtschaftsregion Brandenburg - Grundlagen für ein Standortmarketing, Berlin 1996.

BALLERSTEDT, KURT, GmbH-Reform, Mitbestimmung, Unternehmensrecht, ZHR 1971, S. 479.

BAR, CHRISTIAN VON, Internationales Privatrecht, Band 1, München 1987 (zitiert, von Bar, IPR I).

BAR, CHRISTIAN VON, Internationales Privatrecht, Band 2, München 1991 (zitiert: von Bar, IPR II).

BAUMBACH, ADOLF/DUDEN, KONRAD/HOPT, KLAUS, Kommentar zum Handelsgesetzbuch, 30. Auflage, München 2000 (zitiert: Baumbach/Duden/Hopt, HGB).

BEA, F. X./DICHTL, E./SCHWEITZER, M., Allgemeine Betriebswirtschaftslehre, Band 1: Grundfragen, 7. Auflage, Stuttgart 1997.

BECHTEL, WOLFRAM, Umzug von Kapitalgesellschaften unter der Sitztheorie: zur europarechtskonformen Fortentwicklung des internationalen Gesellschaftsrechts, Berlin, Bern, New York, Paris, Wien 1999.

BEHRENS, KARL CHRISTIAN, Allgemeine Standortbestimmungslehre, Köln und Opladen 1961.

BEHRENS, PETER, Der Anerkennungsbegriff des internationalen Gesellschaftsrechts, ZGR 1978, S. 499.

BEHRENS, PETER, Idetitätswahrende Sitzverlegung einer Kapitalgesellschaft von Luxemburg in die Bundesrepublik Deutschland, RIW 1986, S. 590.

BEHRENS, PETER, Niederlassungsfreiheit und Internationales Gesellschaftsrecht, RabelsZ 1988, S. 498.

BEHRENS, PETER, Das Wirtschaftsrecht des Europäischen Binnenmarktes, Jura 1989, S. 561.

BEHRENS, PETER, Das Gesellschaftsrecht im Europäischen Binnenmarkt, EuZW 1990, S. 13.

BEHRENS, PETER, Sind Gesellschaften Niederlassungsberechtigte minderen Rechts?, EuZW 1991, S. 97.

BEHRENS, PETER, Die Konvergenz der wirtschaftlichen Freiheiten im Europäischen Gemeinschaftsrecht, EuR 1992, S. 145.

BEHRENS, PETER, Anmerkung zu BayObLG, Beschluss vom 7.5.1992 - 3 Z BR 14 / 92, EuZW 1992, S. 550.

BEHRENS, PETER, Die Europäisierung des Gesellschaftsrechts, GmbHR 1993, S. 129.

BEHRENS, PETER, Die Umstrukturierung von Unternehmen durch Sitzverlegung oder Fusion über die Grenze im Licht der Niederlassungsfreiheit im Europäischen Binnenmarkt (Art. 52 und 58 EWGV), ZGR 1994, S. 1.

BEHRENS, PETER, Krisensymptome in der Gesellschaftsrechtsangleichung, EuZW 1996, S. 193.

BEHRENS, PETER (Hrsg.), Die Gesellschaft mit beschränkter Haftung im internationalen und europäischen Recht, 2. Auflage, Berlin, New York 1997 (zitiert: Behrens - Bearbeiter, Die GmbH im internationalen und europäischen Recht).

BEHRENS, PETER, EuGH entscheidet über Sitzverlegung von Gesellschaften, EuZW 2000, S. 385.

BEHRENS, PETER, Die internationale Sitzverlegung von Gesellschaften vor dem EuGH, EuZW 2002, S. 129.

BEITZKE, GÜNTHER, Anerkennung und Sitzverlegung von Gesellschaften und juristischen Personen im EWG-Bereich, ZHR 1965, S. 1.

BEITZKE, GÜNTHER, Internationalrechtliches zur Gesellschaftsfusion, in: Probleme des Europäischen Rechts, Festschrift für Walter Hallstein, Frankfurt am Main 1966, S. 14 (zitiert: Beitzke, FS Hallstein).

BEITZKE, GÜNTHER, Kollisionsrecht von Gesellschaften und juristischen Personen, in: Lauterbach, Wolfgang, Vorschläge und Gutachten zur Reform des deutschen internationalen Personen- und Sachenrechts, Tübingen 1972, S. 94.

BEITZKE, GÜNTHER, Einige Bemerkungen zur Rechtsstellung ausländischer Gesellschaften in deutschen Staatsverträgen, in: Festschrift für Martin Luther, München 1976, S. 1 (zitiert: Beitzke, FS Luther).

BEITZKE, GÜNTHER, Kollisionsrechtliches zur Deliktshaftung juristischer Personen, in: Internationales Recht und Wirtschaftsordnung, Festschrift für Frederick Alexander Mann, München 1977, S. 107 (zitiert: Beitzke, FS Mann).

BERNHARDT, Zur Auslegung des europäischen Gemeinschaftsrechts, in: FS Hans Kutscher, Baden – Baden 1981, S. 17.

BEUTLER, BENGT / BIEBER, ROLAND / PIPKORN, JÖRN / STREIL, JOCHEN, Die Europäische Gemeinschaft - Rechtsordnung und Politik, 4. Auflage, Baden-Baden 1993.

BLECKMANN, ALBERT, Personenverkehrsfreiheit im Recht der EG, DVBl. 1986, S. 69.

BLECKMANN, ALBERT, Die Ausnahmen der Dienstleistungsfreiheit nach dem EWG-Vertrag, EuR 1987, S. 28.

BLECKMANN, ALBERT, Zur Dogmatik des Niederlassungsrechts im EWG-Vertrag, Wi-Verw 1987, S. 119.

BLECKMANN, ALBERT, Probleme der Auslegung europäischer Richtlinien, ZGR 1992, S. 364.

BLECKMANN, ALBERT, Europarecht, 7. Auflage, Köln, Berlin, Bonn, München 1997.

BLUMENWITZ, DIETER, Rechtsprobleme im Zusammenhang mit der Angleichung von Rechtsvorschriften auf dem Gebiet des Niederlassungsrechts der freien Berufe, NJW 1989, S. 621.

BOETTICHER, AXEL, Die Anerkennung von Handelsgesellschaften und juristischen Personen im EWG-Bereich, Göttingen 1973.

BOGDANDY, ARMIN VON, Rechtsfortbildung mit Art. 5 EG-Vertrag, in: Gedächtnisschrift für Eberhard Grabitz, München 1995, S. 17 (zitiert: von Bogdandy, GS Grabitz).

BOGDANDY, ARMIN VON / NETTESHEIM, MARTIN, Die Europäische Union: Ein einheitlicher Verband mit eigener Rechtsordnung, EuR 1996, S. 3.

BORCHARDT, KLAUS-DIETER, Der Europäische Gerichtshof: Besetzung, Anrufung, Zuständigkeiten, Vorabentscheidung und einstweiliger Rechtsschutz; Kommentar zu den Art. 220-245 EGV, 1. Auflage, Köln 2000.

BÜCHNER, ANDREA/SPIEß, STEFFEN/ZENTGRAF, CHRISTIAN, High-Tech-Marketing für den Standort Thüringen : Projektergebnisse einer empirischen Untersuchung zu Standortanforderungen und innerbetrieblichen Erfolgspotentialen von High-Tech Unternehmen in Thüringen sowie daraus resultierende Implikationen für eine marketingorientierte Wirtschaftsförderung, hrsg. von K.-H. Hoppe, Arbeitspapiere des Fachgebietes BWL/Marketing, Arbeitspapier Nr. 7, Ilmenau 1998.

BUNGERT, HARTWIN, Das Recht ausländischer Kapitalgesellschaften auf Gleichbehandlung im deutschen und US-amerikanischen Recht, München 1994.

BUNGERT, HARTWIN, Entwicklungen im Internationalen Gesellschaftsrecht Deutschlands, AG 1995, S. 489.

BUNGERT, HARTWIN, Rechtsfähigkeit ausländischer Kapitalgesellschaften und Beweislast, DB 1995, S. 963.

BUNGERT, HARTWIN, Konsequenzen der Centros - Entscheidung des EuGH für die Sitzanknüpfung des deutschen internationalen Gesellschaftsrechts, DB 1999, S. 1841.

BUXBAUM, RICHARD M., Corporate Legitimacy, Economic Theory, and Legal Doctrine, Ohio State L.J. 45 (1984), S. 515.

CALLIESS, CHRISTIAN / RUFFERT, MATTHIAS (Hrsg.), Kommentar des Vertrages über die Europäische Union und des Vertrages zur Gründung der Europäischen Gemeinschaft - EUV/EGV -, Neuwied, Kriftel 1999 (zitiert: Bearbeiter, in: Calliess/Ruffert (Hrsg.), EUV/EGV).

CECCHINI, PAOLO, Europa ’92: Der Vorteil des Binnenmarktes, Baden - Baden 1988.

DAUSES, MANFRED A., Die rechtliche Dimension des Binnenmarktes, EuZW 1990, S. 8.

DAUSES, MANFRED A., Handbuch des EG-Wirtschaftsrechts, Loseblattsammlung, Stand: Januar 1996, München 1996.

DEHMER, HANS, Umwandlungsgesetz, Umwandlungssteuergesetz, 2. Auflage, München 1996.

DOMSCHKE, WOLFGANG/DREXL, ANDREAS, Logistik, Band 3: Standorte, 2. Auflage, München 1984.

DROBNIG, ULRICH, Das EWG-Übereinkommen über die Anerkennung von Gesellschaften und juristischen Personen, AG 1973, S. 90.

DROBNIG, ULRICH, Gemeinschaftsrecht und internationales Gesellschaftsrecht: „Daily Mail" und die Folgen, in: von Bar, Christian (Hrsg.), Europäisches Gemeinschaftsrecht und Internationales Privatrecht, Köln 1991, S. 185.

DRYGALA, TIM, Die Vorschläge der SLIM-Arbeitsgruppe zur Vereinfachung des Europäischen Gesellschaftsrechts, AG 2001, S. 291.

EBENROTH, CARSTEN THOMAS, Neuere Entwicklungen im deutschen internationalen Gesellschaftsrecht, JZ 1988, S. 18.

EBENROTH, CARSTEN THOMAS, Neue Ansätze zur Warenverkehrsfreiheit im Binnenmarkt der Europäischen Union, in: Festschrift für Henning Piper, München 1996, S. 133 (zitiert: Ebenroth, FS Piper).

EBENROTH, CARSTEN THOMAS / AUER, THOMAS, Anmerkung zu BayObLG, Beschluss vom 7.5.1992, JZ 1993, S. 372.

EBENROTH, CARSTEN THOMAS / AUER, THOMAS, Die Vereinbarkeit der Sitztheorie mit europäischem Recht, GmbHR 1994, S. 16.

EBENROTH, CARSTEN THOMAS / BIPPUS, BIRGIT, Die Anerkennungsproblematik im Internationalen Gesellschaftsrecht am Beispiel des Freundschafts-, Handels- und Schiffahrtsvertrages zwischen der Bundesrepublik Deutschland und den vereinigten Staaten von Amerika vom 29.10.1954, NJW 1988, S. 2137.

EBENROTH, CARSTEN THOMAS / BIPPUS, BIRGIT, Die Sitztheorie als Theorie effektiver Verknüpfung der Gesellschaft, JZ 1988, S. 677.

EBENROTH, CARSTEN THOMAS / BIPPUS, BIRGIT, Die staatsvertragliche Anerkennung ausländischer Gesellschaften in Abkehr von der Sitztheorie, DB 1988, S. 842.

EBENROTH, CARSTEN THOMAS / EYLES, UWE, Die Beteiligung ausländischer Gesellschaften an einer inländischen Kommanditgesellschaft, DB-Beilage 2/1988, S. 1.

EBENROTH, CARSTEN THOMAS / EYLES, UWE, Die innereuropäische Verlegung des Gesellschaftssitzes als Ausfluß der Niederlassungsfreiheit?, Teil I, DB 1989, S. 363, Teil II, DB 1989, S. 413.

EBENROTH, CARSTEN THOMAS / HOPP, TORSTEN-TANKMAR, Die ausländischen Kapitalgesellschaften KG, JZ 1989, S. 883.

EBENROTH, CARSTEN THOMAS / SURA, ACHIM, Das Problem der Anerkennung im internationalen Gesellschaftsrecht, RabelsZ 1979, S. 315.

EBENROTH, CARSTEN THOMAS / WILKEN, OLIVER, Entwicklungstendenzen im deutschen internationalen Gesellschaftsrecht - Teil 1 und 2, JZ 1991, S. 1014 u. S. 1061.

EBKE, WERNER F., Die „ausländische Kapitalgesellschaft & Co. KG“ und das europäische Gemeinschaftsrecht, ZGR 1987, S. 245.

EBKE, WERNER F., Unternehmensrecht und Binnenmarkt - E pluribus unum?, RabelsZ 1992, S. 195.

EBKE, WERNER F., Das Schicksal der Sitztheorie nach dem Centros-Urteil des EuGH, JZ 1999, S. 656.

EHLERS, DIRK, Das Wirtschaftsverwaltungsrecht im europäischen Binnenmarkt, NVwZ 1990, S. 810.

EMDE, RAIMOND, BB-Kommentar zu OLG Düsseldorf, Beschluss vom 26.3.2001, BB 2001, S. 902.

ENSTHALER, JÜRGEN (Hrsg.), Gemeinschaftskommentar zum Handelsgesetzbuch, 6. Auflage, Neuwied, Kriftel 1999 (zitiert: Bearbeiter, in: GK-HGB).

EVERLING, ULRICH, Das Niederlassungsrecht im Gemeinsamen Markt, Berlin, Frankfurt am Main 1963 (zitiert: Everling, Niederlassungsrecht).

EVERLING, ULRICH, Das Vorabentscheidungsverfahren vor dem Gerichtshof der Europäischen Gemeinschaften : Praxis u. Rechtsprechung, 1. Auflage, Baden-Baden 1986.

EVERLING, ULRICH, Vertragsverhandlungen 1957 und Vertragspraxis 1987 - dargesetllt an den Kapiteln Niderlassungsrecht und Dienstleistungen des EWG-Vertrages, in: Eine Ordnungspolitik für Europa, Festschrift für Hans von der Groeben, Baden-Baden 1987, S. 111 (zitiert: Everling, FS von der Groeben).

EVERLING, ULRICH, Das Niederlassungsrecht in der Europäischen Gemeinschaft, DB 1990, S. 1853.

EVERLING, ULRICH, BVerfG und EuGH nach dem Maastricht-Urteil, in: Gedächtnisschrift für Eberhard Grabitz, München 1995, S. 57 (zitiert: Everling, GS Grabitz).

EYLES, UWE, Das Niederlassungsrecht der Kapitalgesellschaften in der Europäischen Gemeinschaft: Die Überlagerung des deutschen Gesellschaftsrechts und Unternehmenssteuerrechts durch Europäisches Gemeinschaftsrecht, Baden-Baden 1990.

FALKENHAUSEN, JOACHIM VON, Durchgriffshaftung mit Hilfe der Sitztheorie des Internationalen Gesellschaftsrechts, RIW 1987, S. 818.

FERNAU, ALF K., Standortwahl als Komponente der Wettbewerbsfähigkeit, Wiesbaden 1997.

FIKENTSCHER, WOLFGANG, Wirtschaftsrecht, Band 1, München 1983.

FORSTHOFF, ULRICH, Rechts- und Parteifähigkeit ausländischer Gesellschaften mit Verwaltungssitz in Deutschland? - Die Sitztheorie vor dem EuGH, DB 2000, S. 1109.

FORSTHOFF, ULRICH, Niederlassungsrecht für Gesellschaften nach dem Centros - Urteil des EuGH: Eine Bilanz, EuR 2000, S. 167.

FORSTHOFF, ULRICH, EuGH fördert Vielfalt im Gesellschaftsrecht, DB 2002, S. 2471.

FREITAG, ROBERT, Der Wettbewerb der Rechtsordnungen im Internationalen Gesellschaftsrecht, EuZW 1999, S. 267.

GABLER, Lexikon Recht in der Wirtschaft, Wiesbaden 1999.

GABLER Wirtschaftslexikon, Taschenbuchausgabe, Band 5, 11. Auflage, Wiesbaden 1984.

GANSKE, JOACHIM, Das zweite gesellschaftsrechtliche Koordinierungsgesetz vom 13. Dezember 1978, DB 1978, S. 2461.

GANSKE, JOACHIM, Die Europäische Wirtschaftliche Interessenvereinigung (EWIV), DB-Beilage 20/1985, S. 1.

GEIGER, RUDOLF, Vertrag über die Europäische Union und Vertrag zur Gründung der Europäischen Gemeinschaft; Kommentar, 3. Auflage, München 2000 (zitiert: Geiger, EUV/EGV).

GEßLER, ERNST / HEFERMEHL, WOLFGANG / ECKARDT, ULRICH / KROPFF, BRUNO, Kommentar zum Aktiengesetz, Band 1: §§ 1 - 75, München 1984 (zitiert: Bearbeiter, in: Ernst/Hefermehl/Eckardt/Kropff).

GRABITZ, EBERHARD, Gemeinschaftsrecht bricht nationales Recht, Hamburg 1966.

GRABITZ, EBERHARD / BOGDANDY, ARMIN VON, Vom Gemeinsamen Markt zum Binnenmarkt - Statik und Dynamik des Europäischen Marktes, JuS 1990, S. 170.

GRABITZ, EBERHARD / HILF, MEINARD, Kommentar zur Europäischen Union, München 1983 ff., Loseblattsammlung, Band 1: EUV, EGV, Art. 1 - 102 EWGV, Stand: Oktober 1995, Band 2: Art. 102a - 248 EWGV, Stand Mai 1995 (zitiert: Bearbeiter, in: Grabitz/Hilf, Kommentar zum EGV).

GRABOW ET AL., Weiche Standortfaktoren, Stuttgart usw. 1995.

GRASMANN, GÜNTHER, System des internationalen Gesellschaftsrechts, Herne, Berlin 1970.

GROEBEN, HANS VON DER / THIESING, JOCHEN / EHLERMANN, CLAUS-DIETER, Kommentar zum EU-, EG-Vertrag, Band 1: Artikel 1 – 84, 5. Auflage, Baden-Baden 1997 (zitiert: Bearbeiter, in: Groeben/Thiesing/Ehlermann, Kommentar zum EU-/EG-Vertrag).

GROß, WOLFGANG, Niederlassungsrecht (Art. 3 lit. C, Art. 52 ff. EWG-Vertrag) im Gemeinsamen Markt, AG 1990, S. 530.

GROß, WOLFGANG, Deutsches Gesellschaftsrecht in Europa, EuZW 1994, S. 395.

GROß, WOLFGANG, Internationales Umwandlungsrecht, AG 1996, S. 302.

GROßFELD, BERNHARD, Die Anerkennung der Rechtsfähigkeit juristischer Personen, RabelsZ 1967, S. 1.

GROßFELD, BERNHARD, Die Entwicklung der Anerkennungstheorien im internationalen Gesellschaftsrecht, in: Festschrift für Harry Westermann, Karlsruhe 1974, S. 199 (zitiert: Großfeld, FS Westermann).

GROßFELD, BERNHARD, Die Sitztheorie des Internationalen Gesellschaftsrechts in der Europäischen Gemeinschaft, IPRax 1986, S. 145.

GROßFELD, BERNHARD, Die „ausländische juristische Person & Co. KG", IPRax 1986, S. 351.

GROßFELD, BERNHARD, Vom Deutschen zum Europäischen Gesellschaftsrecht, AG 1987, S. 261.

GROßFELD, BERNHARD, Europäisches Gesellschaftsrecht, WM 1992, S. 2121.

GROßFELD, BERNHARD, Internationales und Europäisches Unternehmensrecht, 2. Auflage, Heidelberg 1995.

GROßFELD, BERNHARD / ERLINGHAGEN, SUSANNE, Internationales Unternehmensrecht und deutsche Mitbestimmung, JZ 1993, S. 217.

GROßFELD, BERNHARD / KÖNIG, THOMAS, Identitätswahrende Sitzverlegung in der Europäischen Gemeinschaft, IPRax 1991, S. 380.

GROßFELD, BERNHARD / KÖNIG, THOMAS, Das Internationale Gesellschaftsrecht in der Europäischen Gemeinschaft, RIW 1992, S. 433.

GROßFELD, BERNHARD / LUTTERMANN, CLAUS, Anmerkung zu EuGH, Urteil vom 27.9.1988, Rs. 81/87, Daily Mail, Slg. 1988, S. 5483, JZ 1989, S. 384.

GROßFELD, BERNHARD / JASPER, DIETER, Identitätswahrende Sitzverlegung und Fusion von Kapitalgesellschaften in die Bundesrepublik Deutschland, RabelsZ 1989, S. 52.

GROßKOMMENTAR, Kommentar zum Aktiengesetz, Hopt, Klaus / Wiedemann, Herbert (Hrsg.), 1. Lieferung: Einleitung A-D, Bearbeiter: Assmann, Heinz Dieter, 2. Lieferung: §§ 1 - 14, Bearbeiter, Brändel, Oliver C., 4. Auflage, Berlin, New York 1992, Band I/1: §§ 1 - 75, 3.

Auflage, Berlin, New York 1973 (zitiert: Bearbeiter - Großkommentar).

GROTHE, HELMUT, Die „ausländische Kapitalgesellschaft & Co.", Köln, Berlin, Bonn, München 1989.

GRUNEWALD, BARBARA, Gesellschaftsrecht, 4. Auflage, Tübingen 2000.

HAACK, STEFAN, Anmerkung zu EuGH, Beschl. v. 10.7.2001 - Rs. C-86/00, in: MDR 2001, S. 1363.

HABERSACK, MATHIAS, Europäisches Gesellschaftsrecht, München 1999.

HACHENBURG, MAX, Gesetz betreffend die Gesellschaft mit beschränkter Haftung (GmbHG), Großkommentar, Band 1: Allgemeine Einleitung: §§ 1 - 34, 8. Auflage, Berlin, New York 1992 (zitiert: Bearbeiter, in: Hachenburg, Kommentar zum GmbHG).

HAILBRONNER, KAY, Prüfungspflicht der Mitgliedstaaten zur Vergleichbarkeit ausländischer Diplome und Prüfungszeugnisse, JuS 1991, S. 917.

HAILBRONNER, KAY / KLEIN, ECKART / MAGIERA, SIEGRFIED / MÜLLER-GRAFF, PETER-CHRISTIAN, Handkommentar zum Vertrag über die Europäische Union (EUV/EGV), Loseblattsammlung, Band 1, Stand: April 1995, 4. Lieferung, Köln, Berlin, Bonn, München 1995 (zitiert: Bearbeiter, in: Handkommentar zum EGV).

HAILBRONNER, KAY / NACHBAUR, ANDREAS, Niederlassungs- und Dienstleistungsfreiheit im Binnenmarkt 1992, WiVerw 1992, S. 57.

HAKENBERG, WALTRAUD, Gemeinschaftsrecht und Privatrecht - Zur Rechtsprechung des EuGH im Jahre 1998, ZeuP 1999, S. 849.

HANAU, PETER, Arbeitsrecht und Mitbestimmung in Umwandlung und Fusion, ZGR 1990, S. 548.

HANAU, PETER / ADOMEIT, KLAUS, Arbeitsrecht, 11. Auflage, Neuwied 1994.

HANAU, PETER / ULMER, PETER, Kommentar zum Mitbestimmungsgesetz, München 1981.

HANSEN, HERBERT, Die GmbH als weiterhin umsatzstärkste Unternehmensgruppe, GmbHR 1999, S. 24.

HAUSMANN, RAINER, Doppelter Sitz von Kapitalgesellschaften nach deutschem Gesellschaftsrecht und internationalem Privatrecht, in: Hausmann, Rainer / Raupach, Arndt u.a., Steuergestaltung durch doppelt ansässige Gesellschaften?, München 1988, S. 13.

HEINEN, EDMUND, Industriebetriebslehre, 8. Auflage, Wiesbaden 1985.

HELMS, DIETMAR, Die Europäische Privatgesellschaft, Köln 1998.

HENN, HARRY G. /ALEXANDER, JOHN R., Laws of Corporations , 3. Auflage, St. Paul 1983 und 1986 Supp.

HÖFLING, BARBARA, Die Centros - Entscheidung des EuGH - auf dem Weg zu einer Überlagerungstheorie für Europa, DB 1999, S. 1206.

HÖFLING, BARBARA, Die Sitztheorie, Centros und der österreichische OGH, EuZW 2000, S. 145.

HOMMELHOFF, PETER, Konzernrecht für den Europäischen Binnenmarkt, ZGR 1992, S. 121.

HOMMELHOFF, PETER, Konturen eines gemeinschaftsrechtlichen Unternehmensrechts, in: Peter-Christian Müller-Graff, Gemeinsames Privatrecht in der Europäischen Gemeinschaft, Baden-Baden 1993, S. 287.

HOPT, KLAUS J., Harmonisierung im europäischen Gesellschaftsrecht, ZGR 1992, S. 265.

HÜFFER, UWE, Aktiengesetz, 2. Auflage, München 1995 (zitiert: Hüffer, AktG).

HOPT, KLAUS J., Handelsgesetzbuch mit GmbH & Co., Handelsklauseln, Bank- und Börsenrecht, Transportrecht (ohne Seerecht), begr. Von Adolf Baumbach, 30. Auflage, München 2000.

HUMMEL, BORIS, Internationale Standortentscheidung, Freiburg 1997.

IPSEN, HANS PETER; Europäisches Gemeinschaftsrecht, Tübingen 1972.

JAHN, ANDREAS / HERFS-RÖTTGEN, EBBA, Die Europäische Aktiengesellschaft - Societas Europaea, DB 2001, S. 631.

JARASS, HANS D., Die Niederlassungsfreiheit in der Europäischen Gemeinschaft, RIW 1993, S. 1.

JARASS, HANS D., Die Grundfreiheiten als Grundgleichheiten, in: Festschrift Ulrich E-verling, Baden-Baden 1995, S. 593 (zitiert: Jarass, FS Everling).

JARASS, HANS D., Elemente einer Dogmatik der Grundfreiheiten II, EuR 2000, S. 705.

JERRENTRUP, HANS-HEINRICH, Die Niederlassungsfreiheit im Gemeinsamen Markt unter besonderer Berücksichtigung der Rechtsprechung des Gerichtshofs der Europäischen Gemeinschaften, Köln 1976 (zitiert: Die Niederlassungsfreiheit im Gemeinsamen Markt).

KALIGIN, THOMAS, Das Internationale Gesellschaftsrecht der Bundesrepublik Deutschland, DB 1985, S. 1449.

KEGEL, GERHARD / SCHURIG, KLAUS, Internationales Privatrecht, 8. Auflage, München 2000 (zitiert: Kegel, IPR).

KIENINGER, EVA-MARIA, Niederlassungsfreiheit als Rechtswahlfreiheit, ZGR 1999, S. 724.

KILIAN, WOLFGANG, Europäisches Wirtschaftsrecht, München 1996.

KINDLER, PETER, Neue Offenlegungspflichten für Zweigniederlassungen ausländischer Kapitalgesellschaften, NJW 1993, S. 3301.

KINDLER, PETER, Niederlassungsfreiheit für Scheinauslandsgesellschaften?, NJW 1999, S. 1993.

KIRCHNER, P., Das industrielle Standortpotential in Südthüringen, hrsg. von der IHK Südthüringen, Suhl 1995.

KLEMMER, PAUL, Regionalpolitik auf dem Prüfstand, Köln 1986.

KNOBBE-KEUK, BRIGITTE, Niederlassungsfreiheit: Diskriminierungs- oder Beschränkungsverbot?, DB 1990, S. 2573.

KNOBBE-KEUK, BRIGITTE, Umzug von Gesellschaften in Europa, ZHR 1990, S. 325.

KNOBBE-KEUK, BRIGITTE, Wegzug und Einbringung von Unternehmen zwischen Niederlassungsfreiheit, Fusionsrichtlinie und nationalem Steuerrecht, DB 1991, S. 298.

KNOBBE-KEUK, BRIGITTE, Die Einwirkung der Freizügigkeit und der Niederlassungsfreiheit auf die beschränkte Steuerpflicht, EuZW 1991, S. 649.

KOPPENSTEINER, HANS-GEORG, Internationale Unternehmen im deutschen Gesellschaftsrecht, Frankfurt / M. 1971.

KOTKIN, JOEL, The new geography: how the digital revolution is reshaping the american landscape. NY: Random House, 2000. First edition.

KREUZER, KARL FRIEDRICH, Die grenzüberschreitende Mobilität von Gesellschaften im Gemeinsamen Markt, Universität des Saarlandes, Europainstitut, Vorträge, Reden und Berichte aus dem Europainstitut - Sektion Rechtswissenschaft - Nr. 295, herausgegeben von Georg Ress und Thorsten Stein, 1993.

KREUZER, KARL FRIEDRICH, Grenzüberschreitende Restrukturierung von Gesellschaften im Gemeinsamen Markt, EuZW 1994, S. 73.

KRONKE, HERBERT, Deutsches Gesellschaftsrecht und grenzüberschreitende Strukturänderungen, ZGR 1994, S. 26.

KROPHOLLER, JAN, Internationales Privatrecht, 2. Auflage, Tübingen 1994.

KROPHOLLER, JAN, Europäisches Zivilprozeßrecht, 5. Auflage, Heidelberg 1996.

KROPHOLLER, JAN, Internationales Gesellschaftsrecht, 3. Auflage, Tübingen 1997.

KRUSE, VIOLA, Sitzverlegung von Kapitalgesellschaften innerhalb der EG: Vereinbarkeit der einschlägigen Regelungen des deutschen Sach- und Kollisionsrechts mit dem EG-Vertrag, Köln, Berlin, Bonn, München 1997.

KÜBLER, FRIEDRICH, Institutioneller Gläubigerschutz oder Kapitalmarkttransparenz? Rechtsvergleichende Überlegungen zu den stillen Reserven, ZHR 1995, S. 550.

KÜBLER, FRIEDRICH, Gesellschaftsrecht, 5. Auflage, Heidelberg 1999.

LAUTERBACH (Hrsg.), Vorschläge und Gutachten zur Reform des deutschen internationalen Personen- und Sachenrechts, 1972.

LENZ, CARL OTTO, EG-Vertrag, Kommentar zu dem Vertrag zur Gründung der Europäischen Gemeinschaften, Köln, Basel, Wien 1994 (zitiert: Bearbeiter, in: Lenz, Kommentar zum EG-Vertrag).

LIPPMANN, WALTER., Die Gesellschaft freier Mensch, Bern 1945.

LÜDER, KLAUS / KÜPPER, WILLI, Unternehmerische Standortplanung und regionale Wirtschaftsförderung, Göttingen 1983.

LÜDERITZ, ALEXANDER, Internationales Privatrecht, 2. Auflage, Neuwied, Kriftel, Berlin 1992.

LUTTER, MARCUS, Europa uns das Unternehmensrecht, Saarbrücken 1988.

LUTTER, MARCUS, Perspektiven eines europäischen Unternehmensrechts - Versuch einer Summe, ZGR 1992, S. 435.

LUTTER, MARCUS, Umstrukturierung von Unternehmen über die Grenze: Versuch eines Resümees, ZGR 1994, S. 87.

LUTTER, MARCUS, Europäisches Unternehmensrecht, 4. Auflage, Berlin, New York 1996.

LUTTER, MARCUS, Das Europäische Unternehmensrecht im 21. Jahrhundert, ZGR 2000, S. 1.

LUTTER, MARCUS, Europäische Aktiengesellschaft - Rechtsfigur mit Zukunft?, BB 2002, S 1.

LUTTER, MARCUS (HRSG.), Kommentar zum UmwG, Köln 1996 (zitiert: Bearbeiter, in: Lutter, Kommentar zum UmwG).

LUTTER, MARCUS / HOMMELHOFF, PETER, GmbH-Gesetz: Kommentar, 15. Auflage, Köln 2000.

MAIER, M., Standortparadoxien und die neue Geografie der Netzwerk-eConomy, Arbeitspapier 01/2001 der Professur Medienmanagement an der Bauhaus-Universität Weimar, Weimar 2001.

MANSCHWETUS, UWE, Regionalmarketing: Marketing als Instrument der Wirtschaftsentwicklung, Wiesbaden, 1995.

MARCO DI, GIUSEPPE, Der Vorschlag der Kommission für eine 14. Richtlinie, ZGR 1999, S. 3.

MÄSCH, GERALD, Anmerkung zu Österr. OGH, Beschluss vom 15.7.1999, JZ 2000, S. 201.

MEILICKE, WIENAND, Sitztheorie und EWG-Vertrag nach Handels- und Steuerrecht, RIW 1990, S. 449.

MEILICKE, WIENAND, Unvereinbarkeit der Sitztheorie mit der Europäischen Menschenrechtskonvention, RIW 1992, S. 578.

MEILICKE, WIENAND, Zur Vereinbarkeit der Sitztheorie mit der Europäischen Menschenrechtskonvention und anderem höherrangigem Recht, BB-Beilage 9/1995, S. 1.

MERKT, HANNO, US-amerikanisches Gesellschaftsrecht, Heidelberg 1991.

MERKT, HANNO, Das Europäische Gesellschaftsrecht und die Idee des „Wettbewerbs der Gesetzgeber", in: Festschrift für Heinrich Kötz zum 60. Geburtstag, RabelsZ 1995, S. 545.

MEYER-LINDEMANN, H., Typologie der Theorien des Industriestandortes, Bremen 1951.

MEYER-STAMER, JÖRG, Globalisierung, Standortkonkurrenz und Entwicklungspolitik, in: Internationale Politik und Gesellschaft, 1997, Nr. 4.

MIKUS, WERNER, Industriegeographie, Darmstadt, 1978.

MÜNCHENER HANDBUCH DES GESELLSCHAFTSRECHTS, Gesellschaft mit beschränkter Haftung, Band 3, München 1996 (zitiert: Bearbeiter, in: Münchener Handbuch des Gesellschaftsrechts).

MÜNCHENER KOMMENTAR, Kommentar zum Bürgerlichen Gesetzbuch, Band 11: Internationales Handels- und Gesellschaftsrecht, Einführungsgesetz zum Bürgerlichen Gesetzbuch (Art. 50 - 237), 3. Auflage, München 1999 (zitiert: MüKo - Bearbeiter, IntGesR).

MÜNCHENER KOMMENTAR ZUM HANDELSGESETZBUCH, Band 1: Erstes Buch, Handelsstand, §§ 1-104, München 1996 (zitiert: MüKo z. HGB).

NACHBAUR, ANDREAS, Art. 52 EWGV - Mehr als nur ein Diskriminierungsverbot?, EuZW 1991, S. 470.

NIEBEL, REMBERT, Der Status der Gesellschaften in Europa, Stuttgart 1998.

NISHIOKA, H./KRUMME,G., Location Conditions, Factors and Decisions, in: Land Economics, Band 49, 1973, Nr.2, S. 195.

NIESSEN, HERMANN, Niederlassungsrecht von Gesellschaften nach den Regeln des europäischen Gemeinschaftsrechts, NJW 1986, S. 1408.

NUßBAUM, ARTHUR, Deutsches Internationales Privatrecht, Tübingen 1932.

OLBERT, GERD, Der Standortentscheidungsprozeß in der industriellen Unternehmung, Würzburg 1976.

OPPERMANN, THOMAS, Europarecht, 2. Auflage, München 1999.

PALANDT, OTTO, Kommentar zum Bürgerlichen Gesetzbuch, 60. Auflage, München 2001 (zitiert: Bearbeiter, in: Palandt).

PIEPER, MARKUS, Das interregionale Standortwahlverhalten der Industrie in Deutschland, Göttingen 1994.

RABE, HANS-JÜRGEN, Internationales Anwaltsrecht - Dienstleistung und Niederlassung, NJW 1987, S. 2185.

RABE, HANS-JÜRGEN, Dienstleistungs- und Niederlassungsfreiheit der Rechtsanwälte in der EG, Anw.Bl. 1992, S. 146.

REHER, TIM, Gesellschaftsrecht in Gemeinsamen Märkten, Baden-Baden 1997.

REICH, NORBERT, Europäisches Verbraucherschutzrecht, 2. Auflage, Baden-Baden 1993.

RESS, GEORG, Binnenmarkt und Niederlassungsfreiheit, EuZW 1990, S. 521.

RGRK, Kommentar zum Bürgerlichen Gesetzbuch mit besonderer Berücksichtigung der Rechtsprechung des Reichsgerichts und des Bundesgerichtshofes, Band 1: §§ 1-240, 12. Auflage, Berlin, New York 1982 (zitiert: Bearbeiter, in: RGRK).

RISSE, JÖRG, Anmerkung zu EuGH, Urt. v. 9.3.1999, in: MDR 1999, S. 752.

ROTH, WULF-HENNING, Einfluss des europäischen Gemeinschaftsrechts auf das Internationale Privatrecht, RabelsZ 1991, S. 623.

ROTH, WULF-HENNING, Die Freiheiten des EG-Vertrages und das nationale Privatrecht, ZEuP 1994, S. 5.

ROTH, WULF-HENNING, Die Niederlassungsfreiheit zwischen Beschränkungs- und Diskriminierungsverbot, in: Gedächtnisschrift für Knobbe-Keuk, Köln 1997, S. 729.

ROTH, WULF-HENNING, „Centros“: Viel Lärm um nichts?, ZGR 2000, S. 311.

ROWEDDER, HEINZ / FUHRMANN, HANS / KOPPENSTEINER, HANS-GEORG / RASNER, HENNING / RITTNER, FRITZ / WIEDEMANN, HARALD / ZIMMERMANN, KLAUS, Gesetz betreffend die Gesellschaften mit beschränkter Haftung (GmbHG), Kommentar, 2. Auflage, München 1990 (zitiert: Bearbeiter, in: Rowedder u.a., Kommentar zum GmbHG).

RUNER, HAKON, Die Bestimmung der Standortanforderungen bei Standortentscheidungen, Frankfurt usw. 1999.

SACK, ROLF, Auswirkungen der Art. 52, 58 EWGV auf das internationale Gesellschaftsrecht - EuGH, NJW 1989, S. 2186; JuS 1990, S. 352.

SANDROCK, OTTO, Die Multinationalen Korperationen im Internationalen Privatrecht, Berichte der Deutschen Gesellschaft für Völkerrecht 1978, S. 169.

SANDROCK, OTTO, Ein Amerikanisches Lehrstück für das Kollisionsrecht der Kapitalgesellschaften, RabelsZ 1978, S. 227.

SANDROCK, OTTO, Die Konkretisierung der Überlagerungstheorie in einigen zentralen Einzelfragen, in: Festschrift für Günther Beitzke, Berlin, New York 1979, S. 669 (zitiert: Sandrock, FS Beitzke).

SANDROCK, OTTO, Sitztheorie, Überlagerungstheorie und der EWG-Vertrag: Wasser, Öl und Feuer, RIW 1989, S. 505.

SANDROCK, OTTO / AUSTMANN, ANDREAS, Das Internationale Gesellschaftsrecht nach der Daily Mail-Entscheidung des Europäischen Gerichtshofs: Quo vadis?, RIW 1989, S. 249.

SANDROCK, OTTO, Centros: ein Etappensieg für die Überlagerungstheorie, BB 1999, S. 1337.

SCHEUING, DIETER H. / SCHWARZ, GÜNTER CHRISTIAN / WOLLENSCHLÄGER, M. (Hrsg.), Europäisches Unternehmensrecht, Baden-Baden 2001 (zitiert: Bearbeiter, in: Scheuing/Schwarz/Wollenschläger, Europäisches Unternehmensrecht).

SCHLIEBE, KLAUS, Industrieansiedlungen. Das Standortwahlverhalten der Industriebetriebe in den Jahren 1955-1979. Forschungen zur Raumentwicklung, Band 11, Bonn 1982.

SCHMALEN, HELMUT, Grundlagen und Probleme der Betriebswirtschaft, 9. Auflage, Köln 1993.

SCHMIDT, KARSTEN, Gesellschaftsrecht, 2. Auflage, Köln, Berlin, Bonn, Münster 1991.

SCHMIDT, KARSTEN, Rechtsfortbildung im Unternehmens- und Gesellschaftsrecht durch die Rechtsprechung des BGH, NJW 2000, S. 2927.

SCHMIDT, KARSTEN, Die BGB-Außengesellschaft: rechts- und parteifähig - Besprechung des Grundlagenurteils II ZR 331/00 vom 29.1.2001, NJW 2001, S. 993.

SCHMIDT, WALTHER WIELAND, Grundrechte und Nationalität juristischer Personen, Heidelberg 1966.

SCHNICHELS, DOMINIK, Reichweite der Niederlassungsfreiheit: Dargestellt am Beispiel des deutschen Internationalen Gesellschaftsrechts, Baden-Baden 1995.

SCHNURRENBERGER, BERND, Standortwahl und Standortmarketing, Berlin 2000

SCHOLZ, FRANZ, Kommentar zum GmbH-Gesetz mit Nebengesetzen und den Anhängen Konzernrecht sowie Umwandlung und Verschmelzung, Band 1: §§ 1-44, Anh. Konzernrecht, 8. Auflage, Köln 1993 (zitiert: Bearbeiter, in: Scholz, Kommentar zum GmbHG).

SCHÖN, WOLFGANG, Mindestharmonisierung im europäischen Gesellschaftsrecht, ZHR 1996, S. 221.

SCHÜMANN, MATTHIAS, Die Vereinbarkeit der Sitztheorie mit dem europäischen Recht, EuZW 1994, S. 269.

SCHÜNNING, H., Der Einfluss wirtschaftspolitischer Rahmenbedingungen auf das Investitionsverhalten multinationaler Unternehmen, Stuttgart 1991.

SCHWARZ, GÜNTER CHRISTIAN, Europäisches Gesellschaftsrecht, Baden-Baden 2000.

SCHWARZE, JÜRGEN (Hrsg.), EU-Kommentar, 1. Auflage, Baden-Baden 2000 (zitiert: Bearbeiter, in: Schwarze (Hrsg.), EU-Kommentar).

SCHWEITZER, MICHAEL / HUMMER, WALDEMAR, Europarecht, 5. Auflage, Neuwied, Kriftel, Berlin 1996.

SEDEMUND, JOACHIM, Europäisches Gemeinschaftsrecht, NJW 1985, S. 526.

SEDEMUND, JOCHIM / HAUSMANN, FRIEDRICH, Anmerkung zu EuGH, Urt. v. 9.3.1999, in: BB 1999, S. 810.

SELCHERT, F.W., Einführung in die Betriebswirtschaftslehre, München 1997.

SÖDERMAN, S., Industrial Location Planing. An Empirical Investigation of Company Approaches to the Problem of Locating New Plants, Stockholm 1975.

SOERGEL, HANS THEODOR, Bürgerliches Gesetzbuch mit Einführungsgesetz und Nebengesetzen, Band 8: Einführungsgesetz, 11. Auflage, Stuttgart, Berlin, Köln, Mainz 1983 (zitiert: Bearbeiter, in: Soergel).

SPIEß, STEFFEN, Das Standortwahlverhalten von Investoren in Thüringen, hrsg. von K.-H. Hoppe, Arbeitspapiere des Fachgebietes BWL/Marketing, Arbeitspapier Nr. 11, Ilmenau 2000.

SPIEß, STEFFEN, Zum Image der Stadt Gera, hrsg. von K.-H. Hoppe, Arbeitspapiere des Fachgebietes BWL/Marketing, Arbeitspapier Nr. 15, Ilmenau 2001.

SPIEß, STEFFEN, Marktorientierte Standortentwicklung zur Förderung von Unternehmensgründungen - am Beispiel der Technologie Region Ilmenau, in: Technologieorientierte Unternehmensgründungen, hrsg. von TU Ilmenau, Fakultät für Wirtschaftswissenschaften, Ilmenau 2001.

STAUDINGER, JULIUS VON, Kommentar zum Bürgerlichen Gesetzbuch mit Einführungsgesetz und Nebengesetzen, Einführungsgesetz zum Bürgerlichen Gesetzbuche / IPR Internationales Gesellschaftsrecht, 14. Auflage, Berlin 1998 (zitiert: Großfeld, in: Staudinger, IntGesR).

STEINDORFF, ERNST, Dienstleistungsfreiheit im EG-Recht, RIW 1983, S. 831.

STEINDORFF, ERNST, Reichweite der Niederlassungsfreiheit, EuR 1988, S. 19.

STEINDORFF, ERNST, Gesellschaftsrechtliche Richtlinien der EG und strengeres staatliches Recht, EuZW 1990, S. 251.

STEINDORFF, ERNST, Anerkennung im EG-Recht, in: Festschrift für Werner Lorenz, Tübingen 1991, S. 561 (zitiert: Steindorff, FS Lorenz).

STEINDORFF, ERNST, EG-Vertrag und Privatrecht, Baden-Baden 1996.

STEINDORFF, ERNST, Centros und das Recht auf die günstigste Rechtsordnung, JZ 1999, S. 1140.

STOLZ, KATHRIN, Das öffentliche Auftragswesen in der EG: Möglichkeiten und Grenzen einer Liberalisierung, Baden-Baden 1991.

STREINZ, RUDOLF, Europarecht, 3. Auflage, Heidelberg 1996.

THÖMMES, OTMAR, Identitätswahrende Sitzverlegung von Gesellschaften in Europa, DB 1993, S. 1021.

TIMME, MICHAEL / HÜLK, FABIAN, Das Ende der Sitztheorie im Internationalen Gesellschaftsrecht?, JuS 1999, S. 1055.

TIMMERMANNS, CHRISTIAN W.A., Die europäische Rechtsangleichung im Gesellschaftsrecht, RabelsZ 1984, S. 1.

TROJE, H./GROSSE, T., Von der Erschließung neuer Märkte. Standortwahl und Ansiedlungswerbung in der Bundesrepublik, in: Blick durch die Wirtschaft, 8.11.1989, S. 7.

TROMSDORFF, V., Konsumentenverhalten, 3. Auflage, Stuttgart 1998.

ULMER, M.J., Die Anerkennung US-amerikanischer Gesellschaften in Deutschland, IPRax 1996, S. 100.

ULMER, M.J., Schutzinstrumente gegen die Gefahren aus der Geschäftstätigkeit inländischer Zweigniederlassungen von Kapitalgesellschaften mit fiktivem Auslandssitz, JZ 1999, S. 662.

ULMER, PETER, Zu einer neuen Theorie der juristischen Person, ZHR 1976, S. 61.

WÄGENBAUR, ROLF, Inhalt und Etappen der Niederlassungsfreiheit, EuZW 1991, S. 427.

WANG, MARIO, Die Europäische Aktiegesellschaft in der EWG, Freiburg (Schweiz) 1964.

WEBER, ALFRED, Über den Standort der Industrien, Erster Teil: Reine Theorie des Standorts, Tübingen 1909.

WERLAUFF, ERIC, EC Company Law, Kopenhagen 1993.

WIEDEMANN, HERBERT, Internationales Gesellschaftsrecht, in: Internationales Privatrecht und Rechtsvergleichung im Ausgang des 20. Jahrhunderts, Bewahrung oder Wende, Festschrift für Gerhard Kegel, Frankfurt a.M. 1977, S. 187 (zitiert: Wiedemann, FS Kegel).

WIEDEMANN, HERBERT, Gesellschaftsrecht: Ein Lehrbuch des Unternehmens- und Verbandsrechts, Band 1: Grundlagen, München 1980 (zitiert: WIEDEMANN, GesR 1).

WIEDEMANN, HERBERT, Entwicklungen im Kapitalgesellschaftsrecht, DB 1993, S. 141.

WIESNER, PETER M., Europäisches Unternehmensrecht im Umbruch, AG 1996, S. 390.

WIESNER, PETER M., Überblick über den Stand des Europäischen Unternehmensrechts, EuZW 1998, S. 619.

ZIMMER, DANIEL, Internationales Gesellschaftsrecht: das Kollisionsrecht der Gesellschaften und sein Verhältnis zum internationalen Kapitalmarktrecht und zum internationalen Unternehmensrecht, Heidelberg 1996 (zitiert: Zimmer, Internationales Gesellschaftsrecht).

ZIMMER, DANIEL, Internationales Gesellschaftsrecht und Niederlassungsfreiheit: Das Rätsel vor der Lösung?, BB 2000, S. 1361.

ZIMMER, DANIEL / ECKHOLD, THOMAS, Das Kapitalgesellschaften & Co. - Richtlinien Gesetz, NJW 2000, S. 1361.

ZIMMER, DANIEL, Mysterium „Centros“, ZHR 2000, S. 23.

ZULEEG, MANFRED, Die Rolle des Arbeitsrechts in der europäischen Integration, RdA 1992, S. 133.

ZULEEG, MANFRED, Die förderativen Grundsätze der Europäischen Union, NJW 2000, S. 2846.

Frank Herbertz

Einflußfaktoren bei internationalen Standortentscheidungsprozessen

Frankfurt/M., Berlin, Bern, Bruxelles, New York, Oxford, Wien, 2002.
308 S., 33 Abb., 16 Tab.
Europäische Hochschulschriften:
Reihe 5, Volks- und Betriebswirtschaft. Bd. 2892
ISBN 3-631-38995-7 · br. € 45.50*

Die „black box" des internationalen Standortentscheidungsprozesses wird erstmalig geöffnet. Im Anschluß an seine standort- und entscheidungsprozeßtheoretische Betrachtung werden mittels einer aufwendigen empirischen Untersuchung weitere Besonderheiten dieses komplexen Entscheidungsprozesses sichtbar. Einen Schwerpunkt der Prozeßspezifika bilden dabei die schwer messbaren qualitativen Standortfaktoren. Ihre praktische Bedeutung und Handhabung werden exemplarisch herausgearbeitet.

Aus dem Inhalt: Internationaler Standortentscheidungsprozeß · Empirische Untersuchung zu Besonderheiten der Internationalität des Standortentscheidungsprozesses

FSC
www.fsc.org
MIX
Papier | Fördert
gute Waldnutzung
FSC® C083411

Kolibri 360 GmbH
Ferdinand-Jühlke-Straße 7
99095 Erfurt, Deutschland
produktsicherheit@kolibri360.de

Druck:
CPI Druckdienstleistungen GmbH
im Auftrag der
Kolibri 360 GmbH
Ferdinand-Jühlke-Str. 7
99095 Erfurt